Nicole Desmarais

D0997048

L'IMPÉRATRICE

NICOLE AVRIL

L'IMPÉRATRICE

FRANCE LOISIRS
123, boulevard de Grenelle, Paris

Une édition du Club France Loisirs, Paris,
réalisée avec l'autorisation des Éditions Grasset & Fasquelle

© *Éditions Grasset & Fasquelle, 1993.*
ISBN : 2-7242-7819-4

A François Ambert – mon grand-père, mort le 20 août 1914, à l'âge de vingt-quatre ans – parce que, dans une ville qu'il ne connaissait pas, Sarajevo, un homme qu'il ne connaissait pas, l'archiduc François-Ferdinand, fut assassiné et qu'ainsi commençait une guerre dont il serait une des premières victimes.

INTRODUCTION

Il m'a fallu vingt ans pour aller de Misar à Vienne. Le premier mot de mon premier roman, les Gens de Misar, était « j'imagine ». Un défi. L'imagination devait irriguer la vie. Et les livres, selon moi, n'exister qu'à la rencontre des deux.

J'imaginais le désert alors que je ne l'avais jamais vu, j'inventais une ville avec son histoire, ses interdits, ses femmes. Je ne voulais habiter que mes rêves. Peu à peu, roman après roman, je me suis ensuite approprié la réalité, j'ai tenté de lever le masque de mes personnages, de parler en mon propre nom. Si l'imagination peut faire fleurir le désert, elle peut aussi raviver le passé, ses territoires engloutis, et se glisser dans l'autre pour l'épouser au plus intime de lui-même.

Sissi ne m'intéressait pas à l'âge où j'aurais dû m'éprendre d'elle. La trilogie d'Ernst Marischka répandait son sirop sur toute l'Europe. Pour faire oublier l'Anschluss et la sanglante apocalypse de l'Europe centrale, Vienne exportait la frimousse joufflue et douceâtre d'une adolescente. Romy Schneider mettra des années à débarbouiller son beau visage de cet emplâtre. Curieusement, c'est quand elle rompt, à force de courage et de talent, avec Sissi, qu'elle devient la vraie Elisabeth d'Autriche, insoumise et tragique. Visconti utilise ce paradoxe dans son film, Ludwig. Au côté d'un Louis II crépusculaire, elle incarne une sublime impératrice. Blessée, secrète, vibrante, fascinante.

Dans tous mes romans, les femmes se taillent la part du lion, parfois à mon insu. Comment aurais-je pu résister à cette impératrice, la moins conformiste des femmes, la plus désespérée, la plus moderne ? Paul Morand ne disait-il pas d'Elisabeth : « C'est une

9

femme d'aujourd'hui, qualités et défauts; elle est entrée dans le siècle précédent, le XIXe, comme on se trompe de porte ? » Je me méfiais pourtant des sortilèges. Tandis que j'accumulais en secret tout ce qui concernait Elisabeth, que je hantais les lieux qui furent siens – Corfou, Gödöllö, le lac de Starnberg, les hauteurs de Buda – je combattais en moi cette attirance. La célébrité avait rendu trop lisse sa statue, usé le marbre, amolli les contours. L'orgueil m'amenait à préférer les personnages qui devaient tout à mon imagination et rien au passé. Qu'aurais-je gagné à revêtir les habits d'une autre, ou à lui sacrifier des années de ma vie ?

Un jour, je dus m'avouer vaincue. Il fallait me rendre à l'évidence. Elisabeth m'obsédait. Je ne pouvais plus me passer d'elle. N'était-elle pas la sœur de Kleinia, ma reine de Misar ? Ne répondait-elle pas en écho à ces femmes que j'avais poursuivies roman après roman ? Sa vie décourage certes l'invention tant elle s'impose, profuse et émouvante, mais sa personne stimule avec force l'imagination. En elle se rejoignent tous les thèmes chers. Solitude et narcissisme. Mélancolie et désirs. Apparences et mensonge. Destin et liberté. Une biographie n'est pas le récit d'une vie étrangère. Elle n'est pas qu'un héritage. Robert Musil écrit : « Les créateurs reprennent beaucoup moins ce qui leur vient d'autres temps et d'autres lieux, que cela ne ressuscite en eux sous une forme nouvelle. » Une biographie est une noce littéraire où deux vies s'épousent, celle du personnage et celle de l'auteur.

L'Histoire a déposé ses couches successives en Europe. Nulle part la sédimentation n'est plus manifeste qu'à Gödöllö. Baroque et lumineux, le château de Gödöllö se situe à une trentaine de kilomètres de Budapest. L'été, le soleil pénètre à flots par ses grandes ouvertures et ricoche sur le marbre blanc de ses escaliers. L'hiver, la neige de la puszta rehausse le fameux jaune de ses murs. Il fut construit entre 1744 et 1748 pour la grande impératrice Marie-Thérèse. Un siècle plus tard, les révolutions de 1848 incitent les Hongrois à proclamer la déchéance des Habsbourg. Kossuth et ses généraux insurgés se réunissent à Gödöllö où ils déclarent brisés les liens de l'Autriche et de la Hongrie. Aidées des Russes, les armées du jeune François-Joseph parviennent, non sans mal, à vaincre la résistance hongroise. On réprime par la terreur la farouche indépendance des Magyars. Pourtant, en 1867, cette même Autriche et cette même Hongrie s'épousent de nouveau par mutuel consentement. Une femme, l'impératrice Elisabeth, s'est choisi pour terre d'élection cette Hongrie, comme elle indépendante et rebelle. Elle fait cause commune avec les libéraux hon-

grois contre l'absolutisme autrichien. Impératrice à Vienne, Elisabeth devient Erzsébet, reine à Budapest. En gage d'amour, les magnats hongrois lui offrent le château de Gödöllö. A travers ses forêts, la reine des Amazones chevauche à cru ses montures. Elle ouvre ses portes aux Tziganes. Cyclothymique, elle se reconnaît dans leurs musiques. Nomade, elle aimerait les suivre au long des routes, au hasard des mirages.

Quand Elisabeth sera assassinée, quand l'Empire austro-hongrois aura sombré, Gödöllö restera le dépositaire de l'Histoire. En 1944, les nazis en feront un camp de travail pour femmes. Après l'insurrection de Budapest, les officiers soviétiques y installeront leur cantonnement. Aujourd'hui, l'Europe centrale renaît de ses charniers et le gouvernement hongrois restaure Gödöllö. Toutes les grandes marées ont inscrit leurs marques sur ses murs. Qu'adviendra-t-il maintenant du château d'Erzsébet ? Sera-t-il le gardien des rêves ? Témoignera-t-il d'autres cauchemars, d'autres apocalypses ? O saisons, ô châteaux ! Comme Erzsébet, gardons les yeux fixés sur Gödöllö, il s'y joue peut-être l'avenir d'un continent.

Le Mur qui partageait l'Europe en deux est tombé à Berlin, le 9 novembre 1989. Dès le début de mai, en cette même année 1989, c'est à la frontière de l'Autriche et de la Hongrie que les sans-grade de l'armée hongroise ont arraché la double clôture de barbelés. Première brèche. L'Histoire retrouvait son ancien lit, emportant sur son passage trois cent cinquante kilomètres d'un rideau de fer électrifié.

Vienne et Budapest préparent pour 1995 une Exposition universelle conjointe. Un siècle plus tôt, Elisabeth inaugurait l'exposition du Millénaire et faisait pour ses chers Hongrois sa dernière apparition officielle. La Hongrie lui a rendu son amour. Malgré les pires vicissitudes, le peuple hongrois n'a jamais oublié sa reine. Il a refusé de débaptiser tout ce qui dans le pays portait son nom. Cette petite duchesse en Bavière, devenue impératrice d'Autriche, était dans son for intérieur reine de Hongrie : Erzsébet Kyrályné, dernier message laissé par elle au matin même de sa mort.

A présent que les souvenirs de l'Empire austro-hongrois se répercutent sur notre vie quotidienne, que les nationalismes prennent la relève des défuntes idéologies, que reviennent à la une des journaux la Slovaquie, la Transylvanie, la Bosnie-Herzégovine et Sarajevo, écoutons l'écrivain hongrois György Konrad : « Est mitteleuropéen tout être que la division de notre continent blesse, touche, gêne, inquiète et oppresse. »

11

L'Impératrice

Elisabeth aimait les voyages et les tempêtes. Tel Ulysse, elle s'attachait au mât de son navire pour mieux jouir des fureurs de la mer. Elle reçut en partage tous les dons et subit tous les tourments. Si l'on en croit l'Odyssée : « Les dieux donnent des malheurs aux humains pour que les générations suivantes aient quelque chose à chanter. » Alors, chantons l'impératrice...

« L'Histoire est la grande morgue où chacun vient chercher ses morts, ceux qu'on a aimés, ou ceux avec qui on a des liens de parenté. »

HEINRICH HEINE, *De l'Allemagne.*

Le XIXᵉ siècle est dans son dernier quart. L'Empire austro-hongrois se croit immortel. Ne se compose-t-il pas de Tchèques, de Magyars, d'Allemands, de Roumains, de Juifs, de Tziganes, d'Italiens, de Dalmates, de Slovaques, de Ruthènes, de Croates, de Bosniaques, d'autres encore ? Tant de langues que les différentes chancelleries de l'Empire doivent correspondre en latin. Les Viennois s'amusent à répéter : « La situation est certes désespérée, mais on ne peut pas dire qu'elle soit vraiment grave ! »

On sait que la diversité des peuples, autrefois une chance, est à présent une faiblesse. Sur cette arche de Noé, chaque espèce défend ses caractères propres, chaque individu se rappelle les cris de liberté qu'il a poussés en 1848 et qu'on lui a vite fait rentrer dans la gorge. On sait que Bismarck s'est acharné à détrousser le vieil Empire, autrefois Saint Empire. Dans chaque dépouille, il a taillé un habit neuf dont il a revêtu la Prusse. Mais Vienne veut oublier les dangers. Mais Vienne veut rester à tout jamais Vienne.

Au centre du centre, un point vital d'où tout procède et où tout revient : la Hofburg. Résidence impériale d'hiver. Ville dans la ville. Deux mille six cents pièces. Un dédale de couloirs et d'escaliers. Des kilomètres de velours et de draperies. Des recoins ombreux et humides. Des clairières dorées. Des forêts de lambris. Des stalactites de cristaux. Un peuple d'huissiers à bas blancs, culotte vert amande, veste brodée d'or. Toute une piétaille de sentinelles, d'espions, de gardes-chiourme en habits sombres. Et là-bas, tout là-bas, au fond des appartements, entre

15

antichambre et salon, un oiseau noir qui s'exerce aux anneaux, la huppe près du plafond, les pattes battant l'air glacé du palais d'hiver. Oiseau, oiselle. Oiseau femelle. Il se dresse, pivote sur lui-même, volette entre les agrès comme s'il était seul au monde. Seul, il l'est et pas seulement quand il pratique les anneaux chaque matin à la Hofburg. Cet oiseau noir s'appelle Elisabeth. Il a d'autres noms, d'autres prénoms, mais s'il pouvait choisir, il n'en garderait qu'un, le sien en hongrois : Erzsébet. Cette femme, car c'en est une, est impératrice d'Autriche et reine de Hongrie.

Elle poursuit ses exercices avec une aisance qui montre combien elle en a l'habitude. Un homme vient d'apparaître au bout du couloir. Il semble hésiter, puis se fige, médusé à la vue de la gymnaste. Pourtant celle-ci le prie d'avancer. Qu'il ne craigne pas de la déranger. Elle a une voix douce, presque étouffée, à peine audible. On pourrait croire que son travail musculaire l'a épuisée, cependant elle maintient le rythme de ses mouvements. Tractions et voltes. L'homme ose à peine la regarder. Elle est si étrange dans sa robe de soie noire bordée de plumes d'autruche, noires aussi. Sur son visage très pâle, l'effort n'a fait monter qu'une imperceptible roseur à la hauteur des pommettes.

Elle s'immobilise soudain dans une position en appui, les bras et le buste tendus entre les parallèles des cordes. Son corps paraît alors comme stylisé. L'enveloppe de soie noire souligne des contours que la contraction des muscles rend plus nets encore. Une taille d'une minceur extrême. Un long cou que surplombe un menton gracile. A mi-chemin, la poitrine, ronde, généreuse, tente de s'épanouir dans le carcan de la robe. A l'homme qui craint de lever les yeux vers elle, elle dit qu'elle en a bientôt fini. Elle ajoute même, un filet de voix pour elle seule : « Dans la vie de chacun, il y a un moment où la flamme s'éteint à l'intérieur. »

Désenchantée. Elle a oublié son ancien chant et l'homme est venu lui en apprendre un autre, plus ancien encore. Aujourd'hui, il poursuivra devant elle sa lecture de *l'Odyssée*. Il s'appelle Constantin Christomanos. C'est un jeune étudiant hellène qui termine à Vienne ses études de philosophie. L'impératrice Elisabeth voulait un professeur de grec ancien et de grec moderne. C'est lui. Au cours de sa vie, elle a eu toutes sortes de professeurs. Ils lui ont tour à tour enseigné le hongrois, l'équitation – haute école et cross-country –, le tchèque, l'histoire de l'Empire, l'archéologie. Ils sont tous tombés amoureux de leur élève et Constantin Christomanos, de trente ans son cadet, n'échappe pas à la règle.

Elle prolonge quelques minutes encore ses exercices pour mieux défier la tristesse du palais et fatiguer jusqu'aux limites de la résistance son corps, sans cesse magnifié, sans cesse brimé. Une tresse s'échappe alors de la couronne de ses cheveux, se tord et s'en va se perdre dans le vide. Elisabeth saute au-dessus d'une corde avant de poser enfin les pieds sur le tapis de la Hofburg.

– Cette corde, dit-elle, se trouve là pour que je ne désapprenne pas à sauter. Mon père était un grand chasseur devant le Seigneur et il voulait nous apprendre à sauter comme des chamois. Il affirmait aussi que si nous n'avions pas été des princes, nous serions devenus des écuyers de cirque!

Brunes avec des reflets roux, ses boucles tombent en se défaisant beaucoup plus bas que sa taille. Elle n'a pas pour manie de pratiquer ses acrobaties en robe d'apparat, mais elle doit recevoir ce matin quelques archiduchesses et le vêtement de cérémonie est de rigueur. A dire vrai, il ne lui déplaît pas de subvertir le rituel de Cour.

– Si les archiduchesses savaient que j'ai fait de la gymnastique en cet accoutrement, elles seraient pétrifiées. Mais je ne l'ai fait qu'en passant; d'habitude, je m'acquitte de cet exercice de bon matin ou dans la soirée. Je sais ce qu'on doit au sang royal.

Constantin Christomanos marche deux pas derrière elle. Le corps de l'impératrice est mince comme une cravache.

I

« Elle me rappelle l'enfant des contes de fées. Les
bonnes fées sont venues et chacune a déposé un
magnifique présent dans le berceau : beauté, charme,
grâce, dignité, intelligence, esprit. Cependant la
méchante fée est venue à son tour et elle a dit : " Je
vois que tout vous a été donné, mais je ferai en sorte
que ces dons se retournent contre vous et ne vous
assurent aucun bonheur... Même votre beauté ne vous
apportera rien que du chagrin et vous ne connaîtrez
jamais la paix. " »

MARIE FESTETICS.

Sissi est née à Munich, le 24 décembre 1837, soir de Noël. De surcroît, c'était un dimanche et, à la manière de Mélisande, elle aimera dire : « Je suis une enfant du dimanche », soulignant par là son besoin de liberté. En revanche, elle ne verra jamais dans cette date de Noël un signe d'élection ou une marque du destin. Elle n'a pas cette sorte de présomption. Il lui suffit d'être Elisabeth, Aurélie, Eugénie, duchesse *en* Bavière, troisième enfant d'une famille qui en comptera huit.

Ludovika, sa mère, avait un rang plus élevé. Fille de l'Electeur Maximilien de Wittelsbach, devenu grâce à son alliance avec Napoléon premier roi de Bavière, elle est née princesse *de* Bavière. Le mariage de Ludovika en 1825 avec le duc Max, son cousin au second degré, l'a fait dégringoler de la branche aînée des Wittelsbach à la branche cadette. Elle n'est plus que duchesse *en* Bavière. Ce mariage qui ne fut guère d'inclination, encore moins d'amour, la laisse insatisfaite dans son orgueil et sa sensibilité. Sa vie est terne, faite d'habitudes et de rancœurs. Pendant qu'elle se morfond, son mari chante, voyage, scandalise, flambe l'argent du ménage et fait des enfants à d'autres. Un drôle de lascar, le duc Max !

Il a le charme des grands égoïstes, de ceux qui ont les moyens physiques, intellectuels et financiers de leur égoïsme. Il suit le cours de son imagination, non pour épater ou blesser, mais par simple insouciance. La vie est courte et le duc Max veut en profiter à sa guise. Oh, il a bien dû accepter une fonction de général, cependant le fait de revêtir son uniforme le déprime déjà. Il préfère d'autres manœuvres. Malgré son originalité, ses excentricités, il est à Munich le plus populaire des Wittelsbach. Il a fait ses études dans un établissement de la ville, alors que ses semblables reçoivent en privé, de la bouche de leur précepteur, la bonne parole.

Un joyeux drille. Si sa bibliothèque compte vingt-sept mille ouvrages, son palais de la Ludwigstrasse, où est née Elisabeth, possède aussi une salle de danse, ornée d'une frise à Bacchus, un café chantant et un cirque dont il est volontiers l'attraction dans ses numéros équestres et clownesques. Il joue de la cithare chez lui, en voyage et jusqu'au sommet de la pyramide de Chéops. Souvent parti il se garde bien, quand il revient, de consacrer son temps à sa femme. Tout juste passe-t-il lui faire un enfant. Lorsqu'on demande à la petite Elisabeth si elle a vu son père ces derniers temps, elle répond : « Non, mais je l'ai entendu siffler ! »

Pessimiste et gai, le siffleur dilapide sa joie au gré de ses fantaisies. Car il est poète et il s'est choisi un inaccessible modèle : Heinrich Heine, auquel sa fille vouera plus tard un véritable culte. De son maître à penser et à rimer, le duc Max a dans la vie la finesse, la malice, le goût de la nature et du paradoxe. Cependant Heinrich Heine se révèle l'un des plus grands poètes de langue allemande, tandis que le duc Max n'est que le duc Max. Beaucoup d'enthousiasme, point de génie. Il s'intéresse à tout, aux sciences, à la politique, à l'histoire. Il publie des articles où il affiche ses idées libérales pour mieux caresser à rebours son entourage.

Après une lointaine expédition, il édite, en 1839 à Munich, un récit dans la manière de l'époque : *Voyage en Orient*. L'auteur, qui ne peut rien faire comme tout le monde, excite les curiosités et pimente l'ouvrage en intercalant plusieurs pages blanches avec la mention alléchante : *Censuré*. Le duc Max pratique l'humour, l'autodérision, et préfigure du même coup les mœurs publicitaires, voire éditoriales, du XXᵉ siècle.

Les enfants sont injustes et amoraux. Ils préféreront toujours un père à éclipses dont chaque survenue est une fête, aux ronchonnements d'une mère trop présente. La descendance du duc Max pleure ses départs et applaudit ses retours. Dès qu'il siffle, la marmaille ducale abandonne ses leçons et ses précepteurs pour courir à sa suite dans la forêt. Il s'y connaît en leçons de choses. Il marche, il chasse et n'interrompt ses chants qu'à l'heure de l'affût. Si les enfants sont fatigués, il n'hésite pas à les faire se reposer dans la maison d'une de ses maîtresses. Ses mœurs scandalisent les Munichois mais n'étonnent guère sa progéniture. Le siffleur a l'habitude de recevoir à déjeuner, dans ses appartements de la Ludwigstrasse, ses deux filles naturelles.

Au premier rayon de soleil, la famille quitte la ville et prend ses quartiers d'été sur les rives du lac de Starnberg. Dans le château de Possenhofen, on est en plein conte de fées avec sucre candi et sirop d'orgeat. Le papa est volage mais si charmant avec sa silhouette mince, jeune, ses yeux sombres comme les eaux des lacs bavarois. La maman ne prend pas trop mal les infidélités de son époux et elle caresse tendrement les enfants, les chiens et les chevaux, qui sont les vrais maîtres des lieux. Ici, comme plus tard à la Cour de Vienne, sévit la mode des diminutifs : Possenhofen est « Possi », Hélène la sœur aînée « Néné » et Elisabeth bien évidemment « Sissi ». Les enfants poussent libres, joyeux, dans une proximité des parents que réprouve l'étiquette. On les juge gentiment farfelus, ce qui n'est pas grave eu égard à leur double ascendance Wittelsbach. La famille de Bavière compte tant de fous, d'individus instables, originaux, troublés, troublants, qu'on semble avoir évité le pire. Les migraines que Ludovika transmet à ses filles n'ont rien de trop inquiétant.

Et Elisabeth ? Et Sissi ? Un petit corps de nerfs et de muscles qui grandit dans le plaisir des exercices physiques. Elle n'oubliera jamais ses premières années. Peut-être les embellira-t-elle. La fugitive reviendra sans cesse jeter des bouquets de gentianes bleues dans les eaux de son enfance. A cette époque-là, elle n'est ni jolie ni studieuse, pourtant tout le monde l'adore et la vie paraît simple. Elle aime se lever tôt et monter dès l'aube son cheval. Elle se moque de son style et encore plus des dangers. Sans le savoir, elle est déjà une bonne cavalière et, d'instinct, elle entre dans le rêve de son père. Il la souhaitait intrépide, sauvage, elle l'est.

Elle ne ressent la peur que dans ses cauchemars. Encore parvient-elle à ne point trop s'effrayer à l'heure du réveil. Son sommeil se trouve peuplé d'animaux. S'il lui arrive de crier la nuit aux prises avec d'étranges bêtes, le jour elle n'en craint aucun. *Nightmare*. Elle, qui aime tant les chevaux, ne va pas redouter la jument noire de ses rêves. Elle croit pouvoir maîtriser toutes ses montures, celles qui galopent en plein jour et celles qui se glissent dans l'ombre.

Enfant passionnée et turbulente, elle apprécie la chaleur de la niche. Pourtant il lui faut chaque jour s'en éloigner un moment et courir rêver au bord du lac. Elle a besoin de raffermir, dans la solitude, ses forces et son imagination avant de revenir partager les jeux de ses frères et de ses sœurs. Elle s'entend avec eux à merveille. De Possenhofen, on entend à peine les grandes convulsions de 1848 et le duc Max n'est pas menacé par les révolutionnaires. Ses idées libérales le protègent. Tout est pour le mieux dans le meilleur des mondes.

A treize ou quatorze ans, il faut bien s'inventer un amour. Il est si mignon l'écuyer de papa que la tête d'Elisabeth commence à tourner. Elle est éprise, chacun le remarque. Le jeune comte Richard n'est pas un parti pour elle et le duc Max n'a pas envie de se voir privé de sa fille préférée. Elle lui ressemble, le même charme, les mêmes foucades. Comme lui, elle prend l'habitude de se retirer dans sa chambre pour écrire des vers. Les amours enfantines seraient-elles plus qu'un jeu ? La poésie plus qu'un héritage familial ?

On interrompt l'idylle et le jeune homme est envoyé au loin. Quelques mois plus tard, il revient malade et ne tarde pas à mourir. L'adolescente est bouleversée. Dans la vie d'Elisabeth, la mort fait déjà son entrée et donne un goût amer au conte de fées. Peut-être se sent-elle responsable de ce drame. Richard a dû quitter la Cour à cause d'elle. Son premier amour est une première défaite. Elle ne l'oubliera pas, elle ne veut pas l'oublier. Elle devient solitaire et, si elle se montre gaie devant les autres, dans sa chambre elle n'écrit plus seulement pour faire comme son père. Elle confie sa tristesse à ses cahiers :

> *Les dés sont jetés,*
> *Richard, hélas! n'est plus.*
> *C'est le glas que l'on sonne —*
> *O Seigneur, prends pitié!*
> *La fille aux blondes boucles*
> *Se tient à sa fenêtre.*
> *Il n'est pas jusqu'aux ombres*
> *Que sa douleur n'émeuve.*
>
> *Oh! que ne suis-je morte aussi*
> *Et au ciel comme toi.*

Elisabeth peut s'enfoncer tout à loisir dans son désespoir. L'attention de la famille s'est détournée d'elle pour se concen-

24

trer sur son aînée. On semble vouloir préparer Hélène à un grand destin. On soigne son éducation plus que celle des autres enfants. On insiste pour elle sur l'étude des langues étrangères et de l'histoire. Hélène accompagne souvent sa mère, qui lui apprend à se conduire dans la bonne société. Quant à Sissi, il ne lui viendrait pas à l'idée d'envier un traitement auquel elle n'a pas droit. Le dressage préfigure de prestigieuses visées matrimoniales. Elisabeth continue à aimer Richard et à n'épouser que son chagrin. Dans les moments de rémission, elle apprécie qu'une autre soit le point de mire. La liberté vaut mieux que des leçons de maintien.

Ludovika a élaboré un ambitieux projet dont la réussite guérirait ses blessures d'amour-propre. En outre, toute la famille y trouverait son avantage. A Vienne, il y a un cœur à prendre, celui du jeune empereur François-Joseph. Franzi est bien fait de sa personne, ce qui ne gâte rien. S'il ne l'était pas, on lui trouverait d'autres qualités. S'asseoir un jour sur le trône de l'Empire, n'est-ce pas le rêve suprême d'une petite duchesse *en* Bavière ? François-Joseph est le cousin germain d'Hélène, mais on ne compte plus les unions consanguines dans l'Europe catholique. Le pape donne son autorisation sans barguigner quand il s'agit de consolider les dynasties qui lui sont favorables.

Deux marieuses conjuguent leurs efforts pour réussir le projet : Ludovika mais aussi sa sœur, l'archiduchesse Sophie, mère de François-Joseph. Dans cette entreprise, Ludovika n'a guère de pouvoirs, tout dépend en fait de Sophie. Autoritaire, stricte, intelligente et pieuse, elle fera, si tel est son vœu, d'Hélène une impératrice, comme elle a fait de son Franzi un empereur. Il doit à sa mère d'être monté sur le trône dès l'âge de dix-huit ans. Il a fallu pour cela pas moins d'une abdication, d'une renonciation au trône et d'une révolution.

En mars 1848, les émeutes ont chassé de Vienne Metternich et l'empereur Ferdinand. La Cour se réfugie à Innsbrück, au Tyrol, puis à Olmütz, en Moravie. L'Empire est en danger. La Hongrie et Milan se soulèvent. Venise tente de proclamer la République et de se retrouver Sérénissime comme devant. Prague est aux mains des insurgés. L'Autriche ne peut plus supporter Metternich. Elle ménage encore les Habsbourg et elle en a quelque mérite. L'empereur Ferdinand qui règne depuis 1835 est un incapable. Gentil certes – on le surnomme le Débonnaire – mais malade. Crises nerveuses, bégaiements, débilité. Son frère cadet, François-Charles, ne vaut guère mieux. Il n'est pas tout à fait idiot, cependant sa timidité, son manque de caractère et son incompétence n'en font pas l'empereur idéal d'une époque troublée. Sa seule qualité est d'avoir une femme, l'archiduchesse Sophie, qui voit clair et n'hésite pas à agir. Elle comprend immédiatement le parti qu'elle peut tirer de la situation. Son fils aîné, François-Joseph, elle l'a élevé en prince héritier et il en a les qualités. Dieu merci, il a échappé aux maladies nerveuses des Habsbourg. Il va la venger de ce déplorable mariage qu'elle a subi en attendant son heure.

Longtemps l'archiduchesse a tiré en coulisse les fragiles ficelles de l'Empire. Le 2 décembre 1848, elle parvient enfin à les nouer selon ses ambitions. Son beau-frère, l'empereur Ferdinand, abdique et du même coup son mari, l'archiduc François-Charles, renonce à ses droits. Sophie ne sera pas impératrice. Franzi est empereur. Il lui doit doublement sa Couronne.

Ludovika admire à distance cette sœur qui a réussi. Il y a de l'obséquiosité dans son attitude, de la naïveté aussi. Elle pense que Sophie aidera Hélène à remplir son rôle dans cette Cour dont l'étiquette date de Charles Quint et de l'Escurial. Ludovika aime ses filles. Comme une bergère, cette princesse de sang royal est persuadée que le bonheur est plus grand quand il monte plus haut. Aussi au premier signe d'encouragement venu de Vienne fait-elle donner une éducation choisie à sa fille. Hélène a toutes les qualités requises. Elle est élégante, belle, studieuse, obéissante. Ludovika écrit souvent à Sophie pour lui faire part de ses progrès. La promise ressemble déjà à une femme. Elisabeth admire cette grande sœur. Elle n'en a pas pour autant envie de marcher sur ses traces. La mort de Richard a brisé son élan. Depuis, elle préfère rester le plus longtemps possible du côté de l'enfance. A cheval pourtant, c'est en se jouant qu'elle distance son aînée.

15 août 1853. Une berline roule vers Ischl et Salzbourg. A l'intérieur quatre femmes : Ludovika, Hélène, Elisabeth, une femme de chambre. Elles s'en vont au rendez-vous tant attendu. Là-bas, elles doivent retrouver l'archiduchesse Sophie et l'empereur. Sous le couvert d'une réunion familiale arrivera ce qui doit arriver. C'est un complot de femmes. Le duc Max n'a pas été convié et il en est fort aise. L'autoritarisme de Sophie ne lui inspire que de l'antipathie, sa belle-sœur en a autant à son service. Provocation d'une part, mépris de l'autre. Pour la bonne marche de ses projets, Ludovika sait qu'il faut éviter de mettre face à face son mari et sa sœur. Si les choses vont leur train, il sera temps alors de demander au père de la fiancée son autorisation.

Les voyageuses sont vêtues de noir. Une tante est morte quelques jours plus tôt. La tenue de deuil donne à Hélène un air maussade et rend sa peau terne. Ce noir auquel on n'a pu échapper paraît absorber tout l'éclat de la jeune fille. D'autant que l'habit faisant la nonne, Hélène semble plus sage encore et plus triste dans ce vêtement qui la vieillit avant l'âge.

Quant à Elisabeth elle n'a pour sa part aucun souci de coquetterie. Elle voit d'emblée l'avantage qu'elle peut tirer de sa robe noire : on lui répétera un peu moins souvent de faire attention à ne pas se tacher. Elle a même pu descendre à l'étape et donner à boire aux chevaux sans s'attirer de remarques quand elle a mouillé ses souliers et l'ourlet de sa robe. Au reste, elle ne participe à l'expédition que par raccroc. Elle a tenu à assister au triomphe de sa sœur. Il y a surtout dans

27

le mot voyage un charme qu'elle ne s'explique pas. Au dernier moment, on a accepté de l'emmener. Il valait mieux ne pas la laisser seule avec son père, qui l'aurait encore conduite en promenade dans les forêts.

Le voyage tient ses promesses. Personne ne s'occupe de la petite et elle peut rêvasser le nez collé à la vitre de la berline. La chaleur de l'été donne un modelé plus doux aux montagnes, leurs contours se noient dans une lumière de lait. Un lac, des chaumières, quelques arbres le long d'une ligne de crête. Emue par la nouveauté, Elisabeth additionne les détails. Un jour, je monterai dans un train. On dit qu'il y a du bruit et de la poussière. Le paysage défilera de plus en plus vite et il sera impossible de l'arrêter. Un jour, je partirai. Sans savoir où. Peu importe. Loin, très loin, jusqu'au bout de la voie, sans jamais penser au retour. Les chevaux ont du bon, grâce à eux, le voyage dure plus longtemps.

Ces dames sont en retard. Les maudites migraines de Ludovika et d'Hélène les ont contraintes à se reposer. Elles ont rafraîchi leurs tempes avec l'eau des glaciers. Leurs robes sont froissées, leurs chevelures poisseuses, leurs voix haletantes. Elisabeth n'ignore pas ce dégoût de soi-même qu'engendre la migraine. Elle apprécie d'autant plus de ne pas en souffrir aujourd'hui. A la veille de chaque grand événement, elle essaie d'éloigner le mal. Mon Dieu, faites que je n'aie pas à souffrir pendant le voyage! Elle a été entendue. Elle se sent légère. Loin de lui peser, tout ce noir lui plaît par sa sobriété et ce quelque chose d'absolu qu'il paraît contenir. Il la ramène par la pensée à la robe luisante et sombre de son cheval moreau. Le voyage pourrait ne pas avoir de fin.

Sissi vit son dernier jour de liberté et elle ne le sait pas. Elle ne sait rien. Rien des menaces du monde. La guerre a éclaté en Crimée. Les troupes du tsar Nicolas Ier ont franchi le Danube et elles espèrent l'appui de François-Joseph dans leur lutte contre la Turquie. Le tsar ne lui a-t-il pas prêté main-forte et armée sûre en Hongrie ? Trente mille soldats russes ont écrasé les Hongrois insurgés qui voulaient rompre avec Vienne et proclamer la déchéance des Habsbourg. Elle ne sait rien des misères des peuples, de la pauvreté, de la maladie. Son père est un libéral, il vit cependant comme un seigneur avec le goût du luxe et de la dépense. Elle ne sait pas qu'une fois la frontière passée, elle entre dans un autre monde. Finie la campagne bavaroise, fini le royaume des animaux. L'Empire autrichien regorge d'uniformes officiels et la police surveille tout ce qui bouge. Elle ne sait pas qu'à Salzbourg et à Ischl l'attendent ceux que l'on nomme les princes du sel. Ils viennent de l'Europe entière, rois, reines, seigneurs en tout genre, empereurs, archiducs et archifamille. Ils se prennent déjà pour le sel de la terre, aussi trouvent-ils bien des vertus thérapeutiques aux eaux salines. La saumure n'est-elle pas un produit conservateur ? Le gotha aime le sel, qui lui permet de se retrouver entre soi.

Elle ne sait pas, Elisabeth, elle ne peut pas savoir que Salzbourg est à l'origine de la théorie stendhalienne de la cristallisation. Le chapitre du « Rameau de Salzbourg », écrit par Stendhal en 1825, n'est publié pour la première fois qu'en 1853, au moment même où l'ignorante petite duchesse *en* Bavière passe la frontière autrichienne. Stendhal écrit dans ce chapitre qui sera introduit plus tard dans *De l'amour* :

« Aux mines de sel de Hallein, près de Salzbourg, les mineurs jettent dans les profondeurs abandonnées de la mine un rameau d'arbre effeuillé par l'hiver ; deux ou trois mois après, par l'effet des eaux chargées de parties salines, qui humectent ce rameau et ensuite le laissent à sec en se retirant, ils le trouvent tout couvert de cristallisations brillantes. Les plus petites branches, celles qui ne sont pas plus grosses que la patte d'une mésange, sont incrustées d'une infinité de petits cristaux mobiles et éblouissants. On ne peut plus reconnaître le rameau primitif ; c'est un petit jouet d'enfant très joli à voir. Les mineurs d'Hallein ne manquent pas, quand il fait un beau soleil et que l'air est parfaitement sec, d'offrir de ces rameaux de diamants aux voyageurs qui se préparent à descendre dans la mine. »

Stendhal poursuit avec sa compagne de voyage un dialogue métaphorique d'où naît sa « théorie » amoureuse de la cristallisation :

« – Ah ! j'entends, dit Ghita ; au moment où vous commencez à vous occuper d'une femme, vous ne la voyez plus *telle qu'elle est réellement*, mais telle qu'il vous convient qu'elle soit. Vous comparez les illusions favorables que produit ce commencement d'intérêt à ces jolis diamants qui cachent la branche de charmille effeuillée par l'hiver et qui ne sont aperçus, remarquez-le bien, que par l'œil de ce jeune homme qui commence à aimer.

– C'est, repris-je, ce qui fait que les propos des amants

semblent si ridicules aux gens sages, qui ignorent le phénomène de la cristallisation.

– Ah! vous appelez cela *cristallisation*, dit Ghita; eh bien!
monsieur, cristallisez pour moi. »

Les dames de la berline noire ignorent ces choses-là. On ne
rêve pas d'amour quand il s'agit de s'emparer d'un trône. Et de
quel trône! Le plus convoité d'Europe. L'avenir dynastique va
se jouer et elles sont en retard d'une heure et demie. La voiture
qui devrait les suivre avec malles et garde-robes accuse un
retard plus grand encore. Leurs tenues de deuil ont piètre
allure, défraîchies par la chaleur, la poussière des routes.
Hélène affiche une mine de papier mâché, déveloutée, outre la
migraine, par l'appréhension. Décidément le noir lui va mal. Il
faudra pourtant faire avec. L'archiduchesse n'aime pas
attendre.

Elles ont à peine le temps de se recoiffer avant l'entrevue.
Les bagages sont à la traîne. Pour agrémenter leurs mises, il ne
leur reste plus qu'à tirer parti de leurs chevelures. Celle de Sissi
est magnifique, un fleuve châtain-roux qui lui coule jusqu'aux
mollets. La femme de chambre s'affaire autour de sa mère et
de sa sœur, Elisabeth se brosse elle-même les cheveux. Elle
déteste ces rencontres que l'étiquette rend si ennuyeuses.
Encore ressent-elle aujourd'hui une certaine curiosité. Comment son aînée va-t-elle se comporter dans une situation dont
dépend tout l'avenir familial? Elle n'aimerait pas être à sa
place.

D'une ponctualité impériale, François-Joseph vient d'entrer
dans le salon. Elisabeth connaît à peine ce cousin germain. Ils
se sont aperçus des années plus tôt, elle était une enfant, lui
déjà un homme. Néné fait une belle révérence, le sourire figé
par les regards et l'importance du rôle qu'on lui a attribué. Sissi
observe ce que font les grands quand ils souhaitent se séduire.
Elle n'entend que des mots convenus, elle ne voit que des atti-
tudes guindées. Pourtant, il est beau le fiancé de sa sœur.
Grand, blond, le corps élancé dans son uniforme blanc et
rouge, aux couleurs de l'Empire. Elisabeth baisse les yeux, dès
que ceux de François-Joseph se posent sur elle. Quand elle ose
les relever, le regard de l'empereur s'attarde, suit le mouvement de ses longues boucles, caresse sa silhouette et vient
s'immobiliser sur son visage, qui s'empourpre aussitôt. Elle se

sent stupide, laide. Pourquoi ne s'intéresse-t-il pas davantage à Hélène ? Pourquoi ne la laisse-t-il pas à sa timidité et à son insignifiance ? Combien de temps cela va-t-il durer ? Encore heureux que leurs mères meublent les silences. Les deux sœurs ne se sont pas vues depuis longtemps et elles ont tant de choses à se dire. Cependant Ludovika se montre embarrassée devant cette archiduchesse Sophie, métamorphosée par le pouvoir. A Vienne, on l'appelle « la vraie impératrice ». Et, dans ce salon de Bad Ischl, elle tient entre ses mains l'avenir de la famille des Wittelsbach dont elle est issue. La gêne est à la mesure de l'enjeu.

Point d'embarras pour François-Joseph. Il se sent en vacances. Bad Ischl ne ressemble pas plus à la Cour de Vienne qu'un bivouac en forêt à la citadelle de la Hofburg. Certes, il n'a pas accepté sans appréhension cette rencontre arrangée par sa mère. Il voudrait à présent l'en remercier. Sa mère s'est à peine trompée et l'essentiel pour lui réside dans cette toute petite erreur. Ce jour est béni entre tous, puisqu'elle est là au rendez-vous, la frêle Elisabeth.

Il n'a pas hésité une seconde. Avant même de lui adresser la parole, il a su que sa propre vie dépendrait de cette enfant dont il n'imaginait pas la survenue. Au premier regard s'est produit l'impossible. Il s'est senti vivant comme il ne l'avait jamais été, comme il ne le sera peut-être jamais plus. Contre cela, toutes les mères du monde, tous les empires, tous les uniformes ne peuvent rien. François-Joseph a oublié les guerres qui menacent et ce rôle impérial qu'il interprète avec sérieux depuis ses dix-huit ans. Il n'est plus qu'un lieutenant amoureux. Il a cristallisé en un tournemain pour la petite, l'oubliée, la farouche. Il n'a pas le temps d'analyser ses sentiments, de trier ses émotions. Tout cela est confus, fulgurant, et malgré tout si net, si fort. Il n'attend pas encore d'elle une réponse. Il est sous le choc de sa découverte : Elisabeth, cette Elisabeth de quinze ans et demi, est celle qu'il souhaitait, celle qu'il veut. Elle est l'enfance, lui n'en a pas eu. Elle est la timidité, lui a dû trop tôt apprendre à paraître. Elle est sauvage, lui n'a fréquenté que des palais. Elle est tant de choses qui le bouleversent.

Le complot des mères bat de l'aile. Elles ont compris que se produisait devant elles un malencontreux changement de cavalière. La situation risque de leur échapper, aussi profitent-elles du rituel du thé pour réagir. On place Elisabeth en bout de table avec les enfants. Elle se trouve encore trop en vue et murmure à l'oreille de sa gouvernante : « Néné s'en tire bien parce qu'elle a déjà rencontré beaucoup de monde dans sa vie. Mais pas moi. Et je me sens si mal à l'aise que je n'arrive absolument pas à manger. »

Pourtant François-Joseph s'occupe à peine de la pauvre Néné. Ses regards vont chercher au loin la longue petite fille qui chipote dans son assiette. Ahuries, les mères le surveillent et n'en reviennent pas. Elles assistent, impuissantes, à un coup de foudre mais encore à un détournement de pouvoir. Ce qu'elles ont mis tant de soins, tant d'années à construire, une gamine sans même s'en rendre compte le démolit. Pour Ludovika, la déconfiture n'est pas entière. Si jamais son aînée lui reste sur les bras, l'autre, du même coup, s'en trouvera casée. L'archiduchesse Sophie, elle, est bien décidée à se battre. N'a-t-elle pas amené son mari à refuser le trône pour l'offrir à son fils ? Comment ce fils qui lui doit d'être ce qu'il est lui désobéirait-il maintenant ? Elle ne veut pas de cette petite duchesse en sabots qui rend son fils déterminé et heureux pour la première fois. Mais elle comprend vite qu'il lui a échappé et, dans une lettre à sa sœur Marie de Saxe, l'archiduchesse se montre meilleure perdante qu'elle ne le fut : « Il était rayonnant, et tu sais combien ses traits peuvent s'illuminer lorsqu'il éprouve une joie. La chère petite ne se doutait nullement de l'impression profonde qu'elle avait provoquée chez Franzi. C'est seulement lorsque sa mère lui en parla qu'elle sortit de la timidité craintive que lui avait inspirée cette nombreuse assemblée. »

Le lendemain matin, à peine l'archiduchesse est-elle éveillée, voilà son fils dans sa chambre. Elle raconte la scène dans son Journal :

« – Tu sais, Sissi est délicieuse.

– Sissi ? C'est encore une enfant.

– Soit, mais regarde ses cheveux, ses yeux, son charme, toute sa personne. Elle est exquise.

– Tu ne la connais pas encore, il faut réfléchir. Tu as le temps, inutile de te presser. Personne ne te demande de te fiancer tout de suite.

– Mais non, il vaut beaucoup mieux ne pas faire traîner les choses en longueur. »

Le jeune lieutenant amoureux jubile, s'enthousiasme, délire, s'exclame : « Vraiment, comme cette Sissi est charmante! Elle est fraîche comme une amande à peine ouverte. Et cette magnifique couronne de cheveux autour de son visage! La

32

beauté et la douceur de son regard! Et ses lèvres, comme les plus belles fraises! »

L'archiduchesse est persuadée qu'il fait fausse route. Son fils a besoin d'une épouse éduquée, achevée, d'une femme qui l'aide dans sa tâche et le comprenne. Hélène serait parfaite. L'archiduchesse tente de le convaincre une dernière fois. Franzi ne veut pas l'entendre, il ne le peut pas. Loin de rejeter sa mère, il déborde de tant d'amour qu'il trouve des accents touchants pour lui manifester sa confiance et son affection. N'a-t-il pas éprouvé le besoin de lui ouvrir son cœur? N'est-elle pas la première à connaître son amour? L'archiduchesse est assez intelligente pour sentir qu'il n'y a plus rien à faire. Déjà Franzi s'en est allé. Il est parti rejoindre l'autre, la petite sorcière.

Grand chasseur devant l'Eternel, François-Joseph renonce à la chasse prévue ce 18 août. A quoi ne renoncerait-il pas? Au déjeuner, Hélène est encore placée à côté de lui. Grâce à cette précaution, les apparences sont sauves quelques instants encore. Aussitôt après, les deux mères s'entretiennent de la situation. Ludovika ne sait plus où elle en est. L'archiduchesse Sophie fait preuve de sang-froid, comme d'habitude. Son fils est amoureux fou de Sissi et il lui paraît impossible d'aller contre cette folie. Toujours obéissante, Ludovika parle le soir même à sa fille cadette et lui demande si elle croit pouvoir aimer l'empereur. Sissi se trouble, rougit, puis éclate en sanglots : « Comment pourrait-on ne pas aimer cet homme? Mais quelle idée de penser à moi, je suis si jeune et si insignifiante. »

Et Hélène? Personne ne songe à Hélène, à son humiliation. Elle a vingt ans, elle; elle est une femme destinée depuis des années à un sort glorieux, une vierge consacrée, une promise répudiée avant les fiançailles. Elle subit l'affront devant toute sa famille, Habsbourg et Wittelsbach réunis, sans compter les familles alliées et la kyrielle de princes du sel venus prendre les eaux à Ischl. A l'origine de cet outrage, il y a sa petite sœur. Hélène n'aurait jamais pensé que Sissi pût lui faire de l'ombre et aller jusqu'à occulter sa présence au moment décisif. Blessure d'amour, blessure d'amour-propre. On s'est inventé une histoire et l'histoire n'est pas. Suis-je déjà vieille à vingt ans? Et tout ce temps perdu? Est-ce qu'un jour un homme portera sur moi un de ces regards qu'a Franzi lorsque Sissi paraît? Sa petite sœur n'a rien fait, elle n'a rien dit. Cependant elle a volé son amour comme un Tzigane capture un cheval. Et, après cela, il faut faire bonne figure devant tous ces gens qui vous observent. Jusqu'à quand ? Y aura-t-il une fin au supplice ? Qu'elle gagne, qu'elle gagne une fois pour toutes, qu'elle soit aimée, qu'elle soit reine, qu'elle soit impératrice, mais qu'elle fasse vite !

Hélène, la pauvre Hélène, aura la grandeur d'âme de pardonner à sa sœur le mal qu'elle lui a fait sans le vouloir. Mais à ce moment-là, elle n'est qu'une jolie jeune fille qui se croit laide, humiliée, désespérée, parce que les autres dansent et qu'elle fait, elle, tapisserie.

Le grand bal doit avoir lieu le soir même, à la veille du vingt-troisième anniversaire de l'empereur. Il a insisté auprès de sa mère pour que Sissi, qui n'était pas prévue, soit invitée. On n'avait pas cru bon d'apporter pour la cadette une robe de bal. Elisabeth ne se tourmente pas pour si peu. Tout va si vite depuis trois jours. Dans cette confusion générale, elle se sent à la fois heureuse et effrayée. Elle avoue tout émue à sa gouvernante : « Bien sûr, j'aime l'empereur. Si seulement il n'était pas empereur ! » Etrange lucidité chez une petite personne de quinze ans et demi qui ne connaît rien à l'amour ni au pouvoir. Cet intérêt concentré sur elle l'étonne, la flatte et la fait trembler de peur. Elle n'a plus le choix, elle ne l'a jamais eu. Impossible de reculer quand on a le cœur en fête, qu'on se sent prise de vertige et poussée en avant par le désir des autres. La danse va commencer et ce n'est pas la petite duchesse qui l'arrêtera. Ludovika est ravie. Là où Hélène a échoué, Sissi est sur le point de réussir. L'archiduchesse Sophie a changé promptement son fusil d'épaule. Elle façonnera cette gamine comme de la cire molle. Aucun danger que son ascendant sur l'empereur soit remis en cause par une pareille sotte. Quelle importance après tout que la future impératrice se prénomme Elisabeth ou Hélène ! L'archiduchesse ne se plaît-elle pas à dire que « l'on peut remplacer un homme par un autre, sans qu'il en résulte au monde la moindre différence », alors une femme ! Avec Elisabeth, comme avec Hélène, les dynasties très catholiques des Habsbourg et des Wittelsbach se trouveront liées une fois encore et la succession sera assurée. Que demander de plus ?

Le soir du bal, Hélène fait contre mauvaise fortune bon

cœur. Elle a perdu, pourtant tous les atouts étaient dans son jeu. Jusqu'à cette magnifique robe de soie blanche confectionnée par les meilleurs faiseurs de Bavière, qui devait consacrer son triomphe. Malgré sa déconvenue, elle la revêt avec panache, les dents serrées par la tristesse, le front ceint de rameaux de lierre. Elle devra se contenter de cette couronne, celle de l'Empire une autre la portera. En revanche sa sœur n'a qu'une petite robe de rien du tout pour entrer dans sa nouvelle vie, du rose layette parmi les fastes de la Cour. Mais la voleuse, la Cendrillon, porte à ravir ce rien du tout. La taille minuscule, les reins cambrés, la poitrine ronde et haut perchée, le cou frêle, le sourire timide, le regard doux avec une pointe d'insolence, le front bombé et quelques fleurs dans une superbe crinière torsadée.

Pour la première fois, elle se sent belle. Le regard d'un homme l'a métamorphosée. Plus que belle, elle est la grâce même. François-Joseph voudrait l'entraîner loin des autres, lui dire son amour, caresser son visage et son corps. Mais il est l'empereur et sa fiancée a l'âge où l'on grandit encore. Il réussit à maîtriser son impatience et, comme un expert en jeux amoureux, ce qu'il n'est pas, il se plaît à retarder l'instant de la conquête. Il va la regarder danser avec un autre. Quand commence la seconde polka, il demande à son aide de camp, le baron Hugo von Weckbecker, d'inviter Sissi. Elle n'a pas dû suivre plus de deux ou trois leçons de danse et elle se sent plus à son affaire sur un cheval qu'au bras d'un cavalier. Elle oublie cependant sa maladresse et se glisse sans peine dans le rythme. François-Joseph se repaît du spectacle. Elle danse pour lui, elle danse pour elle. Son corps est encore libre dans la prison des regards. Après l'avoir reconduite à sa place, le baron Hugo von Weckbecker confie à l'un de ses amis : « Il me semble que j'ai dansé avec la future impératrice. »

Franzi et Sissi sont enfin réunis pour la dernière danse, le cotillon. Ils s'accordent à merveille, eux qui n'ont pas échangé dix phrases. Ils sont beaux. Le conte de fées existe le temps d'un bal. L'empereur couvre de compliments et de bouquets sa jeune fiancée. Il a vingt-trois ans et elle est son plus inattendu cadeau d'anniversaire.

Le dimanche 19 août – « Je suis une enfant du dimanche » –, les choses sont menées tambour battant. Chacun se lève très tôt, c'est l'habitude des deux familles. Il fait dans la journée une chaleur insupportable, comme souvent dans les pays qui ne connaissent pas la mer. L'archiduchesse est chargée par son fils de demander à Ludovika si sa fille Elisabeth « veut bien de lui ». On peut s'étonner du ton modeste d'une telle requête. Si Franzi, amoureux comme un jeune lieutenant, est prêt à tout pour conquérir sa belle et se faire aimer pour lui-même, François-Joseph n'ignore pas ce qui pèsera sur les épaules de sa future femme. « Ma charge est si lourde que, Dieu m'en est témoin, ce n'est pas un plaisir de la partager avec moi. »

L'archiduchesse Sophie rapporte l'attitude de sa sœur en ce moment capital : « Elle me pressa la main avec émotion, car dans sa grande modestie elle avait toujours douté que l'empereur pût vraiment envisager de s'allier à l'une de ses filles. » Quand on interrogera par la suite Ludovika sur les circonstances de cette demande en mariage, elle se bornera à répondre : « On n'envoie pas promener un empereur d'Autriche », formule qui a l'avantage de la franchise et qui jeta une lumière plus crue, en tous les cas moins poétique, sur la situation. A peine consultée, Elisabeth ne peut que répéter : « J'aime tant l'empereur ! Si seulement il n'était pas empereur. » Il l'est et elle ne va pas tarder à s'en apercevoir.

Retour de mission, l'archiduchesse prévient son fils que sa demande a été accueillie d'une manière favorable. Franzi exulte et court rejoindre Sissi. Les rois sont ses cousins, mais Elisabeth est désormais bien plus qu'une simple cousine. Elle est officiellement sa fiancée, elle est son amour. Il veut le dire au monde entier. A la messe de onze heures à Ischl, le monde entier n'est pas convié, le beau monde oui, auquel il faut ajouter la foule des badauds. Au moment d'entrer dans l'église, l'archiduchesse s'efface pour laisser passer devant elle Elisabeth. Ce geste a valeur de sacre. La mère de l'empereur ne vient à présent qu'en second, le protocole l'exige ; l'usage, ce sera une autre affaire.

Quand la cérémonie s'achève, le curé descend les marches de l'autel pour bénir l'assistance. François-Joseph prend Elisabeth par la main. Ils font quelques pas en direction du prêtre à qui l'empereur demande : « Monseigneur, veuillez nous bénir, voici ma fiancée. »

Du délire à la sortie de la grand-messe. La nouvelle s'est répandue de proche en proche et la foule acclame le souverain

36

et sa petite promise de quinze ans et demi. Le soleil est au zénith. Après l'ombre et le recueillement, la lumière tombe dru. On se bouscule. Les cris, les applaudissements et tous ces yeux qui vous percent, qui vous scrutent, qui vous piquent, qui vous violent, qui vous volent jusqu'à votre âme. Elisabeth craint de trébucher sous le feu des regards. Elle ne perçoit ni l'amour ni l'admiration qu'ils expriment. Elle ne sent que leur violence. Elle s'empare alors de la main de son fiancé et s'y cramponne de toutes ses forces. Les premiers instants ont le redoutable privilège de fixer les émotions. Elle ne pourra jamais plus se défendre contre ce réflexe de panique. Les bains de foule auront sur elle l'effet d'une douche glacée.

L'archiduchesse a surpris ce mouvement de recul. La petite fait bien des manières, songe-t-elle dans son for intérieur. Tant d'autres aimeraient être à sa place. Bah, elle s'habituera! Au reste il vaut mieux qu'elle n'affiche pas un large sourire, ses dents ne sont pas belles. Sophie est bien placée pour le savoir, toute la famille de Bavière a de mauvaises dents. Un héritage des Wittelsbach. Que la trop séduisante Sissi n'y échappe pas lui redonne de l'allant. Tout n'est pas perdu puisque le ver est déjà dans le joli fruit. L'archiduchesse en fera part à François-Joseph, dès la promenade de l'après-midi. Au premier aparté, elle saisit l'occasion de couper la parole à son fils qui n'en finit pas d'égrener les perfections de sa fiancée : « Elle est ravissante, dit-elle, mais elle a les dents jaunes! » La tante est devenue la belle-mère. Elle fait aussitôt part de sa trouvaille à Ludovika. Sa sœur doit recommander à sa chère fille de se brosser un peu mieux les dents.

Avant le soir, la remarque parvient à l'intéressée. Ludovika s'acquitte scrupuleusement de la tâche que lui a confiée l'archiduchesse. Le destin de l'Empire ne dépend-il pas de ce genre de détails? Et les mères ne sont jamais assez vigilantes, quand il s'agit de faire le bonheur de leurs filles, même malgré elles. Sissi abandonne le rire de son enfance. Elisabeth apprend à sourire les lèvres closes.

> *Je suis une enfant du dimanche, une enfant du soleil;*
> *Ses rayons d'or au trône m'ont conduite,*
> *De sa splendeur fut tressée ma couronne*
> *Et c'est en sa lumière que je demeure.*

La future impératrice d'Autriche rentre en Bavière avec sa mère et sa sœur. On la met aussitôt au travail. Les précepteurs ne sont plus pour Hélène, mais pour Elisabeth. L'archiduchesse a donné des ordres. Il faut dompter la sauvageonne et commencer à lui apprendre les rudiments de l'histoire autrichienne. Le père de Sissi lui a choisi un maître. Un petit homme de soixante-dix ans, intelligent, drôle et érudit : le comte Jean Majláth. En fait de dressage, le professeur tombe sous le charme de son élève et réciproquement. Ce phénomène se reproduira tout au long de la vie d'Elisabeth. Dès que le maître en vaut la peine, elle est la plus affectueuse, la plus attentive des écolières, perfectionniste jusqu'à l'obsession. Tous ses professeurs l'adoreront et pas seulement parce qu'elle est l'impératrice.

Elle découvre à quinze ans sa propre curiosité. Elle a vécu dans l'ignorance. Elle souhaite tout apprendre. Avec Jean Majláth, la Hongrie fait son entrée dans son destin de souveraine et de femme. Le duc Max a-t-il choisi à dessein cet homme pour qu'il lui permette de prendre sa revanche sur son autocratique belle-sœur, l'archiduchesse Sophie ? Veut-il déposer dans l'intelligence de sa fille le ferment de la révolte ? Conscient ou non, ce choix donnera un sens à la vie de l'impératrice. Apprendre l'histoire de l'Autriche avec un professeur hongrois, voilà qui n'est pas banal et qui vous marque pour le reste de vos jours.

Certes, Jean Majláth n'est pas révolutionnaire. En 1848, au moment de l'insurrection hongroise, il est resté fidèle aux

38

Habsbourg, ce que lui reprochent les libéraux de son pays. Cependant il est hongrois, avec fierté, lyrisme, et il ne met pas son drapeau dans sa poche face à la future souveraine de l'Autriche. Le courageux petit homme lui parle avec ferveur de l'ancienne Constitution hongroise pour laquelle ses compatriotes ont versé leur sang et que François-Joseph, oui François-Joseph, a abrogée en 1849. Il évoque la répression après les révoltes de 1848 : treize généraux pendus, le président du Conseil, Battyány, fusillé – sa veuve a maudit l'empereur : « Que Dieu le frappe dans tous ceux qu'il aime et dans toute sa lignée ! » –, les condamnations à mort, les séquestrations, les confiscations de biens. Un pays à sac, l'exil des magnats solidaires de la cause hongroise : Kossuth en Turquie et le comte Andrássy – c'est la première fois qu'Elisabeth entend prononcer le nom d'Andrássy, ce ne sera pas la dernière – à Londres, puis à Paris où on le surnomme le « beau pendu », parce qu'il collectionne les succès féminins et qu'il a échappé de justesse à la pendaison.

Les généraux n'ont pas fait de quartiers. Il a fallu les soldats du tsar pour aider l'armée autrichienne à écraser les insurgés. La vengeance est à la mesure de la peur. Sans en référer à François-Joseph, les militaires condamnent à mort même ceux qui se rendent. L'empereur entre dans une fureur terrible en l'apprenant. Il use aussitôt de son droit de grâce à l'égard de ses ennemis. Trop tard, nombre de vaincus ont rendu le dernier soupir.

Jean Majláth cache son désespoir. N'a-t-il pas devant lui la future impératrice ? Ne sera-t-elle pas en mesure d'exercer une influence ? Alors il lui dit qu'il continue à croire au destin commun de l'Autriche et de la Hongrie. Des liens d'amour et de haine tiennent serrés les deux pays. Ni l'insurrection ni le carnage ne peuvent les trancher d'un coup. Le vieil homme met toute sa confiance dans le jeune empereur qu'Elisabeth va épouser. Comment François-Joseph n'aurait-il pas horreur de la répression, lui qui dut être à vingt ans le bourreau de la Hongrie ? On ne construit rien de durable sur les ruines d'un peuple, surtout quand ce peuple a la force et la nostalgie sauvage du peuple magyar. On a tôt fait d'apprendre que la violence peut se retourner à tout moment contre ceux qui l'exercent. C'est dans sa chair que le jeune empereur en a fait l'expérience. Le 18 février 1853, six mois avant les fiançailles de Bad Ischl, Franz, le cher Franz, a été victime d'un attentat.

Un Hongrois, Janos Libenyi, s'est jeté sur lui un couteau à la main. Dans l'assistance, une femme a soudain crié et François-Joseph s'est brusquement retourné pour voir d'où provenait le cri. Déviée par miracle, la longue lame à double tranchant, au lieu d'égorger la victime, a glissé entre l'étoffe de l'uniforme et la boucle métallique de la cravate. Elle ne s'est enfoncée qu'ensuite dans le cou. L'empereur saigne en abondance. Son aide de camp, aidé par un passant, se précipite sur l'agresseur. Les deux hommes réussissent à le maîtriser. A demi évanoui, l'empereur s'écrie : « Ne le tuez pas! »

Cet appel à la clémence choque les militaires. Ils n'ont pas fini d'en découdre avec les Hongrois qui leur ont tenu longtemps la dragée haute. Pour Jean Majláth, le souverain blessé – commotion et troubles oculaires passagers – a ainsi ouvert la porte à la réconciliation. Tout est encore possible.

L'élève écoute avec passion le récit du professeur. Elle disait : « Dommage qu'il soit empereur! » Il est bien plus en vérité. Le voici héros. La petite fille confond dans son exaltation le courage d'un pays, la Hongrie, et celui d'un homme, son fiancé. L'éloquence et la conviction de Jean Majláth sont encouragées par les progrès d'Elisabeth. Quoi de plus émouvant que l'éveil d'une intelligence? Pour sa part Ludovika, dont l'esprit ne s'embarrasse guère de subtilités, déclare que le professeur donne ses leçons « pour les beaux yeux de Sissi ». Certes ils sont beaux, mais peu monnayables quand il s'agit de payer des dettes. Jean Majláth cache sa détresse. Il n'a pour vivre que de maigres droits d'auteur. Et l'année suivante, sa protégée devenue impératrice, il se donnera la mort. On ignore dans quelles circonstances Elisabeth apprendra la nouvelle de son suicide. Nul doute qu'elle en ait été bouleversée. Cet homme à qui elle doit tant se noie dans le lac de Starnberg, dans *son* lac. Tout près de Possenhofen. Pourquoi les eaux de son enfance sont-elles si sombres? Richard, Jean Majláth, les premiers d'une longue liste. Par la suite, le lac de Starnberg se refermera sur d'autres souvenirs, d'autres corps. Le deuil sied à Elisabeth. Il est peut-être son état naturel. Grand maître ès pessimismes, Cioran se sent en parfaite sympathie avec l'impératrice Elisabeth dont il dit : « Je ne veux pas minimiser ses déceptions et ses épreuves mais je ne pense pas qu'elles aient joué un rôle fondamental. Elle aurait été déçue dans n'importe quelles circonstances, elle était née déçue... La cause n'est pas extérieure, elle est interne. C'est du plus profond d'un être qu'émane le besoin de ruiner illusions et certitudes, facteurs du faux équilibre sur lequel repose l'existence. »

Les leçons de Jean Majláth sont beaucoup plus passionnantes pour Elisabeth que les préparatifs de son trousseau. Essayages, lingères, couturières, brodeuses, gantières et chausseurs. Un gigantesque déploiement de forces. Toutes les cousettes de Munich à l'ouvrage pendant des semaines pour un trousseau que la Cour de Vienne jugera modeste eu égard au rang de la future épousée. Il pourrait cependant satisfaire tous les besoins de toutes les femmes d'un village durant un siècle au moins.

De Vienne, François-Joseph envoie à sa petite fiancée bijoux et cadeaux payés sur sa cassette personnelle. Il est très scrupuleux dans ce domaine comme dans les autres, ses comptes sont parfaitement tenus et ses propres besoins insignifiants. Dès qu'il peut s'arracher aux affaires de l'Etat, il vient apporter lui-même ses présents à Munich ou à Possenhofen. Il ne se sent presque plus empereur dans la famille du duc Max.

Elisabeth est toujours Sissi, la charmante Sissi dont la maladresse et la grâce l'ont rendu fou d'amour. Mais à chaque visite, Franz la trouve embellie. Ce n'est pas qu'une illusion, un effet de la cristallisation stendhalienne. Sissi reste jolie. Elisabeth devient belle. De mois en mois, plus fine, plus svelte, plus longue. Elle n'en finit pas de grandir et de l'étonner. De Possenhofen, il écrit à sa mère : « Tous les jours, j'aime Sissi plus profondément et je suis de plus en plus convaincu qu'aucune femme ne peut mieux me convenir qu'elle. » Pour mettre un terme à toutes les objections, il ajoute même : « Elle a maintenant les dents tout à fait blanches grâce à vos recommandations. » Le pieux mensonge! En fait Elisabeth dissimule comme elle peut sa denture tant incriminée. Les critiques de l'archiduchesse ont déjà à demi clos son sourire.

Au soir du 24 décembre 1853, François-Joseph est en Bavière pour fêter Noël et les seize ans de sa fiancée. Avec les frères et les sœurs de Sissi, il oublie la guerre dans laquelle le tsar cherche à l'entraîner, il oublie la Hofburg où il n'a pas eu de jeunesse, il oublie le pouvoir et la ronde obsédante des Habsbourg. Il est pour quelques heures un enfant. Quelques heures seulement, car il faut vite regagner la garnison.

Elisabeth se rend peu à peu compte qu'elle ne va pas seulement quitter ses parents, sa famille, son lac, son pays, son enfance. C'est elle-même qu'il va falloir laisser en chemin. Tandis que les vingt-cinq malles de son trousseau prennent la route de Vienne, elle doit se prêter, à Munich, au palais royal de la Residenz, à une cérémonie dont la valeur symbolique la trouble. Le pape Pie IX a donné son autorisation pour son mariage avec François-Joseph – ils sont cousins germains par leurs mères et cousins au quatrième degré par leurs pères, cependant personne, ni pape, ni médecin, n'ose évoquer les risques de la consanguinité, qui sont déjà connus à l'époque –, il lui faut maintenant renoncer à ses droits de succession. Elisabeth, Amélie, Eugénie de Wittelsbach, duchesse *en* Bavière, est bien à la traîne dans l'ordre de succession à la Couronne bavaroise. Ce qui n'a en fait qu'un caractère officiel prend aux yeux de la jeune fille une signification grave, profonde. Peu lui chaut le trône de Bavière, elle aura celui de Vienne plus prestigieux, plus redoutable aussi, mais cette renonciation, tout alourdie de fastes et de solennité, marque la fin de son ancienne vie. Elle rompt avec son pays avant même d'en épouser un autre. Adieu les rives de l'Isar. Le Danube attend son impératrice. Elisabeth sent la crainte l'envahir. Il faudra que Franz soit fort pour deux, elle a si peur de ne pas être à la hauteur de sa tâche. L'empereur mériterait mieux qu'une petite provinciale comme elle. Et si, en gagnant, elle avait misé plus qu'elle ne pensait ? Et si Hélène en perdant avait gagné ? Les Wittelsbach n'ont pas un sourire impeccable, leurs dents sont grises, mais c'est ce sourire-là qu'elle aime. Il vaut bien la lippe des Habsbourg. Quant à la folie et aux maladies nerveuses, il faut avouer qu'elles sont réparties équitablement des deux côtés. Franz est beau, jeune, amoureux. Il sera sa patrie, son amour en terre étrangère. Et puis n'est-ce pas le sort commun aux filles de la haute aristocratie ? Ne sont-elles pas mariées, exilées, parfois plus jeunes, parfois contre leur volonté – au reste qui se soucie de savoir si elles en ont une ? Elisabeth fait un mariage certes arrangé, mais pour une autre. Elle épouse l'homme qu'elle aime, il est empereur de surcroît. Ludovika et sa sœur l'archiduchesse auraient bien voulu vivre à son âge une telle aventure. Il faut sourire, Elisabeth, sourire les lèvres serrées pour ne pas montrer qu'on garde par-devers soi la marque des Wittelsbach.

Elle n'a pas encore quitté l'enfance qu'elle n'est déjà plus duchesse *en* Bavière. Chacune de ses sorties déclenche la curiosité, l'enthousiasme, et elle ne s'habitue pas à cette célébrité qui arrête les vrais élans. Naguère elle n'intéressait personne. A présent le moindre de ses gestes est jugé, approuvé, critiqué, surestimé. A-t-elle changé? Est-elle une autre? Pourquoi cette gloire lui a-t-elle été octroyée par méprise?

Finies les promenades solitaires. Finies les chevauchées à l'aube. Même son cher fiancé s'en mêle. Lui qui ne veut que le bonheur de son aimée, il lui conseille pourtant d'adapter son comportement à son nouveau statut social. Il écrit de Munich à sa mère, restée à Vienne pour veiller au grain durant son absence : « Parmi d'autres qualités plus importantes, Sissi est une charmante cavalière. Cependant, conformément à vos souhaits, j'ai prié ma belle-mère de ne pas la laisser monter trop souvent à cheval. Cela ne sera pas facile à obtenir, il me semble qu'elle n'y renoncera pas volontiers. »

Son corps, son corps inachevé, son corps en devenir, ne lui appartient plus. Le duc Max n'aurait jamais proféré un tel interdit, il n'en a jamais eu la tentation. Il voulait une fille intrépide et la spontanéité qu'il a encouragée n'est plus de mise. On lui conseille de changer de registre. Elle ne doit plus s'adresser à la terrible archiduchesse, sa tante, en la tutoyant. Il lui faut désormais voussoyer la « vraie impératrice », sa belle-mère.

Le 4 mars 1853, le contrat de mariage est signé en l'absence du futur époux. En revanche, les juristes, les dignitaires religieux, les médecins, les représentants des Habsbourg et des Wittelsbach se bousculent. Une kyrielle de chiffres. Elisabeth reçoit « par amour et affection paternels » cinquante mille florins de dot et un trousseau « conforme à son rang ». L'empereur « compensera » la dot de sa fiancée, sans doute jugée insuffisante, avec cent mille florins. Il s'engage à verser annuellement à son épouse pour ses besoins personnels, « toilettes, parures, bonnes œuvres et menues dépenses », cent mille florins. Cette rente lui restant due en cas de veuvage. Il est à noter que l'archiduchesse Sophie ne perçoit que (!) vingt mille florins. Trois jours avant son mariage, François-Joseph portera cette somme à cinquante mille florins afin que sa femme ne paraisse pas trop avantagée par rapport à sa mère.

L'historienne Brigitte Hamann souligne qu'à cette époque un ouvrier gagne deux cents à trois cents florins par an pour un travail quotidien de douze à quatorze heures, une femme la moitié et un enfant bien moins encore. La solde d'un lieutenant se monte à deux cent quatre-vingt-huit florins annuels. Elisabeth ne sera pas la plus pauvre de son Empire !

Ce n'est pas tout. Morceau de choix, il reste la *Morgengabe*. Littéralement : l'offrande du matin. Charmante appellation pour une coutume qui peut cependant froisser la pudeur d'une enfant, blesser l'amour-propre d'une femme. Elle remonte à la nuit des temps et concerne la nuit des noces. La jeune épousée reçoit pour « compenser » cette fois la perte de sa virginité douze mille ducats. « Présent de noces, après consommation de l'union conjugale. » Dans la Maison impériale, on paye rubis sur l'ongle comme d'autres au lupanar. Il est vrai qu'à ce prix-là, la virginité n'a jamais si bien mérité d'être appelée par périphrase : le petit capital. François-Joseph écrit le 26 mars 1854 à son ministre des Finances, le chevalier de Baumgartner, pour lui donner l'ordre de tenir prête au lendemain de son mariage la *Morgengabe*, en nouvelles pièces d'or et d'argent, dans « un coffret présentable, afin de la remettre à la sérénissime fiancée ».

Sans doute le ministre des Finances appliqua-t-il à la lettre les consignes de l'empereur. Le coffret est joli, la jeune mariée aussi. On peut craindre cependant que la *Morgengabe* ait suscité chez Elisabeth plus de gêne que d'enthousiasme.

Dans les palais autrichiens, tout se sait. Les murs ont des oreilles. L'expression semble avoir été inventée pour ces murs-là. L'Empire est truffé de mouchards. Metternich a porté à un haut degré de perfection le système de surveillance, ses héritiers l'ont perpétué. On ne s'étonne même pas que le courrier soit lu avant d'arriver à son destinataire. Les particuliers n'échappent pas plus que les ambassades à cette manie de l'espionnage. Et, dans le monde clos de Schönbrunn et de la Hofburg, les nouvelles vont encore plus vite qu'ailleurs. Les murs, les cloisons, les paravents, les tentures ont des oreilles. Il se trouve toujours une bouche près des oreilles pour repérer le secret que l'on vient d'entendre. Ainsi, de proche en proche, l'intimité est-elle exhibée, la pudeur mise à nu et les ébats amoureux des maîtres commentés en coulisse.

On sait, on croit savoir qu'Elisabeth, mariée le 24 avril 1854, ne perdit sa précieuse virginité, perte que devait « compenser » la *Morgengabe*, qu'au cours de la troisième nuit, celle du mercredi 26 au jeudi 27 avril. Le jour du mariage, tout conspire pourtant à la réussite du cérémonial. Le temps est suave, le soleil éclatant. Vienne n'a jamais été à pareille fête depuis que le Congrès a cessé de s'y amuser. Les princes de l'Europe ont

44

répondu à l'invitation de leur cher cousin. L'Orient ajoute ses couleurs aux fastes de l'Occident. On est venu d'Istanbul, d'Alexandrie, de plus loin encore. L'allégresse populaire montre qu'on a relégué aux oubliettes les revendications de 1848. On veut voir le jeune empereur amoureux. Il apparaît le buste rayé par le collier de la Toison d'or. Il a fière allure, mais Elisabeth le trouvait plus beau encore quand, deux jours auparavant, il est venu l'accueillir à Vienne. Accompagnée de sa famille, elle avait descendu le Danube de la frontière bavaroise jusqu'à la capitale de sa nouvelle vie. Le bateau à aubes s'appelait justement le *François-Joseph* et tout, les hommes, les maisons, les drapeaux et les barques, semblait porter la marque de son futur époux. Des villages alentour, les gens accouraient pour acclamer la fiancée. Elle saluait, saluait sans cesse. Le mouvement des aubes la rassurait. Quoi qu'il pût arriver, les grandes roues continueraient à tourner et l'emporteraient loin des vivats. Mais à peine le *François-Joseph* avait-il dépassé un groupe de villageois qu'en aval d'autres apparaissaient.

A Nussdorf, tout près de Vienne, Franz se tenait impatient sur la rive. Le vapeur faisait ses manœuvres. La passerelle n'avait pas encore été jetée. Il y avait un vide entre le bateau et le quai. Alors l'empereur n'y tenant plus avait franchi d'un bond l'espace qui le séparait de son aimée en robe de soie dragée et chapeau blanc. Sous les yeux ébahis des officiels, il l'enlaçait, la soulevait de terre, l'embrassait comme un amant sans se soucier du protocole.

L'église des Augustins exige en ce jour de mariage une tenue plus compassée. Il a fallu trois heures pour vêtir la nouvelle impératrice, discipliner sa crinière, surmonter son front du diadème offert par l'archiduchesse. Cette jeune beauté, si frêle, si pâle, si grave, tient davantage du rêve que de la réalité. François-Joseph est à ses côtés. Il n'ose pas la regarder, encore moins la toucher. On ne bouscule pas une apparition. Le cardinal Rauscher, évêque de Vienne, reste pourtant insensible. Il a même le mauvais goût d'emprunter à saint Augustin quelques formules tout imprégnées de la bonne vieille misogynie des Pères de l'Eglise : « Quand la femme aime l'homme parce qu'il est riche, elle n'est pas pure car elle n'aime pas l'époux, elle aime l'argent de l'époux. Quand elle aime l'époux, elle l'aime pour lui-même, fût-il pauvre et démuni de tout. » Cela n'est-il pas agréable à entendre le jour de ses noces, quand on ne souhaite que l'ardeur des sentiments, quand on rêve d'amour comme une bergère, comme une femme ? Dans l'église des Augustins, devant les princes de l'Europe et toute l'archifamille autrichienne, Elisabeth ressent le sermon de l'évêque comme une offense personnelle et surtout comme une injustice. Elle n'ignore pas que le cardinal Rauscher est le confesseur de sa belle-mère. De là à soupçonner une fois encore l'influence de la mauvaise fée, il n'y a qu'un pas.

Au moment d'échanger les consentements, le oui de François-Joseph s'élève, sonore, assuré, celui d'Elisabeth ressemble à un bruissement. La voici donc mariée à cet homme que ses quarante-sept titres font régner sur cinquante-deux millions de sujets, à ce souverain d'un Etat multinational toujours à la recherche de son identité et qui, faute de la trouver, investit tout dans sa fidélité à la dynastie des Habsbourg.

Vienne exulte. Il n'y a jamais eu de révolution, il n'y en aura jamais. Dans la douceur du soir, les fanfares répondent aux carillons, les trompettes aux hurlements de joie. Ils sont si jeunes, les nouveaux maîtres de cet Empire millénaire que, pour une nuit, on a envie de croire à l'immortalité. Tout cela n'aura jamais de cesse et le long fleuve des Habsbourg coulera sans fin.

Réception des hauts dignitaires, cortèges dans les rues, illuminations, carrosse d'or et acclamations, dîner gigantesque sous les lustres de la Hofburg. Rien n'est trop cher pour obtenir le droit de se blottir l'un contre l'autre. Mais il faut encore subir les compliments, les présentations, les révérences, les baisemains. Dans ce monde où l'on se fréquente depuis des générations, Elisabeth ne connaît aucun visage. Si par chance elle découvre une parente, cela lui vaut d'être grondée par l'archiduchesse. Ne s'est-elle pas permis d'embrasser deux petites princesses, ses cousines à la mode de Bavière ? Elle se le voit aussitôt reprocher. De telles effusions lui sont interdites. Désormais sa personne est sacrée. Son corps appartient à la Couronne d'Autriche. François-Joseph approuve sa mère et fait remarquer à son épouse qu'elle est à présent la première dame d'un grand Empire. Plus question d'obéir à ses élans. Sa vie est codifiée comme celle d'une nonne. Elle doit se conformer à une règle non moins contraignante que celle des monastères, le protocole. Et nul n'a le droit de lui adresser la parole, si ce n'est pour répondre à ses questions. La timidité d'Elisabeth l'empêche de prendre l'initiative d'une conversation.

Dans la salle des audiences l'attendent les dames admises au baisemain. Elle a le sentiment de plonger dans le vide. Interminable cortège. Douairières chamarrées. Rivières de diamants. Torrents de gemmes. Regards plus durs que les pierres du décolleté. Parfums funèbres. Elisabeth est incapable de dire un mot. Mon Dieu, pourquoi suis-je là ? Elle s'enfonce dans son propre silence. L'artère bat à sa tempe. Ses jambes et ses pieds gonflent de fatigue. Ses paupières sont lourdes. Elle sourit en prenant bien soin, pour ne pas découvrir les dents qui déplaisent tant à l'archiduchesse, de garder les lèvres closes. Elle se sent laide. Ne va-t-elle pas bientôt ressembler à toutes ces femmes qui font cercle autour d'elle, leurs bijoux arborés comme des lanternes sur des chantiers en démolition ? Il n'y a plus d'échappatoire.

Les applaudissements qui montaient vers elle à Munich, dans sa chère Bavière, et tout le long du Danube dans les villages riverains, elle était bien sotte de les craindre. Chaque élan était spontané, généreux. Ici, dans ces palais immenses, tous les yeux tournés vers l'impératrice sont des juges et elle ne sait pas affronter une telle artillerie. Si seulement elle pouvait se mêler, comme une inconnue, à la foule qui danse dans les rues en son honneur. Mieux encore, la regarder de sa fenêtre.

Les deux sœurs, Ludovika et Sophie, accompagnent Elisabeth jusqu'au lit nuptial. Le jour est fini, la nuit commence. Soudain émue – se souvient-elle de sa propre jeunesse et de la panique qui fut la sienne au moment de livrer son corps à son inepte archiduc de mari ? –, l'archiduchesse écrit dans son Journal au soir même du 24 avril 1854 : « Nous conduisîmes, Louise [Ludovika] et moi, la jeune mariée dans ses chambres. Je la laissai avec sa mère et m'établis dans le cabinet à côté de la chambre à coucher jusqu'à ce qu'elle fût au lit, et je cherchai mon fils et l'emmenai près de sa jeune femme, que je trouvai, en lui disant bonne nuit, cachant son joli visage inondé de la profusion de ses beaux cheveux dans son oreiller, comme un oiseau effrayé se cache dans son nid. »

Enfin seuls. N'était le bruissement lointain de ceux qui sont aux aguets. Que sait-elle de l'amour ? Ce que savent les jeunes filles de son monde. Encore a-t-elle été élevée à la campagne. Elle a vu les animaux. Elle a deviné les fredaines du duc Max, ce père trop adoré. Dans ces deux cas de figure, l'accouplement n'a pas dû lui paraître très tentant. Le jeune comte Richard, qu'elle a cru aimer, est mort trop tôt pour que l'émotion de l'adolescente devienne trouble des sens et le rêve désir. Elle s'est alors réfugiée dans la poésie et le vague des sentiments.

Quant à François-Joseph, il est empereur depuis l'âge de dix-huit ans et sa mère en lui offrant la couronne s'est promis de le garder sous sa coupe et de pourvoir à tout, même à son éducation sexuelle. La bigoterie de Sophie ne l'empêche pas d'être réaliste. Pour que son fils n'aille pas chercher ailleurs ce dont il a besoin, il faut lui amener des femmes à domicile. L'infatigable archiduchesse devient la grande ordonnatrice des plaisirs du souverain. De quoi faire rougir son confesseur, le cardinal Rauscher !

La mère organise pour son fils des bals dans ses appartements privés. Sont conviées les plus jolies jeunes filles, celles qui peuvent exhiber les meilleures manières et les plus irréprochables quartiers de noblesse. L'ordonnatrice a émaillé ce chœur virginal de quelques vraies femmes. Elle les sait peu farouches. Au reste, comment le seraient-elles à l'égard du maître ? Il est jeune, excellent danseur, bien fait de sa personne, et son corps qui a de la vigueur n'a pas encore beaucoup servi. Il y a longtemps qu'à la Hofburg, on n'a pas été à pareille fête. Il suffit à Sophie de sélectionner les candidates. On peut se fier à l'archiduchesse et à ses mouchards pour mener l'enquête. Il lui faut de la chair expérimentée mais encore fraîche, des garanties à la fois héréditaires et médicales.

Les dames accourent au premier signe. Elles connaissent leur partition. Donner à l'empereur l'illusion de la conquête. Le faire languir le temps d'un quadrille et de quelques mazurkas. Chavirer au final. Se débattre pourtant, mais très vite soupirer d'aise. Se taire le lendemain. Cependant il serait illusoire de croire au secret. Si l'archiduchesse sait tout, Vienne n'ignore rien. Les dames qui ont les faveurs de François-Joseph, on ne tarde pas à les surnommer les « comtesses hygiéniques ». Voilà la situation parfaitement résumée. L'empereur n'a connu que des femmes trop honorées d'être dans ses bras pour se permettre en plus de faire des manières ou pis encore de songer à leur propre plaisir. Il croit qu'elles sont toutes faites ainsi. François-Joseph est un soldat, non un poète. Enfermé depuis toujours à la Hofburg, il n'en voit même plus les faux-semblants. Il a l'innocence de penser que le monde à l'extérieur de la citadelle reproduit avec fidélité celui dans lequel il vit à l'intérieur. Il a hérité de sa mère son réalisme et son manque d'imagination. Son unique rêve, le seul et pour toute sa vie, c'est cette petite fille qui se cache sous ses cheveux et qu'il n'arrive pas à consoler. Il n'y a plus d'empereur. Avec elle, il est démuni.

Pourtant il l'a voulue. Entre toutes les femmes, c'était elle. Il le savait avec la prescience des hommes comblés qui ne peuvent désirer que l'inaccessible. Elle est son triomphe et son échec. Il l'apprend nuit après nuit dans cette chambre où ils sont deux naufragés. Lui qui ne connaît rien puisqu'il ne la connaît pas. Elle qui se sent l'objet d'un troc et retient ses émotions. N'ont-ils pas toute la vie pour s'aimer, pour faire les gestes ? Faut-il vraiment se précipiter au premier signal ? Elle ignore ce qu'est le désir d'un jeune lieutenant amoureux, quand le corps de l'épouse se dérobe et qu'il l'entraperçoit derrière la profusion de ses cheveux. L'enfant est une femme splendide. La peau diaphane sous la chevelure sombre. Une fausse maigre. Sa taille minuscule met encore plus en évidence la rondeur des seins et des fesses. Mais elle ne se montre pas fière de son corps comme l'étaient les « comtesses hygiéniques », pourtant moins belles. Ces femmes n'ont rien appris à François-Joseph qui lui soit utile à présent. Il ne sait plus s'il est heureux ou malheureux. Franz perd la tête et en oublie sa prestance impériale. Il est un homme avec une femme dans le huis clos d'une chambre. Il sait peu de chose d'elle, son épouse, et encore moins de l'amour. Il est certain que son bonheur se joue à cet instant et le trac qui l'envahit le retient au moins autant que le refus d'Elisabeth. Il y a de la timidité chez elle, de l'orgueil aussi et un immense besoin d'amour fortifié par les rêveries et la solitude. N'a-t-il pas toute la vie pour apprivoiser cette sauvageonne exaltée ? C'est cette vie-là qu'il a choisie en la choisissant, elle, entre toutes les femmes.

Leurs mères arrivent très tôt le matin, dès le petit déjeuner. On sent qu'elles n'ont pas beaucoup dormi non plus et qu'elles attendaient, prêtes de pied en cap, à bondir au premier signe de vie. La curiosité les anime. Une lueur suspecte brille dans leurs yeux de femmes sans hommes. Elles ne font que passer, prétendent-elles, elles sont même résolues à se retirer pour ne pas déranger le doux tête-à-tête de leurs chers enfants. L'empereur est trop poli pour ne pas les prier de rester. Elisabeth doit supporter leurs regards inquisiteurs. Ainsi, dans ces immenses palais, la promiscuité est-elle de règle. On se sent plus seul encore parce qu'on ne l'est jamais.

Une fois la dernière bouchée avalée, chaque mère s'entretient en aparté avec son rejeton. L'interrogatoire commence tandis que se poursuit le ballet des femmes de chambre et des laquais. On ne va pas baisser la voix pour si peu, les domestiques sont quantité négligeable. Metternich ne disait-il pas qu'à Vienne l'homme commence avec le duc? On aurait bien tort de se gêner en présence de sous-hommes. L'archiduchesse soumet son fils à la question. Il avoue que le mariage n'a pas été consommé. Les murs ont des oreilles, les laquais et les femmes de chambre aussi. L'information circule aussitôt de bouche en bouche, de salons en antichambres, file le long des couloirs et se répand partout alentour.

Le lendemain matin, le scénario se reproduit et la réponse à la question de l'archiduchesse est toujours la même. Mais le jeudi 27 avril, tout est changé. Fidèles au poste, les mères attendent, anxieuses comme on peut l'imaginer. Décidément cette petite fait trop de manières. Et elles, les pauvres, ne les a-t-on pas mariées avec des hommes dont elles ne voulaient pas et qui ne leur ont pas laissé le temps de se débattre ni de dire ouf? Sophie s'en prend déjà à Ludovika, lui reprochant d'avoir mal élevé sa fille, de ne pas l'avoir élevée du tout. Elle se tait soudain, son Franzi vient d'arriver. Il est seul et il a l'air gêné. Que se passe-t-il? La *Morgengabe* a pourtant été versée comme prévu dès le mardi matin, cette attente devient intolérable. L'empereur les prie d'excuser Sissi qui n'est pas encore levée. L'archiduchesse ne songe pas à battre en retraite. Qu'il aille la chercher, elles attendront.

En fait Elisabeth est bel et bien debout, mais elle refuse de comparaître devant ses juges. Elle est devenue, cette nuit enfin, la femme de François-Joseph et elle n'a pas envie de claironner la nouvelle. Au reste si elle l'osait, ne dirait-elle pas comme la Lamiel de Stendhal: « Il n'y a rien d'autre?... Comment, ce fameux amour, ce n'est que ça? »

Première querelle. Elisabeth ne veut partager son petit déjeuner qu'avec son époux. François-Joseph la supplie de céder. Elle s'y résout, la tristesse au cœur. Les duègnes l'accueillent avec tendresse, mais il y a chez l'archiduchesse des accents de triomphe. Alléluia! la petite a dû se plier aux désirs du fils et à la volonté de la mère. Franz n'a pas compris qu'en résistant à sa mère, il aurait donné une chance à son couple.

Elisabeth avait besoin de cet instant d'intimité avant d'affronter les exigences du protocole et les regards de la foule. Il ne s'agissait pas d'un caprice. Elle ne demandait pas une chaumière, ni un voyage de noces. Elle voulait son mari à elle, le temps d'un petit déjeuner. Ne le désire-t-elle pas doux en amour et fort avec les autres, surtout avec sa mère ? Et il a capitulé. Cela, elle n'est pas près de l'oublier.

Des années plus tard, elle confiera à sa dame d'honneur, la comtesse Festetics : « L'empereur était si habitué à obéir qu'il se soumit là encore. Mais, pour moi, c'était épouvantable. C'est seulement par amour pour lui que je montai également. »

Entre la « vraie impératrice » et la nouvelle impératrice, les hostilités commencent. Elisabeth ne se comportera pas comme sa mère, toujours obéissante, voire obséquieuse, avec l'archiduchesse. Elle déteste le chantage permanent que sa belle-mère exerce sur son fils. Pis, la mauvaise fée a fait naître chez elle un sentiment dont elle se croyait incapable : la haine.

Elisabeth a seize ans et un mari qui l'adore. Sa réputation de grâce, de jeunesse, de charme, dépasse déjà les frontières de l'Empire. Elle devient de jour en jour la femme la plus enviée, la plus admirée du monde. Elle a obtenu en se jouant tout ce dont sa sœur rêvait, tout ce dont sa mère a été privée : l'amour et le trône. Quant à l'archiduchesse Sophie, elle se souvient non sans amertume qu'au même âge elle immolait sa beauté et son intelligence devant un époux débile, violent, car tel en avait décidé le Congrès de Vienne. Tout cela pour un Empire qu'après tant de sacrifices elle a préféré donner à son fils. Et cette gamine ignorante, qui n'a rien voulu et qui a tout reçu, ose faire la fine bouche. C'est un comble !

Encore l'archiduchesse ignore-t-elle ce que la jeune épouse écrit en cachette dans la solitude de sa lune de miel :

> *Oh, puissé-je n'avoir jamais quitté le sentier*
> *Qui m'eût conduite à la liberté !*
> *Oh, sur la grand-route des vanités,*
> *Puissé-je ne m'être jamais égarée !*
>
> *Je me suis réveillée en prison,*
> *La main prise dans les fers,*

Et plus que jamais nostalgique :
Toi, ma liberté, tu m'as été ravie !

Je me suis réveillée d'une ivresse
Qui tenait mon esprit captif.
En vain je maudis cet échange
Et le jour, liberté, où je t'ai perdue.

L'imprévisible enfant ne pleure pas seulement sa liberté perdue et sa Bavière natale :

Mais que m'importe l'ivresse du printemps
En cette terre étrangère et lointaine ?
Je me languis du soleil de ma patrie,
Je me languis des rives de l'Isar.

Plus grave, la jeune captive n'a pas oublié l'amour de ses quatorze ans, le comte Richard. Tout près de Vienne, au fond du château de Laxenbourg, dans une pièce d'angle dont elle a réussi à refermer pour quelques instants les portes sur son chagrin, elle écrit :

Une seule fois j'ai pu vraiment aimer
Et c'était la première.
Rien ne pouvait troubler mes délices
Quand Dieu me ravit mon bonheur.

Mais brèves furent ces heures si belles,
Bref fut le moment le plus beau.
Maintenant tout espoir m'a quittée,
Mais lui, éternellement, me sera proche.

Pourquoi Elisabeth se refuse-t-elle à devenir ce que l'on veut qu'elle soit : une impératrice et une femme heureuse ? Elle n'écrit pas ces poèmes pour faire comme son père, encore moins pour que ses vers passent à la postérité. Elle ne cherche pas à appeler au secours, ses confidences resteront longtemps secrètes. Qu'a-t-elle donc cette enfant gâtée qui s'acharne à bouder son plaisir ? Est-ce que tous ces mois de préparatifs, cette attente, ces espoirs, ces gages d'amour, ces cadeaux, ces fastes, Vienne en fête, l'Autriche en délire, tout l'Empire amoureux d'une petite fille, est-ce que tout cela compterait pour du beurre ?

Il fait un temps épouvantable en mai, cette année-là. Pluies et vents. Le château de Laxenbourg retient l'humidité comme une éponge. François-Joseph part pour Vienne très tôt le matin et ne rentre que le soir. La veille, Elisabeth a demandé à son mari la permission de l'accompagner et de passer toute la journée avec lui. Elle s'est installée dans son bureau pendant qu'il travaillait, se retirant dans l'antichambre au moment des audiences pour ne pas gêner les visiteurs et les ministres. Le soir, l'archiduchesse attendait les tourtereaux à Laxenbourg. Furieuse qu'ils aient échappé à sa vigilance, elle ne voyait plus en eux le souverain et son épouse, mais deux écoliers qu'elle tançait avec vigueur. « Il est inconvenant pour une impératrice de courir après son époux. » Cela ne devait jamais plus se reproduire, elle y veillerait personnellement. Au reste, ne veille-t-elle pas sur tout ? Elle surgit à l'improviste et, quand elle n'est pas là à régenter la vie de ses chers enfants, d'autres la renseignent sur leurs moindres agissements. Elle a mis en place, autour d'Elisabeth, un étroit réseau de surveillance dont la pièce maîtresse est la comtesse Esterházy. Sophie l'a choisie pour être la première dame d'honneur de sa belle-fille. La comtesse se considère toujours au service de la « vraie impératrice » à qui elle doit tout, détachée auprès de la fausse. Elle a cinquante-six ans, Elisabeth en a seize. La différence d'âge ne facilite pas l'entente des deux femmes, encore moins leur complicité. De plus la comtesse pousse jusqu'à la caricature le rôle de duègne : bouche pincée, mine revêche, peau racornie et ravinée, contenance pieuse et stricte. Elisabeth, qui n'est attirée que par la beauté, surtout celle des femmes, la déteste aussitôt. Sa dame de compagnie connaît toutes les subtilités du protocole, tous les ragots de Cour, toutes les intrigues. L'étiquette lui sert de morale. Chaque manquement est une faute capitale qu'elle s'empresse de signaler à l'archiduchesse. Elisabeth est à ses yeux une grande pécheresse. A peine débarquée de sa campagne bavaroise, cette sauvage, dont les quartiers de noblesse ne sont pas irréprochables, rechigne à se conformer aux règles. On lui dit qu'une impératrice ne doit porter ses chaussures qu'une seule fois et elle ose se rebiffer. La raisonneuse prétend que cet usage est absurde quand le peuple manque de tout et que les récoltes ont été mauvaises. La comtesse Esterházy n'a aucune indulgence pour sa pupille. Elle la trouve tantôt trop pudique – Elisabeth n'aime pas se laisser déshabiller, habiller, comme une poupée par ses femmes de chambre –, tantôt elle lui reproche son impudicité quand elle la voit s'enfuir au galop dans la seule compagnie d'un écuyer.

Les dames d'honneur sont un peu plus avenantes que la comtesse, mais elles ont toutes été choisies et imposées par l'archiduchesse pour maintenir Elisabeth dans un carcan qui fera d'elle une « vraie impératrice ». Les intentions de Sophie ne sont pas sadiques. Elle est persuadée que ce mode de dressage convient à l'épouse de Franzi et à la souveraine de son pays. Pour sa part elle a tant sacrifié à l'Empire qu'il lui est impossible de comprendre le manque de liberté dont souffre Elisabeth. Le reconnaître serait avouer son propre échec, l'échec de sa vie personnelle. L'archiduchesse veut oublier la Sophie d'autrefois. Sa force, elle la doit à ce reniement.

A seize ans, elle était belle, elle aussi, peut-être plus encore que cette Sissi dont son fils raffole. Il ne reste plus grand-chose de son ancienne beauté. Elle s'est froissée, ternie. Passée la jeunesse, décolorée comme un vieux velours au soleil noir de la Hofburg. Fanées les lèvres de Sophie au contact de la lippe des Habsbourg. Pourtant il existe des témoignages de sa splendeur d'autrefois. Un poète français, non des moindres, Gérard de Nerval, l'a célébrée. Dans la *Pandora*, il écrit : « Pardonne-moi d'avoir surpris un regard de tes beaux yeux, auguste archiduchesse, dont j'aimais tant l'image peinte sur une enseigne de magasin. » Dans son *Voyage en Orient* figure en clair le nom de l'archiduchesse : « Il y a au milieu de la place – le Graben – un magasin dédié à l'archiduchesse Sophie, laquelle a dû être une bien belle femme, s'il faut s'en rapporter à l'enseigne peinte à la porte. »

Avant de devenir une sorte de marâtre, elle fut une jolie jeune femme, fille du roi de Bavière, trop tôt et trop mal mariée à l'archiduc François-Charles, laid, bête et violent, dont le frère, l'empereur Ferdinand, est pire encore. Le monarque ne passe-t-il pas son temps à attraper des mouches pour les donner à manger à ses grenouilles ? Quand il est en grande forme, il se livre à un travail plus subtil : il note sur des registres le nombre et les numéros des fiacres qui passent devant sa fenêtre de Schönbrunn. Ce débile réussira à se maintenir sur le trône jusqu'en 1848 grâce à Metternich. Quatorze années. Triste record de la bêtise couronnée. Dans ces châteaux qui ressemblent à des asiles d'aliénés, comment l'archiduchesse a-t-elle pu survivre ? Elle a rencontré un autre réprouvé, un autre prisonnier. Il est beau. Il est faible. Il est de six ans son cadet. On le nomme en secret l'Aiglon. Le père de Sophie doit son trône de Bavière à Napoléon. Elle peut vibrer aux confidences du duc de Reichstadt. N'y aurait-il pas eu d'alliance entre leurs pères, ces deux êtres auraient été amenés à se comprendre et à s'aimer. Jeunesse, beauté, solitude. Tout les pousse l'un vers l'autre.

Sophie protège ce neveu fragile. Déjà l'Aiglon s'étiole. Il tousse, son teint est plombé, sa voix oppressée. L'archiduchesse fait redécorer avec soin sa belle chambre de Schönbrunn avant de la lui céder. Quant à elle, elle se contentera du nid obscur et humide où l'on avait confiné le fils de l'Aigle. Elle a les gestes d'une mère à l'égard de cet enfant que Marie-Louise a abandonné à son triste sort. Cette tendresse se changea-t-elle en passion amoureuse ? Certains prétendent que Sophie allait la nuit rejoindre son ami. Il paraît cependant plus vraisemblable que le duc de Reichstadt mourût vierge. Ne disait-il pas lui-même : « Tout ce que je désire fond entre mes mains » ? Il n'a possédé ni le corps de Sophie, ni l'héritage de son père. Il supporte de plus en plus mal de la voir livrée aux brutalités de son époux. Une raison supplémentaire de haïr les Habsbourg. Sur une miniature de Hebner, on voit le duc de Reichstadt tenir tendrement sur ses genoux un enfant blond : François-Joseph, le fils aîné de l'archiduchesse. De là à dire qu'il est le vrai père de l'enfant, il n'y a qu'un pas. François-Joseph serait le petit-fils de Napoléon, quelle revanche posthume pour l'homme de Sainte-Hélène ! Cependant l'hypothèse n'est pas fondée.

La mort va bientôt ravir à l'archiduchesse son ami. Sophie accompagne le dernier vol de l'Aiglon. Quand il est à l'agonie, elle prend l'initiative de communier à ses côtés pour qu'il ne se rende pas compte qu'en fait, c'est l'extrême-onction qu'il est en train de recevoir. Elle a vingt-sept ans. Il en a vingt et un. Il meurt seul. A l'étage au-dessus, Sophie donne le jour à son second fils, Maximilien, futur empereur du Mexique, au destin également tragique.

Après la disparition du jeune homme qui n'a pas eu de vie – fils d'une légende et fils de personne –, Sophie se consacre à ses enfants, à la religion et à la conquête du pouvoir. Elle se reconstruit sur les ruines de sa jeunesse. Elle a longtemps souhaité un trône. Elisabeth l'obtient à seize ans sans le faire exprès. Aussi l'archiduchesse n'a-t-elle pas envie de prendre avec humour les fantaisies de sa belle-fille. Quand Elisabeth estime que son rang est un fardeau et la Cour de Vienne une prison, Sophie se sent touchée au vif, comme s'il s'agissait chaque fois d'une attaque personnelle. Les deux impératrices vont s'opposer et se combattre pendant presque vingt ans. Entre elles, le fossé s'élargira sans cesse. Il faut ajouter que la beauté d'Elisabeth, en bouton au moment de ses fiançailles, bientôt en fleur et pour longtemps épanouie, tiendra chacun sous son charme, à l'exception de cette femme qui ne veut pas se souvenir de ce qu'elle fut dans un autre temps, dans une autre vie.

Sissi tourne en rond dans sa cage. Premier fonctionnaire de son pays, François-Joseph travaille d'arrache-pied au carrefour d'une Europe qui se cherche, au centre d'un Empire en permanence menacé. Il est consciencieux, appliqué jusqu'à la maniaquerie, et surtout infatigable. Toute sa vie, il se lèvera à quatre heures du matin. L'amour, s'il lui donne des ailes, ne le met pourtant pas en retard. Tout au long des interminables journées, Elisabeth s'ennuie. Ses frères, ses sœurs, sa famille et le cher « Possi » lui manquent d'une manière cruelle, presque physique. Elle ne peut même pas s'étourdir en montant un de ces pur-sang qui lui ont toujours fait oublier sa mélancolie. Le vent, la pluie de ce mois de mai n'arrêteraient pas la cavalière. Les colères du ciel peuvent être surmontées, celles de l'archiduchesse sont bien plus redoutables. Sous prétexte de veiller sur sa santé – la jeune impératrice est pâlotte, elle tousse, elle a une petite mine –, la mère de François-Joseph lui interdit les promenades à cheval. La punition paraît d'autant plus dure qu'Elisabeth se sent seule et ne parvient cependant jamais à s'isoler.

Autour d'elle, un escadron de femmes. Il doit la servir, en fait il la surveille. Dames de compagnie, dames d'honneur, intendantes et chambrières. Ces troupes obéissent à la comtesse Esterházy, caricaturale réplique de l'archiduchesse. Elisabeth ne peut soustraire à leur vigilance que de rares moments d'intimité. Elles sont là quand elle s'habille, quand elle se lave, quand elle pleure, quand elle pense à Franzi. A peine réussit-elle à leur voler quelques instants, le temps de jeter des mots sur un cahier. Elle croit les entendre bruire dans l'ombre des paravents. Elle écoute les craquements du plancher, elle surprend les moindres froissements d'étoffe. Comme l'écolière qui ne veut pas être copiée par sa voisine, elle cache derrière sa main le poème qu'elle est en train de composer. A la première alerte, elle l'enferme dans le tiroir de son secrétaire. Au reste, les clés, les serrures, les verrous, les combinaisons, les doubles fonds, les triples ruses, toutes les précautions lui semblent insuffisantes. Elle redoute en permanence que ses écrits ne soient découverts. Cette crainte nourrit ses cauchemars. La nuit, elle croit voir le visage de l'archiduchesse penché sur ses poèmes, elle croit entendre la voix de sa belle-mère scander les strophes arrachées à sa tristesse.

Ce n'est rien encore de supporter l'essaim de toutes ces mouchardes. Il faut en plus tenir sa porte ouverte en permanence. Deux cent vingt-neuf dames, pas une de plus, pas une de moins, ont leurs grandes entrées chez l'impératrice. Triées sur le volet, elles appartiennent aux plus grandes familles de l'Empire. Un minimum de seize quartiers de noblesse en guise de laissez-passer. Avec ça, elles peuvent à tout moment imposer leurs caquetages à Elisabeth. Et elles ne s'en privent pas. Révérences, frous-frous, pointes de pied, dos courbés. Elles accourent pour la voir, la juger, la jauger, l'enjôler. A seize ans, l'impératrice ne se fait guère d'illusions. Elle le dira plus tard, mais elle le sait déjà : « Chaque salut a son but, chaque sourire veut être payé. » Fraîche émoulue de sa Bavière, cette adolescente a, sous les apparences d'une Célimène, la lucidité et le pessimisme d'un Alceste. Elle n'est faite ni pour obéir, ni pour donner des ordres. Peut-être serait-elle douée pour aimer, mais Franz, le cher Franz, n'est jamais là.

Elisabeth a seize ans et elle est enceinte. Elle n'a pas encore atteint sa taille définitive que son ventre grossit déjà. Une enfant, et dans le giron de l'enfant, un autre enfant. Des poupées gigognes. L'archiduchesse ne s'attendrit pas pour si peu. Elle comprend aussitôt le parti qu'elle peut tirer de ce magnifique objet de propagande.

Les jardins de Schönbrunn sont ouverts au public. L'archiduchesse demande à Elisabeth d'y descendre chaque jour s'y promener. Il faut qu'on puisse voir s'arrondir la taille de l'impératrice. Les badauds se pressent et la bonne nouvelle ne tarde pas à circuler.

L'enfant n'est pas encore né qu'il échappe déjà à sa mère. L'archiduchesse fait préparer la nursery dans ses propres appartements, sous prétexte qu'ils sont les plus ensoleillés du palais. Elle choisit les nourrices, les gouvernantes, les médecins et la sage-femme. Elle collectionne les livres de puériculture.

La future mère n'est pas consultée. Quant à François-Joseph, il est trop occupé à suivre les développements de la guerre de Crimée – les troupes autrichiennes ne sont pas directement impliquées – pour songer à tenir tête à sa mère. La tuerie est là-bas épouvantable, tant du côté des vaincus, les Russes, que du côté des vainqueurs, les Français et les Anglais. Cent dix-huit mille morts sur la péninsule durant les onze mois du siège de Sébastopol. Que pèse la détresse d'une jeune femme face à une telle hécatombe ? La timidité de l'impératrice devient maladive. Plus on la force à s'exhiber, plus elle se retranche dans sa réserve.

Le 2 mars 1855, le tsar Nicolas Ier s'éteint. Il avait aidé François-Joseph à mater la révolution hongroise. Il s'attendait à recevoir le soutien de l'Autriche dans la guerre de Crimée. Il ne l'a pas obtenu; il meurt en abominant l'empereur. La Hofburg décrète cependant un deuil officiel de quatre semaines.

Le 5 mars 1855, au petit matin, l'impératrice est dans les douleurs. Aussitôt l'empereur court réveiller l'archiduchesse. Il est affolé comme un jeune mari amoureux de sa femme. Qu'à cela ne tienne, l'industrieuse Sophie a tout prévu et elle va superviser les opérations. François-Joseph ne quitte pas la main de son épouse. Il y a cependant une grande absente : Ludovika. L'usage veut que la mère de l'accouchée soit présente, surtout lorsqu'il s'agit d'un premier enfant. On sait ce qui lie Elisabeth à sa famille, à Possenhofen, à sa mère. Pourquoi Ludovika n'est-elle pas à ses côtés ? Il est probable que l'archiduchesse l'a dissuadée de venir et que Ludovika n'a pas osé insister. Elisabeth se trouve donc à la merci d'une belle-mère dont personne n'ose contrarier les desseins. Partagé entre les deux amours de sa vie, sa mère et sa femme, François-Joseph refuse encore de voir le conflit, a fortiori de trancher en faveur de l'une ou de l'autre. N'a-t-il pas hésité longtemps à prendre parti dans le terrible affrontement de Crimée ? Il souhaite que sa vie familiale au moins puisse lui apporter la paix.

Pour l'heure, le monarque est tout à sa joie de père. Sa femme a cessé de souffrir et l'enfant vient de naître. Une petite fille. L'Empire aurait préféré un garçon. L'empereur, lui, est fou de bonheur. Pas une once de déception chez lui. Il a eu si peur pour sa femme qu'il en pleure à présent de soulagement. Son aimée, sa petite, sa belle, son adorée est saine et sauve. Elle va reprendre des couleurs et des forces. Alléluia, son cœur bat au rythme des canons qui annoncent la nouvelle. Il a assisté à

la naissance de sa fille – un nouveau père, dirait-on aujour-
d'hui –, il n'a pas lâché la main de sa femme, il lui a murmuré
des encouragements et des mots d'amour. Il est le premier
maintenant à célébrer l'héroïsme de Sissi et, dans sa joie, il
consent à tout ce que veut sa mère. L'archiduchesse annonce
que la petite fille s'appellera Sophie, comme elle. François-
Joseph approuve. Il lui demande même d'être sa marraine.

Sans doute l'archiduchesse regrette-t-elle que l'enfant ne soit
pas un garçon. Un prince héritier eût été plus digne d'un pareil
complot, mais le couple est jeune, il aura d'autres enfants. Si
elle parvient à exercer son pouvoir sur cette fillette, le pli sera
pris le jour béni où le garçon arrivera. Au reste l'archiduchesse
n'est pas dépourvue de sentiments. Elle peut aimer, à sa
manière certes – farouche, possessive –, mais aimer tout de
même. Cette petite fille qui porte son nom va être sa passion.

Pendant des semaines, des mois, l'archiduchesse oublie de
mentionner dans son Journal les événements politiques et les
affaires du monde. Il n'y est plus question que de la petite
Sophie, ses progrès, ses vagissements, ses sourires, l'attente de
sa première dent. Non seulement elle a réussi à faire main
basse sur l'enfant, mais elle n'en éprouve aucun repentir. Elle
est persuadée de son bon droit. N'a-t-elle pas de l'expérience ?
N'est-elle pas la mère de quatre enfants ? Trois fils qu'elle
continue à régenter, mais aussi une petite Anna, sa seule fille.
Elle devrait avoir un peu plus de vingt ans. L'enfant est morte
d'une fièvre maligne à l'âge de quatre ans. Avec Sophie,
l'archiduchesse retrouve les gestes, les mots d'une ancienne
tendresse que tant d'années de solitude et de lutte pour le pouvoir n'ont pas tout à fait tarie. Elle est prête à se battre bec et
ongles pour la garde de cette enfant qui n'est pas la sienne.

Les relevailles sont difficiles. Elisabeth se rend compte que
la situation lui a échappé et elle n'a pas la force de se révolter.
L'archiduchesse a su convaincre son fils qu'une impératrice ne
doit pas perdre son temps dans une nursery, mais s'occuper de
son mari et remplir son devoir de représentation. N'est-elle pas
trop jeune, cette enfant, pour veiller sur une autre enfant ? Ce
dernier argument blesse Elisabeth au plus profond d'elle-
même. A Possenhofen, elle aimait tant choyer ses jeunes frères
et sœurs qu'ils ont tous mêlé leurs larmes aux siennes quand
elle les a quittés. Dans sa famille, on ne la trouvait pas incapable de bercer, de soigner, de consoler. Ici, il lui faudrait pour
un peu demander une autorisation avant d'aller voir sa fille. La

nursery est éloignée. Elle doit monter des escaliers glacés, suivre d'interminables corridors. On la reçoit comme une intruse. Elle ne peut caresser Sophie qu'en présence de l'autre Sophie. O ce prénom, ce prénom qui devrait fondre dans la bouche, pourquoi est-il si dur à prononcer? Pourquoi contient-il si peu d'amour? Pourquoi a-t-on habillé cette innocente avec les dépouilles de la mauvaise fée? Elisabeth se sent bafouée, humiliée, niée. Elle n'ose se plaindre. La mauvaise fée n'est-elle pas la mère de son mari? Il lui doit à la fois la vie et le pouvoir. De plus, elle sait combien l'empereur aime sa mère. François-Joseph n'est pas un homme versatile dans ses affections.

De cette tristesse qu'elle doit taire, elle va faire sa plus intime, sa plus précieuse parure. On veut qu'elle soit une coquille vide, une femme sans esprit, une mère sans tendresse. Son ventre ne doit servir qu'à la reproduction. Son destin est d'être un corps, seulement un corps. Eh bien soit, elle le sera. Un mois et demi après son accouchement, elle remonte à cheval et personne ne parvient à calmer la fureur de ses galops. L'archiduchesse pousse des cris d'orfraie. L'avenir de l'Empire est en danger. Comment cette inconsciente peut-elle prendre de tels risques avant même d'avoir donné naissance à un prince héritier? Plus on s'entête à éloigner Elisabeth de sa fille, plus elle s'acharne à braver sa belle-mère.

Un corps, rien qu'un corps, mais quel corps! Elisabeth a découvert le pouvoir de sa beauté et elle compte en faire usage. La petite adolescente aux joues rondes est devenue une femme qui surpasse en se jouant toutes les autres grâces viennoises. Pâris n'hésiterait pas et François-Joseph est sous le charme. Tout semble chez elle incomparable. Sa grandeur d'abord. Elle mesure à présent un mètre soixante-douze, ce qui est immense pour l'époque, d'autant que son port de tête, la longueur de son cou, et la minceur extrême de sa taille, étranglée par la tyrannie des corsets, étirent encore sa silhouette. Sa gracilité ensuite. De toute sa vie, elle ne dépassera guère les cinquante kilos et la surveillance de son poids tournera à l'obsession, voire à l'anorexie. Dans un temps où les autres femmes sont plus proches de celles de Rubens que de Giacometti, elle impose de nouveaux critères. Il est à noter que sa minceur ne l'empêche pas d'arborer le plus prometteur des décolletés, des épaules de reine et une musculature d'amazone. Son mystère enfin. Il y a tout autour de sa personne un halo de mélancolie qui estompe l'insolence de sa beauté, un nimbe de désillusions et d'espoirs mort-nés qui adoucit l'éclat de sa jeunesse. La tristesse a chez elle quelque chose de voluptueux et de fatal.

Son corps est tout ce qui lui reste, aussi va-t-elle le cajoler à sa guise. Déjà elle a fait scandale lors de son arrivée à Vienne en demandant qu'une baignoire soit installée dans ses appartements et en la payant de ses propres florins. On n'avait jamais vu d'ustensile de ce genre dans les palais officiels et François-Joseph se contentera jusqu'au jour de sa mort d'un baquet et de deux brocs. On dit que chaque jour elle se baigne nue, sans le moindre calicot, sans la moindre honte. D'ailleurs elle demande à être seule pour prendre son bain et elle s'y attarde le plus longtemps possible. Double avantage pour elle, au plaisir de l'hygiène s'ajoute celui de la solitude. Pis, elle commence ses journées par de longs exercices de gymnastique et bientôt elle fera disposer sous les lambris dorés de la Hofburg tout un bizarre équipement : anneaux, échelles, barres, haltères. Une sorcière avec ses chaudrons et ses mixtures aurait moins surpris la Cour que les impudeurs supposées de l'impériale gymnaste. Vienne en fait des gorges chaudes, l'archiduchesse fulmine, mais elle n'est pas loin de penser qu'avec ses mœurs insolites l'impératrice démontre à l'évidence son incapacité – comment pourrait-elle s'intéresser aux choses du pouvoir ? Comment pourrait-elle songer à s'occuper de l'éducation de sa petite Sophie ? Jusqu'aux portraits des Habsbourg dont la lippe se fait plus réprobatrice encore sous la patine sombre du temps.

Sa belle-mère ne l'a-t-elle pas forcée à exhiber naguère son gros ventre ? A présent, c'est à son propre compte qu'elle va parader. Elle prend l'habitude de se faire conduire en voiture découverte sur le Graben. L'élégante avenue aux édifices baroques n'est qu'à une centaine de mètres de la Hofburg. Ce sont pourtant des années-lumière qui séparent la citadelle impériale de la vaste promenade où se pressent les Viennois, dès les premières douceurs du printemps. Chaque flâneur profite du spectacle et se met lui-même en scène. Le Graben est un théâtre. Les rumeurs y naissent. Les réputations y meurent. Les clabauderies tournent au rythme de la valse. On lit peu et on danse beaucoup à Vienne. On affiche l'insouciance, la joie de vivre, même si le cœur n'est pas toujours à la fête. Le Graben est sensible aux modes et aux saisons comme un trottoir parisien ou une terrasse milanaise, tandis qu'à cent mètres de là, la Hofburg paraît à jamais immobile.

Dans les premiers jours de son mariage, Elisabeth avait essayé d'entrer dans les boutiques du Graben pour regarder de plus près les objets. Comble d'excentricité, l'impératrice quasi aphasique à la Cour retrouvait l'usage de la parole pour s'adresser aux vendeuses. Les attroupements avaient vite fait craindre l'émeute et on avait conseillé à la souveraine de ne pas renouveler ce genre d'expérience. Elle peut à la rigueur se promener sous la protection d'une escorte sur le Graben ou chevaucher dans les fourches son lipizzan au Prater, mais en prenant soin de maintenir entre elle et les autres une distance, un espace protocolaire, prophylactique même. De quelle maladie, au fait, craint-on la contagion ?

A présent elle passe silencieuse à travers la foule. Les regards ricochent sur sa peau. On dirait qu'elle les redoute moins. Dieu sait pourtant s'ils sont drus, vifs, et les plus admiratifs ne sont pas les moins perçants. Pour un peu, elle en éprouverait un certain plaisir. Toutes ces imperceptibles piqûres ne l'atteignent qu'en surface. Elle a l'impression qu'en un an sa carapace est devenue plus solide, plus opaque. Elle sait maintenant que l'essentiel de son être n'est pas en jeu. Elle exhibe aux yeux de tous une belle image qui n'a d'elle que l'apparence.

Elisabeth est ravissante, ce printemps-là. Miroir, mon beau miroir, dis-moi qui est la plus belle en cet Empire ? Tous les miroirs répètent à l'envi son nom. Sa beauté est connue au-delà des frontières et déjà l'Europe entière l'a poussée dans la légende.

Chaque regard est une caresse, une promesse d'amour. N'ai-je pas un jeune visage, un jeune corps ? Ne les ai-je pas reçus le matin même ? Ils sont neufs. Elisabeth fait prendre l'air à sa beauté. Elle la donne à voir. Douceur à fleur de peau. Angoisse à l'intérieur.

Trente ans plus tard, l'écrivain viennois, Hugo von Hofmannsthal, évoquera ces exercices de narcissisme qui sont les préalables à la dangereuse quête de soi-même : « Mûrir, c'est peut-être cela : apprendre à écouter dans son for intérieur pour oublier le bruit et, finalement, pour ne plus rien entendre. Si on tombe amoureux de soi-même et si, tout comme Narcisse, on tombe dans l'eau et on se noie à force de regarder son reflet, à ce moment-là je pense qu'on est en train de tomber le long de la bonne voie, tout comme les enfants qui rêvent de tomber le long des manches du manteau de leur père dans le pays des fées, entre les montagnes magiques et la fontaine du roi des grenouilles. Amoureux de soi-même, je veux dire de la vie, ou de Dieu, comme on veut. »

Aimer la vie ? C'est bien pour Elisabeth le plus difficile. Surtout l'hiver, quand les promenades cessent et que la prison se referme. L'impératrice est une étrangère dans sa propre maison. La petite Sophie reconnaît à peine sa mère, étouffée qu'elle est par les soins jaloux de l'archiduchesse.

Le 14 décembre 1855, Elisabeth se rend à Schönbrunn avec sa dame d'honneur, la comtesse de Bellegarde. Un cheval prend le mors aux dents, les trois autres s'empêtrent dans les rênes. Le cocher est aussitôt projeté de son siège et l'attelage sans maître s'emballe. La comtesse épouvantée veut sauter hors de la voiture, mais Elisabeth, qui a déjà vécu ce genre de situation à Possenhofen, l'en empêche. La voiture quitte la Mariahilferstrasse et s'engage dans une rue latérale. Là, un voiturier place sa carriole en travers du chemin. Les chevaux tombent, le timon se brise. Les deux femmes en sont quittes pour la peur et on les ramène en fiacre à la Hofburg. Enceinte de trois mois, Elisabeth raconte l'aventure à son mari : « Que n'ai-je perdu la vie! » conclut-elle.

Le 25 février 1856 s'ouvre à Paris, sous la houlette de Napoléon III, le Congrès de paix qui met fin à la guerre de Crimée. Le salon de l'Horloge, au quai d'Orsay, abrite les belligérants. Richard de Metternich, fils de son célèbre père et représentant de l'Autriche, cherche à imposer sa médiation. Peine perdue. Non seulement il ne réussit pas à tirer parti de la neutralité autrichienne, mais son pays sort plus isolé que jamais des négociations.

Les Russes ne pardonnent pas à l'Autriche de les avoir lâchés pendant la guerre. Vienne et Saint-Pétersbourg entrent dans une ère de conflits qui se poursuivra – malgré de courts répits – jusqu'à l'explosion de 1914.

François-Joseph avait espéré protéger ses possessions italiennes en ménageant la France. Loin de lui en être reconnaissant, Napoléon III joue de plus en plus ouvertement la carte de Cavour, Premier ministre du Piémont-Sardaigne. La France travaille avec Cavour à une réorganisation de l'Italie dont l'Autriche ferait les frais.

La diplomatie autrichienne perd sur tous les tableaux. Plus grave encore, la guerre de Crimée a modifié les rapports de force à l'intérieur de la Confédération germanique. Par un étrange phénomène de bascule, ce qui affaiblit l'Autriche profite du même coup à la Prusse. La Russie ne serait pas fâchée de venir appuyer les ambitions prussiennes pour se venger de ce qu'elle appelle la trahison autrichienne.

Travaillée en profondeur par les idées sociales et les revendications nationales, une nouvelle Europe se cherche. L'isolement de l'Empire ne laisse rien présager de bon pour son avenir. Grâce à Dieu, l'empereur va être père pour la seconde fois et cette attente dissipe les autres préoccupations. Le 15 juillet 1856, l'enfant naît dans les meilleures conditions. C'est une fille. Encore une fille. L'archiduchesse affiche sa déception. Pour atténuer la tristesse de sa femme, François-Joseph plaisante. Il soutient qu'à son avis, l'enfant n'a pas été un garçon « faute d'avoir suivi l'avis du rabbin Alexandersohn de Pest, qui conseillait de coller sur la porte une prière hébraïque pendant l'accouchement ».

Ludovika est la marraine, pourtant elle n'apparaît toujours pas à Vienne et c'est l'archiduchesse, sa sœur, qui tient l'enfant sur les fonts baptismaux. La petite fille est appelée Gisèle en mémoire de cette princesse bavaroise du Xe siècle qui épousa Etienne Ier, roi de Hongrie, et le convertit au christianisme au point d'en faire un saint de l'Eglise. La Hongrie et la Bavière ont donc été liées par l'entremise d'une femme, il y a près d'un millénaire. Elisabeth s'en souviendra.

L'Empire désirait un héritier – et quelques gratifications en nature à cette occasion –, cependant il fête comme il se doit la fillette et les cadeaux affluent. Selon un rituel à présent bien rodé, Gisèle va rejoindre la petite Sophie à la nursery et la chatte est encore une fois séparée de ses chatons. Le Dr Seeburger, médecin traitant des deux enfants, est la créature de l'archiduchesse. Comme tant d'autres, il lui doit sa situation. Il faut que chaque fois Elisabeth se fâche pour obtenir le simple droit de voir ses filles.

Il est vrai qu'on ne laisse pas grandir en toute liberté les rejetons d'un Empire. La Couronne a ses exigences et les pur-sang doivent être dressés. Sélection et éducation. Il est non moins vrai qu'à travers les siècles, les Habsbourg ont su plus que d'autres préserver leur vie familiale. Les parents et les enfants sont souvent unis par de réels liens de tendresse. Et voici que l'acharnement d'une femme est sur le point de détruire ce que le protocole n'avait pas tout à fait dénaturé. C'en est trop. Passe

64

encore d'être humiliée, niée, bafouée, Elisabeth doit à présent se battre pour l'avenir de ses filles et elle contraint son mari à sortir de cette neutralité qui lui a nui en Europe et qui détruit maintenant sa propre famille.

Le 30 août 1856, un mois et demi après la naissance de la petite Gisèle, il tranche enfin en faveur de sa femme. Oh certes, il n'affronte pas sa mère en combat singulier, l'épreuve serait trop rude. Il lui écrit : « Je vous prie instamment de vous montrer indulgente avec Sissi ; quelle que puisse être sa jalousie maternelle, il faut bien reconnaître son dévouement d'épouse et de mère. Si vous voulez bien nous faire la grâce de considérer cette affaire calmement, vous comprendrez peut-être les pénibles sentiments que nous éprouvons à voir nos enfants entièrement enfermés dans vos appartements, avec une antichambre presque commune ; tandis que la pauvre Sissi doit s'essouffler à monter les escaliers, avec ses amples vêtements souvent si lourds, pour ne trouver que rarement ses enfants seuls, quand ils ne sont pas entourés d'étrangers auxquels vous faites l'honneur de les présenter. Pour moi, également, cela écourte encore les rares instants que j'ai le loisir de consacrer à mes enfants, sans même parler du fait que cette manière de les exhiber et de les porter ainsi à la vanité me paraît une abomination, bien que j'aie peut-être tort sur ce point. En tout état de cause, il ne s'agit absolument pas pour Sissi de vouloir vous retirer les enfants ; elle m'a expressément chargé de vous écrire que les petites resteront toujours à votre entière disposition. »

Les enfants seront désormais logées dans l'appartement Radetzky, proche de celui de leurs parents. Les pièces en sont grandes et ensoleillées. A dessein, François-Joseph expédie la lettre le 30 août. Le 2 septembre, les souverains doivent effectuer un voyage officiel en Styrie et en Carinthie. Loin de Vienne, l'empereur évitera le choc en retour. Il est probable aussi qu'Elisabeth, tout entière engagée dans son combat, ait menacé son mari de ne pas l'accompagner, s'il ne se rangeait pas à ses côtés avant la date du départ.

Pour la première fois, l'impératrice a gagné.

Septembre 1857. Styrie et Carinthie.

Jamais Elisabeth n'a respiré un air plus pur, même dans ses forêts de Bavière. Son père lui disait autrefois : « Ouvre tes poumons, remplis-les jusqu'à les faire éclater. Sens, ma fille, sens la vie, respire-la avec délice. Il ne faut surtout pas la laisser échapper. » A l'époque, elle trouvait la recommandation inutile. Chaque chose allait de soi. Elle ne savait pas qu'un jour l'air viendrait à lui manquer.

C'est le matin à Heiligenblut. La brume disparaît peu à peu comme se dissipe lentement la migraine avec ses douleurs à la traîne. Les contours des montagnes apparaissent et le sommet du Grossglockner profile soudain ses 3 797 mètres avec une netteté que l'on aurait pu croire à jamais perdue. Est-ce encore possible cet élan ? Est-ce vrai que l'ennui et les humiliations ne l'ont pas tué ? D'où vient cette force qui renaît, jeune, cristalline ?

A Franz, elle dira tout. Ce qu'elle a souffert et ce qu'elle ne veut plus souffrir. Il y a quatre ans qu'ils se connaissent et ils se sont si peu parlé. Il ressemble de nouveau au jeune homme qui lui est apparu pour la première fois à Ischl. Ici, comme là-bas, il ne regarde qu'elle. L'Empire murmure au loin, mais il ne veut plus s'en soucier. Sa mère lui expédie des messages vengeurs, il a pris le parti de n'y pas répondre. Ils ont semé les mouchards et les courtisans. Il ne reste auprès d'eux que des montagnards. Ceux-là n'écoutent pas aux portes.

Ils ont arraché de haute lutte ces deux jours de paix en montagne. Ils estiment l'avoir bien mérité. Le voyage officiel en

Styrie et en Carinthie a été un triomphe. Les populations sont venues en masse acclamer leurs jeunes souverains. On imagine mal la dévotion de ces foules qui n'ont que la religion et la monarchie pour alimenter leurs rêves.

Il n'est pas aux confins de l'Empire une maison, une boutique, un atelier ou un bureau, qui ne possède son portrait de François-Joseph et celui de son épouse. Mais les plus belles icônes peuvent se ternir, la ferveur s'étioler, lorsque la disette, l'inflation et le choléra font des ravages. Pour requinquer les ardeurs, rien de tel que d'offrir au public le spectacle de ces demi-dieux que sont l'empereur et l'impératrice. Car l'impératrice n'est pas en reste. A la Hofburg, on la considère comme une enfant à qui il ne faut surtout pas parler de politique. On chuchote même que son éducation laisse à désirer et que sa conversation reproduit d'assez près celle de ses perroquets. Bref, elle passe pour une jolie sotte dans une Cour où l'on ne prise pourtant guère l'intelligence. Mais c'est vers elle que montent les clameurs les plus fortes, dès qu'elle paraît à l'avant-scène.

L'impératrice séduit. L'impératrice fascine. Sa réputation de beauté se propage de proche en proche grâce aux témoignages et à toute une imagerie dont la photographie prendra bientôt le relais. C'est déjà Hollywood au cœur de la mystique monarchique. Son charme opère sans cesse des miracles. Elisabeth sort de son mutisme, dès qu'elle ne se sent plus sous le regard de ses juges, sa belle-mère, l'archifamille, la Cour. Elle se découvre l'envie de parler aux gens, de les écouter, surtout s'ils sont simples. Il arrive même qu'elle devine en eux une inquiétude, une souffrance, elle trouve alors les mots pour répondre à leur attente. Dans les hôpitaux, dans les écoles, elle transforme en un véritable échange la routine des visites et des inaugurations. On doit venir lui rappeler discrètement l'heure. Le cortège va prendre du retard. Elle quitte à regret ces destins amis.

Les populations de l'Empire placent très vite en elle leurs espérances. N'a-t-elle pas une heureuse influence sur son mari ? On attribue à Elisabeth ce qui est bon, on l'exclut de ce qui est mauvais. L'abolition de la peine du fouet dans le nouveau code militaire, c'est elle. L'amnistie d'un certain nombre de prisonniers politiques, c'est elle. Un empereur amoureux n'est-il pas enclin à desserrer l'étau de son absolutisme ? La querelle d'Elisabeth et de sa belle-mère n'est plus un secret pour personne. Au-delà du conflit de générations, l'impératrice

67

apparaît comme la championne des idées libérales. Ainsi s'est-elle opposée – en vain – à la signature du Concordat qui donne à l'Eglise tous les pouvoirs dans le domaine matrimonial et le système scolaire. Il faut désormais aller régulièrement à confesse pour être professeur de mathématiques ou de gymnastique. L'archiduchesse impose sa conception de l'Empire. Au même moment, le *Wiener Tagblatt*, journal libéral, rapporte que l'impératrice vient d'offrir à un pasteur la somme dont il avait besoin pour construire le clocher de son temple : « Dans mon pays natal, la Bavière, déclare-t-elle, la reine est protestante, et ma grand-mère est également de confession évangélique. La Bavière est un pays foncièrement catholique, mais où les protestants ne peuvent certes pas se plaindre d'être victimes d'injustices et de discriminations. »

La Hofburg lui fait grise mine et l'archiduchesse la traite d'oie bavaroise, mais les peuples de l'Empire n'ont d'yeux que pour elle. François-Joseph s'en est déjà aperçu quelques semaines après leur mariage, quand elle l'a accompagné en Bohême et en Moravie. Pour un premier voyage ce fut du délire, et même Prague succomba.

L'archiduchesse a raison de s'inquiéter. Ces deux êtres, si différents l'un de l'autre, sont enfin seuls, liés par l'unique goût qu'ils aient en commun, celui de la nature. Dans l'emploi du temps impérial, implacable minuterie remontée de l'aube au coucher, pas d'autres éclaircies que les randonnées du chasseur. François-Joseph est un bon fusil et un infatigable marcheur. A dix-huit ans, il est monté sur le trône en soupirant : « Adieu, ma jeunesse ! » Les longues traques dans les bois lui apportent un peu de cette insouciance si éloignée de sa charge et de son caractère. Quant à Elisabeth, elle aime la forêt, comme elle aime son enfance, comme elle aime son père. Le duc Max lui a appris que les hautes futaies et l'odeur des pins rendent Dieu plus heureux qu'une prière. Cela, elle voudrait à son tour le transmettre à ses filles.

Elisabeth doit mettre à profit ces heures de liberté. Il faut rendre irréversibles les décisions que François-Joseph s'est enfin résolu à prendre. Les réactions à la lettre du 30 août ne se sont pas fait attendre. L'archiduchesse en fureur envoie courrier sur courrier. Ils vont bientôt partir en haute montagne et cette perspective lui est insupportable. Telle la Reine de la nuit, elle tonitrue, elle menace. S'ils ne renoncent pas immédiatement à leur projet d'escalade, on ne la verra plus paraître à la Hofburg, elle abandonnera à jamais ses prérogatives et tous les attributs du pouvoir. Il est impensable qu'un empereur expose ainsi sa vie. Sur ce point l'archiduchesse n'a pas tout à fait tort. Le fils d'un haut fonctionnaire a été trouvé mort au fond d'une crevasse quelques jours plus tôt. Le roi Frédéric-Auguste de Saxe, beau-frère de l'archiduchesse et oncle à la fois de François-Joseph et d'Elisabeth, a perdu la vie au Tyrol, le 3 août 1854, au cours d'une expédition du même genre.

En réalité, la terrible Sophie ne craint pas tant les abîmes alpestres que l'intimité retrouvée de ses chers enfants. Loin de l'aveugler, sa colère la rend lucide. Les deux tourtereaux ont beau lui échapper géographiquement, elle n'en reste pas moins capable de prévoir avec exactitude le déroulement des choses. Elle le connaît, son Franzi. Dès qu'elle n'est plus là en personne pour veiller sur lui, il retombe aussitôt sous la coupe de sa femme. Sissi a des arguments que la volonté d'une mère ne peut contrebalancer, surtout à distance. Elle va faire sa charmeuse, sa sucrée, et son mari comme d'habitude ne pourra rien lui refuser.

Les deux montagnards se mettent en route. Affaiblie par ses récentes couches, Elisabeth suit à cheval. Elle fait halte pour attendre le retour de son mari dans ce refuge appelé depuis « le Repos d'Elisabeth ». François-Joseph poursuit l'ascension avec des alpinistes chevronnés. Il franchit le glacier du Pasterze et grimpe jusqu'au sommet du Hoher Sattel, aussitôt rebaptisé en son honneur « sommet François-Joseph ». De mémoire d'Autrichien, jamais un empereur n'était monté si haut.

L'air des cimes a raffermi la volonté du souverain. L'amour, la beauté, le charme d'Elisabeth agissent sur lui par persuasion. Elle l'amène avec subtilité à prendre les décisions qu'elle souhaite. Elle ne le contraint pas, elle ne menace pas, elle ne pratique pas le chantage. Elle s'insinue dans sa confiance. Et elle gagne. Dès son retour à Vienne, ses petites filles lui sont rendues.

Hiver 1856-1857. Voyage en Italie.

20 novembre. Des hauteurs de Trieste, Elisabeth découvre la mer. Bleue, calme, lumineuse. La jeune femme n'a jusque-là connu que les eaux sombres des lacs de montagne. Continentale de naissance, elle se prend de passion pour cette Adriatique qu'elle tentera un jour de rendre sienne. Elle y fera bâtir sa maison, elle la sillonnera par tous les temps, elle souhaitera se fondre dans l'écume de ses vagues.

> *Je suis mouette de nul pays,*
> *Nulle plage ne m'est patrie,*
> *A aucun site je ne m'attache,*
> *Je vole de vague en vague.*

Le destin de la mouette est tout entier contenu dans ce premier regard du 20 novembre. Un coup de foudre. Une évidence. Sans le savoir, elle attendait ce moment-là depuis toujours. L'imagination n'a plus d'obstacle. Le fil tire vers le large. Il n'a pas d'épaisseur, mais il est plus solide que le meilleur chanvre du Bengale. Il suffirait de l'agripper, une main après l'autre. Dans l'impératrice, la voyageuse est née.

Dès Trieste pourtant, les choses se présentent mal. Le couple impérial va partir pour une promenade dans la baie. Accrochée entre les deux mâts du navire, une énorme couronne de cristal s'écrase sur le pont quelques minutes à peine avant l'arrivée des souverains. Tout le monde est sauf. Accident, maladresse, attentat ? Personne n'ose se prononcer.

70

A Venise, le climat est pire encore. La bora commence à souffler. Les Vénitiens se taisent et serrent les dents. Ils ne supportent pas l'occupation autrichienne. La cité des Doges, leur cité, est devenue le quartier général et la salle de jeu de la noblesse impériale. Paul Morand écrit dans *Venises* : « Les seigneurs autrichiens descendaient à Venise en attendant le rut du cerf, avant de reprendre le chemin du nord vers leur douzaine de châteaux en Styrie et au Tyrol ; habillés en jäger, chapeaux vert mousse sur un crâne de lièvre, cape de loden, ils laissaient un sillage de cuir de Russie, de magnolia des Borromées. » A Venise, on n'aime guère ces parfums-là. Aujourd'hui encore, les vrais Vénitiens – hélas, de moins en moins nombreux ! – continuent à bouder sur la place Saint-Marc le café Quadri, parce que les officiers autrichiens y paradaient autrefois. Ils lui préfèrent son rival, le Florian, le plus ancien et le plus prestigieux des cafés de Venise.

Le couple arrive dans la ville des villes sur une ancienne galère. Elle rappelle le *Bucentaure* qui emmenait chaque année le Doge épouser l'Adriatique. Mais le cœur de la Sérénissime ne se donne pas à un Habsbourg. Les souverains mettent pied à terre et traversent la Piazzetta en direction de la basilique Saint-Marc. Elisabeth tient la main de la petite Sophie qu'elle a réussi à arracher à la garde de sa belle-mère. L'impératrice et l'enfant sont vêtues des mêmes manteaux bleus, bordés de zibeline. Il y a les uniformes, les drapeaux, les tapis, les étendards. On n'a rien ménagé, la scène est digne d'un Carpaccio. Tout pourrait être réussi, s'il n'y avait ce silence de la foule. Les Vénitiens ont fermé leurs lèvres et leurs cœurs. Quand retentissent enfin les clameurs, elles ne trompent personne, encore moins le couple impérial. Pas un seul *evviva*, léger, vif, italien. Rien que des « hurra » produits par des gorges disciplinées et autrichiennes, celles des soldats, des policiers et des fonctionnaires.

On a donné l'ordre de déployer à chaque fenêtre l'aigle à deux têtes, symbole impérial hérité de Byzance. Mais Venise n'a pas envie de se souvenir de ses origines byzantines, elle rejette en bloc l'empereur, l'Empire et son drapeau. Il y a trop de prisonniers dans les cachots, trop d'espions dans les ruelles, trop d'humiliations dans les cœurs. La ville s'enfonce dans la haine. Le peuple de Venise se tait. La noblesse a fermé ses palais du Grand Canal pour se réfugier à la campagne dans ses villas palladiennes. On sait qu'à chaque instant un cri de révolte pourrait venir rompre le silence, de même qu'à Trieste la couronne de cristal s'est brisée d'un coup en mille morceaux. La guerre est en incubation, la frontière entre les collaborateurs et les résistants passe à travers les familles. Toute la Vénétie vit déjà dans cette atmosphère oppressante que Luchino Visconti a si bien évoquée dans son film-tragédie *Senso*.

Ce serait si facile pourtant d'aimer cette ville incomparable, de l'aimer à la folie, de plonger dans ses eaux, de traverser les apparences. Au bord de la fascination, Elisabeth se retient. Elle sent pour la première fois l'hostilité d'une population et elle fait front avec un courage qu'elle ne se connaissait pas. Une sorte d'exaltation s'empare d'elle et la rapproche encore plus de son mari. Il faut faire quelque chose. Tant de beauté, tant de grandeur et tant de silence. A chaque tentative de sortie, le couple impérial se heurte au mutisme des Vénitiens.

Le 29 novembre, les souverains donnent une réception au palais des Doges. Les grandes familles boudent et, sur cent trente patriciens, à peine trente répondent à l'invitation. Les dames sont un peu plus nombreuses. Elles tiennent à vérifier de leurs propres yeux si Elisabeth est aussi rayonnante qu'on le dit. Miroir, mon beau miroir, dis-moi qui est la plus belle ? Quand elles descendent de leurs gondoles pour traverser la Piazzetta, toutes ces femmes parées de leurs magnifiques atours se font conspuer par une foule qui se sent trahie. Quelques jours plus tard, au théâtre de la Fenice, l'accueil est glacial et les loges de l'aristocratie restent vides. L'entreprise de séduction est en train d'échouer lamentablement. Il faut aux Vénitiens plus que des sourires et des fêtes. Aussi François-Joseph passe-t-il à l'action. Dès le 3 décembre, il répare l'injure infligée à la noblesse italienne en abrogeant la confiscation des biens des exilés. Mieux encore, il décrète une amnistie générale des prisonniers politiques.

Ces mesures produisent aussitôt leur effet et l'atmosphère devient un peu plus respirable. Les langues se délient. A Venise comme ailleurs, on attribue à l'impératrice une influence bénéfique sur son époux. Un diplomate anglais raconte une anecdote significative. Un jour, pendant une promenade, les souverains sont accostés sur une des places de la ville par un homme assez âgé. Il tente d'expliquer sa situation à l'empereur. Sa pension de commandant lui a été supprimée, parce qu'il a participé à la révolution de 1848. Depuis il n'a plus rien pour vivre. François-Joseph l'interrompt. Ce n'est pas le meilleur endroit pour parler d'affaires. Qu'il vienne le voir au palais.

– Mais on ne me laissera pas entrer, répond le vieil officier.

Tout pourrait en rester là, si Elisabeth n'avait surpris le désespoir dans le regard de cet homme. Alors elle retient par le bras son mari qui s'apprête à poursuivre sa route. « Donne-lui donc un de tes gants, supplie-t-elle, et nous ordonnerons qu'on le laisse entrer. » L'officier se présente avec son trophée au palais et recouvre sa pension. Bientôt l'histoire circule de bouche en bouche, de gondole en gondole. L'intercession d'Elisabeth fait merveille. On célèbre ses vertus autant que sa beauté.

Cependant l'impératrice se sent des fourmis dans les jambes. Emprisonnée par les eaux de la ville, elle ne peut ni monter à cheval ni se promener. La moindre flânerie risquerait de tourner à l'émeute. Il lui arrive de se lever la nuit et de rester des heures à sa fenêtre. Que font les autres voyageurs dans cette ville ? Que viennent-ils chercher ? Il n'y a pour elle que des interdits. Quand finira donc cet état d'hibernation ?

Le soir de Noël, elle a dix-neuf ans. Le couple suit la messe de minuit à Santa Maria della Salute. La plus grande église baroque de Venise est un vaisseau illuminé au confluent du Grand Canal et du canal de la Giudecca. Elisabeth se sent attirée par la haute mer. Mon Dieu, je vous demanderais avec plus de force la paix pour mon pays, si au moins je l'avais en moi.

15 janvier 1857, arrivée à Milan. La police a rabattu en ville la population des campagnes voisines. Mission : accueillir les souverains par une ovation. Malgré cet artifice, la foule dûment chapitrée reste silencieuse. Le soir, dans la prestigieuse salle de la Scala, l'affront est plus manifeste encore. Aucun patricien dans les loges des abonnés. Les grandes familles ont envoyé leurs laquais vêtus de leur livrée noire. Elisabeth retient le mouvement d'humeur de son mari. Comme si tout était normal, ils restent jusqu'à la fin du spectacle. Ils n'en pensent pas moins. Les jours suivants, François-Joseph essaie de redresser la situation. L'amnistie politique est accordée et l'impôt abaissé dans toute la Lombardie. Cela ne suffit pas à rendre populaire le couple impérial. Puisque les familles patriciennes s'entêtent, on invite la bourgeoisie aux concerts de la Cour. Peine perdue. La plupart des fauteuils restent vides.

Il faut aller plus loin encore dans les réformes. Le feld-maréchal Radetzky, gouverneur général et commandant militaire de la Lombardie-Vénétie, se voit relevé de ses fonctions. Il était temps. L'empereur lui-même constate que le brave homme se trouve « affreusement changé et comme retombé en enfance ». Le nom de Radetzky est synonyme de répression dans toute l'Italie du Nord. L'archiduc Maximilien, frère cadet de François-Joseph, remplace le vieux maréchal. Ce choix paraît bon. Il sauve la situation, sans toutefois convaincre les Milanais.

Les deux frères ne se ressemblent pas. Elevé en héritier présomptif, François-Joseph est un homme incroyablement travailleur et scrupuleux. Il sait que son pouvoir et son autorité reposent sur un antique édifice. La gloire n'est pour lui qu'accessoire. Chacun doit accomplir sa tâche au mieux de ses possibilités, fût-ce au sommet de l'Empire. Conservateur dans l'âme, il s'applique à préserver ce qu'il a reçu, avant de le transmettre à son tour. Metternich et Schwarzenberg lui ont appris que les armes et les hommes ne doivent pas être gaspillés. On les utilise cependant sans scrupules si le sort de l'Empire est en jeu.

Maximilien est un cadet ombrageux. Il aspire à un pouvoir que la règle monarchique rend aléatoire. C'est un homme élégant qui parle huit langues – seul point commun avec son aîné –, il lit beaucoup et apprécie les poètes. Ce penchant en fait un original à la Cour de Vienne. Pour sa part François-Joseph sera accablé dès son plus jeune âge par un programme d'études qui ne lui laissera pas le temps de la lecture. L'influence d'Elisabeth ne parviendra pas à éveiller chez lui le moindre goût littéraire.

Maximilien écrit de beaux poèmes. Mélancolie, ironie, blessure, besoin de fuir. La poésie de l'archiduc s'inspire de Heine. Dans une Cour où les intellectuels, les artistes sont ignorés, voire méprisés – un diplomate américain, John Motley, écrit : « Même si un Autrichien était tout à la fois Shakespeare, Galilée, Nelson et Raphaël, il ne pourrait être admis dans la haute société viennoise s'il ne comptait seize quartiers de noblesse » –, dans une telle basse Cour, il est tout de même étrange de voir deux êtres, l'archiduc Maximilien et sa belle-sœur Elisabeth, vouer un véritable culte à Heine, petit Juif allemand et immense poète. Maximilien se compare dans ses poèmes à un oiseau dont l'aile blessée empêche l'envol. Elisabeth sera plus tard la mouette, et la critique universitaire la tiendra pour une des meilleures spécialistes de Heine.

« Les Etats vieillis tombent malades de leurs souvenirs », écrit Maximilien, désignant avec lucidité la lassitude de l'Empire. Il note encore : « Rigidité n'est pas force. » Ni son caractère, ni sa situation de cadet, ne lui permettent de traduire en actes ses intuitions. Il a la séduction et la violence des faibles. Sans doute convoite-t-il en secret le trône de son frère. Il affiche volontiers des idées libérales, par conviction certes, mais aussi pour s'opposer à ses proches. On dit qu'il est le préféré, le chouchou de l'archiduchesse. Ce fils fragile, doux et compliqué, inspire à sa mère un amour tout à fait désintéressé, cette sorte de compassion que l'Aiglon fit jadis naître en elle. Femme avisée, l'archiduchesse a misé toute son estime et son ambition sur l'aîné, toute son indulgence et sa sensibilité sur le cadet. Cette rivalité filiale détermine pour une part les relations des deux frères.

François-Joseph fait de Maximilien le vice-roi, gouverneur de la Lombardie-Vénétie. Il arrive en Italie avec sa jeunesse – il n'a pas vingt-cinq ans –, son visage aux traits fins, son regard bleu, sa réputation de libéralisme et de générosité. Pendant deux ans, il tentera d'alléger le poids de l'occupation autrichienne, mais les patriotes résisteront à ses avances et à sa réelle bonne volonté. L'avocat Daniele Manin, cerveau de la révolution de 1848 à Venise, répond de son exil parisien à l'archiduc : « Nous ne demandons pas que l'Autriche devienne plus humaine, nous demandons qu'elle s'en aille. » Et ça, bien sûr, il n'en est pas question. François-Joseph s'oppose à tout statut d'autonomie.

A la mi-mars, le couple est de retour à Vienne. Elisabeth se précipite auprès de sa petite Gisèle qu'elle n'a pas vue depuis cinq mois. Stupeur, le bébé ne semble pas reconnaître sa mère. Tantôt les obligations de sa charge, tantôt la volonté de sa belle-mère, il y a toujours quelque chose pour la séparer de ses enfants. La mauvaise fée semble murmurer à son oreille : tu as tout, tu ne voudrais pas en plus être heureuse. On a même osé dire en Italie que l'impératrice avait tenu à emmener avec elle sa fille Sophie pour se prémunir contre un attentat. Cette accusation est non seulement infâme mais à l'évidence injuste. Elisabeth ne craindra jamais d'exposer sa propre personne, et son courage ne sera jamais pris en défaut. Plus tard, on lui reprochera même de tenter le destin par témérité ou par inconscience.

Les voyages du couple impérial ne sont pas une partie de plaisir et, cette fois, les souverains ont dû affronter le silence, l'hostilité et la haine. Mais ils se sont sentis plus proches pendant ces jours de tension. Chacun a eu peur pour l'autre, chacun a compris l'autre d'un regard, d'un geste. Ils ont vibré à l'unisson. Ils ont tout partagé. A la Hofburg ou à Schönbrunn, ils sont de nouveau séparés par le protocole, par leurs emplois du temps, par leurs entourages. Franz redevient l'empereur. Elisabeth a de plus en plus de mal à jouer le rôle subalterne qu'on lui concède.

Dans son ouvrage : *Elisabeth d'Autriche ou la Fatalité,* Jean des Cars raconte que l'impératrice, peu de temps après son retour à Vienne, trouva sur un secrétaire de ses appartements un livret aux feuilles jaunies, ouvert pour mieux montrer les passages soulignés. Elisabeth ignore qui l'a placé là. En revanche il est évident que l'inconnu(e) est animé(e) des pires intentions. Rédigé en français, le texte affirme : « La raison de vivre d'une reine, c'est de donner des héritiers à la couronne, et le souverain qui répondait à son épouse : " Madame, nous vous avons choisie pour que vous nous donniez des fils et non pas des conseils ", a été un utile exemple à tous les autres. C'est là, en effet, la destinée, la vocation naturelle des reines. Dès qu'elles s'en écartent, elles deviennent la source des plus grands maux : telles Catherine de Médicis, Marie de Médicis, Anne d'Autriche. Lorsqu'une reine est assez heureuse pour donner des princes à l'Etat, elle doit borner à cela toute son ambition et ne se mêler en aucune façon du gouvernement du royaume dont le souci n'est pas l'affaire des femmes [...] La princesse qui ne met pas de fils au monde n'est qu'une étrangère dans l'Etat et, de plus, une étrangère excessivement dangereuse. »

Il est à noter que ce texte ne s'en prend qu'à des reines de France. La raison en est simple. A l'origine, l'ignoble pamphlet ne visait pas Elisabeth, elle n'était pas née. Le libelle a déjà servi à une autre époque, dans un autre monde. Comme si l'air de la calomnie devait être chaque fois bissé. On en redemande. L'auteur (anonyme) a proféré ces injures un siècle plus tôt à Paris. Ecrits en 1774, ces mots stigmatisent la souveraine la plus décriée de l'histoire, celle qu'en France on appelait l'Autrichienne, la reine Marie-Antoinette.

Elisabeth est blessée, meurtrie, poignardée par cette prose xénophobe, misogyne. La haine devient insupportable, elle remue trop de choses nauséabondes. Il y a la menace d'un destin tragique. Il y a la crainte d'être rejetée par tout un peuple. Le désamour, puis l'indifférence, enfin la condamnation. Il y a la peur de se voir réduite au silence. Un ventre, rien qu'un ventre, voué à la procréation.

Qui est venu poser sur son secrétaire ce petit livre immonde ? Le mystère ne sera jamais éclairci. Il doit bien s'agir d'un proche pour avoir eu accès aux appartements privés. Elisabeth ressent une sorte de dégoût devant tant de lâcheté. Son ennemi(e) n'a pas fière allure. Pendant longtemps, elle ne parlera à personne de cet incident et surtout pas à son mari. Il l'aime trop pour ne pas réagir avec violence. Une fois encore, il ne lui reste plus qu'à chercher refuge en elle-même.

Mai 1857. Voyage en Hongrie.

L'Italie ne s'est pas jetée dans les bras de l'empereur. La Hongrie promet d'être plus rétive, plus farouche encore. Mais il y a longtemps que l'impératrice rêve de découvrir ce pays et les difficultés du voyage ne lui font pas peur. Dès qu'il s'agit de prendre ses distances avec Vienne, Elisabeth se sent mieux.

En fait, les souverains ignorent l'ampleur des dégâts. Les Hongrois n'ont pas oublié les sanglantes représailles de l'automne 1849. Après l'échec de la guerre d'indépendance, le général Haynau a été l'instrument de la vengeance autrichienne : « Je vais faire pendre les chefs de la révolte; je vais faire fusiller les officiers passés aux Hongrois; je vais couper le mal à la racine, pour montrer à l'Europe comment il faut châtier les rebelles, comment il faut faire régner l'ordre, le calme et la paix pour un siècle. » Promesse tenue. Exécutions, exils, emprisonnements. La Hongrie est occupée et annexée.

François-Joseph nomme son oncle, l'archiduc Albert, à la tête du pays, tandis que le pouvoir réel appartient au ministre de l'Intérieur, le baron Bach, qui siège à Vienne. Ses agents, les « hussards de Bach », quadrillent le territoire hongrois. De toutes les conquêtes de 1848, seule l'abolition du servage est maintenue. L'ancienne Constitution est reléguée aux oubliettes et tout le pays placé sous tutelle autrichienne.

La police et les fonctionnaires s'emploient à traquer les organisations secrètes et à déjouer les complots. Tous les rassemblements sont interdits, même les fêtes et les bals. Mais rien ne parvient à briser la sourde résistance d'un peuple. Mot d'ordre

78

contre l'occupant : « Que les Autrichiens ne se sentent chez eux nulle part dans notre pays... Qu'ils soient comme les pestiférés que chacun fuit et dont chacun a peur... »

C'est dans cette ambiance qu'Elisabeth va faire la connaissance de la Hongrie. Malgré cela, elle se prépare à aimer ce pays comme nul autre et jamais rien ne viendra démentir cette première intuition, même le plus affreux des deuils. Comment peut-elle marcher vers cette terre comme une jeune fille court à un rendez-vous d'amour ? D'où lui vient cette assurance ? Pourquoi est-elle certaine de ne pas se tromper ? Bien sûr l'archiduchesse déteste tout ce qui est magyar. Les Hongrois sont pour elle des insurgés permanents qu'il faut mater et soumettre à un absolutisme impérial illimité. Les ennemis de mes ennemis ne sont-ils pas mes amis ? Néanmoins ce serait faire injure à l'impératrice que de la croire animée par le seul désir de contrarier l'archiduchesse, de prendre sur elle sa revanche.

Sa passion hongroise vient de beaucoup plus loin. Peut-être est-elle née du regard doux d'un vieux monsieur arrivé au terme de sa vie. Pour Elisabeth, la Hongrie est associée à ces mois de préparatifs, angoisses et espoirs mêlés, entre ses fiançailles et son mariage, ses derniers jours à Possenhofen. Elle se sent alors aimée et elle aime aussi. Elle a envie pour la première fois d'ouvrir les yeux sur le monde et de retenir tout ce qu'on peut lui en apprendre. Janos (Jean) Majláth répond à son attente. Il lui plaît tout de suite avec son long nez aristocratique, son regard de passion et de tristesse. Cette passion et cette tristesse sont à l'image d'une Hongrie dont il lui parle avec éloquence. Non seulement il lui enseigne la géographie et l'histoire de ce pays, si lointain, si étrange, mais il le rend pour elle vivant. Sans doute savait-il déjà qu'il mourrait sans le revoir. Sans doute voulait-il léguer à cette élève attentive, qui allait régner sur l'Empire, l'amour fou de sa Hongrie. Ne disait-il pas : « Ils sont fous, les Hongrois », avec cette tendresse, cet humour au coin de ses lèvres minces et bien ourlées ? La folie semblait alors un don du ciel, une sorte de force permettant d'affronter le pire, de résister à toutes les oppressions.

Quand Elisabeth quitte Possenhofen pour s'en aller vivre à Vienne, elle emporte avec elle un trésor plus précieux que toutes les malles de son trousseau. Dans sa cassette personnelle, son for intérieur, il y a en vrac les souvenirs de sa Bavière auxquels Jean Majláth a ajouté la précieuse dot hongroise, faite de mélancolie, d'exaltation et de tristesse. Les Hongrois s'amusent en pleurant, se plaisait-il à répéter.

Le vieux monsieur a transmis le relais à la jeune impératrice. Sa tâche est accomplie. Il ne lui reste plus qu'à abandonner la rive, à se fondre pour toujours dans les eaux sombres du lac de Starnberg. Cet enseignement contresigné par le suicide d'un homme qu'elle a aimé, Elisabeth ne l'oubliera pas.

Une fois à Vienne, elle doit étudier les différentes langues en usage dans l'Empire. François-Joseph est rompu à ce périlleux exercice depuis l'enfance. Il parle les principales langues de ses peuples, sans compter le français et l'anglais. Elisabeth accuse un sérieux retard. Au reste, en Lombardie, on n'a pas manqué de railler la manière dont elle s'exprime en italien. Son accent est mécanique, son vocabulaire bien pauvre. En tchèque, elle n'est guère plus habile. Le miracle se produit quand elle aborde le hongrois. Elle l'apprend avec facilité, avec gourmandise. Cette langue pourtant difficile, cette langue insolite, rebelle comme le peuple magyar, elle la fait sienne. D'instinct elle semble retrouver dans ses sonorités et ses rythmes une sorte de musique originelle.

Depuis Jean Majláth, Elisabeth n'a plus rencontré de vrais Hongrois. Ceux qui sont admis à la Cour de Vienne ont donné trop de gages à l'absolutisme impérial pour ne pas avoir perdu en route un peu de leur fierté magyare. Ils ont tout de même belle allure, surtout les officiers de la garde hongroise, attachés au service de l'empereur. Créée par Marie-Thérèse, cette unité n'est formée que de jeunes nobles. Avec leur peau de panthère, le kolpack, autour de la poitrine, et leur attila traditionnel – manteau rouge enrichi de gemmes –, ils ne passent pas inaperçus.

Elisabeth a prévu d'emmener ses deux filles en voyage. De nouveau l'archiduchesse fait tout pour l'en empêcher. Ces sauvages ne méritent pas tant d'honneurs et la santé de l'aînée, Sophie, est toujours très fragile. Pour une fois, le Dr Seeburger tranche en faveur de l'impératrice. Les deux fillettes reçoivent leur autorisation de sortie, à condition toutefois que leur médecin les accompagne. La fête peut commencer.

Descente du Danube en bateau. Arrêt à Presbourg qui fait alors partie de la Hongrie. Presbourg se nomme aujourd'hui Bratislava. Superbe cité, naguère en Tchécoslovaquie, elle est à présent la capitale de la Slovaquie. Ainsi vont et viennent les frontières de la vieille Europe...

Le 4 mai 1857, arrivée du couple impérial à Ofen, faubourg de Buda et de Pest. La capitale comporte encore deux villes distinctes. Sur les collines, Buda la baroque avec son palais royal que les souverains n'habiteront pas. Ils s'y rendent en visite et ils y donnent un grand bal. Pest sur la rive gauche du Danube avec son fouillis de ruelles et ses belles perspectives qui se perdent au loin dans l'immense plaine. Il faut attendre 1873 pour que les deux cités, unies par de magnifiques ponts, ne forment plus qu'une seule et même Budapest.

François-Joseph a revêtu son uniforme de général hongrois. Elisabeth porte à ravir le costume national. Son corsage de velours sombre paraît avoir été cousu sur sa peau tant il moule ses formes. Des croisillons de perles retiennent sur sa poitrine le corselet et enserrent sa minuscule taille. La dentelle des manches bouffe au-dessus du coude, laissant apparaître un bras gracile et la finesse des attaches. Il est évident qu'elle a veillé avec soin au plus petit détail. Sa robe hongroise est une parure qu'elle arbore avec plaisir. Oubliée, sa timidité. Ici, elle est une autre.

L'impératrice a senti qu'elle pouvait plaire à ce peuple pourtant peu enclin à se jeter dans des bras étrangers. Il faut avoir subi toutes les invasions pour détester à ce point les envahisseurs. Et elle plaît. Dès le lendemain, la presse hongroise célèbre l'événement. On continue à réclamer avec la plus grande vigueur le retour à la Constitution nationale et une amnistie générale, cependant qu'on s'extasie à longueur de pages sur la beauté d'Elisabeth et la manière dont elle s'est approprié leur langue et leur vêtement traditionnel.

L'enthousiasme tourne au délire quand elle apparaît à cheval. Les Hongrois ne sont-ils pas d'extraordinaires cavaliers ? Jugée par ses pairs, Elisabeth ne craint pas le verdict. La suite autrichienne a beau critiquer cette impératrice qui se livre en public à des exercices équestres, les Hongrois, eux, apprécient en connaisseurs l'élégance et la parfaite maîtrise de la cavalière.

Si la foule est sous le charme, les blessures anciennes continuent à saigner. Aussi François-Joseph décrète-t-il l'amnistie. Les exilés de premier plan comme Gyula Andrássy pourront rentrer au pays et tous leurs biens leur seront restitués. C'est la moindre des choses, pense l'aristocratie qui continue à bouder les réceptions et à demander l'ancienne Constitution dont l'empereur ne veut pas. Il la refuse avec d'autant plus d'énergie qu'il craint les risques de contagion. De proche en proche, toutes les nations de l'Empire vont élever la voix comme en

1848 et le cauchemar recommencera. En Autriche même, une partie de la bourgeoisie commence à regimber devant l'absolutisme et à souhaiter aussi une Constitution. La récession économique qui se profile à l'horizon ne fait qu'accentuer cette tendance. Pour François-Joseph, il est clair qu'il ne peut accorder à Buda ce qu'il refuse à Vienne.

Les beaux magnats hongrois sont certes troublés par l'impératrice, ils ne sont pas encore convaincus par l'empereur. Pourtant la danse de séduction a commencé. Deux pas en avant, un pas en arrière. Les Hongrois offrent des czardas, des chansons tziganes et les cavaliers de la puszta. Les Autrichiens répondent par l'amnistie, par le plus gracieux sourire de la plus hongroise des impératrices et par la bonne volonté d'un souverain qui voudrait bien mais ne peut pas.

Le couple impérial entreprend alors un voyage à l'intérieur du pays. Légèrement souffrantes, les fillettes restent à Ofen, tandis que leur mère découvre la plaine sans fin, cette puszta dont Jean Majláth lu avait tant parlé. La Bavaroise, la montagnarde, pénètre dans un autre monde qui ressemble pour une fois à ses rêves. Sans doute pourrait-elle dire à la manière de Rainer Maria Rilke :

« Chevaucher. Chevaucher, le jour, la nuit, le jour.
Chevaucher. Encore et toujours.
Et le cœur est si las maintenant, et la nostalgie si grande. Il n'y a plus de montagnes, à peine un arbre. Rien qui ose se dresser. »

Au bout de cinq jours, une dépêche du Dr Seeburger rappelle Elisabeth et François-Joseph à Ofen. Leur fille Sophie est dans un état désespéré. Le Dr Seeburger s'est pourtant montré rassurant quelques jours plus tôt, attribuant les pleurs de l'enfant et sa fièvre à une simple poussée de dents. Elisabeth la retrouve émaciée, le teint gris, le regard éteint. Tout s'écroule autour d'elle. Onze heures durant, elle se bat pour arracher cette enfant, son enfant, à la mort. Le soir du 29 mai 1857, la fillette n'est plus. Elle était âgée de deux ans et deux mois. L'empereur envoie un câble à l'archiduchesse : « Notre petite fille est un ange au ciel. Après une longue lutte, elle a fini par rendre l'âme à neuf heures et demie. Nous sommes effondrés. »

Dans sa révolte, Elisabeth se retourne contre le Dr Seeburger qui n'a pas su déceler à temps la maladie. A peine sait-on de quoi l'enfant est morte. On suppose que Gisèle a transmis à sa sœur une rougeole qui a ravagé le corps affaibli de la fillette. La Hongrie se tait soudain. Tout le pays compatit en silence au malheur des jeunes parents qu'ils voient repartir pour Vienne avec la dépouille de leur enfant.

On peut imaginer la douleur de l'archiduchesse. Ne lui a-t-on pas doublement pris cette fillette qui porte son nom, sa petite-fille, sa passion ? On l'a emmenée dans ce pays de sauvages où seul le pire est toujours certain et l'on a rendu à la grand-mère un pauvre cadavre tout juste de la taille d'une poupée. L'archiduchesse ne peut s'empêcher de penser à un autre petit corps, lui aussi meurtri, lui aussi disloqué, celui de la petite Anna, sa seule fille, disparue à l'âge de quatre ans. La souffrance d'autrefois rend plus cruelle encore celle d'aujourd'hui. Sophie n'était pas le substitut d'Anna, l'amour évite les répétitions, mais l'ancienne tendresse avait resurgi plus vive, plus forte, plus exigeante encore, dès la naissance de la petite princesse. L'archiduchesse s'était emparée de l'enfant pour mieux veiller sur son destin.

Il n'y a plus d'enfant. Il n'y a plus de destin. Il reste les reproches et les responsabilités. Ces deux femmes, la mère et la grand-mère, pourraient se jeter à la figure toutes sortes de bassesses. Leur désespoir les retient. L'archiduchesse ressent trop la douleur de son fils pour ajouter encore à sa peine. Elisabeth est anéantie par le chagrin. Elle n'a plus la force de s'indigner ni de rendre les autres responsables. Les plus terribles reproches, elle se les adresse à elle-même.

L'enfant est inhumée, comme tous les Habsbourg, dans la crypte des Capucins, à cent mètres à peine de la Hofburg. Elisabeth descend l'escalier à la suite de la dépouille mortelle. Sa détresse la submerge au point de lui faire oublier tout sentiment de culpabilité. Les prières, l'encens et les fleurs blanches, c'était encore la vie. Il y avait les souvenirs, les rires, les souffrances, les erreurs, les bonheurs. Maintenant il n'y a plus rien. Un autre monde commence. Au fond de la crypte des Capucins, le grand silence des morts aspire les vivants. L'escalier conduit au néant. Inutile de lutter, le flot est inexorable. Elisabeth se laisse emporter au fil d'un courant qu'elle appelle déjà la fatalité.

Les glorieux Habsbourg sont rangés côte à côte dans ce dortoir pour enfants sages. L'un d'entre eux, Charles VI, arbore aux quatre coins de son cercueil des têtes de mort aux crânes ceints de la couronne impériale. Quand le capucin fait vaciller au bout de son bras la lueur du flambeau, on dirait que les quatre squelettes sourient eux-mêmes de leur plaisanterie. L'impératrice pénètre pour la première fois dans la crypte où son enfant va reposer. La prison se referme. La prisonnière a dix-neuf ans et demi.

La pluie et le chagrin font de cet été 1857 une saison triste. François-Joseph retourne en Hongrie, mais cette fois Elisabeth ne l'accompagne pas. Le deuil de son enfant ne la porte pourtant pas à haïr les Hongrois ni à rejeter leur pays. Bien au contraire elle sent combien est solide le lien qui l'attache à cette population. Tant de souffrances – Jean Majláth et la petite Sophie –, tant d'épreuves. Il est trop tôt encore pour revenir sur les lieux où le drame s'est joué. L'impératrice ne supporte plus aucune compagnie. Elle se referme sur elle-même et sur sa solitude.

Son visage et son corps sont amaigris, de larges cernes apparaissent sous ses yeux. Elle ne se nourrit presque plus. Coupable. Elle est obsédée par sa culpabilité. Sa petite fille, on ne lui a pas donné le temps de l'aimer et elle n'a pas su la protéger. Ne doit-elle pas expier pour sa faute? N'est-elle pas aujourd'hui punie – punie de manière atroce, injuste – d'avoir enfreint la règle, de s'être révoltée contre les principes de l'archiduchesse? La petite Sophie n'a-t-elle pas payé pour l'autre Sophie? O ce prénom, tantôt plein de haine, tantôt plein d'amour! Pourquoi l'une est-elle vivante? Pourquoi l'autre est-elle morte?

François-Joseph remarque qu'en Hongrie les portraits de l'impératrice se sont multipliés. La population hongroise regrette l'absence d'Elisabeth mais elle en comprend les raisons. Son deuil a ému tout le monde. Deux mois plus tôt, les Hongrois avaient eu pour elle un coup de cœur. A présent ils éprouvent une véritable affection. Le voyage de l'empereur se

85

fait dans un climat plus calme, cependant on continue à réclamer la Constitution, et les émigrés qui viennent de rentrer dans leur pays grâce à l'amnistie ne sont pas les derniers à élever la voix.

Le comte Gyula Andrássy est revenu en juin de son exil parisien. Après la révolution de 1848, il a été condamné à la pendaison, mais il se trouve déjà à l'étranger quand tombe le verdict. Seule son effigie se balance au bout de la corde. Il est riche, séduisant. Son exil n'est pas un enfer, loin s'en faut. Il épouse en 1856 une très belle et très fortunée héritière hongroise, la comtesse Katinka Kendeffy, dont la famille s'est distinguée en 1848 par sa scrupuleuse fidélité à l'Empire. Ce mariage fait quelque peu oublier les excès révolutionnaires d'Andrássy, d'autant mieux que le beau pendu ne cache pas ses idées russophobes – tendance qui est sur le point de triompher à la Cour de Vienne – et qu'il prend position pour la réconciliation de sa patrie avec l'Autriche. Loin de craindre le retour d'Andrássy, François-Joseph y voit le signe d'un apaisement. Il ne reste plus guère à l'étranger qu'un seul noyau d'intraitables. Ils sont à Londres, regroupés autour de Kossuth.

Elisabeth ne parvient pas à calmer sa souffrance. Devant tant de désespoir, l'archiduchesse s'abstient de formuler des reproches. Elle sait ce qui peut être dit. Elle sait aussi le poids de ce qui est tu. Pour exprimer son implacable et silencieuse réprobation, l'archiduchesse va changer de méthode. Sa nouvelle manière est plus sournoise et plus efficace encore. Elle connaît l'art de s'adapter aux situations, son expérience politique le lui a enseigné, et d'en tirer le meilleur parti. Le mariage du cher Maximilien, son fils préféré, va lui en fournir l'occasion. Il s'est fiancé avec Charlotte de Saxe-Cobourg, fille du roi des Belges. L'archiduchesse fait grand cas de la nouvelle venue. La jeune femme n'est-elle pas élégante et belle ? De plus on la dit intelligente, ambitieuse. Rien à voir avec sa première belle-fille, cette campagnarde bavaroise et fantasque dont l'arbre généalogique drageonne dans tous les sens. Charlotte de Saxe-Cobourg est issue d'une famille à la filiation irréprochable. Rompue aux usages de Cour, la promise suscite l'enthousiasme de sa future belle-mère : « Charlotte [est] charmante, belle, attrayante, caressante et tendre envers moi. Il me semble l'avoir toujours aimée [...] Je remercie Dieu profondément de la charmante femme qu'il a donnée à Max et de l'enfant de plus qu'il nous a accordé. » Il est évident qu'aux yeux de l'archiduchesse, Charlotte possède tout ce qui manque à Elisabeth, et elle se fait un plaisir de montrer où vont ses préférences.

Par son comportement, que l'ensemble de son entourage, déjà mal disposé à l'égard de l'impératrice, s'empresse d'imiter, elle crée aussitôt une rivalité entre ses deux belles-filles. Elisabeth n'est pas en mesure de riposter à ces nouvelles attaques. Amaigrie, torturée par les remords, elle craint de perdre pied. L'hostilité que sa belle-mère nourrit contre elle et l'aversion que lui inspire l'archiduchesse aiguisent sa sensibilité, jouent sur ses nerfs, menacent son équilibre. La haine est un lien dont les nœuds sont serrés et compliqués.

La popularité d'Elisabeth ne cesse de croître à l'extérieur, mais à la Cour on trouve toujours quelque chose à critiquer dans son comportement ou dans sa personne. En fait, les belles comtesses lui envient sa beauté. Non seulement elle s'est fait aimer de l'empereur, leur soufflant ainsi le meilleur parti de toute l'Europe, mais encore elle a séduit les populations de l'Empire, même les plus rebelles. Avec la complicité active de l'archiduchesse, les jalouses entreprennent de se venger. Elles ont l'idée d'organiser à la Cour un concours de beauté. Une sorte de « Miss Schönbrunn ». A la différence des compétitions actuelles, on ne demande pas à celles qui sont en lice de faire acte de candidature. Bientôt le jury, après quelques secrets conciliabules, proclame le résultat. Est élue « Beauté de la Cour » la fiancée de Maximilien, Charlotte de Saxe-Cobourg. On veut montrer de cette manière que la nouvelle venue surpasse haut la main l'impératrice. Le procédé, inélégant et injuste, atteint son but. Il fait des deux belles-sœurs des ennemies et il inflige à Elisabeth une blessure supplémentaire. On pourrait croire que les nombreux hommages rendus à sa beauté la font se sentir sûre d'elle au moins dans ce domaine. Il n'en est rien. Tenue à l'écart de la politique, infantilisée par son entourage, coupable de n'avoir pas su arracher sa fille aînée à la mort, Elisabeth ne peut même plus compter sur son charme. On le disait incomparable. Eh bien, on a osé mettre l'impératrice en compétition avec d'autres beautés, et, de cette épreuve encore, elle est sortie perdante.

Elisabeth est toujours accablée par son chagrin et ses remords, quand apparaissent, en décembre 1857, les signes d'une troisième grossesse. Plus question de s'adonner à l'équitation ou d'étrangler sa taille dans d'incroyables corsets. Sa maigreur peut alarmer ses médecins, elle ne la dérange pas. Jamais trop mince à son goût, elle continue à très peu se nourrir.

L'impératrice doit se contenter de longues marches. Son mari l'accompagne dès qu'il le peut. Chaque geste, chaque regard, chaque attention montre que François-Joseph voue à sa femme une véritable adoration. Le lieutenant est de plus en plus amoureux et l'empereur ne s'en cache pas.

L'histoire ne dit pas si, pour ce troisième accouchement, François-Joseph a pris soin de coller la prière hébraïque sur la porte de la chambre, ainsi que le rabbin de Pest le lui avait recommandé avant la naissance de Gisèle. Tout le monde bien sûr souhaite que l'enfant soit un garçon et l'impératrice ne pense plus qu'à ça depuis des semaines. Elle n'arrive pas à oublier l'affreux petit livre qu'une main anonyme a placé sur son secrétaire.

Elle a vingt ans et elle en est déjà à son troisième accouchement. Sans doute en faudra-t-il d'autres, beaucoup d'autres, si le garçon ne se décide pas à venir. Un an plus tôt, Elisabeth accompagnait la petite Sophie dans son agonie. Tout cela pèse sur une si jeune femme. Cinq années se sont écoulées depuis la rencontre d'Ischl. Les émois, le vertige, tous les éblouissements des premières fois paraissent loin. Et pourtant les difficultés, les traverses n'ont pas altéré l'entente du couple.

Ce nouvel enfant n'a été conçu que six mois après la mort de Sophie. L'esprit en deuil, Elisabeth a mal supporté sa grossesse, et l'accouchement est beaucoup plus pénible que les précédents. Le 21 août 1858, il fait une chaleur étouffante. Vienne est oppressée. Il lui faut un orage et un prince héritier. A Laxenbourg, l'archiduchesse fait exposer le saint sacrement dans la chapelle du château. Elisabeth hurle sur son lit. Sa belle-mère et la comtesse Esterházy prient à genoux. Le soir à dix heures, l'impératrice est enfin délivrée.

– Est-ce un fils ? demande-t-elle, épuisée.

François-Joseph, affolé par l'état de sa femme, n'ose répondre tout de suite. Une émotion trop forte risquerait de lui être fatale.

Elisabeth soupire, plus abattue que jamais :

– Ah! c'est sûrement encore une fille!

– Eh bien : et si c'était tout de même un garçon? risque l'empereur.

L'impératrice attendra pour y croire vraiment de voir l'enfant.

Un fils! Le cauchemar est donc fini! Jamais prince héritier ne fut tant désiré, exception faite du petit roi de Rome, Habsbourg par sa mère, Buonaparte par son père. François-Joseph pleure de joie, de vraies larmes sur ses joues. Il dépose aussitôt l'énorme collier de la Toison d'or dans le berceau de son fils et le nomme sur le champ colonel du 19e régiment d'infanterie.

L'héritier est appelé Rodolphe en souvenir de son grand ancêtre Rodolphe Ier : premier Habsbourg à ceindre la couronne du Saint Empire, il épousa la fille de l'Electeur de Bavière. François-Joseph décide de faire restaurer sur ses fonds personnels le tombeau de Rodolphe Ier à Spire, dans le Palatinat allemand. L'empereur n'a pas perdu l'espoir d'affirmer un jour sa domination sur l'ensemble de l'Allemagne et, qui sait? de transmettre à son successeur la glorieuse couronne du Saint Empire, dont son grand-père a dû se dessaisir en 1806, sous la pression des armées françaises.

Les relevailles sont difficiles. La santé d'Elisabeth semble ébranlée. Elle souffre aussi de montées de lait d'autant plus douloureuses qu'elles sont inutiles. Elle voudrait allaiter son enfant, mais son entourage trouve l'idée saugrenue, voire ridicule. Une campagnarde bavaroise peut certes donner la tétée à son rejeton, non une impératrice. Va pour la nourrice! C'est une belle et grasse paysanne morave. Le pamphlet déposé sur son secrétaire disait vrai. La souveraine est vouée à la reproduction. Le reste ne la concerne pas, ni l'alimentation de l'enfant ni, bien sûr, l'éducation du prince.

L'archiduchesse profite de la mauvaise santé de la mère pour s'emparer de l'enfant, selon un plan mis au point trois ans plus tôt. Personne n'ose s'opposer à ses volontés. Il y a en filigrane la mort de Sophie et la cruelle responsabilité d'Elisabeth. Pour l'archiduchesse, ce petit-fils assure le bonheur de François-Joseph et l'avenir de l'Empire. On ne fera jamais assez pour préserver un tel trésor. Tous les protagonistes sont animés des meilleures intentions. Le rideau de scène peut se lever sur une nouvelle tragédie.

C'est la guerre dans l'Italie du Nord. François-Joseph a quitté Elisabeth depuis trois jours à peine qu'il lui écrit du quartier général de Vérone :

31 mai 1859

« Mon ange adoré,

» Je profite des premiers instants de ma journée pour te dire à nouveau combien je t'aime et combien je me languis de toi et de nos chers enfants. Surtout, porte-toi bien et ménage-toi comme tu me l'as promis. Cherche à te distraire et ne sois pas triste... »

Combien nos mères, combien nos grand-mères, nos arrière-grand-mères, ont-elles reçu de messages de ce genre ? Elles ont ouvert, en tremblant, ces lettres venues du front, des tranchées ou des camps de prisonniers. Leurs mots, semblables à ceux-là, apportaient un peu d'espoir. Merci mon Dieu, il est encore vivant ! Leurs mots faisaient du bien, faisaient du mal en même temps. Elles ont tant tremblé, tant pleuré, tant prié. Cela n'est pas vieux et chaque famille, si modeste soit-elle, a gardé pieusement la correspondance des années terribles. A la guerre, le bidasse et l'empereur puisent leurs forces dans le souvenir des êtres aimés, à cette différence près que le bidasse obéit et se fait trouer la peau, alors que l'empereur commande et ne risque que la vie de ses hommes.

En 1859, deux empereurs se retrouvent face à face en Italie.

D'un côté Napoléon III, de l'autre François-Joseph, tous deux neveux du premier Napoléon, l'un par le sang, l'autre par alliance. Le Français a en fait tendu un piège à l'Autrichien. Napoléon III veut à tout prix sa guerre d'Italie. N'est-ce pas là que son oncle Bonaparte rencontra son destin ? Il la prépare de longue date. L'été précédent, un mois avant la naissance à Vienne du petit Rodolphe, le souverain français a reçu en secret, à Plombières, le comte de Cavour, Premier ministre du Piémont. Ensemble ils ont mis au point une stratégie afin de chasser l'Autriche de l'Italie. S'ils y parviennent le Piémont s'agrandira de la Lombardie et de la Vénétie, et la France obtiendra Nice, la Savoie, ainsi qu'une influence prépondérante en Italie où la famille Bonaparte veut se partager les dépouilles des Habsbourg et des Bourbons. Il est entendu que Napoléon III ne peut intervenir que si le Piémont est attaqué par l'Autriche ou s'il en donne le sentiment. Alors la France se portera au secours du plus faible et invoquera le droit des nationalités pour justifier son intervention. Il ne reste plus qu'à chatouiller l'Autriche, à susciter des troubles sur ses territoires, à la harceler sans cesse jusqu'à ce qu'elle commette l'acte irréparable qui la placera dans la position de l'agresseur.

Le vieux Metternich – il vient d'avoir quatre-vingt-six ans – a beau flairer le piège et répéter : « Pas d'ultimatum, surtout pas d'ultimatum ! », François-Joseph tombe dans le traquenard. Il envoie un ultimatum à Victor-Emmanuel, roi du Piémont, qui le rejette aussitôt et le considère comme une véritable déclaration de guerre. La France peut alors prétendre secourir l'agressé et déclarer, le 3 mai 1859, la guerre à l'Autriche. Cet ultimatum conduisant à une sanglante confrontation en préfigure un autre, celui de 1914, lancé contre les Serbes. L'Europe n'a pas fini de souffrir. Les femmes en Europe n'ont pas fini d'attendre les mots d'amour de leurs maris empêchés.

Elisabeth écrit chaque nuit au sien. Ses pleurs détrempent le papier à lettres. « M'aimes-tu encore ? » demande-t-elle, anxieuse en tirant sur sa cigarette. Car elle s'est mise à fumer et cette nouvelle manie scandalise la Cour, la stupéfie. Une impératrice qui se conduit comme une fille, comme une George Sand ! Dans la solitude de la nuit, Elisabeth se relève pour fumer et épancher son cœur. Jamais elle ne s'est sentie tant de passion. Ce mari, elle a appris à le connaître et à l'aimer. La séparation avive à présent ses sentiments. Elle a tout fait pour retenir François-Joseph. Elle a même invoqué des raisons politiques. N'était-il pas mieux de rester à Vienne et de tenter un règlement diplomatique du conflit ? Pourquoi s'engager plus avant dans une guerre qui s'annonce mal ? Pourquoi prendre en personne le commandement des troupes ?

En fait, comme n'importe quelle femme, elle tremble pour l'homme qu'elle aime. A cette crainte s'ajoute celle se se retrouver seule à Vienne, étranglée par l'hostilité de son entourage. Elle a accompagné son mari par le train impérial jusqu'à une centaine de kilomètres de la capitale. Au comte Grünne qui part avec le souverain sur le front italien, elle a glissé ses recommandations : « Vous ferez certainement aussi tout votre possible pour inciter l'empereur à revenir bientôt et pour lui rappeler combien on a besoin de sa présence à Vienne. Si vous saviez tout le chagrin que j'éprouve, vous me prendriez certainement en pitié. »

Elle aurait voulu aller plus loin encore, ne pas le quitter. Et pourquoi pas l'escorter sur le front des troupes ? Il le lui a interdit pour sa propre sécurité. Depuis elle demande à le rejoindre dans chaque lettre. Il lui répond, le 2 juin 1859 :

> « Mon amour, mon bel ange,
>
> » Il m'est, hélas ! impossible d'accéder à ton désir pour l'instant, quelque envie que j'en aie. Dans la vie mouvementée du quartier général, il n'y a pas de place pour les femmes, et je ne peux pas donner le mauvais exemple. D'ailleurs je ne sais pas moi-même combien de temps je resterai ici [...] Je t'en supplie, mon ange, si tu m'aimes, ne te tourmente pas tant, ménage-toi, cherche à te distraire le plus possible, monte à cheval, va en voiture avec mesure et précaution, et conserve-toi ta précieuse santé afin que, à mon retour, je te trouve très bien et que nous puissions être très heureux. »

Le 4 juin, les Français et les Piémontais obtiennent une première victoire à Magenta. Le prix à payer est très lourd : quatre mille morts chez les Français et les Piémontais, dix mille chez les Autrichiens qui perdent la Lombardie. Quatre jours plus tard, Napoléon III et Victor-Emmanuel II entrent en triomphateurs à Milan.

Une immense défaite. Un effroyable carnage. L'empereur ne peut laisser ainsi sacrifier ses armées. Depuis son accession au trône, tous ses soins, toutes ses attentions et une bonne partie du budget de l'Etat leur sont consacrés. François-Joseph se sent avant tout un militaire. Mais c'est une chose de passer en revue des troupes bien alignées, vêtues d'impeccables uniformes. C'en est une autre de constater de ses propres yeux qu'il y a des hommes sous les uniformes et que ces hommes-là saignent, hurlent, qu'ils puent la mort et mêlent leurs tripes à celles des chevaux éventrés. Il pense à Elisabeth, il pense à sa trop sensible princesse. Ne détourne-t-elle pas la tête, dès qu'il met en joue un chevreuil ou un daim ? Que dirait-elle devant une pareille hécatombe ? Mon Dieu, est-ce que Vous-même, Vous n'êtes pas touché – peut-être bouleversé – par les souffrances des humains ? Je veux bien être responsable devant Vous, mais je Vous en prie, accordez-moi Votre aide. Notre cause est juste. Les morts pourtant, qu'est-ce qui peut justifier les morts ?

Les lettres d'Elisabeth arrivent au petit matin. François-Joseph les dévore dans son lit. Il lui répond, le 9 juin 1859 :

> « Mon ange adoré,
>
> » Je t'en prie, au nom de ton amour pour moi, contiens-toi, montre-toi quelquefois en ville, visite des institutions, tu ne saurais croire combien tu peux m'aider par là. Cela rendra courage à la population et maintiendra le bon esprit dont j'ai tant besoin... Conserve-toi pour moi qui ai tant de peine. »

Elisabeth fait installer un hôpital dans le château de Laxenbourg. Elle y passe une bonne partie de ses journées. On la juge incapable de s'occuper de ses enfants, elle montre qu'elle peut soigner les blessés. L'horreur remonte jusqu'à Vienne avec l'arrivée des longues cohortes d'éclopés. François-Joseph encourage aussitôt les efforts d'Elisabeth. Il lui écrit, le 15 juin 1859 : « J'ai déjà été informé de Vienne de l'excellente impression que fait ton apparition plus fréquente et la manière dont tu ranimes le courage de tous et fortifie chacun. »

Quand elle n'en peut plus d'entendre les gémissements, d'assister aux amputations, elle s'enfuit à cheval en compagnie de l'écuyer Holmes. L'archiduchesse ne manque pas de tenir au courant son fils des escapades de sa femme. « Pour ce qui est de tes promenades à cheval, lui écrit-il, j'y ai réfléchi. Je ne peux pas te laisser sortir seule avec Holmes. » Il s'effraye davantage encore quand il apprend qu'Elisabeth commence à s'entraîner au saut d'obstacles. Quelques jours avant Solferino, le 23 juin, François-Joseph, entre deux protestations d'amour, demande à sa femme de ne pas prendre tant de risques avec sa santé : « Tu te fatigueras trop et tu deviendras trop maigre. Ménage-toi par amour pour moi. »

L'empereur attend en vain le soutien de ces « bâtards de Prussiens » et le 24 juin 1859, il doit affronter seul les Français et les Piémontais. Solferino est une défaite, plus sanglante encore que ne l'avait été Magenta. Dix-sept mille morts du côté franco-piémontais, vingt-deux mille du côté autrichien. Et tant de blessés qu'à la suite de ce massacre, le Suisse Henri Dunant multiplie les démarches pour émouvoir l'opinion internationale et adopter la première Convention de Genève dont naîtra la Croix-Rouge, en 1864.

François-Joseph écrit la nuit même après Solferino : « Je dus ordonner la retraite [...] Je partis à cheval sous un terrible orage pour Vallegio, d'où je gagnai Villafranca. J'y passai une soirée atroce, au milieu d'une indescriptible confusion de blessés, de fuyards, de voitures et de chevaux [...] Voici la triste histoire d'une journée épouvantable où fut fourni un grand effort, mais où la chance ne nous sourit pas. J'ai acquis de l'expérience et j'ai appris à connaître les sentiments d'un général battu [...] Ma seule consolation, ma seule joie est maintenant d'aller te rejoindre, mon ange. Tu imagines combien je me réjouis [...] Ton dévoué François. »

En Hongrie, la population recommence à se soulever contre une Autriche affaiblie. Napoléon III s'apprête à y lancer une légion révolutionnaire, conduite par Kossuth. De Laxenbourg où elle consacre ses jours et ses nuits aux blessés, l'impératrice encourage son mari à terminer la guerre au plus vite. Trop de morts. Trop de misère. Trop d'échecs. Le vieux Metternich s'est éteint le 11 juin. C'est à présent tout un monde qui disparaît. Ruine d'une politique, celle de sa belle-mère. Faillite des conseillers choisis par l'archiduchesse et qui sont à sa dévotion. Il n'est plus possible de gouverner contre la volonté des peuples. On risquerait d'y perdre, et la guerre, et la dignité, et l'Empire. Elisabeth ne craint plus de donner son avis à l'empereur. Mais elle termine toujours ses lettres par de tendres interrogations : « M'as-tu oubliée avec tous ces événements ? M'aimes-tu encore ? S'il en était ainsi, tout serait indifférent, quoi qu'il arrivât. »

« Ma pauvre Sissi, répond aussitôt François-Joseph, tu n'ignores pas à quel point tu me manques et je n'ai pas besoin de te répéter combien je t'aime. Tu le sais bien malgré les doutes que tu exprimes dans tes lettres [...] Tu es mon bon ange et tu m'es d'un grand secours. Sois forte et tiens bon, il viendra bien des jours meilleurs [...] »

Les deux neveux de Napoléon, Napoléon III et François-Joseph, sont eux-mêmes horrifiés à la vue des blessés et des morts. Il faut en finir. Cependant François-Joseph, battu mais non encore vaincu, tente une ultime démarche pour que l'armée prussienne vienne l'aider. N'est-ce pas le combat de la légitimité contre la révolution? Une mission de la dernière chance. La Prusse veut bien faire preuve de solidarité conservatrice, à condition de renforcer par là sa position en Allemagne. Ainsi demande-t-elle à partager le haut commandement des forces. En tentant de sauver ses territoires italiens, François-Joseph risque de perdre sa suprématie en Allemagne au profit de la Prusse.

A Vérone, l'empereur, qui attend au milieu de ses armées défaites le résultat des négociations, trouve tout de même le temps d'écrire à Elisabeth. Pauvre François-Joseph! Il est en passe de perdre l'Italie. Sa puissance est menacée en Allemagne. Comme si ce n'était pas assez, il faut encore que le désordre gagne sa propre famille : « Les détestables habitudes de vie, déclare-t-il le 8 juillet, auxquelles tu t'es accoutumée et qui ne peuvent manquer de détruire ta chère santé me désespèrent complètement. Je t'en conjure, renonce immédiatement à cette vie et dors la nuit, comme la nature veut qu'elle soit consacrée à dormir, et non à lire et à écrire. »

Inexorable, la chienlit se répand partout. L'impératrice n'en fait qu'à sa tête. A Vienne, toute la population se met à vomir cette guerre lointaine d'où ne reviennent que des cercueils et des mutilés. Les journaux sont soumis à la censure, ce qui n'empêche pas les gens de parler. Ils savent que les troupes autrichiennes se sont conduites avec une incroyable bravoure. Raison de plus pour dénoncer l'incurie des chefs. « Des lions menés par des ânes », répète-t-on. Même son de cloche dans le camp ennemi. Napoléon III déclare : « Les Autrichiens se seraient battus beaucoup mieux que les Français [...] il ne fait aucun doute qu'ils auraient gagné à Solferino, si l'empereur avait fait donner ses réserves. L'empereur d'Autriche est un homme de grande valeur, mais malheureusement il lui manque l'énergie de la volonté. »

L'entrevue des deux empereurs a lieu le 8 juillet 1859 à Villafranca. Ils sont pressés l'un et l'autre de conclure la paix. Leurs opinions publiques s'impatientent. Le traité n'est pas trop catastrophique pour François-Joseph. S'il perd la Lombardie, « ma plus belle province », dit-il, il conserve la Vénétie. Pour l'Autriche, le pire a été évité. En revanche, Cavour, furieux contre Napoléon III, se démet de sa fonction de Premier ministre. D'après les accords secrets de Plombières, la Vénétie devait revenir au Piémont. Cavour se sent trahi par son allié français. De même Kossuth, qui s'apprêtait à intervenir en Hongrie contre l'Autriche, est aussitôt lâché par Napoléon III. Grand soulagement de François-Joseph. Ces négociations ramènent la paix, mais elles laissent derrière elles de terribles insatisfactions. Les deux empereurs abandonnent en cours de jeu leur partie d'échecs. Des pions ont été sacrifiés.

Le bonheur de se retrouver. A trop l'avoir attendu, il arrive que ce bonheur-là déçoive. Pendant la séparation, on a pris de nouvelles habitudes, détestables habitudes, dit François-Joseph évoquant celles de sa femme. On a idéalisé l'autre, on l'a magnifié. Elisabeth est douée pour rêver l'amour, elle l'est beaucoup moins pour le vivre. Les réalités l'ennuient, surtout quand elles viennent contrarier ses élans.

Eloignés, ils n'ont jamais été si proches. Leurs lettres, leurs mots, leurs pensées les tiennent serrés dans l'épreuve. Le moindre de leurs actes est dédié à l'autre. Ils côtoient la mort. Ils se sentent responsables de chaque agonie. Mais, plus fort que les cris, plus obstiné que les gémissements, un Cantique des Cantiques poursuit en eux sa psalmodie amoureuse.

Ces deux-là se ressemblent si peu que leurs retrouvailles accusent encore leurs différences. Toutes ces aspérités que la vie quotidienne estompe prennent un soudain relief. C'est qu'à l'épreuve du feu, ils ont l'un et l'autre changé. Elisabeth n'est plus une enfant. Les veilles, les angoisses, les soins aux blessés et les interminables chevauchées ont émacié son visage. Pendant l'absence de son mari, elle n'a pas, comme il le croit, pris la nuit pour le jour. Elle a vécu, à sa manière, et le jour, et la nuit. Dormant très peu, elle a doublement consumé ses forces. Cette fébrilité, cette tension continuelle, cette intensité lui sont devenues nécessaires. Elle ne désire plus être apaisée. Sa machine s'est emballée et elle ne prend même pas le soin de la nourrir. Son alimentation est insensée. En dehors de tout avis médical, elle met au point des régimes qu'elle suit avec scrupule. Désobéissante par nature, elle se plie volontiers à la règle qu'elle s'impose elle-même. A une époque où les femmes rondes plaisent, elle invente le régime dissocié et ses aberrations. Pour l'heure, elle se nourrit uniquement d'œufs et de fruits. Plus tard, elle adoptera les laitages à l'exclusion de toute autre chose. Elle passera par un régime carné qu'elle repoussera ensuite pour ne garder que le sang du bœuf en grandes rasades. Elle sera végétarienne par toquades, et sobre jusqu'à l'abstinence par inclination. Elle se pèse chaque jour. Elle façonne son corps comme une sculpture, s'exténuant chaque matin à ses agrès. Cette perfectionniste n'est jamais satisfaite d'elle-même. C'est à peine si les cinquante centimètres de son tour de taille, un record, trouvent grâce à ses yeux. Peu sûre d'elle, elle préfère donner le change, compter sur son apparence, se fier à son corps. Sa beauté est sa revanche. Elle est sa force. Elle est ce qu'on ne peut lui ravir. Elle est ce qui s'impose sans démonstration.

C'est un mari abattu qui la rejoint à Vienne. Le traité de Villafranca ne ferme pas la porte à l'avenir, mais il a été payé à un prix trop fort. Les morts de Solferino ne se sont pas relevés une fois la paix signée. Sur le théâtre des opérations militaires, les victimes s'abstiennent de saluer quand tombe le rideau. Saignée par la guerre, la population demande des comptes. On refuse désormais de se situer dans l'absolu de la mystique impériale. Le deuil et la misère ont tout balayé. Cette défaite est la défaite personnelle de François-Joseph. Aussi, à peine rentré, fait-il publier, dès le 15 juillet, un manifeste dans lequel il promet des réformes à ses peuples. Certes il ne propose pas de bouleversements et encore moins cette Constitution qu'on réclame de plus en plus à haute voix. De simples concessions sur des points de détail pour calmer les esprits. François-Joseph ne veut pas admettre que tout a changé pendant son absence : sa femme, sa capitale, ses peuples. Plus rien n'est comme avant et il ne peut l'accepter. Conservateur dans l'âme, dans l'esprit et jusque dans les tripes, il se raidit sur sa position face à ce monde en mouvement. Ce n'est pas seulement son absolutisme qui est en danger, mais sa règle de vie, sa morale, l'essence même de son pouvoir et de sa personne.

Dès son retour, il s'enferme avec Elisabeth dans l'un ou l'autre de ses châteaux. Elle est sa consolation, son amour, son refuge. Ce temps qu'il lui consacre à présent, et qu'il lui a tant mesuré autrefois, ne la satisfait pas pleinement. Tout cela n'arrive-t-il pas trop tard? L'empereur se montre maladroit avec cette femme plus belle que jamais, mais aussi plus indépendante, plus solitaire et plus critique. Le jeune lieutenant amoureux s'est perdu entre Magenta et Solferino. Un général défait l'a remplacé. De plus, parmi tous les emplois qu'on a voulu lui faire endosser, le repos du guerrier n'est pas celui qui convient le mieux à cette éternelle agitée. Les mesquineries quotidiennes l'abattent, les grandes difficultés échauffent ses forces, exaltent son imagination. Elle ne craint plus de dire ce qu'elle pense de la situation politique de l'Empire. Et elle en pense beaucoup de mal. Ce n'est pas en faisant le gros dos qu'on calmera les oppositions. Il y a péril en la demeure. Pourquoi ne pas accepter un Etat constitutionnel? Pourquoi ne pas abroger le Concordat? Il faut procéder à de vraies réformes. Les conceptions aristocratiques et cléricales de l'archiduchesse n'ont-elles pas fait leur temps? N'ont-elles pas engendré la pauvreté et la guerre?

Lorsque François-Joseph se risque à reparaître en public, deux mois après la défaite, au milieu d'un silence glacé percent quelques cris: « Abdication! Abdication! » En Hongrie, la révolte rallume ses feux aux quatre coins du pays. Pis, bien pis, c'est au cœur même de la citadelle qu'on se prépare à frapper. On découvre à la Hofburg, cité interdite, sanctuaire, saint des saints, un projet d'attentat dirigé contre l'empereur et contre sa mère. Un laquais devait donner le coup de grâce.

Malgré ces signes inquiétants, on ne se résout pas à relâcher l'étau. Nulle Constitution en vue. François-Joseph balaie pourtant ceux qui ont été les artisans de sa déconfiture. Plusieurs ministres sont remerciés dont le baron Bach, ministre de l'Intérieur et ennemi numéro un des Magyars. Brück, ministre des Finances que l'on soupçonne d'avoir détourné des sommes destinées aux armées de Solferino, est limogé. Le malheureux se tranche aussitôt la gorge. Le comte Grünne, tout-puissant aide de camp de l'empereur, est rétrogradé au rang d'écuyer. L'édifice construit par l'archiduchesse est rasé.

Ce pourrait être le triomphe d'Elisabeth. Il n'en est rien. L'impératrice a autre chose en tête. Elle tremble pour sa sœur cadette, la jolie Marie. Sa famille a été trop contente de la marier à François II, roi de Naples et des Deux-Siciles. Elle est charmante, vive, presque aussi belle que sa sœur Elisabeth. Il est laid, impuissant et mystique. Marie envoie à sa sœur des lettres qui sont autant d'appels au secours. Non seulement son mari est un incapable , mais encore il est encerclé par les Chemises rouges de Garibaldi. Le royaume de Naples va sombrer et Marie demande de l'aide à l'empereur. Elisabeth fait taire ses idées libérales et son romantisme politique. Entre Garibaldi et sa sœur, elle choisit sa sœur. Elle reprochait à son mari ses guerres et sa manière forte, à présent elle le supplie d'intervenir. La jolie Marie, n'est-elle pas une véritable héroïne? Ne laisse-t-elle pas son époux se morfondre dans son apathie tandis qu'elle organise elle-même la défense de Naples? François-Joseph, qui fait si grand cas de l'Italie, ne peut maintenant l'abandonner à une joyeuse troupe de patriotes en chemises rouges. De grâce, qu'il envoie des renforts.

Il ne les enverra pas. Le temps n'est pas à l'aventure, ni même à la solidarité. Il y a trop à faire chez soi. Quand la voix de son mari se fait plus douce et plus grave encore, quand il se dérobe à ses prières et à ses injonctions, Elisabeth sait que son refus est définitif. Elle n'obtiendra rien. L'anxiété la gagne. Elle se sent des fourmis dans les jambes. Il lui faut s'étourdir et épuiser ses forces. Elle, la timide, la sauvage, l'introvertie, elle qui n'a que mépris pour cette haute société viennoise dansante et analphabète, elle se fait, à la surprise générale, organisatrice de bals. L'impératrice lance les invitations et de jeunes couples triés sur le volet s'en viennent valser à la Cour. Remontée comme une poupée mécanique, Elisabeth entre dans la danse, tandis que les orchestres moulent leurs rengaines tard dans la nuit.

De cela aussi, elle se lasse vite. Six bals en deux mois pour fêter le printemps. Les bourgeons ont éclaté, mais l'ivresse n'est pas venue. Elle a envie de revoir Possenhofen et de se retrouver parmi les siens. Jamais son père ne se risque à Vienne, dont il a horreur. Quant à sa mère, dès qu'elle arrive à la Cour, elle retombe aussitôt sous l'autorité de sa sœur aînée. Pour se montrer à la hauteur, elle fait chorus avec l'archiduchesse et inflige à son écervelée de fille ses conseils et ses leçons.

C'est surtout Marie, la petite Marie qui lui manque. Elisabeth la sait en danger dans sa citadelle napolitaine. Deux ans plus tôt, elle était venue à Vienne et les deux sœurs s'étaient entendues à merveille. La jolie Marie avait alors dix-huit ans. A Munich, on l'avait mariée par procuration avec un homme qu'elle ne connaissait pas, le duc François de Calabre, héritier du royaume de Naples. Sur la route de l'Italie et de son

pitoyable destin, Marie s'était arrêtée une semaine auprès d'Elisabeth. Entracte. Rémission. Enfance retrouvée. Bavardages et
rires. Temps volé. Le drame est sans doute pour demain. Il faut
retenir chaque seconde pour que demain n'arrive jamais.

Elles se retrouvaient la nuit, pieds nus sur les tapis de la Hofburg. Comme des écolières, elles fumaient en catimini leurs
cigarettes, entrouvrant la haute fenêtre afin que l'odeur de la
fumée ne les trahisse pas. Elles sentaient à peine l'air glacé
entre les vantaux, tant les échauffait le feu de leurs confidences. Dans la cour en contrebas, des gardes allaient et
venaient dans l'obscurité. Tout près d'elles, à portée de voix, il
y avait les hommes qu'elles ne connaissaient pas, qu'elles ne
connaîtraient jamais, les hommes qui appartenaient à un autre
monde. Les gardes ne pouvaient apercevoir dans la nuit les
deux points brillants qui dansaient aux lèvres des prisonnières.
Où es-tu maintenant, Marie, ma jolie Marie? Ton corps est-il
vivant? Ton corps s'est-il éveillé? Est-ce que la guerre t'a au
moins fait connaître ces hommes-là?

A Possenhofen, elle ressent davantage encore l'absence de sa
sœur. Toute la famille est inquiète. On ne sait plus rien de
Marie depuis que Garibaldi a franchi la frontière des Deux-
Siciles et qu'il marche sur Naples. Pour la première fois, Elisabeth et sa fille Gisèle ont emprunté la ligne de chemin de fer
Vienne-Salzbourg qui ne sera inaugurée par François-Joseph
qu'un mois plus tard, quand il viendra les rejoindre en Bavière.
Le pays natal d'Elisabeth et sa patrie d'adoption se sont rappro-
chés, le réconfort n'est pourtant pas au bout du voyage. Ses
parents la trouvent changée. Amaigrie, nerveuse. On ne se
prive pas de lui faire des remarques. N'est-on pas en famille?
Elisabeth se cabre. Sans cesse attaquée par les coteries viennoises, elle est devenue susceptible. Si son cher Possi n'est plus
un havre de paix, où aller?

Elisabeth mange de moins en moins et tousse sans arrêt. Ça
ne l'amuse même plus, comme aux premiers temps de son
mariage, de voir sa suite de comtesses et de pimbêches installée
au vert sur les rives du lac de Starnberg, houspillée par un duc
Max qui, en si noble compagnie, se plaît à exagérer la rusticité
de ses mœurs. Son père n'invite-t-il pas les gentes dames à partager ses parties de billard avec les gardes-chasse? Ne fait-il pas
mine de lutiner ces bégueules, alors que ses goûts le portent à
consommer des chairs autrement fraîches et joyeuses? A Possenhofen comme à Vienne, Elisabeth ne songe qu'à fuir sur
son cheval. Il n'y a plus de vert paradis.

Les frasques de son père, ses maîtresses, ses enfants naturels aux quatres coins du pays et Ludovika qui attend avec fatalisme le retour de l'époux, tout cela a cessé de lui plaire. Le charme du duc Max, sa folie contagieuse, l'ont trop longtemps amenée à prendre le parti de son père, à négliger les souffrances de sa mère et ses humiliations. Est-ce le sort de tous les couples, de toutes les femmes? N'a-t-on pas d'autre choix? Faut-il accepter et se taire? Elle regarde Ludovika, sa mère, et la révolte monte en elle. Jamais, pense-t-elle, jamais je ne lui ressemblerai.

Sans qu'elle ait pu s'en défendre, elle a pourtant vu leurs deux images se confondre. Miroir déformant, grimaçant, vieillissant. Miroir du désamour. La migraine fait battre l'artère à sa tempe. La nausée la submerge. Indicible dégoût. Elle ressemble déjà à sa mère. Elle est comme toutes les femmes. N'est-ce pas ce que l'on chuchote à la Cour? N'est-ce pas ce que l'on colporte derrière chaque paravent? Au reste on ne se cache même plus pour le dire. L'impératrice a cessé d'être la femme la plus aimée de son Empire. Son mari la néglige. Son mari a des aventures. On avance des noms et des preuves. A l'occasion, on en invente.

Ne croyait-elle pas avoir fait un mariage d'amour? N'avait-elle pas épousé un homme auquel une autre était destinée? N'avait-elle pas volé Franz à sa sœur Hélène? La voleuse se permettait même de soupirer: «Si seulement il n'était pas empereur!» Elle avait en horreur ces mariages arrangés – celui de sa mère, celui de la jolie petite Marie – qui laissent les corps et les cœurs insatisfaits. Seules s'enlacent les branches des arbres généalogiques. Elle voulait le rêve, elle voulait l'incomparable, elle voulait l'amour. A présent que le corps de Franz ne lui appartient plus, elle croit avoir tout perdu. L'impératrice refuse de se nourrir. Elle passe son temps sur des montures dont les galops ne lui semblent jamais assez rapides.

Après Solferino, François-Joseph est un empereur affaibli. L'impopularité succède à la défaite. Certains libéraux sont même allés jusqu'à exprimer leur désir de voir le souverain abdiquer en faveur de son frère, l'archiduc Maximilien. Il y a dans tout l'Empire une effervescence telle que l'empereur arrive tout juste à parer au plus pressé. A peine tente-t-il de donner satisfaction aux uns, qu'ailleurs d'autres orages éclatent. Le navire prend l'eau et François-Joseph écope comme il peut. Maintenir, répète-t-il, alors qu'il faudrait une vision d'avenir. Il s'accroche encore à ce conservatisme que lui a inculqué sa mère, mais l'empereur commence à être rongé par le doute.

Il parvient de plus en plus mal à arbitrer les conflits et il en surgit de tous les côtés. Conflits entre ses peuples. Conflits entre les progressistes et les ultras. Conflits entre les centralistes et les fédéralistes. Conflits entre l'impératrice et l'archiduchesse, entre sa femme et sa mère, entre ses deux amours. Conflits toujours, conflits jusqu'à l'intérieur de lui-même.

Il va avoir trente ans. Pour la première fois de sa vie, il se sent fatigué. L'empereur n'a-t-il d'autre utilité que de recevoir les plaintes et les doléances ? Qui se soucie d'alléger son fardeau ? Et sa femme, son bel ange, son adorée, est-il seulement capable de la rendre heureuse ? Comment cet abîme s'est-il creusé entre eux sans qu'ils s'en rendent compte ? L'air de la Hofburg a-t-il fossilisé leurs corps ? Le jeune lieutenant amoureux est-il déjà vieux à trente ans ?

Alors il se laisse de nouveau tenter par celles que l'on appelait avant son mariage les « comtesses hygiéniques ». Au moindre signe ne sont-elles pas disponibles ? Comme l'a si bien souligné, en d'autres circonstances, sa belle-mère Ludovika : « On ne dit pas non à un empereur. » On ne lui dit pas non et on n'est pas fâché d'administrer une bonne leçon à cette impératrice qui se croit tout permis avec ses excentricités et ses sautes d'humeur. L'empereur est encore un homme. N'est-ce pas ce qu'il voulait se prouver, même s'il regrette qu'on donne à la nouvelle une telle publicité ?

La Cour veut se venger d'une impératrice qui ne lui ménage pas son mépris. Les idées conservatrices ont subi une défaite après Solferino, l'entourage de l'archiduchesse cherche à relever la tête en affaiblissant Elisabeth. Les ennemis de l'impératrice se font un plaisir de nourrir les rumeurs. Foin des aventures sans lendemain ! Il y aurait plus grave. François-Joseph entretiendrait une liaison avec une aristocrate polonaise, la belle comtesse Potocka. Circonstance aggravante : il l'a bien connue, et peut-être aimée, avant son mariage. Il ne reste plus qu'à laisser courir le bruit de ces amours adultères. Il enfle, grandit, balaie tout sur son passage. Son effet est prévisible. On ne sera pas déçu.

A l'automne 1860, Elisabeth est à bout de forces. Ses quintes de toux ne cessent plus. Elle a perdu l'appétit et refuse d'alimenter un corps que son mari ne sait pas aimer. Elle a beau poursuivre ses exercices de gymnastique à en perdre le souffle et éperonner le galop de ses lipizzans, quelque chose s'est cassé en elle. Les apparences sont sauves, elle n'a jamais été plus belle. La mode est aux brunes diaphanes et romantiques. Elle n'a pas à forcer sa nature. Une peau transparente, chlorotique. Un regard de velours sombre. Un front bombé. Un reste d'enfance. Une fragilité. Une volonté. L'éclat dur de la révolte.

L'anémie se manifeste par des œdèmes qui font gonfler ses chevilles et ses genoux. les médecins parlent de tuberculose. Repentant et fou d'amour, François-Joseph la supplie de changer de régime, de changer de vie. Elisabeth ne veut plus rien entendre d'un époux qui l'a trahie. Il était sa force, son soutien dans cette Cour qu'elle hait, dans ce monde qui n'est pas le sien. La passion donnait un sens au sacrifice de sa liberté. A présent, la prisonnière n'a plus qu'une seule idée : partir. Quand ses médecins lui conseillent d'aller soigner sa toux dans un pays de soleil, elle saisit aussitôt l'occasion. La chaleur, le voyage, la mer. Ivre de solitude, il lui faut une île. François-Joseph lui propose l'Adriatique. N'est-ce pas encore l'Empire ? Il pourra lui rendre visite. Ils seront de nouveau heureux. Tout sera comme avant. Elisabeth refuse, et l'Empire, et l'empereur. Son île, elle la veut inaccessible. Ce sera Madère.

Autant dire le bout du monde. Les occasions de voyager sont rares à l'époque, même pour les privilégiés. Quelques originaux risquent l'aventure, écrivains, artistes ou prétendus tels. Mais une impératrice, leur impératrice, partir si loin, si longtemps, les Viennois sont sous le choc. Il faut que la malade soit gravement atteinte. La tuberculose a été identifiée par Laennec au début du XIXe siècle, mais on l'appelle encore le plus souvent consomption ou phtisie. Elle fait des ravages et Elisabeth en présente tous les signes extérieurs : pâleur, toux, minceur extrême, faiblesse générale. Comme si cela ne suffisait pas à justifier son exil, une curieuse rumeur circule à Vienne. On dit que François-Joseph a transmis à sa femme une maladie vénérienne. Les comtesses étaient-elles moins hygiéniques que leur qualificatif ne le laissait entendre ? Bien sûr, pas la moindre preuve ne vient étayer cette hypothèse dont la malveillance jette le discrédit sur les souverains et établit un lien crapuleux entre la crise de l'Empire et celle du couple impérial. La sublime, l'inaccessible, la divine impératrice est souillée à son tour. Le ver est dans le fruit. Elisabeth n'aime pas Vienne. Les Viennois le lui font payer.

Tandis que les Cours européennes s'émeuvent de sa santé et qu'on ne donne pas cher de son avenir, l'impératrice prend la mer. La reine Victoria a mis à la disposition de la grande malade un de ses somptueux yachts, le *Osborne*. Embarquée à Anvers, la mourante renaît dès la première tempête. La suite de l'impératrice agonise à chaque roulis. Les dentelles et les parements se défraîchissent à vue d'œil, les teints se plombent,

105

les paquets de mer balaient les ponts, Elisabeth exulte. Elle ne s'était pas trompée à Trieste. N'avait-elle pas senti d'emblée que la mer serait son élément? La grande houle océane lui en apporte à présent la confirmation. La Bavaroise a le pied marin et elle est bien la seule à goûter les charmes d'une traversée effroyable. Pour un peu Elisabeth regretterait de ne pas avoir voulu emmener avec elle la comtesse Esterházy, le mouchard de l'archiduchesse, son ombre, son clone. Elle aurait aimé voir la première dame d'honneur rendre l'âme dans la tourmente. Quel spectacle! Le vent pour une fois lui aurait renvoyé en plein visage ses propres vomissures.

La lecture de son cher Heine n'est-elle pas un viatique? Elisabeth connaissait la mer avant même d'y naviguer grâce aux mots du poète. Elle le relit à bord. Les autres gémissent, elle s'abandonne en confiance au rythme du bateau:

> *Je te salue, mon éternelle!*
> *Je retrouve dans le bruissement de tes ondes,*
> *Comme un écho de ma patrie...*

La malade vogue déjà vers la guérison. Le poète ne dit-il pas: « J'aime la mer comme mon âme »? Loin, très loin de Vienne, dans cette île atlantique à cinq cents kilomètres du rivage africain, peut-être parviendra-t-elle à se réconcilier avec elle-même. Puisse le voyage durer longtemps encore. Le compte à rebours n'est pas entamé et la perspective reste entière.

Ne jamais arriver. Retarder l'heure de l'accostage et, pourquoi pas? faire demi-tour, virer de bord, repartir vers un autre destin, vers ailleurs. Les mouettes savent-elles où elles vont? Au large, les ciels changent si vite. Les nuages passent, se forment, se déforment, disparaissent, d'autres viennent. Les hommes d'équipage s'affairent. Les femmes de la suite se recroquevillent sur leurs maux et leurs nausées. Elisabeth goûte enfin la paix et la solitude. Cette instable ne trouve son équilibre qu'arrimée à un monde en mouvement. Il lui faut la selle de la cavalière ou la passerelle du marin.

Heine, ô mon maître, toi qui découvris dans les légendes enfouies ce Hollandais volant, condamné à errer sans répit sur son vaisseau fantôme, fais que mon voyage soit sans fin. Que signifie arriver à bon port, quand on sait que le port est toujours plus beau vu de loin? A terre, on retrouve aussitôt les règles, le

106

conformisme. Les choses redeviennent lourdes et le courrier arrive. A terre, l'univers entier se recompose et Vienne se profile sur le mur de la mémoire.

Il n'y a eu à l'arrivée que la curiosité gentille des pêcheurs et une lettre de bienvenue du roi Pedro V. Dieu merci, Lisbonne et le Portugal se trouvent à plus de mille kilomètres. Sur cette île lointaine, le protocole se laisse oublier. Une villa louée sur un promontoire rocheux, une véranda fleurie qui domine la mer, un nid de lauriers et de palmiers. Des camélias à profusion. Ils sont déjà en boutons pour Noël, vingt-quatrième anniversaire de l'impératrice. Mais Vienne multiplie les messagers et les présents. Un grand sapin du parc de Laxenbourg est dépêché sur l'île atlantique avec les mots d'amour de l'empereur. Il envoie aussi un orgue de Barbarie d'où montent les voix de Violetta et d'Alfredo échappés à *la Traviata*. L'opéra de M. Verdi a été créé à la Fenice de Venise en 1853. C'est cette même année que François-Joseph et Elisabeth se sont rencontrés et aimés à Ischl. Huit ans déjà. Sur sa terrasse de Madère, elle ne se lasse pas d'écouter la fin du premier acte, quand Violetta tente en vain d'échapper à l'amour que lui offre Alfredo. Bientôt elle sera vaincue et elle profère son credo pour la dernière fois, la ultima :

> *Libre toujours, je veux pouvoir*
> *Voltiger de joie en joie,*
> *Je veux que ma vie s'écoule*
> *Par les sentiers du plaisir.*
> *Folie!*
> *Jouir!*

Elisabeth tousse et *la Traviata* ne lui rend pas son appétit. Les messagers viennois se plaignent. Les repas sont expédiés en quelque vingt minutes et l'impératrice n'y participe guère. Il est vrai qu'elle consacre plus de temps aux promenades. Elle parcourt l'île dans tous les sens, apprend le nom des fleurs, des oiseaux, épuise sa suite dans de longues marches. A-t-elle retrouvé un semblant de calme ? Il n'est même pas certain qu'elle le souhaite vraiment. Elle se sent trop coupable d'avoir abandonné ses enfants, son mari. Elle sait que là-bas, à Vienne – dans un autre pays, sous une autre latitude, au centre d'un monde impossible à imaginer de loin –, l'archiduchesse profite de son absence pour regagner le terrain perdu. N'est-elle pas devenue pour ses propres enfants une étrangère, un fantôme, un souvenir ? « Pour vous parler tout à fait franchement, écrit-elle au comte Grünne, si je n'avais pas les enfants, l'idée de devoir reprendre la vie que j'ai menée jusqu'ici me serait tout à fait insupportable. Je ne puis penser à l'archiduchesse Sophie sans trembler, et la distance ne fait qu'accroître mon aversion. »

Elle envoie à Gisèle et à Rodolphe des lettres, des cadeaux, elle égrène les protestations d'amour, elle promet toutes les tendresses du monde à son retour. Pour qu'ils ne l'oublient pas complètement, elle leur expédie aussi des clichés. C'est le tout début de la photographie, surtout dans son utilisation pratique. La nouvelle technique passionne l'impératrice en satisfaisant à la fois son narcissisme et son désir d'ubiquité. Une photo scandalisera Vienne, et les courtisans en feront des gorges chaudes, le plus souvent sans même l'avoir vue. Entourée de ses dames de compagnie, l'impératrice souriante joue de la mandoline. Elles portent toutes des vareuses et des bérets de marin. Désordre, jeunesse, espièglerie, on est loin des portraits officiels et des tenues de cérémonie. L'Autriche a de nouveau des ennuis avec la Hongrie, l'empereur souffre de la solitude, ses enfants sont presque orphelins. Que fait l'impératrice pendant ce temps ? Elle gratte de la mandoline et invite à sa table les officiers d'un bateau de guerre russe qui fait escale à Madère. Fascinée, elle écoute leurs récits de voyages. Elisabeth connaît sa maladie mieux que quiconque. Elle se confie par lettre au comte Grünne : « En fait, je voudrais toujours aller plus loin; chaque bateau que je vois partir, j'ai envie de me trouver à son bord; peu m'importe d'aller au Brésil, en Afrique ou au Cap, le tout est de ne pas rester installée si longtemps au même endroit. » Un siècle plus tard, un autre Autrichien souffrira d'un mal semblable. Thomas Bernhard écrit dans *le Neveu de Wittgenstein* : « La vérité, c'est que je ne suis heureux qu'installé en voiture entre l'endroit que je viens de quitter et celui vers lequel je roule, je ne suis heureux qu'en voiture et pendant le trajet, je suis le plus malheureux des arrivants que l'on puisse imaginer, où que j'arrive, dès que j'y arrive, je suis malheureux d'être arrivé. Je fais partie de ces êtres qui au fond ne supportent pas un endroit sur terre et ne sont heureux qu'entre les endroits d'où ils partent et vers lesquels ils se dirigent. »

Même à Madère, il faut à Elisabeth un ailleurs et la Hongrie en joue de plus en plus souvent le rôle. Un homme de sa suite, le comte Imre Hunyády, lui donne des cours afin de perfectionner son hongrois. Sur la terrasse en plein ciel, l'élève est attentive et, comme il se doit, le beau comte tombe amoureux de l'impératrice, de la femme aussi. Bien vite l'entourage d'Elisabeth se fait un plaisir de répercuter à Vienne la nouvelle. Quand le professeur avait l'âge de Jean Majláth, on trouvait attendrissantes la ferveur de l'élève et l'adoration du maître. A Madère, l'affaire prend une tout autre tournure. Les distances aiguisent l'imagination et le jeune comte a tout pour inspirer l'amour. Il est aussitôt rappelé à Vienne. Elisabeth n'a pas cherché à rendre François-Joseph jaloux, ni même à vérifier son pouvoir de séduction, mais sans doute n'est-elle pas fâchée de rendre à l'empereur la monnaie de sa pièce. Il est fou de jalousie, d'autant plus qu'il se bat contre des suppositions, des racontars, des médisances, des chimères. Il ne trouve rien à lui reprocher, sinon le pire : qu'elle puisse si longtemps se passer de lui. C'est du monde entier qu'il faut être jaloux, puisque le monde entier arrive à la distraire et qu'il n'y parvient pas, lui. Jaloux de l'air qu'elle respire au loin, avec tous ses effluves d'un printemps presque tropical. Jaloux de son grand chien blanc, un airedale irlandais nommé Shadow et qui en effet a la chance de la suivre comme son ombre. Jaloux d'un poète mort cinq ans plus tôt, mais plus vivant que les vivants pour son impériale admiratrice. Jaloux de cet Heinrich Heine à qui elle se réfère sans cesse et dont les œuvres l'accompagnent partout. Qu'a-t-il de si fascinant cet homme-là ? Dans sa jalousie, l'empereur traite le poète de « petit révolté juif ». Ce ton de mépris et d'intolérance n'est pas dans sa manière. N'est-il pas jaloux de tout ce qu'elle regarde, de tout ce qu'elle admire, de tout ce qui la touche et l'émeut ? Le beau comte Hunyády a dû regagner Vienne, mais sa sœur Lily est restée à Madère. On dit qu'Elisabeth raffole de sa grâce et de sa jeunesse. N'est-elle pas trop sensible à la beauté des femmes ? Ne l'a-t-il pas vue un jour passer ses doigts dans la chevelure d'une invitée pour mieux en apprécier la soyeuse brillance ? N'est-ce pas un geste déplacé de la part d'une souveraine supposée timide ? Cette Lily Hunyády n'entretient-elle pas dans le cœur de l'impératrice le souvenir de son frère et de sa passion ? Le danger n'a pas de visage. Il est trop diffus pour ne pas se deviner partout.

François-Joseph n'ose pas lui demander de revenir. A peine se plaint-il de sa solitude. Il souhaite avant tout sa guérison et pour cela, il est prêt à reconnaître ses insuffisances et ses torts. François-Joseph éprouve pour sa femme une admiration sans bornes qui le paralyse et le rend émouvant. A cette époque déjà, il n'hésite pas à se mettre devant elle en état d'infériorité et à signer ses lettres : « Ton pauvre mari », « Ton petit ». Le ton suppliant n'est pas dû seulement à la passion. Il croit avec sincérité ne pas avoir accès à ce monde idéal, poétique, auquel Elisabeth aspire. Par crainte de l'ennuyer, il évite de lui parler de ses difficultés et des réalités politiques qui le harcèlent. Elisabeth interprète mal ces silences. Sa belle-mère a fini par la persuader qu'elle est indigne de s'intéresser aux affaires de l'Etat et elle pense que son mari partage cette opinion. De Madère, elle écrit au comte Grünne qu'elle sait proche de l'empereur : « Je vous en prie, écrivez-moi où en sont maintenant les choses, s'il faut s'attendre à quelque campagne militaire, et aussi quelle est la situation intérieure. L'empereur ne me parle jamais de ces questions dans ses lettres. Mais en est-il lui-même informé, au moins pour l'essentiel? Sur tout cela, vous ne m'écrirez jamais assez; je vous prie de le faire chaque fois qu'il y a un courrier. » A Grünne toujours, elle répond le mois suivant : « J'espérais aussi que les choses s'arrangeraient en Hongrie mais, d'après ce que vous m'écrivez, il ne semble pas que tel soit le cas. Finalement, cela éclatera plus tôt là-bas qu'en Italie [...] Vous n'imaginez pas combien il me serait désagréable de me trouver encore ici au cas où il y aurait une guerre. C'est pourquoi j'ai prié l'empereur de me laisser avancer mon départ; mais il m'a assuré avec tant de netteté qu'il n'y avait aucun lieu de s'inquiéter que je suis bien obligée de le croire et de m'efforcer de me tranquilliser. »

Mais c'est de sa sœur Marie qu'elle voudrait recevoir des nouvelles. Garibaldi et ses Chemises rouges ont pris Naples. Sa sœur tant aimée s'est enfermée avec ses combattants dans la place forte de Gaète, ultime tentative pour sauver ce royaume qui n'est pas vraiment le sien et ce mari qui ne l'a jamais été. Jolie comme un cœur et courageuse comme un lion, la petite reine de vingt ans force l'admiration des Cours étrangères. On l'appelle « l'héroïne de Gaète », mais on se garde bien de lui porter secours. Malade et apathique, le roi des Deux-Siciles n'est qu'un poids mort, et la Jeanne d'Arc des Wittelsbach résiste seule dans l'enclos de sa forteresse à l'irréversible mouvement de l'Unité italienne.

Le 13 février 1861, la place forte de Gaète tombe. Elisabeth ne l'apprend que beaucoup plus tard dans la luxuriance de son printemps tropical. L'héroïne et son mari ont pu trouver refuge à Rome auprès du pape. La capitulation de Gaète met fin au royaume des Deux-Siciles et l'archiduchesse Sophie peut s'écrier : « Voici notre dernière consolation, la dernière gloire du principe monarchique, disparue aussi ! »

Elisabeth ne tousse plus. Ses forces lui reviennent, son amour-propre s'est apaisé et les trahisons de l'empereur lui paraissent moins graves. Un jour peut-être redeviendra-t-il le Franz qu'elle a aimé. Ses enfants lui manquent cruellement et elle parle de plus en plus de retour. En fait, c'est la bougeotte qui la reprend. Elle en souffrira jusqu'à son dernier soupir.

Partir. Partir pour partir. Le mouvement seul compte. Peu importe le but. Partir et tant pis pour ce qui l'attend à Vienne. L'archiduchesse. L'immobilisme. La prison. « Le début ne sera pas drôle et il me faudra un bon moment pour faire face au supplice du foyer. »

Le 28 avril 1861, elle quitte Madère à bord du somptueux *Victoria-and-Albert II* que la reine d'Angleterre a mis à sa disposition : un équipage de deux cent quarante hommes habitués à manœuvrer dans un quasi-silence afin de ne pas troubler le repos des voyageurs à tête couronnée. Il fait un temps magnifique et on en profite pour flâner. Première escale à Cadix, visite de la ville. Train jusqu'à Séville où, hélas, on a déployé tous les fastes officiels auxquels Elisabeth a réussi à échapper jusque-là. On croit lui faire plaisir et on lui coupe les ailes. Aussi préfère-t-elle refuser l'invitation de la famille royale pour se rendre incognito – ou presque – à la corrida du 5 mai. La belle étrangère a sans doute réprimé un haut-le-cœur à la vue des chevaux malmenés par le rituel espagnol. Mais il y a les cris, la joie, la mort, la chaleur, la poussière, les musiques, et l'illusion, certes fugace, de se fondre dans la foule. Derrière son éventail de cuir noir, Elisabeth n'est plus l'impératrice. Il fait nuit quand la fête s'achève et déjà la belle étrangère a fui.

Partir. Partir toujours. O Hollandais volant, n'y a-t-il pas un nombre infini d'îles à découvrir ? C'est Majorque d'abord, Malte ensuite. Puis le *Victoria-and-Albert II* fend les eaux de la mer Ionienne. Des terres surgissent à l'horizon. On reconnaît dans le couloir de navigation la vieille signalisation vénitienne, d'énormes pieux réunis le plus souvent par bouquets de trois, qui se dressent au-dessus des flots et indiquent les hauts-fonds.

A gauche l'Albanie, à droite le nord de Corfou et sa grosse montagne sauvage, le Pantocrator. L'île n'est pas encore grecque. Sous protectorat anglais, elle appartient aux Etats unis des îles Ioniennes. Elle a une beauté drue, profonde, sévère. Grâce à la belle Nausicaa, Ulysse y trouva le repos et put enfin repartir vers son Ithaque toute proche. Elle fut byzantine pendant un millénaire et vénitienne quatre siècles. Venise lui fit édifier des forteresses, construire des remparts, creuser des canaux, sculpter des lions et surtout planter les plus belles oliveraies du bassin méditerranéen. Une forêt enchantée, ombreuse, odoriférante et torturée.

A cette époque-là, Corfou est encore Corfou. L'île ignore qu'un siècle plus tard l'invasion touristique la détruira corps et âme, terre et mer. Quand Elisabeth y aborde, on ne peut pas ne pas tomber amoureux de ses rivages. Quelques décennies plus tard, un autre Viennois, l'écrivain Hugo von Hofmannsthal, fera de Corfou une description qui permet de mieux comprendre l'étrange correspondance entre l'impératrice et l'île : « La première impression du pays est austère [...] Il est sec, nu, dramatique, étrange comme un visage terriblement émacié; mais il baigne dans une lumière telle que l'œil n'en a jamais contemplé, et dont il jouit comme si le don de la vue venait de lui être offert pour la première fois. La lumière est extraordinairement vive et pourtant douce. Elle fait ressortir les moindres détails avec clarté, avec une aimable clarté qui fait battre le cœur plus noblement et qui ombre le plus proche spectacle d'un voile qui le transfigure – seuls conviennent à la description des termes paradoxaux. »

Cette assoiffée de lumière croira avoir trouvé un port d'attache et un miroir. Elle se promet de revenir, car pour l'heure François-Joseph s'impatiente. Il l'attend à Trieste où il est venu à sa rencontre sur son yacht *Fantaisie*. La séparation a duré six mois. Ils se retrouvent enfin. Elle est radieuse, reposée, le teint légèrement hâlé, le regard joyeux et ému. L'empereur a les larmes aux yeux. Leur bonheur est visible, trop visible. Ils n'ont pas le droit de l'enfermer dans une chambre d'hôtel. Toute intimité leur est interdite. Ils essaient pourtant de soustraire quelques jours, quelques nuits, au cauchemar viennois.

Miramar, le château mi-gothique mi-mauresque de l'archiduc Maximilien, leur offre, près de Trieste, son hospitalité. Malgré la magnifique vue sur l'Adriatique, Elisabeth croit déjà respirer l'atmosphère empestée de la Hofburg. Sa belle-sœur

Charlotte a beau lui faire les honneurs de Miramar, entre les deux femmes la vieille animosité renaît. Elisabeth sent à quel point son retour désole Charlotte. Poussée par l'archiduchesse, Charlotte a tenu la vedette à la Cour pendant l'absence de la tenante du titre. Avec la survenue d'Elisabeth, elle va se retrouver rétrogradée au second rang. L'ambitieuse fille du roi des Belges n'est à Vienne que l'épouse du cadet, Maximilien. Voici que l'impératrice, que l'on disait mourante, revient plus resplendissante que jamais. Charlotte comprend au premier regard que cette rivalité ne tournera pas à son avantage. Elle sait aussi qu'Elisabeth et Maximilien ont tant de points communs, les idées libérales, le charme, le non-conformisme, la poésie et Heine, Heine surtout, qu'elle ne parviendra pas à entraîner son mari dans ce combat perdu d'avance.

A Miramar, Elisabeth est bien sûr accompagnée de son inséparable Shadow. Pour sa part Charlotte fait grand cas d'un minuscule bichon que lui a offert la reine Victoria. A l'image de leurs deux maîtresses, les chiens ne tardent pas à se défier et à se battre. Shadow blesse à mort le bichon de Charlotte. Loin de compatir au sort du malheureux, l'impératrice, ô combien amie des bêtes, jette pour toute excuse : « Je n'aime pas les petits chiens. »

Vienne. La Hofburg. La joie de revoir Gisèle et Rodolphe. Ils sont beaux. La petite fille a appris à lire pendant son absence. Les deux enfants, s'ils n'ont pas oublié leur mère, sont tombés sous la coupe de leur grand-mère. Comment Elisabeth, après une absence de six mois, disputerait-elle à l'archiduchesse leur gouverne et même leur affection ?

A la Hofburg, elle est coupable. Le remords revient, toujours aussi lancinant, avec le souvenir de la mort de la petite Sophie. Ceux-là, le petit Rodolphe, si joli, si gracile, et sa sœur, déjà robuste, n'est-ce pas à une vie sans mère qu'elle les condamne ? On lui fait comprendre que sa place est prise et qu'elle aurait mauvaise grâce de s'en plaindre. On ne peut écumer les mers, jouer de la mandoline en vareuse de marin, la moitié de l'année, et vouloir, les six mois restants, reprendre son emploi de mère de famille. Qu'elle aille donc montrer sa belle mine dans les cérémonies officielles. Commence alors le défilé des grandes dames de la Cour, les corvées, les obligations.

Quatre jours à la Hofburg et son état est pire qu'avant son

départ pour Madère. Une totale inappétence, des quintes de toux, des insomnies, des maux de tête effroyables, des crises de larmes, et ce visage émacié, crispé, des mauvais jours. L'empereur est désespéré. Ils se retirent tous deux à Laxenbourg. Les médecins parlent de nouveau de phtisie galopante. On annule toutes les visites et les cérémonies. Elisabeth ne veut plus voir personne. Son esprit a tenté de faire face à la situation, mais son corps se révolte contre tout ce qu'elle hait, contre tout ce qu'elle ne parvient plus à accepter. A quoi bon les voyages, les îles, l'ailleurs, à quoi bon partir puisqu'il faut revenir ? Quelque chose en elle se rebelle et refuse de franchir l'obstacle. Impossible. Il y a la douleur à la tempe droite, la douleur à la racine du nez, la douleur derrière les yeux. Et la nausée qui fait sombrer dans le dégoût de la moindre nourriture, le dégoût de soi-même. Et cette toux sèche, comme une dernière tentative pour expulser le mal.

Elle exige la solitude, le silence, l'obscurité, le trou noir. Ne me parlez pas, ne me touchez pas. Fuir ne suffit pas. La mort, la mort seule offrirait l'ultime échappatoire. Au fond de l'angoisse, la poésie n'est plus un refuge. Elisabeth se raccroche pourtant aux mots pour confier à sa mère sa souffrance. Tout semble fini, lui écrit-elle. Elle n'est plus qu'un fardeau pour l'empereur et pour le pays, elle ne pourra plus jamais être utile aux enfants ; elle en vient même à penser que, si elle perdait la vie, l'empereur pourrait se remarier, tandis qu'elle-même, misérable créature en train de s'étioler, n'est plus en mesure de le rendre heureux.

A cette mouche affolée qui n'a plus les forces de frapper contre les vitres de sa prison, les médecins vont offrir une nouvelle chance d'évasion. Ils pensent qu'elle n'en a plus que pour quelques mois, quelques semaines peut-être, aussi lui ordonnent-ils de repartir pour un pays de soleil. Elisabeth choisit Corfou.

Le 21 juin 1861, un mois à peine après son retour de Madère, la revoici en partance. François-Joseph l'accompagne en train jusqu'à Trieste. Dans la gare de Vienne, la foule est silencieuse. Les journaux parlent d' « un cortège funèbre ». Les Viennois pensent qu'ils ne reverront pas leur impératrice. François-Joseph s'arrête cette fois encore au château de Miramar. Se défait à présent l'écheveau assemblé un mois plus tôt. Mais les larmes de l'empereur ne sont plus des larmes de joie. Il tremble pour la vie de celle qu'il aime plus que tout au monde. Son désespoir ne l'empêche pas de sentir confusément que la maladie de son adorée est tout aussi psychologique que physique. Epouvanté, François-Joseph soupçonne le pire. Sans doute sa femme l'englobe-t-elle dans cette invincible répulsion que Vienne lui inspire. Solferino n'était rien auprès de cette défaite. Il veut bien ne plus exister pour elle, il veut bien s'effacer, subir la séparation et la solitude, si la fin du cauchemar est à ce prix. Comment leur amour a-t-il pu s'altérer au point de devenir insupportable ? En est-il le seul profanateur ? Elisabeth s'éloigne déjà. Il ignore quand il la reverra et s'il la reverra.

Maximilien accompagne Elisabeth jusqu'à Corfou. Les querelles, les rivalités s'oublient en mer. Entre deux accès de toux, Elisabeth se confie à ce beau-frère qui lui ressemble. Elle lui dit avoir surpris une conversation. Un de ses médecins annonçait à ses collègues : l'impératrice n'en a plus que pour quelques semaines à vivre. Elle en éprouve un certain soulagement. Il lui suffit désormais de se laisser aller au rythme des flots pour se rapprocher doucement de sa fin.

Inutile d'envisager d'autres départs. Inutile de tromper les surveillances. Inutile de rêver îles lointaines et lointaines cavales. Le miracle n'est-il pas que la fatalité ait si vite exaucé ses vœux ? Elle désirait partir à jamais et elle s'en va. L'empereur sera libre de reconstruire sa vie et de se choisir une vraie impératrice qui l'aidera dans sa tâche.

Ils se sont aimés, et peut-être François-Joseph l'aime-t-il encore, maintenant qu'il va la perdre. Mais il l'aime comme on aime une erreur, un vertige, une faute. Il l'aime comme on aime ce qui tourmente sans cesse, ce qui fait basculer le destin du mauvais côté. Il l'aime comme on aime sa blessure.

Autrefois, tout l'Empire respirait avec leur amour. Plus personne aujourd'hui ne se reconnaît dans ce genre de folie. La petite duchesse *en* Bavière n'a pas su devenir une femme et une impératrice. La greffe n'a pas pris. Il ne sera même pas nécessaire de trancher dans le vif, puisque la mort se chargera du sale travail.

Elisabeth porte la main à sa tempe droite. L'artère bat si fort que la douleur lui arrache une grimace. Sa peau paraît plus transparente encore, tant elle est tendue sur l'ossature aiguë du visage. Les joues et tout le moelleux des chairs ont disparu, avalés par l'angoisse. Encore lui reste-t-il la surabondance de sa chevelure. Défaite, elle tombe plus bas que ses genoux. Sa coiffeuse met deux heures chaque matin pour la démêler et recomposer l'édifice qui doit couronner le front impérial. Elisabeth avouera plus tard au jeune Christomanos, son professeur de grec : « On peut plus facilement se débarrasser de cette couronne-là que de celle de l'Empire. »

Le bateau glisse vers Corfou, mais tout semble immobile. Le ciel, la mer, le temps. Maximilien écoute sa belle-sœur. A peine tente-t-il de la réconforter. N'y a-t-il pas ses enfants ? N'y a-t-il pas Franz qui souffre de leur séparation ? Il dit ce qui doit être dit, mais Elisabeth sait qu'il ne croit pas à ses arguments. Ne ressent-il pas ce même vide, cette même tension qu'engendrent les passions inassouvies, ces mêmes désirs sans but ? Ne s'invente-t-il pas lui aussi des projets, des ambitions, pour tromper sa faim, oublier son vertige ?

Elisabeth a demandé à sa coiffeuse de laisser libre sa chevelure, comme si le poids de ses tresses aggravait ses maux de tête. Autour de son petit visage maladif, les mèches se tordent de l'appui-tête de la chaise longue jusqu'au plancher de l'entrepont. Ce n'est plus ce merveilleux trésor que lui enviaient toutes les grandes dames de l'Europe, mais l'attribut de quelque Gorgone, le signe d'un désordre et d'une culpabilité morbides. Dans le miroir, l'image se déforme quand la volonté de se connaître tourne à la folie.

Sans doute les aurait-elle fait couper, ces cheveux dont le poids lui est devenu insupportable, si le souvenir de son fils ne le lui avait interdit. Le petit prince aime jouer avec la chevelure de sa mère et il en a trop rarement l'occasion pour qu'on songe à le priver de cette joie. A la Hofburg, Elisabeth reste des heures rivée à son siège pendant qu'on démêle sa chevelure de Mélisande. Elle lit Shakespeare ou *l'Odyssée*, elle poursuit ses cours de hongrois, tandis que Rodolphe en profite pour se rouler dans le fouillis des mèches répandues sur le sol. L'enfant se recroqueville à l'intérieur de cette forêt automnale et pousse chaque fois des cris à fendre l'âme dès qu'on veut l'en débusquer. Elisabeth souhaite qu'une fois morte, son scalp soit remis à son fils.

Il y a une sorte de malédiction qui pèse sur la famille, pense Maximilien. Naître Habsbourg, ce n'est pas un privilège, une sorte de flamboiement du destin, mais au contraire une difficulté à vivre, un cas d'empêchement, une privation de liberté.

116

Pourtant, il veut encore croire que la mort n'est pas la seule porte de sortie. Depuis longtemps il rêve d'un empire qui ne serait pas l'Empire. Son frère ne l'a-t-il pas condamné à l'inaction en le nommant inspecteur général de la Marine ? Quelle dérision ! La Marine n'est pas ce qu'il y a de plus prestigieux ni de plus efficace en Autriche ! Et inspecteur, autant dire sous-fifre ! Il doit se chercher ailleurs un but, loin de Vienne et de ses palais baroques où l'Histoire n'est que l'obsession d'un modèle figé. Déjà il est allé au Brésil, déjà il a pris parti contre l'esclavage. Comme Elisabeth, il a le goût de tout ce qui lui permet d'oublier l'immobilisme viennois. Lui, le cadet, il rêve d'un trône et d'un trône qui ne devrait rien à la condescendance de son frère.

Chose étrange, Napoléon III a senti que ce romantique était prêt à toutes les aventures. Pour soutenir les intérêts français et européens au Mexique, il encourage quelques riches Mexicains à se choisir Maximilien pour empereur. Du fond de son palais de Miramar où Charlotte s'ennuie, l'archiduc croit deviner dans les avances que lui fait Napoléon III la chance de sa vie. Accepter, ne serait-ce pas échapper à la monotonie des jours, à l'amertume de sa femme ? Jamais cet homme n'a autant ressemblé à l'Aiglon dont longtemps la rumeur voulut qu'il fût le fils. Il échafaude des projets, il s'invente un paradis. Partira ? Partira pas ? Le rêve est encore possible. La réalité sera plus cruelle.

Elisabeth ne se sent pas gagnée par l'enthousiasme de son beau-frère, mais elle essaie de combattre ses préventions. Ne faut-il pas les attribuer à son état psychologique, à sa maladie ? En fait, elle serait la première à se réjouir si Maximilien devenait empereur du Mexique. Depuis longtemps elle veut connaître l'Amérique et François-Joseph la traite de folle chaque fois qu'elle lui en parle. Peut-être ira-t-elle un jour rendre visite à Maximilien sur ses terres du Nouveau Monde. Mais n'est-ce pas un projet bizarre ? Comment un homme qui affiche des idées libérales peut-il vouloir gagner un trône avec le seul appui de quelques Mexicains fortunés, du pape et de Napoléon III ? N'est-ce pas dangereux de vouloir s'imposer contre la volonté des métis, a fortiori contre celle des Indiens ? A quoi bon régner s'il faut trahir ses idées ?

Elisabeth se demande comment le pouvoir peut à ce point fasciner. Si Maximilien était sorti le premier du ventre de sa mère, s'il avait été l'aîné, s'il avait reçu la Couronne en guise de hochet, aurait-il été plus heureux? Et l'Empire serait-il différent sous sa houlette? Croit-il vraiment à ses idées libérales? Ne sont-elles pas des coquetteries de cadet? Pauvre Maximilien, il espère trouver dans le Nouveau Monde une nouvelle vie! Il ne sait pas encore que les désirs sont sans remède.

On a souvent dit de Corfou qu'elle serait le lieu choisi par Shakespeare pour situer sa dernière pièce, *la Tempête*. Après Heine, Shakespeare est l'auteur préféré d'Elisabeth. Encore une passion qu'elle ne peut partager avec son mari. François-Joseph s'endort, quand le Burgtheater joue une pièce du grand Anglais. Il s'éveille à la fin du spectacle pour soupirer : « C'était ennuyeux et infiniment stupide. » Encore a-t-il l'excuse d'un lever à quatre heures du matin et d'une longue journée rythmée par les courriers, les audiences et l'étude des dossiers.

Arrivés à Corfou, les naufragés de *la Tempête* tombent en léthargie. Ils errent comme des somnambules, des drogués, se laissant porter par leurs rêveries, leurs songes et leurs visions. Il en est de même pour Elisabeth. Dans le palais de Saint-Michel et de Saint-Georges où l'accueille le lord haut-commissaire anglais, l'impératrice glisse vers un demi-sommeil qu'accompagnent le lointain bruissement des insectes et le claquement des balles sur les battes de cricket.

Elle croyait à la fin de ses tourments. Elle espérait la mort. C'est la magie de Prospero qui l'entraîne vers un autre oubli. Déjà Vienne n'a plus d'existence et, quand Vienne se tait, Elisabeth se sent mieux. Cependant François-Joseph, inquiet de son silence, envoie le comte Grünne réveiller la belle endormie et négocier son retour. C'est ce même Grünne auquel, de Madère, elle demandait avec insistance des nouvelles de l'empereur et de l'Empire. Il avait alors sa confiance et son affection. Tout se gâte entre eux à Corfou. Dix ans plus tard, elle dira de lui : « Cet homme m'a fait tant de mal que je ne crois pas pouvoir lui pardonner, même à l'heure de ma mort. »

En fait Grünne a suspecté Elisabeth d'infidélité et, en bon courtisan, il a cru judicieux de lui donner des conseils : « Puisse Votre Majesté noter un seul point. Vous pouvez faire ce que bon vous semble, mais il importe de ne jamais rien écrire là-dessus. Mieux vaut envoyer une natte de vos cheveux plutôt qu'un mot écrit. » Est-ce ce genre de conseils qu'il prodigue à l'empereur quand une « comtesse hygiénique » se profile à l'horizon? Il faut mal connaître Elisabeth pour la croire capable de sacrifier une de ses nattes. Parlons-en, des nattes! N'est-ce pas la comtesse Potocka dont François-Joseph fait si grand cas, qui pose pour le photographe avec une longue tresse enroulée comme un serpent autour de son bras? C'est ne rien comprendre à l'impératrice que de lui supposer des cinq-à-sept, des tromperies à la petite semaine. Son corps est inassouvi et son esprit trop exigeant. Comme les personnages de *la Tempête*, elle rêve ses amours sans se donner la peine de les vivre. Cette narcissique ne veut pas salir à ses propres yeux son image : « C'est à peine si je comprenais à l'époque ce que cela signifiait, confiera-t-elle plus tard à son amie, Marie Festetics. Mais je sentais instinctivement que de tels conseils ne pouvaient jaillir d'un cœur pur. »

Exit Grünne. Sa mission se solde par un fiasco complet. François-Joseph ne baisse pas les bras et cette fois, l'idée est meilleure : il supplie Hélène von Thurn und Taxis de se rendre à Corfou. Il s'agit de Néné, la sœur aînée d'Elisabeth, celle que Ludovika et l'archiduchesse Sophie avaient destinée au jeune empereur et dont il n'a pas voulu. Hélène a oublié depuis longtemps son humiliation de Bad Ischl. Elle est à présent une femme heureuse, mariée à un homme qu'elle aime et qui l'aime. Elle a deux enfants qu'elle n'a pas envie de quitter pour un si long voyage. Cependant elle garde le souvenir de sa complicité avec la petite Sissi – le lien entre les deux sœurs ne s'est jamais rompu –, et la généreuse Néné cède à l'insistance de François-Joseph.

Hélène découvre à Corfou une Sissi méconnaissable. Elle a le visage bouffi des dépressives. Sigmund Freud n'a que cinq ans, sa famille a quitté deux ans plus tôt la Moravie pour s'installer à Vienne, et ce n'est qu'à la fin du siècle qu'il concevra la psychanalyse. Pourtant l'intelligente Néné ne se trompe pas sur l'état de sa sœur préférée. Elle devine bien des choses et surtout qu' « elle souffre davantage des nerfs que de la poitrine ». Elle l'encourage à se nourrir mieux : de la viande, de la bière et vive la Bavière! Elle la pousse à la confidence. Les deux sœurs bavardent des journées entières.

Peu à peu, Elisabeth sort de sa torpeur. Elles se promènent ensemble dans la forêt enchantée des oliviers. Elles nagent dans la mer Ionienne, comme autrefois dans le lac de Starnberg. La mélancolie – humeur noire au sens étymologique – s'éclaircit, se dissipe, sous la lumière corfiote. Elisabeth arrive de nouveau à combattre son dégoût de la vie. On peut entrevoir une rémission.

Hélène rentre à Vienne où François-Joseph attend son diagnostic. Il veut la vérité et elle ne lui cache rien. Sa sœur se sent à la cour emprisonnée, dépréciée, au point de ne plus pouvoir supporter d'y vivre. L'idée même de retomber sous l'autorité de l'archiduchesse lui fait horreur et Elisabeth préférerait se consumer loin de ses enfants et de son mari plutôt que d'avoir encore à subir la poigne de son bourreau. En vain a-t-elle tenté de résister à cet état morbide. Son esprit se rebelle et mène le combat, mais son corps capitule aussitôt.

Hélène n'oublie pas de souligner qu'aux épreuves endurées, la mort de sa fille, la culpabilité, les vexations, le mépris, l'obsession de ne pas être à la hauteur et celle d'être tenue à l'écart, s'ajoutent chez Elisabeth, au plus profond d'elle-même, une douloureuse vulnérabilité, une inquiétude que rien n'apaise, une soif d'absolu qui exclut tout compromis.

La famille Wittelsbach, les femmes en première ligne, fait bloc pour arracher Sissi à sa déréliction. Avec une surprenante lucidité, Ludovika n'hésite pas à jeter sur le papier quelques vérités revigorantes : « Mon enfant, il y a deux sortes de femmes : celles qui réalisent leurs vœux et les autres. Tu appartiens, je le crains, à la seconde catégorie. Tu es très intelligente, tu es une contemplative et tu ne manques pas de caractère. Mais tu ne fais pas assez de concessions. Tu ne sais pas vivre ni faire la part des exigences de la vie moderne. Tu es d'un autre âge, celui des saints et des martyrs. Ne te donne pas trop des airs de sainte, ne te brise pas le cœur en imaginant que tu es une martyre. »

En octobre, François-Joseph s'embarque pour Corfou. Ils se retrouvent. Deux êtres à bout de forces qui déposent aussitôt les armes. Elle ne songe plus à détecter sur lui l'odeur des « comtesses hygiéniques ». Il redoute moins son jugement. Dans la gloire de sa beauté, elle l'intimidait. Son petit visage bouffi et torturé l'émeut à présent. Ce n'est plus qu'une enfant qui veut être protégée contre elle-même. Est-ce cela la tendresse ? Deviner les blessures de l'autre et prendre plaisir à les lécher. Préparer les onguents. Cesser de croire à l'impossible.

O Ludovika, ta leçon aurait-elle été entendue ? Ils font l'un et l'autre des concessions. François-Joseph ne lui demande pas de rentrer à Vienne, seulement de ne plus vivre à l'étranger. Elle passera l'hiver à Venise, la Vénétie fait encore partie de l'Empire. François-Joseph pourra plus facilement venir la voir. Elisabeth obtient même que ses enfants quittent Vienne et l'archiduchesse, pour la rejoindre dans son palais vénitien.

Rodolphe et Gisèle sont arrivés avec la terrible comtesse Esterházy que l'impératrice déteste. Elisabeth va garder à Venise ses enfants et renvoyer à Vienne la comtesse. Une révolution que l'empereur est bien obligé d'accepter. Désormais, l'impératrice choisira elle-même ses dames de compagnie. A chacune de ses visites, François-Joseph sent monter l'animosité d'une population qui ne cache plus son opposition à l'Autriche.

Au mois de mars, Elisabeth n'a toujours pas quitté Venise dont les rives de marbre disparaissent sous les hautes eaux. Son isolement est complet. Quand elle se penche à sa fenêtre, elle n'aperçoit que son reflet dans le miroir sombre du Grand Canal. Lui vient alors une étrange idée. L'impératrice entreprend une collection de photos. Elle l'appellera plus volontiers son album de beautés. N'y figurent que des femmes, figées pour l'éternité au seuil des chambres noires.

La maladie lui rend la vie difficile. Ses jambes de cavalière, ses jambes d'acrobate ne cessent d'enfler. L'humidité lagunaire travaille ses membres. Œdème, hydropisie, anémie. Elle a vingt-quatre ans. Elle ne peut plus bouger. La voyageuse s'arrête. Le monde va lui échapper. Elle tente de le convoquer. A son ministre des Affaires étrangères, à ses ambassades, elle confie une mission secrète. Toutes affaires cessantes, qu'on lui rapporte les photos des plus belles femmes. Elle les veut toutes. Les princesses et les putes, les écuyères et les paysannes, les mondaines et celles qui ne le sont qu'à demi, les célèbres et les anonymes, les divines et les souillons, les pensionnaires de harem et les filles de boucher. Qu'on ratisse large. Qu'on ne tienne compte ni du rang ni de la race. Qu'on envoie les trophées de chasse par la valise diplomatique. Qu'on ne se laisse arrêter par aucun interdit, aucune frontière.

Les joues creusées, les jambes gonflées, la petite malade élabore son catalogue. Mille e tre. Mille e tre. Elle scrute sans fin ces visages venus des quatre points cardinaux. Miroir, miroir magique, miroir vénitien, dis-moi toute la vérité. Qui est la plus belle en ce royaume, en cet Empire, en ce monde ? Emprisonnée par les eaux de la ville, affolée par celles de son corps, elle court d'un reflet à l'autre. Elle interroge. Elle compare. Elle se

voudrait incomparable. Et si, par chance, le miroir répond :
« Tu es la plus belle, cesse donc de te tourmenter », c'est encore
à sa propre image qu'elle lance le défi, c'est contre elle-même
qu'il lui faudrait gagner.

Il n'y a pas de fin. Les arrivages continuent. La liste pourrait
se poursuivre à l'infini, tant il y a pour l'impératrice de servi-
teurs zélés, tant il y a par le monde de beautés. L'angoisse a
trouvé sa nourriture. Les jambes de Sissi gonflent de plus en
plus. Sa santé fait craindre le pire. Il faudra quitter Venise. On
est entré dans le temps de l'éphémère. La vie se regarde désormais sur le papier ; il peut être glacé, il peut être sensible. Les
images vont bientôt proliférer.

Au printemps 1862, Ludovika vient voir sa fille à Venise et le
Dr Fischer, en qui elle a toute confiance, l'accompagne. Il
soigne depuis longtemps la famille des Wittelsbach et n'ignore
rien de leurs maux et de leurs extravagances. Il constate que la
toux d'Elisabeth a presque cessé. Le risque de phtisie semble
écarté. Il parle en revanche d'anémie, de chlorose même,
entraînant des accès d'hydropisie. Certains matins, les pieds et
les chevilles d'Elisabeth sont si gonflés qu'elle peut à peine se
lever et qu'il lui faut l'aide de deux personnes pour faire quelques pas dans sa chambre. La belle, la sculpturale impératrice
qui virevoltait entre ses anneaux de gymnaste, l'intrépide cavalière qui épuisait sous elle ses montures, se retrouve quasi
impotente. Puisqu'il faut vivre, n'est-il pas urgent de préserver
son bien le plus précieux, la beauté ? N'est-ce pas cette beauté
qui lui ouvre le cœur de l'empereur ? N'est-ce pas elle qui lui
assure son règne sur les autres ? Ne vaut-elle pas toutes les cou-
ronnes ?

Elisabeth se rend aux arguments du Dr Fischer et à ceux de
sa mère. La Sérénissime n'est pas ce qui convient le mieux à
une hydropique. Au reste, le Dr Fischer se prononce aussi
contre les îles lointaines et les climats chauds. Sans doute
compte-t-il soigner le désordre psychologique de sa malade
tout autant que son corps. Loin d'encourager sa fuite, il veut de
manière insensible la ramener à une vie normale, la rapprocher
peu à peu des siens et, tâche plus rude, l'inciter à ne plus
craindre Vienne et la proximité de la Cour.

Le cirque impérial se déplace encore. Étape suivante : Bad
Kissingen en Franconie, au nord de la Bavière, où tous les Wit-

telsbach pourront accourir au chevet de leur idole souffreteuse. Le Dr Fischer a préconisé une cure avec des bains de boue. L'historienne Brigitte Hamann met en évidence le malaise que les absences continuelles de l'impératrice provoquent en Autriche. Tantôt on s'inquiète pour sa santé et on suppose Elisabeth à l'article de la mort. Tantôt on sous-entend qu'elle sait mettre à profit ses bobos pour mieux se dérober à ses devoirs. Une hypocondriaque doublée d'une nomade! On se perd en conjectures.

Malgré la censure, les journalistes soulignent qu'au cours de ces deux dernières années, l'impératrice n'a vécu que trois semaines à Vienne. C'est peu. Pendant ce temps le Danube est sorti de son lit, inondant nombre de quartiers, ajoutant la misère à la misère. Pendant ce temps, la récession a réduit à la famine une partie de la population. Pendant ce temps a sévi une épidémie de suicides due au chômage. Pendant ce temps, tout un Empire travaille – quand il a du travail – et souffre des nécessaires transformations économiques et industrielles.

Une petite phrase dans le quotidien *Die Presse* fait crier au scandale, au crime de lèse-majesté. Le journaliste évoque l'impératrice, à Bad Kissingen, dans son nouvel emploi de curiste. Il donne comme à l'accoutumée tous ces détails dont les lecteurs ne se lassent pas – sa coiffure, sa robe, son ombrelle, son élégance naturelle, jamais ostentatoire –, puis il ajoute, non sans perfidie : « Par ailleurs, le séjour de l'impératrice à Bad Kissingen a eu cette désagréable conséquence de lui faire perdre plusieurs de ses plus belles dents. »

On peut imaginer ce qu'Elisabeth ressent à la lecture de ces lignes. Elle n'a pas oublié les remarques de l'archiduchesse Sophie à Ischl. De la petite duchesse dont son fils était tombé amoureux fou, de cette enfant timide et ravissante, elle n'avait retenu que le seul défaut : « Elle a les dents jaunes. » D'emblée, la haine s'était glissée entre les deux femmes. Depuis Elisabeth prend soin de dissimuler ses dents. Elle sourit les lèvres closes. Elle cache son rire derrière un éventail. Les Wittelsbach ont certes une mauvaise denture, mais l'anémie d'Elisabeth et ses tendances anorexiques n'ont rien arrangé. Sans doute à Bad Kissingen, encore plus qu'ailleurs, s'est-elle employée à déguiser les méfaits de la maladie. « Est-ce que j'ai changé ? » demande-t-elle sans cesse à son père et à ses frères qui sont venus la rejoindre. Il est probable aussi qu'on ne l'a pas laissée longtemps avec des courants d'air dans la bouche. A cette époque, l'art dentaire ne consiste plus seulement à arracher, il s'applique déjà à réparer. Cependant les nouvelles galopent et s'emballent, quand il s'agit d'une impératrice dont les mystères, les originalités et la beauté fascinent les foules, et l'on n'est pas mécontent de révéler le détail susceptible de défigurer la belle tête couronnée.

L'incident tourne vite à la querelle de famille, puis au conflit politique. En effet, Zang, le gérant du quotidien *Die Presse*, est un ami de Maximilien. François-Joseph, fou de colère dès qu'on touche à un cheveu, a fortiori à une dent, d'Elisabeth, s'emporte contre son frère qui veut que l'on pardonne à son ami. Un officier d'ordonnance envoie à Zang une lettre où il est dit que ses excuses ne peuvent être acceptées, « une vanité féminine blessée s'y opposerait ». Aussitôt le gérant de *Die Presse* menace de publier la lettre et l'empereur écrit à son frère qu'il ne saurait tolérer que « des membres de la famille impériale, et en particulier l'impératrice, fussent compromis de façon aussi légère et aussi déloyale, face à une canaille telle que Zang [...] Il n'est pas nécessaire de t'assurer que Sissi ne s'est aucunement souciée de l'article en question ; il ne s'agit donc point ici de vanité féminine, mais bien de la juste indignation qu'un tel article ne pouvait qu'éveiller en moi, ainsi qu'en tout sujet fidèle. »

Le pieux mensonge et la belle preuve d'amour ! François-Joseph n'hésitera jamais à se porter au secours de sa femme, dût-il lui-même laisser quelques plumes dans ce genre de querelle. Quand Elisabeth est en cause, l'empereur abandonne sa légendaire prudence. Encore regrette-t-il de ne pouvoir, comme un simple lieutenant amoureux, provoquer en duel l'insolent.

Un vent de fronde souffle sur le pays. Un mois plus tard, l'ironie de la presse s'exerce au détriment de l'empereur. *Die Morgen-Post* prend le relais pour faire tomber les monarques de leur piédestal. Grande nouvelle : François-Joseph vient de faire raser ses célèbres favoris ! « Selon ce qu'on nous écrit de Possenhofen, c'est par tendre galanterie vis-à-vis de l'impératrice que l'empereur a renoncé à sa barbe. Sa Majesté aurait en effet laissé échapper une remarque, selon laquelle " l'empereur avait jadis, quand il ne portait pas encore de favoris, l'air plus jeune et plus alerte ". »

Malgré ses déboires dentaires et la regrettable publicité qui leur a été faite, Elisabeth ressent les bienfaits de sa cure à Bad Kissingen. Possenhofen achève sa convalescence. La suite autrichienne de l'impératrice s'installe sur les rives du lac de Starnberg, dans des auberges proches de la demeure familiale. Les dames de la Cour ne manquent pas une occasion de souligner le « train de gueux » qu'affiche jusqu'à la provocation le duc Max. Chose nouvelle, Ludovika ne se montre pas plus bégueule que son mari. Ses filles lui donnent trop de soucis pour qu'elle songe à surveiller ses manières, à se complaire dans les mondanités. Les chiens envahissent la maison et, le soir, à la table ducale, la mère de l'impératrice passe son temps à écraser leurs puces dans son assiette.

Ses animaux se montrent en effet plus dociles que sa progéniture. Après les maladies d'Elisabeth, sa cadette, la jolie Marie, l' « héroïne de Gaète », fait des siennes. A Rome, elle est tombée amoureuse d'un jeune comte belge, l'officier de la Garde pontificale chargé de veiller sur sa sécurité. La petite reine de vingt ans connaît grâce à lui ce dont son désastreux mariage l'avait privée. L'ex-roi Ferdinand, son mari, est affligé d'un phimosis. Bigoterie ou couardise, il ne songe pas encore à se faire opérer.

Marie, la reine vierge, se retrouve enceinte des œuvres de son amant. Difficile dans ce cas précis d'attribuer la paternité au mari légitime. Sous le prétexte d'une maladie à soigner en famille, Marie court à Possenhofen cacher son ventre et son chagrin. Elisabeth et Mathilde, une autre sœur Wittelsbach, reçoivent ses confidences. Entre les trois complices, les messes basses se prolongent au grand dam de leur entourage. On envoie paître les confidentes, les suivantes et toute la légion de dames d'honneur. De l'honneur, parlons-en! Officiellement Marie est souffrante et on évite d'en dire davantage. Mensonge à demi. La jeune reine déchue souffre bel et bien, mais sa souffrance est d'amour. Le scandale la menace. Dans Gaète assiégée, le risque n'était-il pas moins grand ? Marie s'agenouille en pleurs devant tous les autels, mais elle demande à Dieu qu'Il lui rende les bras et le corps de son amant. Son amour est sans issue. Elle pouvait se battre seule contre les Mille de Garibaldi. Pour vivre selon son cœur et aimer selon sa peau, c'est le monde entier qu'il lui faudrait affronter. Désormais sans royaume, sans mari, sans amant, la petite reine sombre dans le désespoir.

125

Quand tout va mal dans la famille ducale, quand il faut abattre la dernière carte, on appelle à la rescousse le Dr Fischer. Le vieux médecin arrive et prend Marie sous sa protection. Il était temps! Le duc Max n'en peut plus de voir sa maison transformée en cour du roi Pétaud. Soudain le fantaisiste se trouve dépassé par les fantaisies de sa descendance. Il aime le désordre surtout quand il s'agit du sien et l'originalité quand il l'affiche à son propre compte. Tout ce tintamarre finit par lui échauffer les oreilles. Comment? On songerait à lui gâter son Possenhofen? Les autres étés ne passaient-ils pas comme de pures délices? Il jouait du luth à la tombée du jour et la masse sombre du lac s'irisait d'argent. Il montait ses chevaux à cru et partait déclamer ses poèmes devant des aréopages de joyeux buveurs. Cette année, il lui est impossible de faire un pas sans se heurter à une comtesse empanachée, un garde sur le qui-vive ou un conseiller aulique se poussant du col. Le moindre geste fait s'envoler une nuée de coiffeuses. Toute une valetaille se bouscule à la soupe. Ses filles et leurs complications sentimentales en viendraient à étouffer son goût de la vie! Que le Dr Fischer s'occupe de Marie et tout ira bien : « Allons, ce sont des choses qui arrivent! A quoi bon ces piailleries! »

Circulez! Foin des Autrichiens, foin des Italiens! Le duc Max veut rendre son lac à sa douce villégiature, sa forêt à d'autres faunes. Et de mettre tout ce beau monde à la porte. Trois mois plus tard, Marie accouche dans le plus grand secret d'une petite fille, au couvent des Ursulines d'Augsbourg. L'enfant est confiée à son père, le jeune garde pontifical. Marie demande à rester cloîtrée, mais l'insistance de son mari l'amène à le rejoindre. Trop content de retrouver sa femme, l'ex-roi accepte l'opération, circoncision tardive, qui lui dénoue l'aiguillette. Ils ne vivront pas vraiment heureux et ils auront quelques enfants.

Proust immortalisera au bras du baron Charlus la jolie Marie, héroïne de Gaète et reine de Naples.

Jouez, hautbois, résonnez, musettes! Le 14 août 1862 est le jour de la renaissance. Elisabeth revient dans sa (bonne) ville de Vienne après deux ans d'absence. Il faut six cents chanteurs et une retraite aux flambeaux pour célébrer l'événement. L'impératrice n'en demande pas tant et François-Joseph sait que sa reine ne prise guère ce genre de tapage, mais il croit ne jamais pouvoir faire assez pour la retenir auprès de lui et pour chasser ses humeurs sombres. Encore heureux que l'archiduchesse Sophie ait eu le bon goût de rester à Bad Ischl, ainsi Elisabeth éprouve-t-elle l'impression de se retrouver chez elle dans ces palais qu'elle a depuis longtemps abandonnés.

Le couple impérial s'installe à Schönbrunn où Elisabeth se sent moins à l'étroit que dans la prison de la Hofburg. Les épreuves l'ont un peu aguerrie. Il est encore trop tôt pour choisir de se résigner. Son corps et son esprit refuseraient ce qui leur semble pire que la mort. Du moins Elisabeth a-t-elle compris que rien ne viendra interrompre son destin. Il ne lui reste plus qu'à l'infléchir par petites touches, l'aménager pour le rendre supportable.

Années 1860. Années de beauté. Années de narcissisme. La cure à Bad Kissingen et la séjour à Possenhofen ont été salutaires. Moins maigre, elle reste élancée et ses formes jaillissent, mises en valeur par le laçage du corset. Cependant sa maladie se rappelle à son bon souvenir, dès que la fatigue gagne du terrain. Une sorte d'alarme se déclenche alors aux deux extrémités de son corps. Une veine gonfle sur son pied gauche, quand elle se tient debout trop longtemps à recevoir les congratulations des visiteurs ou à faire cercle après le dîner, et, à la tempe droite, un battement marque, lancinant, le tempo de l'effroyable migraine. Mais à part ça, madame la Marquise, tout va très bien, tout va très bien!

Elle a repris ses exercices de gymnastique et ses longues marches. Elle part à l'aube pour d'interminables chevauchées et parfois François-Joseph trouve le temps de l'accompagner. Il la couvre de cadeaux avec l'argent de sa cassette personnelle, et les meilleurs pur-sang de l'Empire vont peupler les écuries de la belle amazone. Pour une femme que l'on pensait sur le point de mourir quelques mois plus tôt, elle ne semble guère ménager son corps. Dans les cérémonies officielles cependant – elle se fait à présent un devoir d'y assister – il arrive qu'elle soit prise de vertige. On la voit vaciller, puis se reprendre en se cramponnant comme une aveugle au bras de son mari ou à celui d'un de ses frères. Les jeunes Wittelsbach sont venus à Vienne pour soutenir le moral de leur grande sœur et assurer auprès d'elle une sorte de garde rapprochée.

Avec cette femme, la sienne, si faible et si forte, François-Joseph n'a jamais su sur quel pied danser. Il est habitué à la rigueur, la sécheresse des dossiers. Quand il lève les yeux, il ne voit que des hommes courbés devant lui, des femmes aux sourires en vitrine. Partout il est le maître et son rôle consiste pour l'essentiel à affirmer sa maîtrise sur les autres et sur lui-même. La passion l'a pris au dépourvu et toutes ces années de mariage, où l'intimité ne figure que par accident, ont rendu encore plus irrationnel l'amour qu'il éprouve pour sa femme.

Il voudrait se défendre et la défendre contre ses excentricités. Il a beau se forcer, ses colères ne durent pas. Il est prêt à toutes les abdications, lui l'empereur, pour retenir la fugitive. N'est-ce pas ce qu'il y a en elle de plus rétif, de plus indomptable, qui le fascine? Elle traverse cet univers de larbins et de tartufes, comme une cavale, avec ses sauvageries, ses emballements et ses refus. A peine la regarde-t-il qu'il se sent ému. Toutes ses préventions cessent aussitôt. Il n'a même plus envie de lui trouver des excuses. Ne serait-il pas plus juste de la remercier d'être ce qu'elle est : sa femme, parfois; la femme qu'il aime, toujours?

Dans les dîners d'apparat, parmi les plus illustres hôtes de la Hofburg, il la cherche des yeux. Il devine à distance combien elle doit s'ennuyer. Plus l'assistance est nombreuse, moins elle parle. Quand elle s'exprime, c'est d'une petite voix enfantine, tout juste audible. La timidité la retient et la peur d'ouvrir la bouche, de donner à voir une denture qui ne la satisfait pas. Elle vit avec la crainte de décevoir les autres, comme si elle ne se rendait pas compte qu'elle les intimide à son tour par sa présence, l'intensité de son regard et la grâce de ses gestes. Hésitante en société, elle est pourtant capable d'audaces qui scandalisent sa belle-mère et amusent son mari. Elle peut bouder les meilleurs crus de France, servis dans les plus purs cristaux de Bohême, et réclamer une chope de bière. Elle la vide jusqu'à la dernière goutte en hommage à sa Bavière natale et surtout parce qu'elle aime son goût et sa fraîcheur. Elle ne s'embarrasse pas de l'avis de ses proches, quand il s'agit de suspendre ses agrès au plafond de la Hofburg ou d'amener sa meute de chiens à fouler les précieux tapis de ses résidences.

François-Joseph a appris, lui qui doit trancher sans cesse, à ne pas peser sur les décisions de sa femme. Il a surtout appris à l'attendre. C'est quand il croit l'avoir perdue qu'elle lui revient, apaisée, confiante. S'il ne comprend pas ses brusques changements d'humeur, il les accepte. Il tombe pour elle dans un état de sujétion qui convient mieux à l'amour qu'au protocole.

Il doit bien s'avouer qu'il n'a pas su éveiller le corps de sa femme mais, comme beaucoup d'hommes, plus particulièrement ceux de cette époque, il ne le déplore pas trop. Une femme honnête n'a pas de plaisir! La consolation est toute trouvée, même si le mari jaloux n'en est pas toujours conscient. Son bien, sa femme, ne s'en assure-t-il pas ainsi la jouissance exclusive? Pourquoi, diable, irait-elle chercher ailleurs ce qu'elle ignore?

Encore François-Joseph et Elisabeth vivent-ils, quand ils se retrouvent, dans une certaine proximité. En témoigne, à Schönbrunn, leur chambre commune. Partout ailleurs dans les Cours européennes, les époux princiers dorment dans des appartements séparés. Bien sûr, Elisabeth se montre souvent réservée. Bien sûr, le Dr Fischer conforte ses réticences en répétant que la santé de l'impératrice est encore trop fragile pour qu'il puisse être envisagé de donner à Rodolphe un petit frère. Bien sûr, il est difficile pour eux d'être un couple « normal ». Pourtant, quand ils sont l'un contre l'autre dans l'immense palais qui s'endort, ils arrivent, toute pesanteur abolie, à oublier où ils sont et qui ils sont.

Tantôt l'amour de son mari redonne des forces à Elisabeth, tantôt il lui fait craindre de ne pas être à la hauteur d'une telle passion, de ne pas mériter une pareille dévotion. Remonte alors la vieille, l'indéracinable culpabilité qui se plaît à égrener ses fautes, qui se flatte de préférer le pire, qui détruit le corps parce que l'esprit est malade. Wittelsbach. Dans ces moments-là, elle se sent plus que jamais une Wittelsbach, rongée de l'intérieur par le péché des origines.

Le 10 mars 1864, Elisabeth apprend la mort du roi Maximilien de Bavière. Autrichienne depuis son mariage, elle a gardé des liens très forts avec la dynastie bavaroise, avec sa famille, avec son pays. Louis, le fils de Maximilien, monte sur le trône, il a dix-neuf ans. François-Joseph est inquiet. Il craint le manque d'expérience du jeune prince. Plus que jamais il a besoin de s'appuyer sur son alliance avec la Bavière pour faire face aux ambitions de la Prusse et à celles de son chancelier le comte Bismarck.

L'Autriche a dû s'engager aux côtés de la Prusse dans une guerre contre le Danemark. Les deux grandes puissances disputent à la plus petite deux de ses duchés : le Schleswig et le Hosltein. Qui a tort ? Qui a raison ? Les textes qui régissent la succession de l'un et l'autre duché sont si compliqués que chacun des partenaires les interprète selon ses propres visées. Le Premier ministre anglais, lord Palmerston, résume bien la situation : « Il n'y a qu'un homme qui y ait compris quelque chose, c'était un fou et il en est mort. »

Pour sa part, Bismarck est loin d'être fou. Ces terres l'intéressent. Elles lui permettraient d'étendre son pouvoir au nord de l'Elbe. De plus, les populations de ces duchés sont en partie d'origine allemande. Afin de ne pas dénoncer son alliance avec la Prusse, François-Joseph est entraîné à son corps défendant dans ce conflit.

Le Danemark résiste avec un immense courage. Mais que faire contre deux ennemis trop puissants ? Les Danois sont anéantis. Ils en garderont une durable et légitime méfiance à l'égard de l'Allemagne. Sentiment que d'autres guerres, plus terribles encore, viendront renforcer. Si, aujourd'hui, le courageux Danemark hésite à s'engager définitivement dans la Communauté européenne, n'est-ce pas à cause de son passé ? De la guerre des Duchés jusqu'à l'invasion hitlérienne, l'Allemagne n'a pas été une voisine de tout repos.

A l'issue du conflit le Schleswig et le Holstein tombent sous la souveraineté austro-prussienne indivise. Cette guerre qui a fait des morts et des blessés – cinq ans après Solferino, Elisabeth a dû rouvrir un hôpital au château de Laxenbourg –, cette guerre profite de toute évidence à la Prusse. Ces landes sauvages ne présentent aucun intérêt pour l'Autriche. En cas de danger, la Prusse pourra aussitôt envoyer ses armées, tandis que l'Autriche sera gênée par la distance. Bismarck veut faire l'unité allemande au profit de la Prusse. L'affaire des Duchés est son premier coup de maître.

François-Joseph sent la menace. Il cherche l'appui de la Bavière et de son jeune roi, Louis II. Elisabeth connaît à peine ce cousin éloigné, pourtant Wittelsbach comme elle. De huit ans son cadet, il n'était encore qu'un enfant quand elle a quitté Munich. Il est entendu avec l'empereur qu'elle mettra à profit sa cure estivale à Bad Kissingen pour nouer des relations affectueuses avec son royal cousin et l'inciter à maintenir ferme l'alliance catholique de la Bavière et de l'Autriche.

Le printemps 1864 est aussi marqué par le départ de l'archiduc Maximilien et de sa femme Charlotte pour le Mexique. Maximilien a longtemps hésité avant de s'embarquer dans la folle aventure. François-Joseph et sa mère se méfient de cette initiative dont Napoléon III est la cheville ouvrière. L'empereur d'Autriche oppose une condition draconienne à l'acceptation de son frère : la renonciation à son titre d'archiduc et à tous ses droits sur la couronne. François-Joseph se rend même à Miramar pour lui mettre le marché en main. L'entrevue tourne au règlement de comptes. Les deux frères jettent le masque et s'envoient tout ce qu'ils ont sur le cœur.

François-Joseph ne supporte plus de voir son cadet afficher un libéralisme qui menace la cohésion de l'Empire, en Hongrie, en Bohême et surtout en Italie. Il lui reproche aussi son manque de sincérité. Ne cherche-t-il pas, par ses idées réformistes, à affirmer son originalité et à se placer devant l'opinion comme un successeur éventuel ? L'empereur n'a pas oublié qu'à son retour de Solferino, certains cris parmi la foule ont réclamé son abdication et que le prénom de son frère, repris de proche en proche, semblait désigner un successeur possible. La rivalité des deux frères s'en est trouvée exacerbée.

Les griefs de Maximilien ne sont pas moins terribles. François-Joseph ne lui a-t-il pas donné le commandement en Lombardie et en Vénétie pour le lui retirer dès que la guerre a commencé, comme s'il le jugeait incapable de conduire une opération militaire? Parlons-en de l'Italie! Il fallait des réformes pour la garder sous la tutelle autrichienne. François-Joseph a refusé toutes les initiatives de son frère et lui a reproché ensuite la médiocrité de ses résultats. Ne l'a-t-il pas, dès son retour de Solferino, condamné à l'inaction et à un quasi-exil dans son château de Trieste? S'il l'osait, n'irait-il pas jusqu'à lui reprocher d'être, malgré son rang de cadet et ses opinions politiques peu conformes à la tradition des Habsbourg, l'enfant chéri, le chouchou de leur mère?

Au reste, pendant tout ce conflit qui, de Vienne à Miramar, met aux prises, dans la véhémence et la rancœur, ses deux fils, l'archiduchesse Sophie se terre à Laxenbourg. Si pugnace d'habitude, elle n'est plus alors qu'une mère déchirée. Napoléon III est pour elle l'incarnation du diable. Son Maximilien encourt les pires risques à se laisser subjuguer par ce vil personnage. François-Joseph n'a pas tort d'exiger que son frère renonce à ses droits. Il faut éviter de mêler l'Empire à cette aventure absurde. Mais que deviendra son Max dans ce pays de sauvages? Est-ce que ce trône du bout du monde mérite qu'on lui sacrifie son passé, sa famille, sa mère? Sa vie, peut-être? L'archiduchesse se signe à cette pensée de crainte d'attirer quelque maléfice sur la tête de son fils préféré.

Les mises en garde ne servent à rien. Charlotte, l'épouse de Maximilien, se montre ambitieuse pour deux. Il lui faut un trône. Ils le paieront. Un prix exorbitant.

A Possenhofen, puis à Bad Kissingen où tous les princes d'Europe viennent se soigner en papotant, Elisabeth rencontre presque chaque jour son cousin, le roi Louis II de Bavière. D'emblée ils se séduisent par leur mutuelle beauté et par ce qu'ils ont en eux d'étrange et de tourmenté. Cousins éloignés, ils se découvrent proches. Ils se reconnaissent l'un l'autre avec une complaisance que le jeu amoureux ne vient pas troubler. Louis II préfère les jeunes hommes, même s'il ne se l'avoue pas encore, mais la beauté l'attire dans toutes ses représentations. La grâce, le port de tête, la magnifique chevelure, la vibrante sensibilité de sa cousine l'envoûtent.

Quant au jeune roi, il est dans sa première fleur. Beau et doux comme un ange de Raphaël. Dans son visage d'une extrême finesse, ses yeux sombres paraissent ne pas voir ce qu'ils regardent. Cette absence du monde, soulignée par des gestes heurtés et une timidité maladive, rend bizarre et unique la céleste apparition. Il mesure un mètre quatre-vingt-dix et, comme sa cousine, l'équitation, la nage et la marche lui ont sculpté un corps superbe. Ce surcroît de beauté le rend à la fois fier et emprunté. Non seulement il se sent seul, et par trop différent de ceux qui l'entourent, mais cette différence qui saute aux yeux le désigne à la curiosité de tous. Son image l'obsède. Il la souhaiterait parfaite. Il débusque chez lui le moindre défaut, et, dans son délire, la plus légère imperfection devient une monstruosité qui détruit l'harmonie de l'ensemble. Le crapaud au cœur même du diamant. Ainsi trouve-t-il ses oreilles trop décollées. Il tente de les dissimuler sous des boucles dont un savant perruquier a la charge : « Il m'est impossible de prendre goût au moindre repas si je n'ai pas eu mes cheveux frisés. »

Dans l'impératrice, il contemple son double, féminin et sublimé. Ces deux Narcisses n'ont même plus besoin de surprendre leur reflet dans les eaux sombres du lac de Starnberg, leurs beautés gémellaires ricochent sans cesse l'une sur l'autre.

Ensemble, ils poursuivent leurs rêves. Elle lui parle de Shakespeare et de Heine, il répond Wagner. C'est la rencontre de Titania, la reine des fées, et de Lohengrin. Ils jouent comme des enfants. Ils savent bien, les malheureux, qu'ils ont laissé l'enfance loin derrière eux, mais ils ne veulent pas en renier le souvenir.

Trois mois plus tôt, le premier acte royal de Louis a été d'envoyer ses limiers à la recherche de Wagner. Ils arriveront au bon moment. A cinquante ans, sans argent et sans femme, Wagner va d'échec en échec. *Tristan,* mis en répétition à l'Opéra de Vienne, est abandonné avant la première représentation. Son séjour parisien se solde par un désastre et *Tannhäuser* à l'Opéra de Paris ne peut surmonter la cabale des abonnés. Wagner aux abois cherche un mécène. Les dieux du Walhalla l'entendent et l'envoyé de Louis II parvient à retrouver le musicien en fuite. Il lui remet l'invitation du roi qu'accompagnent un gros rubis sang-de-dragon et un portrait du donateur. Trop heureux, Wagner court se jeter aux pieds du jeune roi, beau comme un ange et riche comme Crésus.

Le coup de foudre. Louis II installe Wagner dans une somptueuse villa où commence la ronde des fournisseurs. Bientôt Cosima rejoint le musicien. Fille de Liszt, elle est l'épouse du chef d'orchestre von Bülow, réputé être le seul à pouvoir déchiffrer *Tristan*. Louis ignore que depuis plusieurs mois déjà, Cosima est la maîtresse de Wagner.

Le roi a toutes les générosités à condition que le compositeur se montre disponible. Au moindre signe, il doit accompagner son mécène, de jour comme de nuit, dans ses promenades, lui donner la réplique par la parole ou par le chant, jouer sous la lune pour eux seuls ou s'embarquer à la brune vers l'île des Roses, au milieu du lac de Starnberg.

Wagner se lasse bientôt de cette idylle bavaroise et décadente. Il fait payer de plus en plus cher ses services. Le génie n'a pas de prix. Qu'à cela ne tienne! Louis donne sans compter son argent et celui de l'Etat. Son rêve ne peut être interrompu. Mon royaume pour une note du divin Richard!

Au début de l'année suivante, quand Elisabeth retrouve à Munich son cousin, la ville commence à s'émouvoir des bizarreries de son souverain. Pourtant Louis II continue à jouir d'une incroyable popularité qu'il conservera longtemps malgré les rumeurs – et les faits! Si on ne songe pas à le critiquer, on trouve en revanche que Wagner coûte trop cher au pays. Sa liaison avec Cosima et la complaisance de son mari font jaser les Munichois.

Elisabeth se sert de son autorité naturelle pour mettre en garde son cousin. Il se peut que Wagner devienne trop exigeant. Louis l'écoute comme un petit garçon. Il dit oui. Il pense non. Elle éprouve pour lui une immense tendresse. Qu'y a-t-il derrière ce regard qui ne sait pas se poser? Pourquoi la folie est-elle si attirante? On dirait qu'il n'y a plus qu'à se laisser aller. Dans les voyages officiels, Elisabeth demande toujours à visiter en priorité les asiles d'aliénés. Les dames de sa suite sont effrayées, aussi n'a-t-elle aucune difficulté pour se débarrasser d'elles. Elle aime parler en tête à tête avec les malades. Dès qu'elle s'assied au bord d'un lit, les mots viennent tout seuls. Elle n'a même pas besoin de les chercher. Le dialogue, quand il est sincère, se fait toujours devant un miroir et ce miroir-là, celui de la folie, elle ne le trouve pas si déformant que ça. « Avez-vous remarqué que, dans Shakespeare, confierat-elle à la fin de sa vie, seuls les fous sont des gens raisonnables? »

Dans sa vie cependant, Elisabeth tente de ne pas se laisser griser par le vertige de l'irrationnel, de ne point offrir à la folie plus qu'elle ne mérite. Pour l'heure, c'est Rodolphe qui l'inquiète. Si Gisèle est déjà une petite fille robuste et rieuse, le petit garçon devient de plus en plus nerveux, instable, chétif, coléreux à l'excès.

Depuis toujours l'impératrice a été tenue à l'écart et l'archiduchesse Sophie a su mettre à profit les maladies et les voyages de sa belle-fille pour s'assurer la haute main sur le prince héritier. Elle a placé un de ses protégés, le colonel Léopold de Gondrecourt, au poste de gouverneur du petit Rodolphe. En fait de vertus pédagogiques, il ne peut afficher qu'une bigoterie ostentatoire et quelques faits d'armes dans la guerre des Duchés. Sa tartuferie – on l'appelle « l'avaleur de crucifix » – a su lui gagner la confiance de l'archiduchesse. Il est assez étonnant de constater que cette femme intelligente, soucieuse avec sincérité du bien et de l'avenir de son petit-fils, ne prend pas la peine de vérifier comment les leçons de Gondrecourt agissent sur l'exceptionnelle sensibilité de cet enfant. Elle a beau répéter que Rodolphe possède une rare intelligence, ce qui est vrai – à cinq ans, il peut se faire comprendre en quatre langues : l'allemand, le hongrois, le tchèque, le français –, la grand-mère ne voit pas que son petit-fils sursaute au moindre bruit comme une bête traquée, elle ne veut pas comprendre que ses cris, ses caprices retentissent comme des appels au secours.

Longtemps Elisabeth s'est sentie en position de faiblesse pour exiger que son fils lui soit rendu. Il y avait l'enchaînement de ses absences et le triste souvenir de la petite Sophie. Elle avait presque réussi à se convaincre elle-même de son incapacité. La détresse de Rodolphe va l'amener à perpétrer un véritable coup de force. Le moment est favorable, jamais elle n'a exercé sur l'empereur un pareil ascendant. Dans son Journal, l'archiduchesse qui rêve d'un autre petit-fils note à propos de son Franzi : « Un mot qu'il me dit me donne, Dieu en soit loué mille fois, presque la certitude que Sissi s'est enfin réunie à lui. »

L'impératrice mène son enquête et elle en apprend de belles. Sous prétexte de développer les aptitudes militaires de l'enfant, son gouverneur le sépare de sa sœur qu'il adore. Il n'a de cesse que d'obtenir par la terreur l'endurcissement de ce bambin diaphane, déjà trop émotif et fragile. On lui inflige des douches glacées au moindre caprice. Gondrecourt l'enferme, la nuit tombée, dans le jardin zoologique de Lainz, près de Schönbrunn, et, pour mieux effrayer cet enfant de six ans, il crie :

135

« Un sanglier ! Un sanglier ! » Gondrecourt attend que Rodolphe s'épuise à hurler avant de songer à le délivrer.

Il faut ajouter à la décharge de l'énergumène que ces méthodes sont, hélas, courantes à une époque où le dressage se fait par la cruauté et même l'abjection. Robert Musil, dans *les Désarrois de l'élève Törless*, dira cela et bien d'autres choses, plus obscures et plus terribles encore. Mais Rodolphe n'a pas l'âge de Törless, il n'est pas un adolescent. Il a six ans et, comme tous les enfants de son âge, il n'ose pas se plaindre du martyre qu'on lui inflige. Heureusement sa mère interroge ceux qui aiment vraiment le petit prince, Joseph Latour, le subordonné de Gondrecourt, et la vieille gouvernante qui s'occupait de Rodolphe bébé. L'un et l'autre lui racontent des choses ahurissantes, les larmes aux yeux.

Elisabeth, des années plus tard, dira à Marie Festetics comment l'empereur fut aussitôt prévenu : « Celui-ci n'arrivait pas à prendre une décision contraire aux vœux de sa mère ; aussi eus-je recours aux dernières extrémités et affirmai-je que je ne pouvais plus tolérer cela et qu'il fallait choisir : ou Gondrecourt, ou moi ! »

Une lettre, adressée à François-Joseph, montre qu'il s'agit d'un véritable coup de force et que sa réussite ne peut qu'assurer la victoire totale et définitive d'Elisabeth sur l'archiduchesse Sophie : « Je souhaite que me soient réservés tous les pouvoirs en ce qui concerne les enfants, le choix de leur entourage, le lieu de leur séjour, l'entière direction de leur éducation ; en un mot, c'est à moi seule de décider de tout jusqu'à leur majorité. Par ailleurs, je souhaite que tout ce qui concerne mes affaires strictement personnelles – ainsi le choix de mon entourage, le lieu de mon séjour, toutes les dispositions d'ordre ménager, etc. – relève également de ma propre décision et d'elle seule. Elisabeth. Ischl, le 27 août 1865. » On ne saurait mieux dire. Il est vrai que cette lettre a mûri douze longues années. Douze ans, presque jour pour jour, depuis les fiançailles, dans ce même Ischl. Il a fallu tout ce temps pour que la petite Sissi devienne la « vraie impératrice ». Inutile de préciser que l'empereur se soumet aux volontés de sa femme, un tel ultimatum ne se discute pas.

O lecteur, déjà amoureux d'Elisabeth – « il est impossible de ne pas l'aimer », confiait à un proche la future reine de

Prusse –, je ne voudrais pas te lasser par le relevé exhaustif de tout ce qui a été dit et écrit sur la beauté de cette femme. Chacun – tsar, empereur, prince, sultan, conseiller, duc, la cohorte des gens moins illustres et plus enthousiastes encore –, chacun y va, non de son compliment, ce qui serait poli et convenu, mais de sa description détaillée, émerveillée. Chose extraordinaire, les femmes ne sont pas les dernières à s'extasier. Dès qu'elles ont le privilège d'apercevoir Elisabeth, de la voir de leurs propres yeux, elles abandonnent l'objectivité du constat, leur ton de spécialiste ès beauté, pour tomber sous le charme. Ah, cette chevelure! Ah, ce port de tête, ce cou, ces épaules! Ah, la minceur de cette taille et la rondeur de ce décolleté! Et cette tristesse exquise au fond de ces yeux mordorés! Et cette sensibilité à fleur de peau, ce halo de grâce, cette peau si claire, mate pourtant, on dirait que la lumière prend plaisir à la caresser! N'oublions pas la trop évidente fragilité qui attendrit les juges les plus sévères, les incite à l'absoudre du péché d'orgueil, à lui pardonner la surabondance de ses qualités. Imagine, lecteur, ce qu'il y a de plus séduisant chez une femme et tu approcheras la vérité.

Tous ses admirateurs – ses admiratrices aussi – soulignent que, dans la vie, elle est encore plus belle que sur ses portraits. Dieu sait pourtant si les représentations de l'impératrice se multiplient au cours de ces années 60 où l'astre monte vers son zénith. Il y a de tout, de l'image sulpicienne (schönbrunnienne) à l'icône, du gribouillage au portrait de Cour.

Le peintre allemand, Franz Winterhalter, dont le pinceau, de Karlsruhe à Paris, en passant par Londres et la reine Victoria, a la faveur des souverains, est invité à Vienne. Il peint le portrait officiel d'Elisabeth en reine des fées. Ses cheveux et sa robe de gaze blanche sont semés d'étoiles. Romantique à souhait, elle apparaît souriante et triste. Il fera d'elle deux autres portraits moins connus où la femme éclipse l'impératrice. Du premier jaillit une épaule blanche dans un désordre de dentelles. Quant à la chevelure, elle dégringole en boucles sombres et cuivrées plus bas que les hanches et l'on approuve Rodolphe d'avoir préféré à tout autre ce tapis volant. A peine achevé, le portrait est jalousement réquisitionné par l'empereur qui le place dans ce bureau de la Hofburg où il passe le plus clair de son temps. « Enfin, un portrait qui lui ressemble vraiment », dit l'homme amoureux.

Sur le second de ces tableaux intimes, Elisabeth porte une

sorte de déshabillé vaporeux, un saut-de-lit. Ses cheveux de Gorgone baudelairienne s'entremêlent et se nouent sur sa poitrine.

Les années 1860 voient aussi le début de la photographie. Pendant son hiver à Venise, en 1862, Elisabeth, on le sait, avait commencé son album de beautés. Pour la partie autrichienne de sa collection, elle avait demandé à son beau-frère, l'archiduc Louis-Victor, de se procurer les photographies des plus jolies femmes chez ce Angerer, dont les chambres noires sur trépied sont la dernière toquade des Viennois.

A présent que son visage et son corps ont oublié la maladie, que les miroirs ont rendu un verdict favorable, il lui faut affronter un autre regard, un regard objectif, qui ne se laisse impressionner ni par le rang ni par les titres. Angerer fait son entrée dans la danse impériale. Les photographies d'Elisabeth datent pour la plupart de cette époque et elles sont signées par Angerer.

La boîte du photographe est alors un objet magique devant lequel on doit rester immobile, figé comme une statue de sel. Le supplice, pour une agitée comme Elisabeth. On connaît encore peu de chose de la lumière et de ces artifices qui font d'elle une alliée ou une ennemie, c'est selon. On n'a pas encore adapté les maquillages à la nouvelle technique. Au reste, Elisabeth se maquille très peu. Son grain de peau, fin et serré, ses exercices physiques et son goût du naturel, lui évitent les fards. Elle se méfie de même des parfums trop lourds, ce qui n'est pas le cas de son cousin Louis II. A Possenhofen, elle reproche au roi de Bavière de s'être arrosé d'un chypre dont les effluves corrompent jusqu'aux fleurs des haies d'aubépine.

On ignore les règles élémentaires de la photogénie. On cherche. On tâtonne. On découvre qu'un visage s'autodétruit sous un éclairage rasant et qu'il peut au contraire irradier une beauté qu'on ne lui connaissait pas dans une clarté propice. L'impératrice se lance dans ces nouveaux jeux identitaires sans se douter que la finesse et la régularité de ses traits la rendent photogénique.

A chaque fois, les résultats que lui présente Angerer, d'une main tremblante, effraient l'illustre modèle. Est-ce moi cela? Est-ce que ce visage, cette silhouette, méritent tant de louanges? Ne faut-il pas faire la part de la flatterie? Où se situe la trahison? A qui doit-on l'attribuer? A l'appareil du photographe ou à mes apparences qui révèlent si peu ce que je suis? Est-ce qu'une autre collectionneuse me réserverait une place dans sa collection de beautés? Ce travail de Narcisse permet-il au moins d'arrêter le temps, de le fixer au seuil des chambres noires?

L'impératrice tourne et retourne les photographies et, peu à peu, elle réussit à apprivoiser son image. Une fois la première surprise passée, elle introduit dans le champ de l'appareil quelques autres compagnons de jeu, son chien Shadow ou son frère préféré, le jeune Charles-Théodore – aucune photographie de studio ne réunit François-Joseph et Elisabeth. Ces exercices de narcissisme semblent appartenir au domaine réservé de l'impératrice.

Une autre Angerer, sans lien de parenté avec le précédent, entre à cette époque dans la vie d'Elisabeth et va gagner sa confiance. Fanny Angerer est coiffeuse au théâtre de la Hofburg, le Burgtheater, la plus prestigieuse scène viennoise. Les coiffures des comédiennes ont plu à l'impératrice qui voue un culte à sa propre chevelure. Elle cherche à convaincre la jeune fille d'abandonner les boucles des théâtreuses – de grand renom, certes, et dont Elisabeth ne manque pas un spectacle – pour se consacrer aux siennes. La presse rend compte de ces tractations et l'engagement d'une coiffeuse devient une affaire d'Etat.

Fanny se laisse séduire par l'impératrice et les honoraires mirobolants qu'elle lui propose. Son art et son habileté vont lui permettre d'obtenir une position enviée à la Cour et de transformer ce qui n'était au début qu'une affaire juteuse en un véritable sacerdoce.

Fanny Angerer rend encore plus belle la célèbre couronne de cheveux. On cherche partout à copier la coiffure d'Elisabeth, sans grand succès, tant il faut pour la réussir que la chevelure soit drue, épaisse et saine.

Le lavage des cheveux a lieu toutes les trois semaines. On se sert d'un mélange moussant dont la formule est tenue secrète. Comme nos arrière-grand-mères, Fanny devait faire entrer dans sa potion magique des œufs et du cognac. Le séchage dure une bonne partie de la journée. Pendant tout ce temps, Elisabeth lit ou bien elle écoute les leçons d'un professeur. « Des cheveux, je vis des cheveux en vagues, écrit Christomanos, son professeur de grec, des cheveux atteignant le sol et s'y répandant, et coulant plus loin : de la tête dont ils révélaient la grâce délicieuse [...] ils s'écoulaient sur le blanc manteau de dentelles qui couvrait ses épaules, sans que jamais le flot tarît. »

Il faut trois heures chaque jour pour mettre de l'ordre dans cette profusion, fixer les tresses et parfaire la coiffure. « Je suis l'esclave de mes cheveux », avoue l'impératrice. On peut imaginer ce que, dans une telle situation, une Fanny Angerer, maître d'œuvre incontesté, peut gagner en pouvoir et en influence. Peu de temps après son arrivée au service d'Elisabeth, elle s'éprend d'un employé de banque, Hugo Feifalik. La règle lui interdit de rester auprès de l'impératrice une fois mariée. Sur la demande expresse de sa femme, François-Joseph accepte une entorse au règlement. Non seulement Fanny peut épouser son Hugo, mais il devient le secrétaire privé de l'impératrice, puis l'intendant de ses voyages (rôle ô combien important dans les années à venir). Son ascension ne s'arrête pas là. Plus tard, il sera nommé conseiller à la Cour et élevé au rang de chevalier. Quant à Fanny, elle ne quittera plus sa maîtresse, comme Shadow, mais l'ombre de la coiffeuse est pour sa part affairée et maligne. Fanny connaît l'art et la manière de se concilier les bonnes grâces de l'impératrice.

Christomanos décrit avec lyrisme le cérémonial quotidien de la coiffure : « Derrière la chaise de l'impératrice se tenait la coiffeuse, en robe noire à longue traîne, un tablier blanc de toile d'araignée attaché devant elle [...] De ses mains blanches elle fouillait dans les ondes des cheveux, les élevait en l'air et les palpait comme du velours et de la soie, les roulait autour de ses bras (ruisseaux qu'elle eût saisis parce qu'ils ne voulaient pas couler tranquillement mais plutôt s'envoler); enfin elle partagea chaque onde en plusieurs autres avec un peigne d'ambre et d'or, et sépara ensuite chacune de celles-ci en innombrables filets qui, à la clarté du jour, devinrent de l'or filigrane [...] De ces vagues elle trama des tresses pleines d'art, qui se transformèrent en deux lourds serpents; elle leva ses serpents, et les roula autour de la tête, et en forma, en les entrelaçant au moyen de rubans de soie, une magnifique couronne diadémale [...] Puis, sur un plateau d'argent, elle présenta les cheveux morts à sa maîtresse, et les regards de la maîtresse et ceux de la servante se croisèrent une seconde, exprimant chez la maîtresse un amer reproche, chez la servante publiant la faute et le repentir. Puis, le blanc manteau de dentelles glissa et l'impératrice, pareille à une statue divine, surgit de l'enveloppe qui la cachait. Alors la souveraine inclina la tête, la servante s'abîma sur le sol, en murmurant tout bas : " Aux pieds de Votre Majesté je me prosterne. " Le service sacré était accompli. »

Christomanos n'aime guère la simplicité. Les excès de son idolâtrie l'incitent à déployer devant l'impératrice toutes les pompes, toutes les solennités. Reste que son témoignage permet de sentir à quel point l'air se raréfie dans les hautes sphères de la Hofburg. Il est difficile de ne pas céder au vertige.

II

« Quand j'entends le nom de Hongrie,
Mon gilet allemand me semble trop étroit.
Quand j'entends le nom de Hongrie,
C'est comme si une mer s'agitait en moi.

» Dans mon esprit, j'entends résonner
De vieilles légendes, depuis longtemps oubliées,
Cette chanson sauvage, dure comme du fer,
La fin des champions, la mort des Nibelungen. »

HEINRICH HEINE, *Au mois d'octobre 1849.*

Eljen Erzsébet! Eljen Erzsébet! Ces clameurs – vive Elisabeth! vive Elisabeth! –, combien de temps, d'amour, de patience, de sacrifices, aura-t-il fallu pour qu'elles retentissent avec ferveur ? En ce 8 juin 1867, François-Joseph est couronné roi de Hongrie, dans la cathédrale Mathias de Buda. Il devient Ferenc József mais c'est le triomphe personnel, politique, d'Erzsébet, la reine que les Hongrois se sont choisie et qu'à travers les pires événements de leur histoire ils ne cesseront jamais d'aimer.

Le jour même du couronnement, le plus important quotidien de la ville publie ces lignes : « Cette femme si charmante est considérée comme une véritable fille de la Hongrie. On est convaincu que, dans son noble cœur, brûle l'amour de la patrie, qu'elle a fait siennes, non seulement la langue hongroise, mais la façon de penser hongroise, qu'elle a constamment été une fervente avocate des souhaits de la Hongrie. » Elle est de toute évidence la personne la plus populaire du pays et elle le restera.

A quatre heures du matin, les vingt et un coups de canon, tirés de la citadelle, n'ont pas éveillé la population de Buda ni de Pest, car on n'a guère dormi. Toute la nuit, des foules immenses, venues des campagnes, ont convergé vers les rives du Danube. Les cousettes, les tailleurs, les joailliers et les coiffeurs se sont affairés autour des magnats et de leurs épouses. L'aristocratie magyare a ressorti tout l'attirail ancestral que les révolutions et les massacres les avaient contraints à remiser : tiares, brandebourgs, cottes de mailles, attilas, peaux d'ours,

145

décorations, superbes bottes de cuir souple, harnachements d'or et toutes les armes incrustées de pierres précieuses.

A sept heures du matin, le cortège s'ébranle. Gyula Andrássy, le beau pendu de 1848, marche en tête. Il porte sur un coussin la sainte couronne de la Hongrie. Les grands féodaux le suivent, chargés des autres emblèmes du royaume. Ferenc József est à cheval. Le manteau de saint Etienne, une chasuble de satin bleu-vert qui pèse lourd sur les épaules du monarque, recouvre son uniforme de maréchal hongrois. Enfin arrive Erzsébet, rayonnante dans sa robe de brocart que le couturier parisien Worth a créée sur le modèle du costume traditionnel hongrois. Tous les « éljen » sont pour elle, quand elle passe dans son carrosse à huit chevaux, venu de Vienne par bateau. Les souverains l'ont déjà utilisé le jour de leur mariage. Treize ans après, Erzsébet a la grâce et l'émotion d'une jeune épousée.

Devant la cathédrale Mathias, elle met pied à terre. Un été précoce réchauffe dès l'aube la plaine hongroise. Au-delà des gardes arborant la peau de léopard à l'épaule, au-delà des chevaux blancs aux caparaçons médiévaux, au-delà de la foule, Erzsébet sent venir à elle un pays dans sa quasi-unanimité, dans sa totale dévotion. Des confins de l'immense puszta, tout semble s'unir en une seule vague, en un seul être, qui se porte à sa rencontre dans la tiédeur de ce jour sacré entre tous. Il ne s'agit pas pour elle de voir dans cet événement un symbole, un rituel, encore moins une de ces cérémonies officielles dont elle a horreur. Elle marche vers un rendez-vous qu'elle a désiré, souhaité, voulu. Elle aime la Hongrie et elle l'épouse aujourd'hui comme le doge épouse l'Adriatique, comme le pape épouse son Eglise, comme le bien-aimé sa compagne dans le Cantique des Cantiques, comme le Tzigane sa tristesse sur les routes de la grande plaine.

Elle a les larmes aux yeux quand elle entre dans l'église pavoisée où retentit la *Messe du couronnement* que Liszt, le Hongrois, est venu offrir à sa reine. Le musicien écrit à sa fille Cosima, bientôt Mme Wagner : « Je ne l'avais jamais vue si belle. Elle apparaissait comme une vision céleste dans le déroulement d'un faste barbare. »

A l'intérieur de la cathédrale flottent les bannières, les oriflammes d'une Hongrie infiniment plus vaste que celle d'aujourd'hui. Elle englobe alors la plus grande partie de la Slovaquie, de la Croatie et d'une Transylvanie à présent roumaine.

Une mosaïque de peuples sous la férule des magnats hongrois. Ils ont subi toutes les invasions, des Mongols jusqu'aux Turcs. En 1848, on considérait aussi les Autrichiens comme des envahisseurs contre lesquels il fallait se battre au nom de la patrie et de saint Etienne, premier roi de Hongrie, qui convertit son pays au christianisme grâce à l'influence de son épouse Gisèle, princesse bavaroise. Déjà!

Et voici que cette puissante aristocratie magyare, et voici que ces peuples se choisissent un roi qui fut, dix-neuf ans plus tôt, leur ennemi juré, et une reine venue d'ailleurs. L'église Mathias semble dominer du haut de sa colline toute la plaine hongroise. Un phare au-dessus d'une mer intérieure où les vaisseaux sont des coursiers descendant de ceux qu'enfourchèrent Attila et ses pirates, les Huns. L'église fut à plusieurs reprises détruite et reconstruite. A chaque fois, les Magyars ont relevé leurs ruines et porté plus haut leurs espoirs. Ils ont la fierté brutale, tantôt triste, tantôt joyeuse, de ceux dont la mémoire décuple les forces.

Et voici que ces insoumis se donnent un suzerain étranger. Et voici que tous ces puissants magnats s'agenouillent, dans ce lieu de leur foi et de leur histoire, pour dire oui à leur dame suzeraine, pour que soient célébrées des noces par mutuel consentement. Et voici que les pleurs dans les regards brillent plus que tous les joyaux sur la couronne de saint Etienne. Une couronne légendaire. On dit qu'un ange l'a promise aux héritiers d'Attila, pour peu que le conquérant et ses hordes veuillent bien épargner Rome. Marché conclu. Des siècles plus tard, le pape français, Sylvestre II, accomplit la promesse de l'ange : il envoie à Etienne Iᵉʳ, saint Etienne, son diadème royal.

La tradition veut que la couronne soit posée sur la tête du roi, puis sur l'épaule droite de la reine, par le palatin de Hongrie. Or l'ancien palatin est mort en exil et le nouveau n'a pas été élu par ses pairs. A qui va revenir l'insigne honneur ? Le Parlement hongrois entérine le choix d'une Elisabeth, déjà Erzsébet par le cœur. Ce sera Andrássy, l'un des chefs de la révolution de 1848, le séduisant Andrássy qui couronnera son roi et la dame de ses pensées, celle qu'il appelle « la belle Providence de la patrie hongroise ». Celle qui sera aussi *sa* Providence.

Il est vrai qu'en ce jour, chacun se hausse jusqu'au sublime. Aucun autre choix possible. A la moindre fausse note, on tomberait dans le ridicule, tant ces fastes sont hors du temps, hors du monde, tant on oublie le quotidien et ses réalités. C'est le Moyen Age ressuscité en pleine ère industrielle. Le quotidien *Die Zeit* relate : « La messe finie, le nouveau roi de Hongrie, la couronne sur la tête, le manteau sur l'épaule et le glaive au côté, a traversé, suivi d'un nombreux et brillant cortège, le pont du Danube pour aller prêter à Pest le serment constitutionnel ; puis au son des fanfares, au bruit des salves d'artillerie, au retentissement des éljen et vivats nationaux, il est monté sur le tertre traditionnel formé de mottes de terre apportées de tous les comitats de Hongrie ; et là, brandissant son épée aux quatre points cardinaux, il a attesté par ce dernier acte symbolique le renouvellement de l'ancien pacte qui lie la nation hongroise à la dynastie autrichienne. »

Midi. Un soleil continental. Une lumière radieuse. Le banquet peut commencer. Plus de mille invités. La foule est associée à la fête. On distribue des pièces d'or et d'argent. Le goulasch, ragoût de bœuf hongrois, est servi à la ronde dans d'immenses chaudrons qui n'auront pas le temps de refroidir pendant cinq jours et cinq nuits. Ferenc József fait don de cent mille ducats or aux veuves et aux orphelins des soldats tombés du côté hongrois durant la révolution de 1848-1849. A Vienne, le clan de l'archiduchesse Sophie s'étrangle de rage. Quoi ? On récompense ces traîtres ! La fête continue. L'amnistie est générale. Tous les exilés sont de retour, mis à part Kossuth qui voit dans ce couronnement « la mort de la nation prise à la remorque d'intérêts étrangers ». Plus personne n'écoute Cassandre. On préfère attiser les cendres pour faire rôtir les bœufs.

Ce 8 juin 1867 est peut-être pour Erzsébet le jour le plus heureux de sa vie. Des drames l'ont précédé, d'autres le suivront de près. Mais ce 8 juin paraît suspendu comme un moment de grâce où, dans la joie, s'équilibrent enfin l'exaltation et la paix. Les musiques tziganes rendent des ailes aux rêves. La reine aimerait de nouveau donner la vie. Elle désire un enfant, et celui-là, elle se sent les forces de le défendre contre l'emprise de l'archiduchesse. Peu de temps après le couronnement, elle écrit un poème, intitulé : « Oh, puissé-je vous donner votre roi ! »

> *Hongrie, Hongrie, terre chérie !*
> *Je connais le poids de tes chaînes.*
> *Que ne puis-je tendre les mains*
> *Et te sauver de l'esclavage !*

Pour la Patrie et pour la Liberté,
Combien sont morts, ô sublimes héros?
Que ne puis-je avec vous nouer un lien étroit
Et maintenant offrir à vos enfants un Roi?

Héros de fer et d'airain forgé,
Hongrois de pure souche il serait;
Fort serait l'homme, et la tête claire,
Et c'est pour la Hongrie que lui battrait le cœur.

Par-delà l'Envie il te fait libre,
Libre et fier à jamais, ô peuple de Hongrie!
Partageant avec tous et la joie et les peines,
Que tel il soit enfin – votre Roi!

Elle voulait la mort et elle choisit à présent la vie. Elle refusait sa tâche d'impératrice et son rôle de reine la passionne. La Hongrie vouait une haine éternelle aux Autrichiens et le pays se choisit une reine venue de Vienne. Que s'est-il donc passé? Comment la situation a-t-elle pu se retourner comme un gant? Tout amour n'a-t-il pas sa genèse?

Il y eut, en Bavière, un premier professeur de hongrois, Jean Majláth. Grâce à lui, Elisabeth aima la Hongrie avant même de la connaître. Il y eut Imre Hunyády qui lui donnait des leçons de hongrois sur la terrasse de Madère. A peine eut-elle le temps de lui briser le cœur. Déjà Vienne rappelait le séduisant professeur dont l'impératrice encourageait les désirs, sans toutefois songer à les satisfaire. Mais Elisabeth garde auprès d'elle sa sœur Lily. La jeune femme lui parle souvent de son pays. Ni l'éloignement, ni sa place enviée à la Cour autrichienne ne l'amènent à oublier.

Quand Elisabeth se réinstalle à Vienne après ses deux années d'errance, elle décide d'approfondir ses connaissances hongroises. Elle veut s'exprimer le mieux possible dans cette langue difficile et lire ses poètes. Loin de rejeter le pays d'où elle est revenue quelques années plus tôt avec le petit cadavre de sa fille, elle cherche à surmonter ce souvenir douloureux. Une sorte d'intuition la porte à croire que cette Hongrie, capable d'engendrer de si grands drames, peut aussi, par un curieux phénomène de bascule, faire renaître l'espoir, la force, la joie. De manière plus réaliste, elle sait que tout ce qui est hongrois répugne à l'archiduchesse Sophie. Pour sa belle-mère, l'Asie, l'Orient, l'effroyable ailleurs, sauvage et païen, commence sitôt passée la frontière autrichienne, avec le premier arpent de terre magyare. Si Elisabeth réussit à placer dans son jeu un certain nombre de pièces hongroises, elle consolidera sa position et pourra faire échec à la reine ennemie.

Qui lui apprendra à lire dans le texte les poèmes d'Eötvös ?

Qui lui donnera assez d'aisance en hongrois pour faire d'une langue un code secret? Qui lui permettra de ne jeter que des mots incompréhensibles dans les oreilles indiscrètes, comme la seiche envoie son encre pour échapper à ses poursuivants? Il faut à Elisabeth une dame de compagnie hongroise. Elle la rêve jeune, douce, intelligente. Une confidente et une amie. La Hongrie est vaste et son aristocratie nombreuse. Où trouver la perle rare?

On ne sait comment Ida Ferenczy l'emporta sur ses rivales. Le mystère reste entier. Une liste de six jeunes Hongroises, issues des meilleures familles du pays, est présentée à l'impératrice. Un septième nom, dit-on, est rajouté à la dernière minute, celui d'Ida Ferenczy, dont le père n'est qu'un pauvre gentilhomme campagnard. On soupçonne Andrássy et son ami Deák d'avoir poussé la candidature de cette jeune fille parce qu'ils savent sa famille libérale et patriote. Grâce à elle, ils pensent gagner l'impératrice à leur cause. Ils comptent faire d'Ida leur porte-drapeau et leur agent de liaison. Cependant une autre version, plus banale, de la venue d'Ida à la Cour mentionne que sa famille est liée à celle de la comtesse Almássy, chargée de dresser la liste, et que la comtesse elle-même a écrit le nom de la jeune fille et soutenu sa candidature. Elisabeth porte aussitôt son choix sur le nom le plus simple. Elle demande une photographie et un complément d'information. Il est à noter que l'impératrice, tout comme les magnats hongrois, dès qu'il s'agit d'une affaire de confiance, néglige le rang et privilégie une certaine modestie.

Il semble que la jeune fille n'ait rien su de ce qui se tramait. Dans son petit bourg agricole de Kecskemét, à quatre-vingts kilomètres de Buda, on vient lui apprendre que l'impératrice désire la voir. Elle se met en route, heureuse d'échapper au mariage convenu qui attend cette provinciale sans argent et sans joliesse. De l'impératrice, elle sait ce que la rumeur lui en a dit. On peut imaginer qu'à l'approche de Vienne, l'appréhension prenne le pas sur la joie.

Le château a de quoi impressionner Ida, sans compter le dédale des couloirs et l'appareil de filtrage avant d'arriver au saint des saints. A l'extérieur, il y a le vent, le froid de novembre. Dans le salon, une douceur étale qui n'a pas d'heure ni de saison. La porte s'ouvre. L'impératrice apparaît. Avant de plonger dans son impeccable révérence, Ida a tout juste le temps d'apercevoir la femme qui se tient devant elle et qu'elle ne quittera plus jusqu'à la fin de ses jours.

Elisabeth rentre d'une promenade à cheval. Elle garde sur elle quelque chose de la fraîcheur des forêts et de l'ardeur de ses galops sans fin. Sa tenue d'amazone, serrée au point qu'on la dirait cousue à même son corps, la révèle encore plus grande et plus mince. D'un geste, elle relève la jeune fille, rouge de confusion, et s'émerveille aussitôt de sa jeunesse. Au reste, elle lui fait préciser son âge. La jeune fille répond vingt-trois ans. Elisabeth le sait puisque ses fiches le lui ont appris, cependant elle ajoute qu'elle en a pour sa part cinq de plus. Son intonation n'exprime pas le regret, mais le désir de créer un lien entre elles, comme deux femmes « normales » qui se parlent sans se soucier d'un quelconque protocole.

– Vous me plaisez, dit Elisabeth, nous serons beaucoup ensemble.

Empruntée dans son petit corps rond, Ida serait morte de plaisir et de timidité si elle n'avait senti les mots hongrois de l'impératrice la caresser. Car Elisabeth sait mieux que personne l'art d'ensorceler. Elle s'exprime dans la langue de la petite, avec un accent et des maladresses qui ajoutent encore au charme de sa voix. Dans sa curiosité, l'impératrice force à peine la note, tant elle se trouve dans la situation d'une prisonnière à qui une visiteuse viendrait soudain apporter des nouvelles du monde extérieur.

Elle ne ment pas, la jeune fille lui plaît. D'emblée, elle va la mettre en garde contre les pièges qu'à la Cour on ne manquera pas de lui tendre. L'archiduchesse Sophie et son entourage vont tenter de la soumettre par toutes sortes d'intimidations. Pour peu qu'elle sache résister à leurs avances et à leurs menaces, elle n'a rien à craindre. Elisabeth sera là pour la protéger.

La prédiction s'accomplit dès les jours suivants. Ida traverse l'épreuve avec brio. L'archiduchesse ne peut rien tirer de la jeune fille. Elisabeth se félicite de son choix et ne l'appelle plus que « ma douce Ida ». Encore faut-il lui donner un rang pour lui permettre de tenir bon face à l'agressivité de la Cour. On fait d'elle une chanoinesse, du moins sur le papier! Ainsi obtient-elle le titre de « Madame ». De plus, Elisabeth la nomme lectrice de Sa Majesté. Très vite, les dames d'honneur vont la jalouser, puis la détester. Elle n'en a cure. Elisabeth, sa chère Erzsébet, la tutoie et ne peut plus se passer de sa présence. Il n'y a guère qu'au long de ses marches forcées, de ses galops furieux, que l'impératrice se résigne à la séparation. Ida est affligée d'un souffle au cœur qui lui interdit ce genre de prouesses. Ida l'attend, tourmentée au moindre retard par la peur de l'accident. Les deux femmes ne se parlent qu'en hongrois, une manière encore de tenir les autres à distance. Pis, quand l'empereur vient les rejoindre, lui-même entre dans la conversation en hongrois, il le connaît parfaitement. L'archiduchesse s'emporte en vain contre la sédition magyare, la Hongrie a trouvé des défenseurs au cœur de la Hofburg.

Elisabeth est trop excessive pour ne pas se montrer jalouse en amitié. De Bad Kissingen, durant l'été 1865, elle écrit à Ida : « Je pense beaucoup à toi, pendant les longues séances de coiffure, pendant mes promenades et mille fois dans le courant de la journée [...] Dieu te garde, ma douce Ida, ne te marie pas en mon absence, ni avec ton Kalman ni avec un autre, mais reste fidèle à ton amie. Elisabeth. »

Elle ne se mariera pas, bien qu'elle en ait eu à plusieurs reprises la possibilité, sinon la tentation. Elisabeth la veut toute à elle. Elle l'aura sa vie durant. D'autres femmes viendront. Elles sauront gagner la faveur, plus ou moins durable, de l'impératrice. Ida restera la fidèle des fidèles, dans sa totale dévotion et son entier dévouement, l'une et l'autre jamais remis en cause. Parce que c'était elle, parce que c'était moi. La très belle formule de Montaigne peut définir cette amitié à la fois profonde et passionnée.

Dès qu'elles sont séparées, les deux femmes s'écrivent de longues lettres. Hélas, il ne reste à peu près rien de cette correspondance qu'Ida elle-même brûlera. Ainsi a-t-elle su garder le secret face à ses contemporains, mais aussi au regard de la postérité. En l'absence de preuves écrites, il est pourtant acquis qu'Elisabeth a été informée de la situation en Hongrie par sa lectrice et amie. De même, les libéraux hongrois savent qu'ils comptent à la Hofburg une alliée, en la personne de l'impératrice. Non seulement Ida admire Franz Deák, considéré comme la conscience de la Hongrie, mais elle le connaît par sa famille. Le portrait de Deák restera accroché au-dessus du lit d'Elisabeth, à la Hofburg, jusqu'à la fin de sa vie : c'est dire l'admiration qu'elle porte à l'homme et à son courage politique.

Franz Deák attend le moment favorable pour faire savoir les conditions exigées par les libéraux à la signature d'un Compromis entre l'Autriche et la Hongrie. Dans le pays, il n'est plus question de prendre les armes pour réclamer l'indépendance.

La noblesse terrienne redoute le retour en force des revendications paysannes et les mouvements nationalistes des populations non magyares sur le territoire hongrois. Ceux qui seraient encore tentés par la voie révolutionnaire ont vu en 1863 l'insurrection polonaise laminée par la Russie. Ils craignent pour leur pays une semblable tragédie. Le seul à maintenir sa farouche intransigeance est Kossuth. Il n'a pas voulu profiter de l'amnistie générale. Resté à l'étranger, il utilise chaque événement pour tenter d'affaiblir l'Autriche. En 1859, il a conclu, avec Napoléon III, un accord qui lui permet de lever une légion hongroise contre les armées de François-Joseph. Il a à peine le temps de la mettre sur pied que l'empereur des Français signe déjà la paix avec l'empereur d'Autriche. En 1866, il se mettra de même au service de la Prusse et de Bismarck. Les ennemis de mes ennemis sont mes amis.

Pour l'heure, il s'oppose à tout accord avec Vienne et préconise, en revanche, une Confédération danubienne. Cette alliance des peuples du Danube : Roumanie, Serbie, Croatie et Hongrie, qui exclut bien sûr l'Autriche, apparaît hautement utopique. On ne voit pas très bien comment ces peuples pourraient s'entendre, même contre un ennemi commun. L'Histoire et ses prolongements les plus récents soulignent l'irréalisme de cette Confédération danubienne. Les derniers jusqu'au-boutistes hongrois sont découragés par le programme trop chimérique de Kossuth. A tout prendre, mieux vaudrait une réconciliation avec Vienne. La classe dirigeante hongroise aimerait engranger les bénéfices de l'essor économique européen. Déjà la construction des chemins de fer fait envisager des marchés juteux. Il serait dommage de ne pas tenir compte de cette situation favorable et des promesses d'avenir.

Franz Deák livre au public, dans un article retentissant paru à Pâques 1865, les conditions du Compromis. Il préconise le retour à un système constitutionnel et la nomination d'un gouvernement hongrois responsable, en échange de la création de ministères communs à l'Autriche et à la Hongrie, pour les Affaires étrangères et la Guerre.

François-Joseph convoque l'Assemblée nationale hongroise et il se rend à Pest, en décembre 1865, pour l'ouverture de la session. Encore une fois, il constate combien Elisabeth est populaire dans toutes les couches de la société. Il se promet d'utiliser cette popularité. Il fera d'elle une sorte d'intercesseur entre les deux pays, la médiatrice d'une belle réconciliation.

Le 8 janvier 1866, Elisabeth reçoit à la Hofburg une délégation hongroise. La chose peut sembler banale : vœux de bonne année, tardives congratulations d'anniversaire. Les vassaux renouvellent le serment d'allégeance à leur suzeraine. L'événement devient en fait exceptionnel par la flamme qui anime l'impératrice et par la présence d'Andrássy dans les rangs magyars.

Elisabeth a revêtu son costume hongrois. Il lui sied à ravir et elle le sait. Le corselet de velours enserre sa taille minuscule, son sourire est radieux. Elle s'exprime à présent dans un hongrois irréprochable. Les leçons d'Ida ont été utiles et Elisabeth a mis toute sa passion dans l'étude de la langue et de la littérature hongroises. « Depuis que la Providence m'a liée, grâce à Sa Majesté mon époux bien-aimé, au royaume de Hongrie par des liens eux aussi tendres et indissolubles, le bien-être de ce royaume a fait l'objet de ma plus vive et constante préoccupation. »

Le comte Andrássy dépasse d'une tête l'ensemble des représentants hongrois. Avec son épaisse chevelure brune, ébouriffée à la romantique, ses longues jambes de cavalier, son regard sombre où perce, sous la proéminente arcade sourcilière, la folie du conquérant, il mérite sa réputation. La taille prise dans l'extravagant vêtement des magnats – flamboiement des couleurs, barbarie des fourrures –, il est bien le plus séduisant des hommes. Heureusement, il ne fut pendu qu'en effigie! Il est irrésistible d'autant qu'on ne peut lui reprocher aucune afféterie.

Ils se rencontrent pour la première fois. Ils connaissent tout l'un de l'autre. Cette prescience donne plus d'attrait encore à l'instant. Ida a été leur messagère. Andrássy n'ignore pas que le cœur de l'impératrice bat déjà pour la Hongrie. A lui de transformer un sentiment en une volonté. Ida ne lui a rien caché des rapports de force au sein de la famille impériale. Entre Elisabeth et sa belle-mère, la Hongrie est une pomme de discorde. Il y en a bien d'autres, on pourrait en faire toute une pommeraie. Plus l'impératrice est favorable aux Magyars, plus l'archiduchesse Sophie les voue aux gémonies. Andrássy sait également que François-Joseph est amoureux de sa femme comme au premier jour, peut-être davantage. Face à un monarque pris dans le réseau des conservatismes, hésitant à sauter le pas, l'influence d'une souveraine, hongroise de cœur, constitue dans le jeu d'Andrássy un atout maître.

De même Ida s'est fait un plaisir de conter à sa chère impératrice l'histoire d'Andrássy. Le beau comte est né en 1823, dans l'une des plus anciennes familles aristocratiques de Hongrie. Il a tout juste vingt-cinq ans, le bel âge pour un héros, quand éclate la révolution. En bon patriote, il s'enrôle dans le combat pour l'indépendance. Ses troupes ont été levées dans la région de Zemplen, où l'on naît avec le goût de la bravoure et du tokay. Sa vaillance lui vaut d'être promu colonel en un tournemain, puis Kossuth l'envoie en mission à Constantinople. Les Russes viennent prêter main-forte aux Autrichiens. Malgré une superbe résistance, la révolution hongroise est écrasée, la rébellion décapitée, bannie, le pays mis en coupe réglée. Andrássy vit un exil doré à Londres et à Paris. Ses succès féminins défraient la chronique. Excellent cavalier, causeur brillant et polyglotte, les Parisiennes ont pour cet Hernani les yeux de doña Sol. Pourtant, fidèle à sa patrie et à ses ambitions, il épouse une aristocrate hongroise, très riche, belle par surcroît. L'année 1858 apporte une amnistie impériale. Il rentre au pays et s'engage dans la lutte politique au côté de son aîné, Franz Deák. Tous deux souhaitent une réconciliation avec l'Autriche, dans un système d'autonomie constitutionnelle. Ses dons de diplomate, la clarté de ses vues, son brio, son entregent et sa fougue en font l'espoir de la nation hongroise. Il est élu vice-président de l'Assemblée nationale convoquée par François-Joseph.

Elisabeth sait tout cela, quand il paraît devant elle, dans le costume brodé d'or des magnats, le traditionnel « attila », la peau de tigre jetée sur l'épaule gauche. Il n'est certes pas le seul à avoir revêtu le costume d'apparat qu'exigent les lieux, les circonstances et l'hommage rendu à la dame suzeraine. Mais il est le plus beau et il a une histoire.

Elisabeth termine son discours improvisé par une promesse : « Recevez ma sincère et profonde gratitude. Présentez mon salut chaleureux à ceux qui vous ont envoyés, dans l'attente du moment où j'aurai la joie de paraître parmi eux. » Elle reviendra donc en Hongrie. Dans cet espoir, les éljen explosent dès la fin de l'allocution. Si timide en public, Elisabeth s'est exprimée pour la première fois avec aisance et dans une langue qui n'est pas la sienne. Mais sans doute l'est-elle devenue.

La délégation est invitée à la table de la Hofburg. Loin de

bouder le dîner, les vins français et hongrois, Elisabeth se montre détendue dans sa robe blanche. Sa célèbre chevelure est tressée de perles. Après le dîner, elle tient cercle plus longtemps que d'habitude et avec un visible plaisir. Pour la première fois, elle s'entretient avec Andrássy, en hongrois bien sûr. Cette femme qui ne sait pas faire la conversation au sens où on l'entend à la Cour de Vienne, c'est-à-dire parler pour ne rien dire, s'exprime avec netteté dès que le sujet lui tient à cœur. A Andrássy sous le charme, elle ne fait pas mystère de ses opinions : « Voyez-vous, lui confie-t-elle, quand les affaires de l'empereur vont mal en Italie, cela me peine; mais quand il en va de même en Hongrie, cela me tue. »

Les Hongrois souhaitent par-dessus tout que le couple impérial vienne se faire couronner à Buda. En dehors de l'attachement qu'ils manifesteraient par là même à leur nouveau roi, et plus encore à leur nouvelle reine, ils s'assureraient une situation prépondérante dans la configuration de l'Empire. L'oncle et prédécesseur de François-Joseph, l'empereur Ferdinand, s'est fait couronner à deux reprises, d'abord à Prague, roi de Bohême, ensuite à Presbourg (aujourd'hui Bratislava), roi de Hongrie. Les Hongrois veulent être les seuls à se donner un roi. Ils pèseraient de la sorte aussi lourd que l'ensemble des autres provinces impériales et confirmeraient du même coup leur autorité sur les peuples non magyars de leur immense territoire. A Vienne, on voit d'un mauvais œil ce sacre hongrois, il privilégierait trop un pays au détriment des autres. A Prague, on crie au scandale. Pour rétablir l'équilibre, un couronnement en Hongrie exige d'être accompagné d'un couronnement en Bohême. Mais Elisabeth a choisi la Hongrie. Elle fera ce qu'il faut pour imposer son choix.

Quelques semaines à peine après avoir reçu en grande pompe la délégation hongroise, à la fin du mois de janvier 1866, le couple se rend à Buda-Pest. Ils habitent le château royal. Elisabeth n'avait pas revu ces lieux depuis 1857 et la mort de sa petite Sophie. Les souvenirs la blessent, mais l'enthousiasme de la population, l'admiration que la noblesse lui témoigne, tout cela la grise.

Jamais à Vienne elle ne s'est sentie portée par une telle ferveur. François-Joseph ne se montre pas jaloux de ses succès personnels. Il en a besoin. Il prend même un malin plaisir à souligner dans ses lettres à sa mère les trésors d'efficacité, le charme et les connaissances que l'impératrice déploie pour lui faciliter la tâche. Là où les hussards de Bach ont échoué, sa femme, grâce à sa beauté et à sa passion, est sur le point de remporter la mise. La suite autrichienne se montre plus réservée. On continue à juger avec sévérité l'impératrice qui, dit-on, s'est trouvé une « nouvelle patrie ». On évalue à la minute près ses entretiens en aparté avec le beau comte Andrássy. Que la conversation ait lieu en hongrois ajoute encore au dépit.

La Cour viennoise, les officiers, les ministres, les conseillers méprisent tout ce qui est magyar. Les courriers qu'ils envoient de Buda à leurs familles restées en Autriche le démontrent avec un grand luxe de détails. A les en croire, les indigènes seraient sales et impudiques. Les musiques tziganes et les czardas feraient craindre les pires turpitudes. Il y a du dévergondage dans l'air et dans la chanson. Jusqu'au sexe féminin qui semble en Hongrie par trop ardent et désinvolte. Pour leur part, François-Joseph et Elisabeth ne sont pas fâchés de couper au style guindé de la Hofburg. L'impératrice a la délicieuse impression de s'encanailler et l'empereur est heureux quand sa femme l'est.

Le 1er février marque le triomphe d'Elisabeth. François-Joseph reçoit ce jour-là une délégation importante de parlementaires. Il leur répète qu'il ne peut accorder ici ce qu'il refuse ailleurs. La déception se lit sur tous les visages. Elisabeth, Erzsébet, prend alors la parole, dans un hongrois parfait, élégant, si chargé de douceur, de tendresse même, que les larmes lui montent aux yeux. D'un mouvement naturel, elle tend les bras, les mains, vers l'assistance pour mieux inciter chacun à la patience et à la confiance. Quand sa voix retombe à la fin, ce n'est pas le tonnerre habituel des éljen. Le silence recueilli des députés, leurs yeux humides trahissent l'émotion. Elle a été entendue et comprise. Elle est aimée. Cependant elle n'a pas dit autre chose que ce qu'avait déclaré avant elle l'empereur. Mais elle l'a dit autrement.

Un séjour en Hongrie de cinq semaines. Les bals succèdent sans répit aux cérémonies et aux réceptions. Elisabeth n'hésite pas à aller jusqu'au bout de ses forces. Bien qu'elle fasse de bon cœur ici ce qui lui coûte tant ailleurs, il arrive un moment où son bel enthousiasme se fissure. Surgissent alors la fatigue et sa demi-sœur, laide, contrefaite, maniaque, la migraine. L'impératrice est incapable de paraître au bal du soir. On est venu pour elle. Triste déconvenue. Elisabeth n'est pas la dernière à maudire ce mal qui la tient alitée une semaine durant. Cet épisode démontre à l'évidence qu'elle ne souffre pas seulement d'hypocondrie. Sur le terrain de la maladie, la volonté a ses limites. Mais bientôt, celle que les Hongrois n'appellent plus l'impératrice, car ils en ont déjà fait leur reine, réapparaît au grand jour, rayonnante, sans rien laisser deviner de ce qu'elle a enduré. Le spectacle continue. En coulisse, les négociations politiques se poursuivent.

A Vienne, on est inquiet. Pourquoi s'attarder si longtemps dans cette nouvelle Capoue? Les délices tziganes ne sont-elles pas en train d'infléchir les meilleures résolutions? On devine l'influence pernicieuse d'Elisabeth et de son hongarophilie. Le grand-oncle de François-Joseph, l'archiduc Albert, qui tenta de réduire à merci les Hongrois après la révolution de 1848, prend la tête de la contestation. « Entre-temps, écrit-il de Vienne, se développe ici une atmosphère d'exaspération contre les personnes de Leurs Majestés, et particulièrement contre Sa Majesté l'impératrice; car le public est amené à lire des comptes rendus détaillés sur telles gentillesses et amabilités auxquelles n'ont jamais eu droit ni la noblesse d'ici, ni les Viennois, ni bien moins encore les autres provinces! »

Rien de tel pour exaspérer François-Joseph. Dès que l'impératrice est attaquée, il répond avec fermeté : « Il n'y a pas lieu de voir dans ce séjour un danger pour le prestige personnel du souverain, car l'empereur sait fort bien ce qu'il veut, et sur quoi il ne cédera jamais; d'autre part, il ne se considère pas comme l'empereur de Vienne, mais se trouve chez lui en chacun de ses royaumes et territoires. »

Elisabeth quitte à regret Budapest. Retrouver la Hofburg et la Cour ne l'enchante guère. Aussi se promet-elle de revenir le plus vite possible. Elle confie même à Andrássy qu'elle envisage de remplacer, l'été prochain, son habituel séjour à Bad Kissingen par une cure dans une station hongroise. Les sources thermales sont nombreuses et réputées en Hongrie, plus d'une centaine pour la seule capitale. Déjà connues des Romains, l'Empire ottoman en a fait son régal. De retour à Vienne, elle reçoit une lettre d'Andrássy, sans doute par l'entremise de la douce Ida. Il lui conseille de venir accompagnée de son fils, le petit Rodolphe : « Cela aurait un bon effet sur tous ceux qui trouveraient à redire au séjour de l'impératrice en Hongrie, ferait plaisir à l'empereur ainsi, me semble-t-il, qu'au prince, et mettrait fin, maintenant et dans l'avenir, à bien des bavardages stupides. »

Il est vrai qu'en Hongrie, la rumeur veut qu'Elisabeth ne soit pas restée insensible. Le comte Andrássy lui plaît. Peut-être même en est-elle amoureuse. Loin de s'en offusquer ou d'en faire des gorges chaudes, les Hongrois auraient plutôt envie de l'en féliciter. N'a-t-elle pas bon goût ? Quand les Hongrois se donnent une reine, ils veulent que ce soit un mariage d'amour. N'est-ce pas la Hongrie tout entière qu'elle a choisi d'aimer par le truchement du beau comte ? Les Hongrois plus que jamais font confiance à Andrássy pour négocier un compromis entre leur pays et l'Autriche.

S'ils apprécient par goût, par instinct, le jeu de l'amour et de la séduction, les Viennois n'ont ni la légèreté, ni le lyrisme de leurs voisins. Andrássy ne songe point à profiter d'une situation, flatteuse pour lui, dangereuse pour Elisabeth. Trop épris lui-même, il se montre prudent. Les négociations l'entraînent à voyager sans cesse entre Budapest et Vienne. La police surveille tous ses déplacements. Il s'en doute, bien sûr. Aussi n'est-il pas question d'aller rendre visite à l'impératrice. Le protocole, la police et l'honneur le lui interdisent. Il s'abstient même de rencontrer directement Ida Ferenczy. Il risquerait de compromettre la lectrice, mais aussi l'impératrice.

Ils correspondent pourtant et Ida sert de boîte aux lettres. Le langage est codé, le nom de l'impératrice n'est jamais mentionné. Elle devient dans cette correspondance politique, où la Hongrie joue le rôle principal, la sœur d'Ida. Dans les réponses, le nom d'Andrássy ne figure pas non plus, on ne parle que de l'ami d'Ida. L'amour leur étant interdit, ils se vouent, et l'un et l'autre, à la cause de la Hongrie.

Commencée dans l'enthousiasme, l'année 1866 est une des plus terribles pour François-Joseph et pour l'Empire. Les pires dangers ne viennent pas de l'Orient hongrois mais du Nord germanique. En Prusse, Bismarck met en place le dispositif qui doit chasser définitivement l'Autriche de la Confédération allemande. Il a tout préparé pour qu'au jour du conflit l'Empire autrichien se retrouve isolé. Il a tout prévu, jusqu'aux réticences de son roi, Guillaume Ier, qui ne souhaite pas une guerre l'opposant à la maison des Habsbourg. Trop de liens personnels et familiaux les unissent.

D'abord Bismarck s'assure la neutralité de Napoléon III. Il est capital pour lui d'empêcher une coalition franco-autrichienne à laquelle les armées prussiennes ne résisteraient pas. Il tombe bien. Napoléon III n'a pas envie de prendre parti dans un éventuel conflit austro-prussien. Il pense que, si guerre il y a, elle sera longue, difficile et que, les deux camps affaiblis, il aura beau jeu de proposer sa médiation.

Ensuite Bismarck peut compter sur la bienveillante neutralité de la Russie. Saint-Pétersbourg n'a pas oublié le lâchage de l'Autriche pendant la guerre de Crimée. Les Russes ne feront rien pour soutenir François-Joseph.

L'Angleterre, pour sa part, se méfie de Bismarck et de ses visées expansionnistes. Reste que la fille de la reine Victoria a épousé le prince héritier de Prusse et que la puissance britannique n'a pas les moyens d'intervenir sur le continent. Le chancelier est tranquille de ce côté-là aussi.

Enfin Bismarck compte sur une alliance italienne. La Mai-

161

son de Savoie, avec Victor-Emmanuel II, veut faire l'unité de l'Italie, comme la Maison de Prusse, avec Guillaume Ier, celle de l'Allemagne. Ils ont le même adversaire : l'Autriche. On peut espérer la vaincre si elle est attaquée sur deux fronts, au nord par les Prussiens, au sud-ouest par les Italiens. Bismarck amène Victor-Emmanuel à signer un traité, le 8 avril 1866. La durée de validité en est limitée à trois mois, ce qui montre bien les intentions belliqueuses de Bismarck. A lui de se débrouiller pour que la guerre soit déclarée dans le délai prévu.

Il multiplie les incidents dans les duchés, entre le Holstein autrichien et le Schleswig prussien. Cependant François-Joseph se garde de répondre aux provocations. Après tout, Guillaume Ier ne veut pas plus que lui de la guerre. A Berlin, une partie de la Cour s'oppose à Bismarck et à sa politique, aussi François-Joseph essaie-t-il de désamorcer le conflit par les voies diplomatiques.

Pourtant les choses s'aggravent malgré lui. Napoléon III profite de la situation pour exiger de l'Autriche l'abandon de la Vénétie contre la neutralité française. « Avec un pistolet braqué sur la poitrine, dit François-Joseph à ses ministres, il semble que nous n'ayons pas d'autre choix que de négocier. » Va pour la Vénétie !

Cependant le sacrifice et les conditions du sacrifice sont pour le moins insupportables. Inutiles aussi. Si la magnifique province et sa Sérénissime sont à jamais perdues pour l'Autriche, cet abandon survient trop tard puisque l'Italie est d'ores et déjà liée à la Prusse par le traité d'avril 1866. On arrive à cette situation absurde : l'Italie va s'engager dans la guerre pour obtenir une Vénétie qui lui est acquise.

L'attitude de la Prusse et de son chancelier est condamnée par le vote de la Confédération des Etats allemands. Bismarck riposte en demandant que cette assemblée soit remplacée par un Parlement élu au suffrage universel. Tout lui est bon, jusqu'à mettre en avant un suffrage universel qui lui fait horreur. « En raison de l'urgence, confessera Bismarck dans ses vieux jours, je ne me faisais aucun scrupule, dans la lutte contre une suprématie étrangère, d'avoir recours par nécessité à des moyens révolutionnaires, et de jeter en même temps dans la poêle le plus beau des arts libéraux, le suffrage universel [...] afin d'ôter toute envie aux monarchies étrangères de mettre le doigt dans notre omelette nationale [...] Dans un combat de ce genre, quand il s'agit de vie ou de mort, on ne regarde pas ! » Voici qui a l'avantage de la franchise, a posteriori toutefois.

La paix se meurt, la paix est morte. Des deux côtés, la tension monte et l'on commence à mobiliser les troupes. A cette différence près que, du côté prussien, on a un armement moderne, alors que, chez les Autrichiens, il est suranné. Depuis des années pourtant, on ne cesse d'avoir à Vienne un budget militaire en progression. Les officiers de l'Empire, gourmés à souhait, possèdent plus de titres de noblesse que de brevets de compétence. Mais tout le monde en Europe croit à la supériorité, numérique il est vrai, des Autrichiens. Ne comptent-ils pas de puissants alliés parmi les Etats allemands : la Saxe, le Wurtemberg, le Hanovre, la Bavière ? C'est bien ce dernier pays, la Bavière, qui donne des inquiétudes à Elisabeth. Son cousin, Louis II, se montre un allié réticent.

En fait, il a la tête et le cœur au loin. Le parti conservateur l'a contraint à se séparer de Wagner. Si on reconnaît le génie du musicien, on trouve qu'il coûte trop cher aux finances du pays. Le roi n'a rien pu lui refuser et Richard a un train de vie mirobolant. Déjà Louis II sollicite la cassette de l'Etat pour ses folles constructions, on ne va pas en plus multiplier à l'infini les dépenses en faveur de son protégé! C'est ce même parti conservateur qui pousse à la guerre. Non qu'il se soucie de respecter l'alliance avec l'Autriche, mais il espère renforcer ainsi l'union des Etats du Sud, Saxe et Wurtemberg, sous la houlette de la Bavière, face aux Etats du Nord, conduits par la Prusse. Or Louis II ne serait pas fâché de faire payer aux conservateurs le départ de Wagner dont il se montre inconsolable. Il écrit au musicien, réfugié à Tribschen, en Suisse : « Oh, promets-moi de venir, toi dont l'absence me blesse comme d'un mal perpétuel, car c'est alors seulement que je vis. Sinon je me défais, m'épuise et me détruis dans une langueur désolée. »

Plus que jamais dans ce conflit qui décidera du sort de l'Europe pour longtemps, motifs personnels et raisons politiques sont imbriqués. Des hommes vont mourir, des enfants deviendront orphelins, des femmes veuves, la carte européenne sera modifiée, les générations à venir n'en finiront pas de subir des dommages par ricochet. Quelle folie! Quelle dérision! Au moment du choix, tant de choses entrent en jeu. Les intuitions politiques, les rapports de force, mais aussi les vanités, les passions, les vengeances et tout le bric-à-brac de l'irrationnel.

En l'occurrence, et comme dans les pièces de Shakespeare, le plus fou n'est pas toujours le fou, et Louis II a peut-être sa sagesse. Certes la politique ne l'intéresse pas et il déteste les militaires. Tout ce qui concerne les armées, il le trouve absurde. Le claquement des talons lui donne la migraine. Il reproche aux casques de gâter les coiffures et à l'uniforme bavarois d'être exagérément laid. Il ne consent pour sa part à inspecter ses troupes qu'en civil, avec pour seule arme son parapluie. Au reste, il passe le plus sombre de son temps enfermé dans ses palais à écouter de la musique, ne sortant qu'à la nuit tombée pour de longues randonnées à cheval. Or ce roi, fantasque au-delà de ce qui est permis, même chez les Wittelsbach, n'est pas dépourvu de bon sens. Il pense que l'unification allemande se fera, quoi qu'on en ait. Si Bismarck s'affirme aujourd'hui son maître d'œuvre, c'est Wagner qui en fut, par sa musique, l'inspirateur, le devin, le héraut. La Bavière n'a pas les moyens de contrarier la volonté des peuples, ni celle de Bismarck, tout juste lui reste-t-il à sauver la face.

Les conservateurs ont la majorité et ils veulent la guerre, c'est entendu. Eh bien, qu'ils se débrouillent! Il y a, chez cet esthète antimilitariste, du Ponce Pilate et du Lohengrin : « Si nous devons combattre avec des armes, alors combattons jusqu'à ce que nous soyons dégoûtés du carnage et revenions aux temps où les nations réglaient leurs conflits en combat singulier. »

Il accepte pourtant de signer l'ordre de mobilisation, puis s'enfuit aussitôt avec son favori, Paul von Taxis, à la recherche de l'ami disparu. Tandis que les armées centre-européennes se préparent à la grande conflagration, Louis II loue une barque de pêcheur. Figure de proue au corps drapé dans une cape, il traverse le lac de Constance pour se présenter dans cet équipage chez Wagner, à Tribschen. Il reste deux jours dans la compagnie de Richard et de Cosima. Puis rentré en Bavière, il n'entend pas participer davantage à l'effort de guerre et court s'enfermer dans l'île des Roses, au milieu du lac de Starnberg.

Elisabeth se trouve à ce moment-là à Bad Ischl, près de la frontière bavaroise et de son lac. Elle aimerait revoir son cousin et lui insuffler un peu de cette ardeur guerrière dont l'Autriche va avoir besoin. Non qu'elle se sente l'humeur belliqueuse d'une walkyrie. Elle hait, comme son cousin, la violence, la guerre et les militaires. Mais elle sait que l'empereur a tout fait pour éviter le conflit et qu'elle sera toujours à ses côtés dans les moments tragiques. La déclaration de guerre survient le 15 juin 1866. L'attitude de Louis empêche la rencontre des deux cousins. Il s'entête à ne recevoir personne, même pas ses ministres.

Dans l'île des Roses, il oublie la dureté des temps avec le beau Paul von Taxis. Les feux d'artifice qu'il fait tirer recouvrent déjà le tohu-bohu des armes.

Elisabeth laisse ses enfants à Bad Ischl et regagne Vienne le 29 juin. La guerre est partout. En Bavière, ses frères sont mobilisés. En Prusse, Kossuth s'apprête à lever une légion hongroise contre l'Autriche, comme il l'avait fait en Italie, pendant la guerre de 1859. Toute la Hongrie va-t-elle basculer dans le camp ennemi ? Comment Andrássy arrivera-t-il à préserver le long travail de réconciliation ? Elisabeth craint le pire de cette guerre fratricide qui peut réduire à néant tous les efforts. Une horreur !

Retenant la leçon de 1859, François-Joseph ne se charge pas du commandement militaire et il désigne pour cela deux chefs suprêmes : le général Benedek pour le front nord, l'archiduc Albert pour le front sud, en Italie. Benedek est auréolé d'une bravoure de légende, mais il n'est pas un stratège. Harcelé par le doute, il rejoint en Bohême son immense armée, plus de deux cent mille hommes. Sans doute sait-il qu'en face les soldats prussiens, s'ils sont moins nombreux, sont beaucoup mieux équipés. Leur nouveau fusil à aiguille risque de faire des dégâts. Aussi Benedek s'enferme-t-il dans une position de défense, se souciant surtout de ne pas laisser couper ses lignes de communication avec Vienne. Le colonel Beck fait la navette entre François-Joseph à la Hofburg et Benedek près d'Olmütz. L'empereur s'inquiète de la passivité de son commandant en chef qui contraint les autres Etats allemands à combattre la Prusse en ordre dispersé. Déjà les Prussiens ont envahi la courageuse Saxe dont les armées abandonnent à l'ennemi leur propre pays pour rejoindre Benedek en Bohême. La Bavière, toujours récalcitrante, refuse d'en faire autant.

Le 26 juin, trois armées prussiennes pénètrent en Bohême par des voies différentes. Benedek pourrait tirer parti de sa supériorité numérique et tenter, à la manière de Bonaparte ou d'Horace, de les battre l'une après l'autre. Non : il s'arc-boute sur sa position et, dès que le fusil à aiguille de l'adversaire fait la démonstration de son efficacité, il se replie en direction du village de Sadowa.

Même le colonel Beck est gagné par le pessimisme et il apporte à l'empereur le message d'un Benedek aux abois : « Implore Votre Majesté de conclure la paix au plus vite ; catastrophe pour l'armée inévitable. » Stupéfaction à la Hofburg où la victoire remportée par l'archiduc Albert contre les Italiens, à Custozza, permettait d'espérer un dénouement heureux. François-Joseph ne comprend pas l'affolement de Benedek. Ne réclame-t-il pas la paix avant même d'avoir combattu? L'empereur envoie Beck porter sa réponse : « Impossible de conclure la paix. J'ordonne – s'il n'est pas d'autre solution – de battre en retraite en bon ordre. Une bataille a-t-elle eu lieu? » Il admet à la rigueur le repli. Il refuse la paix dans des conditions aussi déplorables. Benedek interprète la question de François-Joseph comme un appel à livrer bataille. Les troupes se sont reposées, la confusion et le pessimisme semblent dissipés. La bataille peut commencer. Elle sera livrée, le 3 juillet, au nord de la petite ville de Königgrätz, dans le village de Sadová, nom tchèque francisé en Sadowa.

Comme d'habitude les troupes autrichiennes et saxonnes font la démonstration de leur invraisemblable bravoure et le commandement de son manque d'intelligence. Les troupes jouent leur sort, coincées sur leurs positions, avec l'Elbe dans le dos. Benedek pense affronter une seule armée prussienne et une seconde déferle sur les Autrichiens vers le milieu de la journée. Enfin le terrible fusil à aiguille confère à la Prusse une imparable puissance de feu. Le landgrave Fürstenberg écrit : « C'est la guerre la plus sanglante que l'histoire ait connue [...] Les Autrichiens étaient à tel point inondés de balles, comme du sable lancé à leur visage, qu'ils tombaient par groupes entiers; c'est un horrible bain de sang. Dieu fasse que cela prenne fin, peu importe comment et du fait de qui. » L'armée autrichienne bat en retraite dans des conditions épouvantables. Il ne reste plus que des troupes défaites, dispersées, évanescentes, entre Vienne et les Prussiens.

La bataille de Sadowa est le plus important engagement militaire du xixᵉ siècle. Quatre cent cinquante mille hommes prennent part au combat. La Prusse devient le 3 juillet 1866 une des plus grandes puissances européennes.

La geste guerrière ne captive plus les foules. Qui ne s'en réjouit? Cependant Sadowa et tout ce qui a conduit à Sadowa méritent qu'on s'y attarde. En ce 3 juillet 1866, l'Europe entière bascule vers un avenir qui est notre présent. Sans Sadowa, sans l'avènement de la puissance prussienne, il n'y aurait pas eu la guerre franco-allemande de 1870-1871, à l'origine de la chute de Napoléon III et de la perte pour la France de l'Alsace et de la Lorraine. Sans la guerre de 1870 et les abandons français, la guerre de 1914-1918 n'aurait pas été telle (n'aurait sans doute pas été du tout) et il n'y aurait eu ni traité de Versailles, ni traité de Trianon. Sans le démantèlement de l'Europe centrale, Hitler et le nazisme n'auraient pu se nicher dans le ventre des anciens empires. Horrible enchaînement dont il est facile de se faire le devin a posteriori. O Europe, chère et tragique Europe, existe-t-il sur ton sol un seul endroit où le sang n'ait pas coulé, qui ne fût un jour hérissé de barbelés?

Tout au long de la journée du 3 juillet, François-Joseph et Elisabeth attendent ensemble les nouvelles du front. Ils se taisent, unis dans la même angoisse. Vers les sept heures du soir, le télégramme arrive. C'est la défaite. De plus, la route de Vienne est ouverte. Accablé, l'empereur reste cependant calme. Le tempérament nerveux d'Elisabeth révèle plus que jamais ses imprévisibles ressources. Fragile au quotidien, blessée à vif par les hypocrisies, les petitesses, elle devient un bloc de volonté dès que la situation tourne au tragique. La rêveuse, la chipoteuse, la capricieuse impératrice se métamorphose alors en une infatigable pasionaria, tout entière occupée à consoler, revigorer, soigner. Elle sait raffermir les courages et dire bien haut ce qui lui paraît la vérité. On peut compter sur elle pour défendre bec et ongles son mari, ses enfants, son pays. Les Viennois qui la jugeaient à leur aune, légère et indifférente, qu'ils osent seulement venir lui donner des leçons de patriotisme!

Elle n'est plus Wittelsbach, tout au long de cette nuit du 3 au 4 juillet. Elle a épousé, avec François-Joseph, le destin de l'Empire. Comment pourrait-elle se sentir Wittelsbach, alors que sa famille n'a pas su empêcher la tuerie? Ailleurs on se dispute au moment de l'héritage quelques maigres arpents, ici le sort de l'Europe est en jeu. Ses tantes et sa mère, les quatre sœurs Wittelsbach, n'ont-elles pas acquis en se mariant un pouvoir sur les plus prestigieuses Cours? Si Ludovika est restée en Bavière, Sophie a accès à la Hofburg. Marie, reine de Saxe, est une alliée sûre de l'Autriche. Mais que dire d'Elise, la tante Elise, reine de Prusse et épouse d'un Guillaume Ier dont l'âme damnée s'appelle Bismarck?

Le lendemain, la Bavière capitule à Bad Kissingen, l'endroit précis où Elisabeth devrait se trouver en cure. Pour une fois réunies dans l'adversité, l'archiduchesse Sophie et sa belle-fille n'ont pas de mots assez durs pour flétrir la mollesse, l'incurie de Louis II et la déroute de leur Bavière natale. Chaque jour, Elisabeth envoie un courrier à Latour, le gouverneur de son fils. Elle veut que Rodolphe ne souffre pas trop de leur séparation et qu'il soit informé par Latour, avec les mots qu'il saura choisir, de la situation du pays. Elle écrit, au matin du 4 juillet : « Dès hier soir nous avons reçu cette nouvelle, qui réduit à néant nos derniers espoirs [...] Les pertes doivent être terribles. » Elle termine en plaignant le sort de son fils : « Ce pauvre enfant, dont l'avenir apparaît si triste. »

Pourtant le couple impérial ne sombre pas dans l'abattement. Elisabeth multiplie ses soins d'un hôpital à l'autre. On souligne son dévouement, son efficacité. Miracle des miracles, la redoutable archiduchesse Sophie proclame haut et fort les vertus de sa belle-fille. Tous n'en font pas autant. Il se trouve encore des esprits chagrins pour souligner que l'impératrice s'intéresse en priorité aux blessés hongrois et qu'elle préfère leur parler dans leur langue, afin que sa suite ne puisse rien saisir de ses propos !

François-Joseph ne s'avoue pas vaincu. Il compte ramener sur le front nord l'armée d'Italie. Forte de sa victoire à Custozza, non seulement elle rétablira l'équilibre des forces en présence, mais elle saura galvaniser les esprits. Du même coup, il remplace Benedek par l'archiduc Albert. Le désespoir n'est pas de mise, d'autant que les Prussiens sont éloignés de leurs bases et que le choléra les décime plus sûrement que l'artillerie autrichienne.

Il fait une chaleur éprouvante à Vienne où l'on craint de plus en plus l'arrivée des Prussiens. Les habitants commencent à fuir, traînant derrière eux malles et colis, le triste attirail des réfugiés. La Cour en fait autant. On envoie par train ou par bateau ce qu'on a de plus précieux à Buda : les documents du ministère des Affaires étrangères, les manuscrits de la Bibliothèque, les tableaux, les emblèmes de la Couronne, et même l'impératrice. Elle quitte Vienne le 9 juillet. A dire la vérité, c'est son époux qui la pousse à partir. D'abord pour assurer sa sécurité, ensuite pour qu'usant de sa grande influence elle incite les Hongrois à se tenir sages dans le giron de l'Empire. François-Joseph est obsédé par le souvenir de 1848. La Hongrie va-t-elle écouter Kossuth et profiter de la faiblesse autrichienne pour retourner ses armes contre Vienne ? Elisabeth a accepté de se séparer de son mari à condition que ses enfants quittent Ischl et la rejoignent.

Deák, Andrássy, de nombreux représentants du parti libéral et plus d'un millier de Hongrois l'acclament à la gare de Pest. Deák confie : « Je tiendrais pour une lâcheté de tourner le dos à l'impératrice quand elle se trouve dans le malheur, après l'avoir fêtée lorsque les affaires de la dynastie allaient encore bien. »

Le pays semble tenu en main par les libéraux, ses amis, et l'agitation n'en est qu'à l'état larvaire. Un peu rassurée, Elisabeth repart pour Vienne trois jours après afin de récupérer Rodolphe et Gisèle, et de les ramener avec elle à Buda. Elle en profite pour rendre compte de la situation à son mari. A son avis, il faut agir vite pour éviter que la révolution n'embrase à nouveau la Hongrie et ne conduise l'Autriche à un complet isolement. Seul Andrássy est capable de maintenir le lien serré entre les deux pays; il faudrait, en le nommant ministre des Affaires étrangères de l'Empire, frapper les esprits et étouffer dans l'œuf la rébellion. L'empereur l'écoute, mais il se refuse à franchir le pas.

François-Joseph espère encore une aide de la France. Il existe auprès de Napoléon III des partisans de l'Autriche, regroupés autour de l'impératrice Eugénie. Les Français n'ont-ils pas à redouter une hégémonie prussienne ? François-Joseph envoie des émissaires à Paris, mais Napoléon III ne se laisse pas convaincre. Si habile d'habitude, il évalue mal les ambitions de Bismarck. Il pense que sans rien faire il réussira à tirer profit de la situation. Selon lui, l'Allemagne restera scindée en deux à l'issue de la guerre, d'une part les Etats du Nord, de l'autre ceux du Sud. Il mise sur une aggravation des divisions. Cette erreur lui sera fatale quatre ans plus tard.

La chaleur accable Vienne, la panique la désagrège. Ceux qui savent où aller fuient, les autres guettent des collines l'arrivée des hordes prussiennes. Le 13 juillet, Elisabeth repart pour Buda avec ses enfants. A la gare de Vienne, elle baise à plusieurs reprises la main de son mari comme si elle ne parvenait pas à se séparer de lui. Pudique par nature, elle montre cette fois avec un rien d'ostentation l'attachement que lui inspire cet homme tant attaqué. En effet, la population autrichienne souffre trop de la guerre pour que des rumeurs d'abdication ne viennent pas ajouter à la pestilence. Certains prétendent que Maximilien va rentrer du Mexique pour reprendre le flambeau, d'autres n'hésitent pas à appeler au secours les ennemis, une sorte d'Anschluss anticipée : « Ils n'ont qu'à venir, les Prussiens, nous leur ferons des ponts en or ! »

Elisabeth s'installe avec ses enfants dans une villa sur les hauteurs de Buda. Le palais royal est transformé en hôpital. Pour soigner, l'impératrice s'y entend, surtout quand elle peut parler hongrois aux malades. Au reste, le hongrois devient sa langue à partir de ce moment. Le courrier quotidien qu'échangent François-Joseph et sa femme est désormais rédigé des deux côtés en hongrois et ils s'adressent aussi en hongrois à leurs enfants. Plus rien maintenant ne peut arrêter la magyarisation de l'impératrice.

Heureuse de revoir son pays, la douce Ida Ferenczy l'accompagne partout. Depuis qu'elle a mis au service d'Elisabeth son esprit, son cœur et son patriotisme, c'est la première fois qu'elle foule de nouveau son sol natal. A Vienne, le « clan » hongrois se trouve renforcé par la faillite même de ceux qui s'opposaient à lui. Les rêves allemands de l'archiduchesse Sophie ne peuvent que s'écrouler, quand les Prussiens sont aux portes de la ville. La Vénétie est perdue. Que reste-t-il à faire sinon à s'entendre avec les Hongrois pour sauver ce qui peut l'être ? Si l'archiduchesse montre une soudaine indulgence à l'égard de sa belle-fille, n'est-ce pas aussi qu'elle a conscience de sa propre faillite politique ? Le règne de son fils va-t-il sonner le glas de la sainte et vieille mission de l'Autriche en Allemagne ? Dans ce combat des Anciens et des Modernes, les Anciens sont en passe de se voir éliminés.

Elisabeth s'est trouvé auprès de l'empereur un allié, une sorte de correspondant, en la personne de Georges Majláth, Hongrois bien sûr et ami de son père, le duc Max. L'homme est issu de la même famille que l'inoubliable Jean Majláth dont elle a reçu l'amour de la Hongrie, et de plus, il est à Vienne chancelier aux Affaires hongroises. Le 14 juillet, dès le lendemain de son retour à Buda, Elisabeth lui écrit ces mots qui révèlent son état d'exaltation et son entier engagement en faveur de la cause hongroise : « [...] Je suis franche avec vous. Je vous en prie, remplacez-moi auprès de l'empereur, chargez-vous à ma place de lui ouvrir les yeux sur le danger dans lequel il se précipite, tête baissée, en persistant à refuser toute concession à la Hongrie. Soyez notre sauveur, je vous en conjure, au nom de notre pauvre patrie et de mon fils ; je compte aussi, en m'adressant à vous, sur l'amitié que, peut-être à tort, j'imagine que vous avez pour moi. Ce que je cherche à obtenir de l'empereur, mais que, hélas ! il ne m'a pas encore accordé, c'est qu'il éloigne les ministres actuels et nomme Gyula Andrássy aux

Affaires étrangères. Ce serait là faire à la Hongrie une concession qui n'engagerait à rien. Andrássy est si populaire que sa nomination apaiserait le pays, lui rendrait confiance et maintiendrait le royaume dans le calme jusqu'au moment où les événements permettraient de régler la situation intérieure [...] Je me suis adressée à vous sans arrière-pensée. Quand je donne ma confiance, ce n'est jamais à demi. Réussissez là où j'ai échoué et des millions d'âmes vous béniront, tandis que mon fils priera pour vous tous les jours comme pour son plus grand bienfaiteur. Je ne confie pas cette lettre à la poste. Vous pourrez retenir le messager autant qu'il vous plaira, mais ne le laissez pas revenir sans réponse. »

On doit en effet faire crédit à Elisabeth : quand elle donne sa confiance, ce n'est jamais à demi. Dans cette lettre, en réalité un brouillon écrit d'un seul jet, elle livre avec une incroyable franchise ses plans, peut-être ses sentiments, à un homme qu'elle connaît à peine, mais dont le « clan » hongrois se porte garant. Georges Majláth lui répond le 15 juillet. Selon lui, l'empereur sait qu'il doit prendre vite des mesures en faveur de la Hongrie, mais il veut à tout prix éviter qu'elles soient décidées sous la pression des événements.

Toujours aussi impatiente, Elisabeth écrit ce même 15 juillet une longue lettre à son mari. Sa ferveur l'entraîne à utiliser le chantage aux sentiments. Les libéraux hongrois n'ont pas besoin de faire pression sur elle. Elle a choisi la Hongrie, elle s'en veut la rédemptrice, et Andrássy en sera le sauveur : « Je quitte à l'instant les Koenigsegg (Paula Koenigsegg est sa première dame d'honneur) chez qui je viens d'avoir une entrevue seul à seul avec Andrássy. Il m'a exposé ses vues sans ambages. Je les ai comprises et je suis persuadée que si tu as confiance en lui, mais vraiment confiance, nous pouvons être sauvés, nous, c'est-à-dire la monarchie, et non seulement la Hongrie. Mais il faut en tout cas que tu lui parles toi-même, et tout de suite, car chaque jour peut modifier la situation, au point qu'il pourrait finalement ne plus vouloir s'en charger. Il faut vraiment beaucoup de dévouement pour assumer cette tâche en un moment pareil. Parle-lui donc sans retard. Tu peux le faire sans arrière-pensée, car je puis t'assurer que tu n'as pas affaire à un homme qui veut à tout prix jouer un rôle ou qui convoite une situation, au contraire, il risque plutôt sa situation actuelle, qui est enviable. Mais, comme tout homme d'honneur, il est prêt, au moment où l'Etat est sur le point de sombrer, à faire tout ce qui est en son pouvoir pour contribuer au sauvetage; ce qu'il a : son intelligence, son influence dans le pays, il le mettra à tes pieds. Pour la dernière fois, je t'en supplie, au nom de Rodolphe, ne laisse pas échapper la dernière occasion [...]

» J'ai prié Andrássy de te dire ouvertement la vérité, de te mettre au courant de tout, même si, hélas, ce n'est pas réjouissant. Je t'en prie, télégraphie-moi immédiatement au reçu de ma lettre, si Andrássy doit aller à Vienne par le train du soir [...] Si tu dis non, si à la dernière heure tu ne veux même pas écouter un conseil désintéressé [...] alors il ne me restera plus qu'à me consoler avec la conscience que, quoi qu'il arrive, je pourrai un jour dire honnêtement à Rodolphe : J'ai tout fait ce qui était en mon pouvoir, je n'ai rien à me reprocher. »

Dès le lendemain, elle reçoit un télégramme chiffré, rédigé à la hâte par François-Joseph : « Ai fait venir Deák en secret. Ne t'engage pas trop avec Andrássy. »

La jalousie de l'empereur s'est-elle éveillée ? Ou préfère-t-il tout naturellement le vieux sage au trop séduisant Andrássy ? Pendant ce temps Kossuth, passé en Italie, fulmine contre l'accueil réservé à Elisabeth par ses compatriotes. Ce 16 juillet, il écrit de Florence : « Les déclarations de sympathie faites à l'impératrice lors de son voyage à Pest ont produit ici la plus déplorable impression. Il est important, très important même, que notre parti sonne le réveil national. La passivité hongroise nous déprime. » Kossuth sent qu'une sorte de course contre la montre est engagée entre d'une part Elisabeth et les libéraux, d'autre part les derniers émigrés et les révolutionnaires dispersés dans le pays. Il compte sur la victoire de Bismarck pour renforcer ses chances, tandis que l'imminence du danger pousse François-Joseph à se rapprocher plus vite qu'il ne le souhaiterait de la Hongrie. Aussi consent-il enfin à recevoir Andrássy.

Les événements se précipitent. Au matin même du 16 juillet, l'empereur avait télégraphié à Elisabeth qu'il préférait recevoir Deák. Sans doute a-t-il appris entre-temps que Deák, absent de Pest, ne peut être joint immédiatement. L'urgence est telle que, cédant aux arguments de sa femme, il fait convoquer Andrássy. Aussitôt le beau comte s'entretient avec Elisabeth avant de partir pour Vienne. Elle lui confie une longue lettre destinée à l'empereur. Pour s'adresser à son mari, son ton se fait moins impatient. N'a-t-elle pas déjà emporté une première victoire ? Ne sait-elle pas que, par la douceur, elle l'amènera à ménager le meilleur accueil à son messager ? Pour une fois, elle prend la peine de lui raconter par le menu comment elle vit à Buda et de lui décrire la villa Kochmeister qu'elle habite avec ses enfants.

Elle reçoit dès le lendemain une lettre de l'empereur. Il lui écrit presque chaque jour à son lever, entre quatre et cinq heures du matin, avant de commencer son interminable journée : « Ange adoré. J'attends donc G. A. [Andrássy] aujourd'hui. Je l'écouterai tranquillement et le laisserai parler, je le sonderai pour savoir si je peux avoir confiance en lui. Le vieux [Deák] n'est plus à Pest, il faudra donc le rappeler de la campagne, de sorte qu'il ne sera là que demain ou après-demain. Je préfère d'ailleurs parler d'abord seul à A. Car le vieux est très intelligent, sans doute, mais il n'a jamais eu beaucoup de courage. Ici la situation n'a pas changé. Napoléon continue à faire le médiateur, mais il n'a pas abouti à grand-chose avec les Prussiens [...] Maintenant ils peuvent attaquer d'un jour à l'autre, mais ils ne passeront pas si facilement le Danube [...] Adieu mon ange, je t'embrasse ainsi que les enfants. Je me languis de vous. Dieu nous protège, Dieu protège l'Autriche. Ton François qui t'aime tendrement. »

La rencontre a lieu à midi. Elle est cordiale, mais les deux hommes ne trouvent pas de terrain d'entente. Andrássy a le mérite de ne pas minimiser les prétentions hongroises pour se concilier les bonnes grâces de l'empereur et tenter de lui arracher le poste ministériel qu'il convoite. Il n'en démord pas, la Hongrie a besoin d'un système constitutionnel. François-Joseph lui fait sa réponse habituelle. Il ne peut accorder à Buda ce qu'il refuse ailleurs, à Prague bien sûr, mais aussi à Vienne. Au reste, les libéraux des autres pays de l'Empire commencent à soutenir les exigences hongroises dont ils pourraient profiter par ricochet. Difficile, du fait même de sa franchise, le dialogue entre les deux hommes n'est pourtant pas rompu. Andrássy prie l'empereur d'être attentif aux arguments de Deák et François-Joseph demande au comte de rester à Vienne jusqu'à l'arrivée de son ami.

Dès le lendemain, il raconte à Elisabeth son entrevue avec Andrássy :

« *Vienne, 18 juillet 1866, cinq heures et demie du matin.*

» Ma Sissi adorée [...]

» Comme toujours j'ai trouvé G. A. trop peu précis et nullement intéressé par les autres régions de la monarchie. Il demande beaucoup et offre trop peu dans ce moment difficile. Certes, c'est un homme très doué, de plus franc et honnête, mais je crains qu'il ne soit pas assez fort et assez secondé dans le pays, pour faire aboutir les vues qu'il défend [...] Il faut que je voie encore le vieux, puis que je leur parle à tous deux ensemble avant de prendre une décision.

Puis le ton de la lettre change du tout au tout :

» Je te remercie de la description de la villa Kochmeister qui doit être très agréable. Mais la porte vitrée de ta chambre ne m'enchante pas, car elle permet certainement aux regards indiscrets de te voir quand tu fais tes ablutions, et cela m'inquiète. Fais donc poser un grand rideau devant cette porte [...]

» Ton dévoué petit mari. »

Est-il émouvant cet empereur harcelé de tous côtés, qui s'inquiète d'une vitre mal placée ! François-Joseph est jaloux, il l'a déjà montré à bien des reprises. Dans ces circonstances, où il y a plus que jamais matière à jalousie, il détourne ses préoccupations du rival, Andrássy, pour ne se soucier que d'hypothétiques voyeurs. On imagine mal en effet le comte Andrássy posté derrière la villa Kochmeister dans l'attente du spectacle. Au reste il se trouve à Vienne, quand François-Joseph envoie cette lettre. L'empereur se sent seul, sa femme lui manque, ses craintes se font diffuses. Le danger n'est-il pas partout ? Une vitre, un trop séduisant comte, des inconnus tapis dans l'obscurité ? La jalousie est obsédante, même si l'on se refuse à donner un visage au rival.

On peut aussi penser que François-Joseph écrit ces lignes peu de temps après s'être entretenu avec Andrássy. Contre cet homme, il n'a rien retenu de répréhensible. Qu'il puisse plaire est une évidence. Cela aiguise encore des craintes, que l'empereur est contraint de garder pour lui. Non seulement il juge sa femme au-dessus de tout soupçon, mais il lui semblerait démériter d'elle s'il émettait le moindre doute sur sa conduite. Aussi préfère-t-il soulager sa colère en s'en prenant à une vitre, somme toute innocente !

Dans la journée du 18, les Prussiens dressent leur quartier général à Nikolsbourg, situé à cinquante-cinq kilomètres de Vienne. Des collines de la ville, on peut apercevoir les bivouacs ennemis dans le lointain.

Le 19 juillet, François-Joseph reçoit à sept heures du matin

Deák. « Le vieux » a logé incognito dans un faubourg de Vienne. Il se fait appeler Ferenczy, ce qui a l'avantage de brouiller les pistes, mais aussi de souligner le rôle que joue la douce Ida dans toutes ces tractations. Deák arrive à la Hofburg dans un fiacre, goût du secret et de la simplicité. « Nous avons parlé pendant une heure à fond et très ouvertement de toutes les éventualités imaginables, écrit dès le lendemain matin l'empereur à sa femme. Je ne l'ai jamais trouvé aussi calme, aussi clair et aussi sincère, bien plus clair qu'A. et tenant davantage compte du reste de la monarchie. Toutefois j'ai retiré de ces deux entrevues la même conviction : ils demandent tout et n'apportent aucune garantie sérieuse de réussite. Ils ne s'engagent pas non plus à persévérer au cas où ils ne pourraient faire valoir leur volonté dans le pays et se verraient débordés sur leur gauche. Deák m'a inspiré une haute estime pour son honnêteté, son loyalisme et son attachement dynastique, et m'a confirmé dans mon opinion que, si cette malheureuse guerre n'était pas survenue, je n'aurais pas tardé à m'entendre avec la Diète dans la voie où nous nous étions engagés; mais le courage, l'énergie et la persévérance dans l'adversité ne sont pas donnés à cet homme. Il ne voulait absolument pas rencontrer Andrássy et, à onze heures, il est reparti discrètement. Aujourd'hui je veux revoir Andrássy pour ne pas laisser se rompre le fil des pourparlers car, une fois que la situation extérieure sera stabilisée, il y aura quand même quelque chose à faire avec lui. Il faut que je termine pour me mettre au travail. Adieu, ma Sissi. Je t'embrasse ainsi que les enfants. Ton petit qui t'aime tendrement. »

François-Joseph refuse de se plaindre, son éducation, son caractère, l'idée qu'il se fait de sa fonction, tout l'en empêche. Cependant il souffre, il souffre terriblement au long de cet été 1866, même si le rythme de ses journées ne lui laisse ni le temps ni l'envie de s'attendrir sur son sort. Son seul instant de répit, c'est au réveil quand il s'adresse à sa femme, par la pensée et par l'écriture. Encore ce plaisir devient-il vite douloureux. L'absence d'Elisabeth se fait longue. Il redoute tout de leur séparation. N'a-t-elle pas une santé fragile ? Il s'en inquiète dans chaque lettre. Le pire serait de la voir retomber dans cet enchaînement de maux qu'elle a connus quelques années auparavant. Il sait aussi la force de ses enthousiasmes, son impatience, il ne voudrait pas la décevoir en coupant les ailes à ses élans hongrois.

Déjà sur l'échiquier de l'Europe, trop de pièces ont été sacrifiées. Puisque Napoléon III ne se décide pas à bouger, il faut se résoudre à signer la paix. Il sera lui, François-Joseph, le Habsbourg qui aura perdu l'Allemagne. Jamais il ne s'est senti si seul, mais il ne laisse percer sa détresse qu'à travers les formules finales de ses lettres à Elisabeth. « Ton petit homme », écrit-il ou, plus simplement, « ton petit », enfin « ton pauvre petit qui t'aime à la folie ». Un empereur défait, un homme meurtri.

Il lui est déjà arrivé de perdre des batailles, des territoires, la blessure finissait par se cicatriser. Cette fois, il la sent incurable. L'Autriche ne fera jamais plus partie de ce Reich allemand dont dix-huit de ses aïeux furent les empereurs. Cet homme qui se dit lui-même allemand et qui l'est, par son sérieux, son courage, sa solidité, sa simplicité, a le sentiment d'être chassé de chez lui. S'il avait pu deviner, au lendemain de Sadowa, comment son pays retournerait au sein du grand Reich en 1938, sans doute en aurait-il été encore plus désespéré.

L'armistice est conclu à Nikolsbourg, le 26 juillet, tandis que la paix sera signée le mois suivant à Prague, le 23 août 1866. Bismarck a l'intelligence de ne pas humilier plus qu'il ne faut le perdant. Il n'exige aucun butin, aucun abandon de territoire, et cela, contre l'avis de son roi. Guillaume Iᵉʳ était entré dans la guerre en traînant les pieds, cependant la victoire lui a donné de l'appétit et il avalerait volontiers quelque province autrichienne. Bismarck parvient non sans mal à le calmer. Il suffit que l'Autriche soit exclue de l'Allemagne. C'est ce qu'il voulait, il l'a, tirons un trait. La Prusse se contente d'annexer des duchés allemands et de rassembler autour d'elle les Etats du Nord. Elle laisse le sud de l'Allemagne s'organiser à sa guise. Napoléon III est satisfait de cet accord qui lui donne pour le moment raison. On attendait un ogre. Bismarck victorieux se conduit en visionnaire. Il mise sur le long terme. Son triomphe en est plus grand encore. Il a vaincu par les armes et grandi dans les esprits.

François-Joseph n'est pas le seul à se trouver meurtri par la défaite. A Buda, Elisabeth ressent de nouveau les attaques de la maladie et appelle au secours le Dr Fischer. A Vienne, la popularité de l'empereur dégringole. Les ennemis ne sont pas seulement à l'extérieur, ils s'insinuent dans la citadelle assiégée. On trouve placardé sur les murs mêmes de la Hofburg un quatrain insultant :

L'Impératrice

Avec des volontaires sans boutons,
Des ministres sans tête,
Un empereur sans cervelle,
Comment ne pas perdre ?

C'en est fini de l'Europe façonnée par Metternich au Congrès de Vienne. La volonté de puissance et le nationalisme sortent vainqueurs. Pour la première fois, François-Joseph est submergé par le pessimisme. Après tout l'Empire, son Empire, n'est peut-être pas inscrit pour toujours dans le destin de l'Europe. L'homme a vieilli d'un coup. Il n'est plus le jeune empereur qui pensait pouvoir garantir, à force de travail et de rigueur, l'intégrité de son pays. Il commence à donner le nom de fatalité à sa solitude et à son impuissance. Ainsi écrit-il à sa mère, l'archiduchesse Sophie : « Quand on a le monde entier contre soi et qu'on n'a pas d'amis, il n'y a pas d'espoir de l'emporter, mais il faut se défendre, aussi longtemps qu'il est possible, faire son devoir jusqu'au bout et, pour finir, succomber dans l'honneur. »

François-Joseph a quitté la Hofburg. La chaleur, en plein centre de Vienne, est insupportable. A Schönbrunn, il y a le parc, les ombrages, la gloriette de Marie-Thérèse. Mais il lui manque l'essentiel, sa femme. Deux jours après l'armistice, le 28 juillet, les dangers d'invasion éloignés, il lui lance un appel : « Je t'en prie, viens me rendre visite ici. Je me languis tellement de toi et sans doute serais-tu heureuse, toi aussi, de me revoir après des jours si troublés. » L'empereur sait qu'Elisabeth s'impatiente de voir piétiner les négociations avec la Hongrie ; aussi, pour la calmer, peut-être pour l'inciter à rentrer de Buda, lui annonce-t-il qu'il recevra de nouveau Andrássy dès le lendemain.

En effet, les deux hommes se retrouvent le 29 juillet. Au-delà des mots et des résultats qu'ils obtiennent grâce à cette diplomatie des tout petits pas, une indicible confiance a pris forme entre les ennemis d'autrefois. Bien sûr ils n'évoquent ni l'un ni l'autre l'impératrice, mais elle n'est jamais absente de leurs conversations. Loin de les éloigner, de les inciter à la discorde ou à la suspicion, sa présence a quelque chose de stimulant. S'ils sont capables de surmonter leurs jalousies, leurs petitesses pour l'amour d'une femme, comment n'arriveraient-ils pas à une solution exempte de tricherie à propos de l'Empire ? On se trouve dans la plus pure tradition de l'amour courtois. Les deux hommes connaissent leurs rôles et les remplissent pleinement. Ils ont conscience que se joue par leur truchement un avenir plus important que leurs personnes et cela exerce sur eux, au-delà du respect mutuel, une véritable fascination.

Andrássy remet à l'empereur un projet de remaniement dualiste de la monarchie. Se trouve ainsi définie l'existence de deux Etats différents, unis à l'intérieur de l'Empire, l'Autriche-Hongrie. Selon son habitude, François-Joseph prend acte et ne promet rien. Ce n'est pas seulement irrésolution de sa part, il faut bien avouer qu'il a d'autres chats à fouetter. L'armistice a mis un terme aux combats, aussi la Hongrie risque-t-elle moins de se soulever contre l'Autriche. Il est urgent en revanche de s'occuper des provinces dévastées par la guerre. La Bohême souffre de la famine, les épidémies ravagent ses populations affaiblies. Les maladies s'y entendent pour parachever le travail des armes. On le verra en 1918 avec la grippe espagnole qui fera un million de morts, dont Guillaume Apollinaire et Egon Schiele.

Elisabeth est enfin venue voir à Schönbrunn son « petit homme ». Les retrouvailles ne tiennent pas leurs promesses. A peine arrivée, elle en profite pour recevoir Andrássy. On n'en est plus à l'époque où le comte, talonné par la police impériale, évitait de la rencontrer pour ne pas nuire à sa réputation. Maintenant que les entrevues avec François-Joseph ont pris un ton cordial, il paraîtrait au contraire suspect qu'il ne rendît pas visite à l'impératrice dans son château de Schönbrunn, alors qu'à Buda il la voyait presque chaque jour.

Pourtant François-Joseph ne manque pas de reprocher à sa femme un tel empressement, au moment même où elle se montre si distante à son égard. Elle réplique en condamnant ses hésitations politiques. A son avis, rien ne les justifie. L'Allemagne est perdue, il ne reste plus qu'à sauver ce qui peut l'être, c'est-à-dire la Hongrie. Dans leurs scènes de ménage, ils se jettent à la figure des morceaux d'Europe, comme d'autres la vaisselle.

Deux jours après ces éclats, Elisabeth repart pour Buda. Elle reçoit aussitôt une lettre de l'empereur : « Reviens bientôt me rendre visite [...] même si tu as été vraiment méchante et cassante, je t'aime si immensément que je ne peux être sans toi. » Puis le 7 août, comme pour s'excuser de l'avoir déçue, il lui explique ses raisons : « Il serait contraire à mon devoir de me placer uniquement du point de vue hongrois, qui est le tien, et de négliger les pays qui, dans un fidèle loyalisme, ont enduré d'indicibles souffrances. » Il ajoute, touchant dans sa résignation : « Je supporterai avec patience cette solitude à laquelle je suis depuis longtemps habitué. Dans ce domaine, j'ai déjà appris à beaucoup souffrir et à la longue on s'y habitue. »

Pendant ce temps, à Buda, Elisabeth ne décolère pas. Ne l'avait-elle pas confié à Andrássy : « Quand les affaires de l'empereur vont mal en Italie, cela me peine ; mais quand il en va de même en Hongrie, cela me tue » ? Non seulement l'Autriche a perdu toute son influence en Allemagne et en Italie, mais l'impératrice est persuadée que son mari, par ses tergiversations, va laisser lui échapper la Hongrie.

Tantôt elle est envahie par la rage, tantôt par le découragement. Qu'ont-ils, ces hommes, à s'enfermer dans leurs palabres ? Ne leur manque-t-il pas le plus important, l'énergie ? Elle les juge avec la même sévérité, et François-Joseph, et Andrássy. Ne prétendent-ils pas tous deux agir selon ses vœux ? En fait, il lui apparaît soudain combien son pouvoir est limité. Ils lui donnent les noms les plus doux, elle est l' « ange adoré » de l'un, la « belle Providence » de l'autre, mais ils ne tiennent pas compte de ses avis. Sa passion les effarouche. En dehors d'Ida, qui cherche à la comprendre de manière désintéressée ? Elle croit son échec définitif et, dans sa déception, Elisabeth se montre injuste.

A présent, elle coupe court aux conversations politiques avec ses amis, les libéraux hongrois. Comme son cousin Louis II, elle cherche à fuir les réalités. Aussi se laisse-t-elle emporter par les galops de son cheval. C'est au cours d'une de ces randonnées qu'elle découvre, à une trentaine de kilomètres de Buda, le château de Gödöllö. D'emblée, elle est séduite. Pourtant le château ne se présente pas sous son meilleur jour. Il est en mauvais état et l'on a improvisé dans les étages un hôpital où sont soignés les blessés hongrois de Sadowa. Tout ce qui rebuterait d'autres promeneurs l'attire, elle. Les blessés de guerre, elle connaît. Ne se croit-elle pas responsable de chaque plaie, surtout quand ce sont des chairs magyares qui souffrent et sont entamées ?

Le château de Gödöllö a été construit au milieu du XVIIIᵉ siècle pour l'impératrice Marie-Thérèse. C'est un superbe édifice baroque, tapi dans une forêt dont les vieilles futaies vont se perdre à l'orée de l'immense plaine. Une île, terrestre celle-là, tant la plaine aux alentours semble sans fin. A l'intérieur, on se sent protégé, sans être prisonnier des murs. La lumière arrive à profusion par les immenses fenêtres du hall d'entrée. Le marbre blanc de la double volée d'escaliers se fait phosphorescent. Les rayons du soleil jouent à sa surface. La maison a quelque chose de vif, de naturel, à l'image de ce qu'aime Elisabeth dans la Hongrie.

C'est là, le 7 avril 1849, dans le château même de l'ancienne impératrice, la grande Marie-Thérèse, que Kossuth a réuni ses généraux et proclamé devant eux la déchéance des Habsbourg du trône de Hongrie. Ce souvenir incite-t-il Elisabeth à s'éprendre encore davantage de la demeure ? Il y a du défi dans son attitude. Par sa seule volonté, arrivera-t-elle à infléchir le cours de l'Histoire ? Elle écrit aussitôt à l'empereur pour lui dire qu'elle souhaite racheter le domaine. La réponse ne se fait pas attendre. C'est non et, pour une fois, un non catégorique : « Si tu le souhaites, tu peux aller à Gödöllö visiter les blessés. Mais ne considère pas que nous puissions acheter ce château, nous n'avons pas d'argent en ce moment et, par ces temps difficiles, nous sommes contraints à de terribles économies [...] Pour l'année qui vient, j'ai réduit le budget de la Cour à cinq millions, ce qui signifie deux millions d'économie. Il faudra vendre presque la moitié des écuries et vivre très parcimonieusement. Ton triste petit mari. »

Ce refus lui ouvre les yeux. De plus la lucidité d'Ida l'aide à prendre conscience de son égoïsme. L'empereur, dont elle croyait la résistance inépuisable, n'est-il pas au bord du gouffre ? Il déteste se plaindre. Il faut que la situation soit très grave pour qu'il avoue : « Je suis très mélancolique, déprimé et, au fond, vide. Je dois me contrôler énormément pour ne pas m'écrouler en ce moment [...] J'ai très envie de toi et de ta compagnie. Ton petit homme solitaire. »

Elle décide de revenir à Vienne. Ils fêtent ensemble, le 18 août, le trente-sixième anniversaire de François-Joseph. Atmosphère tendue. Cependant Elisabeth se retient, tout au long de son séjour, d'importuner son mari avec la Hongrie. Andrássy lui-même l'a mise en garde contre une insistance qui risquerait de se retourner contre eux. La tâche de l'empereur est pour l'instant trop accablante. La paix définitive avec la Prusse n'a pas encore été signée, elle ne le sera qu'une semaine plus tard, à Prague. S'ajoute à ces soucis une nouvelle inquiétude. Au Mexique, Maximilien est cerné de toutes parts. Sa femme, Charlotte, est venue, défaite, hagarde, se jeter aux pieds de Napoléon III pour lui demander une aide, qu'il a refusée. Quant à François-Joseph, il déclare à ce propos : « J'espère seulement qu'elle ne viendra pas ici, il ne nous manquerait plus que cela dans les circonstances actuelles. » Sans doute ne fait-il pas preuve d'une grande solidarité à l'égard de son cadet, trop empêtré lui-même dans les affaires européennes. Le moment n'est guère à la générosité. Chaque fois que l'Empire paraît affaibli, certaines voix s'élèvent pour réclamer une abdication au profit de Maximilien. Pour François-Joseph, le pire serait que son frère, dégoûté du Mexique, décidât maintenant de rentrer à Vienne. En fait, la situation de Maximilien est beaucoup plus dramatique qu'on ne le pense en Europe où les nouvelles n'arrivent qu'avec six à huit semaines de retard et où l'on a avantage à mettre l'affolement de Charlotte sur le compte d'un désordre psychologique.

Aussitôt après l'anniversaire de l'empereur, dès le 19 août, Elisabeth repart pour Buda. Elle allègue deux bons prétextes : retrouver ses enfants qui sont restés dans la capitale hongroise et fêter la saint Etienne sur le sol magyar. Etienne n'est-il pas le saint protecteur de la Hongrie ? Elle se doit de représenter l'empereur à cette occasion. Il faudra une sérieuse épidémie de choléra pour la déloger des hauteurs de Buda. Enfin elle consentira à rapatrier ses enfants et à répondre aux appels, maintes fois répétés, de son mari : « Tu me manques terriblement, car avec toi du moins je puis parler et cela me remonte le moral, même si je trouve en ce moment que tu es un peu sèche avec moi. Oui, mon trésor – et quel trésor ! – me manque beaucoup. »

Réinstallée à Vienne, elle n'en abandonne pas moins le combat, et l'adversité attise ses forces. Si François-Joseph souffre de ne pas se trouver en complet accord avec sa femme, il refuse pourtant d'obtempérer à ses moindres désirs. Elisabeth ressent comme un échec personnel la nomination du Saxon Beust au poste de ministre des Affaires étrangères, son candidat était évidemment Andrássy. Mais elle oublie vite son animosité, car Beust se révèle le champion du Dualisme et de l'entente avec la Hongrie. Il dira même pour calmer ses interlocuteurs magyars : « Vous garderez vos hordes, nous garderons les nôtres. » Voilà un homme qui au moins ne se fait pas d'illusions sur la nature humaine !

Dès l'automne, Elisabeth ajoute une pièce à sa garde hongroise en la personne de Max Falk. L'homme a tout pour horrifier l'archiduchesse Sophie et son clan. Il est hongrois, juif de surcroît, et en plus il a fait de la prison pour délits de presse. Ajoutons au tableau que ce contrevenant aux règles de la censure est l'ami d'Andrássy. Pour l'introduire dans son cercle, l'impératrice utilise une astuce qui lui a déjà beaucoup servi. Elle demande à Max Falk de venir lui donner des leçons de hongrois. Dans ce domaine pourtant, son éducation est accomplie. Ida s'y est employée et l'élève égale à présent le professeur. Elisabeth balaie l'objection. Elle trouve que son style en hongrois manque de légèreté et qu'elle ignore des pans entiers d'une littérature magyare dont Max Falk est un grand connaisseur.

L'homme vit à Vienne, mais il écrit régulièrement dans le plus important journal libéral de Budapest. Il racontera plus tard, dans ses Mémoires, sa surprise le jour où il se rendit pour la première fois à Schönbrunn. Habitué à se battre contre l'absolutisme avec des armes le plus souvent interdites par la censure, il croyait être reçu au château par l'entrée des fournisseurs, il l'est en ami. Un homme portant l'habit noir l'attend pour le conduire chez l'impératrice : « Sa Majesté ne souhaite pas que vous soyez gêné par la moindre espèce de cérémonie. Aussi a-t-elle donné des instructions pour que vous montiez toujours par ici, où vous ne rencontrerez personne d'autre que moi. » Aucune dame d'honneur n'assiste à leurs entretiens, seule la douce Ida se trouve présente. La littérature a une place importante dans la conversation – Falk assure lui aussi que l'impératrice parle un hongrois « parfaitement pur et correct » –, cependant la politique n'est jamais loin.

Elisabeth s'éprend du poète hongrois Joseph Eötvös, qui est aussi un libéral convaincu. Nombre de ses poèmes sont interdits par la censure. Encouragé par Elisabeth et par Ida, Falk introduit dans le saint des saints non seulement les œuvres incriminées, mais toutes sortes d'informations qui circulent sous le manteau. Max Falk lit à l'impératrice les lettres que lui envoie Eötvös. Peu à peu, le poète va s'adresser à Elisabeth par le biais de son ami Falk. Le moyen a déjà été utilisé par Andrássy, dont les lettres étaient en apparence destinées à Ida, en réalité à l'impératrice.

Max Falk est aussi un historien. A la demande de son interlocutrice, il sait élargir son registre de la Hongrie à l'Europe entière, de l'histoire à la politique. Derrière son libéralisme, il ne dissimule guère ses préférences républicaines. Même cela ne choque pas l'impératrice, la femme de l'empereur. Leurs conversations sont souvent quotidiennes. Ignorant leur contenu, François-Joseph en conçoit de la jalousie. En vérité, l'affaire n'est pas grave. Pour Elisabeth, il vaut mieux que la jalousie de son mari se porte sur Falk et qu'elle épargne Andrássy. Et puis, elle sait comment la désamorcer : « Je suis très contente des manières de Falk, écrit-elle à l'empereur. Tu n'as pas lieu d'être jaloux, c'est l'image même du vrai juif, mais il est très intelligent et très agréable. » On peut s'étonner de l'argument : il est juif, donc on ne peut pas s'éprendre de lui. Si elle l'emploie, c'est qu'elle en connaît l'efficacité. Certes François-Joseph n'est pas antisémite, il en fera la démonstration à maintes reprises. Les mots : antisémite, antisémitisme, n'apparaîtront que dix ans plus tard, mais hélas, le phénomène a une sérieuse avance sur le lexique. Dans cette société archaïque, hiérarchisée, catholique, où il faut au moins seize quartiers de noblesse pour avoir droit aux grandes entrées, même le plus tolérant des empereurs ne peut élever au rang de rival un opposant, juif hongrois, ex-prisonnier politique.

L'affaire est close. Falk peut continuer à informer Elisabeth et à l'approvisionner en brochures interdites, souvent dévastatrices. Parfois il se montre circonspect devant les audaces de l'impératrice, mais elle sait lui faire comprendre qu'on peut parler sans fard devant elle et qu'avec ou sans son aide elle trouvera toujours le moyen de se procurer les écrits clandestins. Elle veut tout savoir. Le journaliste répond à ses exigences. Il rentrera en Hongrie au moment du couronnement pour soutenir la politique de son ami Andrássy. Rédacteur en chef du journal libéral hongrois, en langue allemande, *Pester Lloyd*, élu au Parlement, il deviendra un des hommes les plus influents de Hongrie.

Pendant l'hiver 1866-1867, Elisabeth s'efforce de ne pas céder à son insatiable goût des voyages. Sa place est à Vienne tant que le Compromis avec la Hongrie n'a pas été signé. Le dénouement semble proche, ce n'est pas le moment d'abandonner la partie. A peine s'offre-t-elle quelques jours en Bavière, prolongés d'un rapide séjour chez sa sœur Mathilde, à Zurich. De passage à Munich, elle revoit son cousin, Louis II. Elle le trouve changé, peut-être le voit-elle d'un autre œil, depuis qu'il s'est montré un si piètre allié face aux Prussiens. Quelques jours plus tôt, Ludovika lui a appris l'incroyable nouvelle : Louis s'est fiancé avec Sophie, la plus jeune sœur d'Elisabeth. Elle n'a pas osé se réjouir à l'unisson de sa famille. Certes le promis est roi, mais il est si étrange. Un trône n'a jamais été une garantie de bonheur, loin s'en faut. Elisabeth connaît l'extrême sensibilité de sa sœur. Sophie n'a que vingt ans et on a déjà échafaudé pour elle maints projets ambitieux de mariage. Va-t-elle encore éprouver une de ces déceptions qui font saigner l'amour-propre ? Est-ce que ses rêves seront gâchés comme ceux de la jolie Marie qui a dû quitter le royaume de Naples, se séparer de l'homme qu'elle aime et abandonner sa petite bâtarde ?

Louis attend Elisabeth à la gare de Munich. Pour elle, il est sorti de sa chambre où il tremblait de fièvre depuis plusieurs jours. Il s'empêtre comme d'habitude dans ses compliments et son admiration. Jamais elle ne lui est apparue plus belle et il le lui dit, ajoutant que, par chance, Sophie lui ressemble. Dans son attitude, tout montre qu'à l'évidence il préfère l'original. Il ne s'est fiancé avec la réplique qu'à contrecœur. Le narcissisme d'Elisabeth pourrait s'en réjouir, mais elle aime trop sa sœur pour ne pas craindre la bizarrerie d'une telle situation, d'autant plus que Sophie semble très éprise de son beau cousin.

En fait Elisabeth a compris que Louis n'était pas le moins du monde attiré par les femmes. S'il est en adoration devant elle, c'est que cet amour-là est entre tous impossible. Leurs liens ne seront jamais charnels, ils ont en commun toutes sortes d'affinités, psychologiques, esthétiques, sans compter la morbide fascination de la folie. Louis a cédé à la pression du gouvernement et de sa famille. Il faut un héritier au trône de Bavière. S'il n'en avait pas, la solution de rechange serait difficile à trouver. Son jeune frère Otto souffrant d'inquiétantes crises de démence, il n'y a pas grand-chose à espérer de ce côté. De guerre lasse, Louis a accepté. Mariage ou non, qu'importe après tout, puisque son grand amour, sa seule vraie passion, l'a déçu. Wagner ne l'aime pas, Wagner l'a trahi, Wagner en préfère une autre. Longtemps le roi n'a pas voulu voir la liaison de Richard et de Cosima. A bout de résistance, il a fini par l'admettre. Dans ces conditions, Sophie est un moindre mal. Elle est musicienne, elle partage son admiration pour Wagner, elle est la sœur de la divine impératrice.

Le regard du roi paraît plus vague encore. Son visage s'est développé, perdant les grâces d'une adolescence dans sa primeur. Le charme n'est pas rompu, même si l'angoisse envahit à présent tout son être. Louis apparaît plus que jamais prisonnier de rêves qu'il n'ose pas s'avouer. Pourtant Sophie reste confiante. Les deux tourtereaux annoncent à Elisabeth la date de leur mariage. Ce sera le 25 août prochain, date anniversaire de Louis. Ce jour-là, le roi fêtera ses vingt-deux ans. Bonne chance, bonne chance à eux! Après tout, l'avenir n'est pas plus incertain ici qu'ailleurs et la folie ne surgit pas toujours là où on l'attend. Elisabeth a une pensée pour sa belle-sœur Charlotte, la femme de Maximilien. Le drame mexicain l'a brisée. Après avoir supplié Napoléon III d'aider son mari, elle est allée implorer le pape. Au Vatican comme à la Cour de France, elle a refusé les boissons qu'on lui proposait par crainte d'être empoisonnée. Puis elle s'est enfermée, à Miramar, dans sa démence. Comment l'ambitieuse, l'orgueilleuse, l'intelligente Charlotte, que l'archiduchesse citait sans cesse en exemple, en est-elle arrivée à écouter sa folie pour ne plus entendre sa souffrance?

Peu de temps après son retour à Vienne, l'impératrice voit enfin ses efforts récompensés. Le 18 février 1867, Andrássy est nommé Premier ministre de la Hongrie. Un triomphe pour le comte, une immense joie pour Elisabeth. Le Saxon Beust accède à son tour au rang de Premier ministre de l'Autriche. La voie du Dualisme est ouverte. Beust et Andrássy s'y engagent pour en fixer les règles.

Le Compromis de 1867 consacre l'union héréditaire de deux Etats souverains, au sein d'une même monarchie. François-Joseph ne régnera plus à Buda en tant qu'empereur d'Autriche, mais en roi de Hongrie. C'en est fini de l'ancien Empire unitaire. En revanche, la Hongrie accepte des ministères communs en ce qui concerne la Défense et les Affaires étrangères. Le gouvernement hongrois est responsable devant son Parlement. L'ancienne Constitution est remise en vigueur. L'empereur et l'impératrice devront se faire couronner à Buda. Les Hongrois exultent. Les Tchèques protestent et réclament une place dans cet Etat multinational. Les Slaves de l'Empire sont les grands perdants.

C'est aussi pour le clan de l'archiduchesse la défaite. Grand guerrier, maintes fois vainqueur en Italie, l'archiduc Albert, qui lâcha ses troupes sur le territoire hongrois afin de réprimer et réprimer encore, est un des plus virulents adversaires du Compromis. Pour toute cette vieille garde, Compromis ou non, la Hongrie n'en reste pas moins une « Asie autrichienne ».

Le couple impérial est attendu dans Buda en liesse, le 12 mars 1867. On doit préparer le couronnement. Quelques jours à peine avant la date prévue, un deuil s'abat sur la famille des Wittelsbach. La belle-sœur d'Elisabeth, la femme de son jeune frère préféré, Charles-Théodore, meurt brutalement. Dans ces circonstances, Elisabeth ne peut accompagner François-Joseph à Buda. Ainsi la mort se glisse-t-elle, pour la seconde fois, entre elle et la Hongrie. Ainsi faudra-t-il encore revêtir des vêtements de deuil et ne point assister au triomphe d'Andrássy. Comment pourrait-il oublier Elisabeth en ce jour où la place de l'impératrice devait être à ses côtés?

Elisabeth n'arrive pas à repousser cette ombre mortelle qui obscurcit ses plus beaux rêves, qui l'empêche d'assouvir ses désirs. Encore n'est-ce qu'une punition mineure de ne se sentir jamais rassasiée. Il y a pire, ne plus avoir faim. Elle connaît trop cet état de vide, de léthargie, d'inappétence, qui amène à ne souhaiter que sa propre destruction.

Déjà elle portait des habits de deuil, quand François-Joseph la vit pour la première fois à Ischl. A Buda, dans sa robe noire, peut-être aurait-elle su toucher le cœur du beau cavalier magyar. Mais il fallait sans doute à la bonne marche du Compromis qu'elle lui sacrifiât encore un peu de son bonheur. En ce 12 mars 1867, où l'avenir des deux Etats prend une tournure nouvelle, Elisabeth mesure combien sont liés pour elle, dans le même amour et la même absence, la Hongrie et son Premier ministre, le comte Andrássy.

C'est au plus triste du renoncement que lui arrive la merveilleuse nouvelle. Andrássy, ce même 12 mars, annonce que la nation hongroise fait présent du château de Gödöllö au couple impérial. Ce cadeau, n'est-ce pas une manière pour Andrássy de témoigner son attachement à une reine qu'il souhaite voir habiter le plus souvent possible dans son pays? Gödöllö, à l'escalier phosphorescent comme les roches de Corfou, Gödöllö qu'elle avait d'emblée aimé et que François-Joseph n'avait pu lui offrir, Gödöllö scelle son pacte d'amour avec la Hongrie.

Si Elisabeth ne lui a pas ménagé son aide, le peuple magyar lui manifeste en retour une immense gratitude. Il demande que l'impératrice soit couronnée reine de Hongrie le jour même où François-Joseph sera fait roi, et non dans les jours qui suivent comme le veut la tradition. La Hongrie montre par là qu'elle décide de son propre sort. Elle se donne un roi, alliance de raison, mais elle se choisit une reine, alliance d'amour.

Le poète Joseph Eötvös, devenu ministre des Cultes dans le gouvernement d'Andrássy, écrit à Max Falk : « Votre distinguée disciple a été reçue chez nous avec des fleurs. L'enthousiasme croît de jour en jour. Si je suis persuadé que jamais pays n'eut de reine qui le méritât davantage, je sais aussi qu'aucune reine ne fut jamais tant aimée [...] Lorsqu'une Couronne s'est effondrée, comme celle de Hongrie en 1848, rien ne peut la rétablir sinon les sentiments ardents que l'on éveille dans le cœur du peuple [...] Il ne nous restait plus qu'une chance, c'est qu'un membre de la Maison d'Autriche aimât notre nation du plus profond de son cœur. Maintenant que nous avons cela, je ne crains plus l'avenir. »

Malgré toutes ces preuves d'amour, Elisabeth redoute jusqu'au dernier moment qu'un événement imprévu, fatal, un caprice du destin, ne vienne déchirer le fragile Compromis. Elle a trop attendu l'heure de la réconciliation, trop œuvré en sa faveur, trop rêvé d'elle, pour oser croire à sa réalité. Elle pense souvent à une vieille légende hongroise, le *delibab*. En été, dans l'éclat du soleil à son zénith, apparaît au-dessus de l'immense plaine l'image tremblée d'une vieille femme. Sorcière ? Nourrice ? Elle tient à bout de bras une maison. Là se situe l'espoir, en forme de mirage, d'un peuple longtemps nomade, d'un peuple aux frontières incertaines, allant et venant au gré des combats et des invasions. Dans le ciel qui vibre, y aura-t-il un jour une fin à l'errance ? Une oasis où s'arrêter ?

Deák a reçu des lettres de menaces. Les partisans de Kossuth pourraient se manifester avec brutalité pendant les cérémonies du couronnement. La police est sur les dents. Le couple impérial arrive le 8 mai dans une Hongrie en délire. Ils vont ensemble à Gödöllö où les travaux ont commencé. Elisabeth aime plus que jamais cette demeure, dont elle est heureuse de faire les honneurs à son mari. Dans cette maison, au centre d'un immense territoire de chasse et d'équitation, ils vont commencer une nouvelle vie. Ils seront heureux à la manière simple des paysans qui montent à cru leurs superbes chevaux. Elisabeth se sent, sur son domaine, vivifiée, métamorphosée. Avant même le couronnement, elle devient Erzsébet. Il lui faut pourtant retenir son souffle et son bonheur, par crainte de voir s'effacer le beau mirage à l'horizon. Le sacre aura lieu dans un mois. D'ici là elle aimerait que le monde entier fût plongé dans un demi-sommeil et que rien ne pût modifier l'ordre des choses.

Mais le destin ne veut ni se taire ni s'arrêter. On reçoit à la fin du mois des nouvelles dramatiques de Maximilien. Le républicain d'origine indienne, Benito Juárez, l'a fait prisonnier à Querétaro, au nord de Mexico. Le télégramme est vieux de quatorze jours. Que s'est-il passé depuis ?

Le couple impérial revient de l'église Mathias où il a participé aux répétitions du sacre, quand arrive de Vienne une autre terrible nouvelle. Mathilde, la fille de l'archiduc Albert, a été brûlée vive. Dix-huit ans à peine, la jeune fille se prépare pour un bal. Elle fume une cigarette. Son père entre soudain. Il n'apprécie pas que sa fille puisse suivre l'exemple de l'impératrice. Il est militaire, ultra-conservateur et antimagyar. Mathilde cache sa cigarette sous un pan de sa robe, la gaze s'enflamme aussitôt et transforme en torche la jolie jeune fille pour laquelle on échafaudait les plus grands projets matrimoniaux. Elle mourra un mois plus tard.

Déjà dépité de voir ses idées politiques battues en brèche, l'archiduc Albert n'est plus qu'un vieil homme meurtri après ce coup fatal. Elisabeth n'aime pas l'archiduc, mais l'horrible accident de sa fille la frappe de stupeur. Tant de morts jalonnent son chemin, qu'à chaque heure elle redoute une nouvelle tragédie. A Budapest, il n'est pas question de repousser la date du sacre. Les Hongrois n'éprouvent que de la haine pour l'archiduc Albert. Ils ne sont pas près d'oublier qu'il a été leur bourreau. La pauvre Mathilde, s'ils se souciaient de son sort, ferait figure de victime expiatoire.

La tradition magyare veut qu'à la veille du sacre la souveraine raccommode de ses mains le manteau royal. La nouvelle Pénélope satisfait à la coutume non sans plaisir. Le travail exige une telle attention qu'il évite de penser à autre chose. Chaque point ne la rapproche-t-il pas de son but ? A Munich, jeune fiancée, elle n'avait eu qu'indifférence pour la confection de son trousseau. A Buda, elle fait de son ravaudage un acte d'amour.

Il faut dire que le manteau de saint Etienne a bien besoin d'être remis en état. Plus qu'un vêtement, c'est une relique. Les dernières années l'ont mis à mal. Avant de partir pour l'exil, Kossuth avait pris soin de le cacher dans un coffre et d'enfouir le tout sous la terre hongroise. Ainsi l'empereur d'Autriche ne pourrait pas s'en revêtir. Kossuth n'avait pas prévu que ses compatriotes eux-mêmes l'offriraient à François-Joseph. Quatre années de recherche ont été nécessaires pour retrouver le précieux coffre et l'exhumer. L'étoffe est endommagée, mais sa valeur symbolique encore accrue.

Que n'a-t-il pas fallu pour en arriver à ce 8 juin 1867 ? Les morts, l'acharnement, les complots, les désirs, les blessures, les avancées, les reculs, la passion, la colère, la révolution, la défaite, l'orgueil, la lucidité, le rêve, le compromis, l'utopie, le marchandage, la volonté. Il a fallu tout cela et d'autres choses encore.

Liszt a composé la *Messe hongroise du couronnement.* Il est venu lui-même l'offrir aux souverains de son pays. Les grandes orgues de l'église Mathias donnent vie à une musique puissante qui se lamente et triomphe avec une semblable énergie. Le Gloria éclate sur les collines de Buda, rayonne jusqu'aux confins de la plaine, tandis que la douloureuse gamme hongroise fait pleurer le Qui tollis. La musique coule d'un seul flot, mais Erzsébet reconnaît en elle toutes les composantes de la grande Hongrie. Nombreuses, variées, elles viennent de loin, elles furent longtemps étouffées par le bruit des armes. Le flux mêle tous les souvenirs. Il y a les folies des Tziganes, les sanglots des Juifs, l'immobilité des chants grégoriens, le bouillonnement des Magyars. Les sédentaires et les nomades. La béatitude et les convulsions. Les vivants et les morts. Les princes et les mendiants. Tout cela converge, se pénètre, se fond en une seule coulée, en un seul fleuve. Sombre et puissant comme le Danube.

Le soleil monte à l'horizon. Viendra bientôt l'heure des mirages. *Delibab.* La vieille nourrice, la mère universelle, se dessine peu à peu dans le tremblement des orgues et de la lumière. Elle tient à bout de bras la maison mythique où chacun rêve de se reposer. N'est-ce qu'une illusion ce havre de paix et de chaleur ? Ne peut-on, par un acte de foi, le faire exister sur cette terre ? Rêve d'unité, maison commune, le *delibab* prend la forme de cette couronne que le comte Andrássy place sur la tête de Ferenc József. Le *delibab* se dessine avec plus de netteté encore, vibre davantage dans l'église Mathias, quand le palatin Andrássy pose la couronne de saint Etienne sur l'épaule droite de sa reine, une frêle jeune femme, plus belle et plus rayonnante que toutes les figures des livres d'images. L'émotion fait trembler les regards. Les descendants d'Attila se donnent à qui les aime. Leur belle Providence s'appelle Erzsébet.

Elle est faite souveraine par Andrássy, le beau pendu de 1848, l'ennemi juré des Autrichiens, par ses mains. Mais elle ne les sent pas sur elle, sur sa peau, sur son épaule dénudée. Entre leurs deux corps, il y a une couronne. Rien qu'une couronne. Le métal et les gemmes pèsent à peine. Erzsébet retient son souffle. C'est pour l'accomplissement de ce moment-là qu'ils ont tant œuvré ensemble. Ainsi cet homme lui offre-t-il tout de la Hongrie et rien de lui-même. Ainsi ne se toucheront-ils que par le truchement d'une couronne. Ainsi n'ont-ils jamais été si éloignés et si proches. Ils n'ont pas osé jeter un regard l'un vers l'autre. Dans l'église Mathias, ils n'ont ni corps, ni désirs, ni sentiments. Ils sont des symboles. Ainsi François-Joseph lui a-t-il offert un empire. Ainsi Andrássy lui transmet-il un royaume. Son destin est d'obtenir le pouvoir, quand elle demande l'amour.

Ils sortent de l'église à l'heure des mirages. Eljen Erzsébet! Eljen Erzsébet! Qui parlait d'amour? Il s'agit d'adoration. Une houle païenne, une déferlante barbare, se brise aux pieds de l'idole.

Le 8 juin 1867 naît cet étrange phénomène historique, unique en son genre : la monarchie austro-hongroise. Aigle à deux têtes, empire bicéphale, système dualiste, chimère à demi hongroise, à demi autrichienne. L'aventure est risquée. Longtemps après, Robert Musil écrira : « Les deux moitiés de l'Empire allaient l'une avec l'autre comme une veste rouge, blanche et verte, avec un pantalon noir et jaune ; la veste tenait toute seule, tandis que le pantalon n'était que les débris d'un costume déjà disparu, déchiqueté en 1867. »

Une Babel bariolée et fragile. On ne saurait dire avec précision combien de langues, de dialectes, y sont parlés, de dieux invoqués, de peuples, de nations, d'ethnies, rassemblés ou dispersés sur son territoire. Les Habsbourg sont là pour assurer la cohésion. Plus l'édifice est disparate, plus le monarque doit se montrer omniprésent. Pour cela, il y a le dogme, les lois, la bureaucratie, les armées, la police.

A partir de 1867, chaque établissement public, chaque chose, chaque personne, est à la fois impérial et royal. En allemand : *kaiserlich und königlich*, k.u.k. De ces trois lettres, k.u.k., sigle de la monarchie, on dirait aujourd'hui son logo, Robert Musil s'emparera pour rebaptiser son pays. L'Autriche-Hongrie devient dans *l'Homme sans qualités* la mythique Kakania, en français la Cacanie, « qui ne subsistait que par la force de l'habitude [...] La constitution était libérale, mais le régime clérical. Le régime était clérical, mais les habitants libres penseurs. Tous les bourgeois étaient égaux devant la loi, mais justement tous n'étaient pas bourgeois. Le Parlement faisait de sa liberté un usage si impétueux qu'on préférait d'ordinaire le tenir fermé... et chaque fois que l'Etat tout entier se préparait à jouir des bienfaits de l'absolutisme, la Couronne décrétait qu'on allait recommencer à vivre sous le régime parlementaire. Parmi nombre de singularités du même ordre, il faut citer aussi les dissensions nationales qui attiraient sur elles, à juste titre, l'attention de toute l'Europe [...] Oui, malgré tout ce qui parle en sens contraire, la Cacanie était peut-être, après tout, un pays pour génies ; et sans doute fut-ce aussi sa ruine. »

Dans cette Cacanie multinationale, si les Autrichiens d'origine allemande sont minoritaires, ils comptent bien pourtant garder le pouvoir et Musil le souligne avec malice : « Elle s'appelait, par écrit, Monarchie austro-hongroise, et se faisait appeler, oralement, l'Autriche : nom qu'elle avait officiellement et solennellement abjuré, mais conservait dans les affaires de cœur, comme pour prouver que les sentiments ont autant d'importance que le droit public, et que les prescriptions n'ont rien à voir avec le véritable sérieux de la vie. »

Cette règle souffre une exception. Si Elisabeth est impératrice en Autriche, Erzsébet est reine en Cacanie. Et cette reine-là a le cœur hongrois.

Pour l'archiduchesse Sophie, l'Empire se délite. Austro-hongrois ? Elle se refuse à prononcer ce mot. Comment associer à égalité l'Autriche et la Hongrie ? La sauvagerie gagne du terrain. Ce n'était pas pour en arriver à cet infâme Compromis qu'elle avait mis son fils sur le trône. Elle a perdu. Elle se sent vieille. Le malheur n'arrive jamais seul et le coup suivant va lui être fatal. La pugnace archiduchesse en perdra jusqu'au goût de la vie.

Maximilien, le cher, le faible, l'imprévisible Maximilien, est en danger, là-bas, à l'autre bout du monde. Quand elle a retiré du Mexique son corps expéditionnaire, la France lui a conseillé d'abandonner la partie et de regagner l'Europe sous escorte française. Maximilien a hésité. Il sait sa victoire impossible. La plupart des Mexicains le rejettent. Les Aztèques n'ont-ils pas juré de venger la mort de leur ancêtre Montezuma sur ce Habsbourg, descendant de Charles Quint ? Même les Etats-Unis, qui en ont fini avec leur guerre de Sécession, se retournent contre lui. Enfin, Napoléon III, promoteur de cette baroque aventure, le laisse tomber. Maximilien est sur le point d'accepter sa défaite, quand sa femme, ambitieuse et exaltée, lui enjoint de rester. Le langage de Charlotte est plus mystique que stratégique. Elle cède à la tentation de la folie : « L'honneur de la Maison d'Autriche a traversé l'Atlantique; il disparaît avec le soleil pour ressusciter au loin [...] Charles Quint a montré la voie, tu l'as suivie, ne le regrette pas [...] Tu auras le plus bel empire du monde. »

En restant, Maximilien choisit la mort. « Un Habsbourg ne

193

s'en va pas en jetant son fusil », dit-il. En effet, les Habsbourg ne sont pas doués comme les Bourbons pour faire flamboyer la vie, mais ils sont toujours dignes, et souvent grands dans la mort. Cadet indécis, tantôt révolutionnaire, tantôt conquistador, Maximilien renoue dans ses derniers moments avec la règle de l'Escurial.

Assiégé à Querétaro, épuisé, affamé, malade, il résiste soixante-douze jours avant de se rendre, à bout de forces et de munitions. Son ennemi, Juárez, le fait prisonnier. A Vienne, François-Joseph rétablit aussitôt son frère dans tous ses droits de membre de la famille impériale. Qui oserait attenter à la vie d'un archiduc ? Ce titre ne permet-il pas de retenir la main de l'assassin, comme la croix fait reculer le vampire ? En Europe, on croit encore au pouvoir, quasi magique, de la Maison d'Autriche. Au Mexique, le sang indien ne se laisse guère émouvoir par le nom des Habsbourg. Juárez fait condamner à mort Maximilien. Tribunal militaire. Crime contre la nation mexicaine. Sentence exécutoire dans les trois heures. Calme, Maximilien distribue une once d'or à chacun des soldats du peloton d'exécution. Six balles dans la poitrine. De cet archiduc qui aurait aimé ressembler à Heine, il reste le tableau de Manet.

Maximilien meurt à Querétaro le 19 juin 1867, onze jours après le sacre de Buda-Pest. La nouvelle de son exécution n'arrive en Europe qu'à la fin du mois. François-Joseph et Elisabeth reçoivent le télégramme à Ratisbonne où ils sont venus assister aux obsèques de leur beau-frère, le mari d'Hélène. Néné, la jeune veuve, est effondrée. Parmi les sœurs d'Elisabeth, elle était la seule à avoir épousé un homme selon son cœur, selon sa peau. Elle était heureuse, trop heureuse sans doute pour une Wittelsbach. Non seulement Elisabeth se sent en dette avec cette aînée qu'elle a autrefois évincée, mais elle admire, elle aime son équilibre, son intelligence, sa solidité. Dans les moments difficiles, c'est Néné qu'on appelle au secours. François-Joseph l'avait envoyée à Corfou pour tenter d'arracher Elisabeth à sa déréliction. Aujourd'hui la consolatrice ne peut être consolée.

La danse macabre continue, sur un tempo de plus en plus rapide. Les deuils succèdent aux deuils. Délire baroque. A la vie, à la mort. Mathilde, la jeune Mathilde, partie en fumée.

Maximilien, la poitrine trouée par les balles. Le mari de Néné, terrassé par la maladie. Faut-il qu'une couronne de malheurs enserre chaque instant ?

Maximilien avait accompagné Elisabeth à Corfou. Sur le pont du bateau, il rêvait, à haute voix, d'une autre vie, d'un autre empire. Il mêlait ses enthousiasmes de poète à ses désirs de pouvoir. Il voulait partir au bout du monde pour que là au moins son frère ne puisse plus lui faire de l'ombre. Il avait besoin d'un trône. Il lui fallait des aventures, des titres, des honneurs. Là-bas, il serait enfin le premier. Elisabeth n'osait pas briser son rêve. A peine avait-elle répondu à cet homme dont elle se sentait si proche : « Pourquoi un empire ? Pourquoi le pouvoir ? Pourquoi chercher ailleurs ? Les orchidées poussent si bien à Miramar. »

Juárez accepte de rendre à sa famille le corps de Maximilien. Il revient en Europe sur cette frégate *Novara* qui l'avait emporté, trois ans et demi plus tôt, vers son improbable royaume. Elisabeth murmure une strophe de leur poète préféré, Heinrich Heine :

> *Une grande barque, aux couleurs de deuil,*
> *Cingle tristement sur les vagues sombres ;*
> *Des hommes masqués, pareils à des ombres,*
> *Sont assis muets, autour d'un cercueil.*

L'empereur du Mexique redevient sept mois après sa mort un Habsbourg. Terminus : la crypte des Capucins. Il est inhumé dans le caveau familial. Il faut de nouveau descendre l'étroit escalier qui mène vers les chambres funéraires. Elisabeth partage la souffrance de sa belle-mère. Elle sait ce qu'est la perte d'un enfant. Sous ces voûtes repose la petite Sophie. La douleur pourrait à présent rapprocher les deux femmes. Elisabeth en a la tentation, mais le regard de l'archiduchesse l'arrête aussitôt. La tristesse n'adoucit en rien sa haine et son ressentiment. Les yeux de la vieille femme n'expriment que le reproche. Maximilien est mort et Elisabeth est vivante. Cela suffit à rendre impossible la trêve.

Dans ce lieu sinistre, chacun se sent plus seul que jamais. Sans doute François-Joseph pense-t-il qu'il a quitté son frère sur une dernière querelle. Ces deux hommes se sont jalousés sans cesse et leur commune dévotion pour leur mère, loin de les rapprocher, les a toujours opposés. Les Habsbourg debout dans la crypte des Capucins sont aussi seuls que les Habsbourg couchés dans leurs tombeaux parallèles. Fermés sur eux-mêmes, figés dans une dernière pose, ils traversent la nuit des temps sans jamais se rencontrer, pas plus ici qu'à l'infini.

Heureusement il y a la Hongrie! Heureusement il y a Gödöllö, comme une échappée de lumière. Elisabeth s'y rend de plus en plus souvent, surtout depuis qu'elle se sait enceinte d'un quatrième enfant. Au lendemain du sacre, elle a écrit un poème intitulé : « Oh, puissé-je vous donner votre roi ! » A présent, il grandit dans son ventre, cet enfant désiré qui authentifiera ses noces avec le pays aimé et la réconciliation avec son mari. A peine conçu, il est sien. Elle se jure que celui-ci, personne ne le lui ravira. Au reste, elle souhaite le faire naître loin de Vienne afin de mieux le soustraire aux dangers.

L'impératrice est cette fois résolue à ne pas se laisser dicter sa conduite. Les conseils des autres ne lui sont plus nécessaires. Elle se montre sage sans que son mari ou sa belle-mère ait à intervenir. Finis les galops, les marches forcées, les exercices matinaux aux agrès. Cette éternelle agitée prend le temps de se reposer. Déjà elle n'écoute plus que ses remous internes, d'autant que son nouvel état lui permet d'échapper à nombre de corvées protocolaires.

Elle ne sort plus guère de son silence. Pourtant l'attitude de son cousin, Louis II, lui donne envie de se porter au secours de sa famille. Le roi de Bavière repousse de mois en mois la date de son mariage avec Sophie, la plus jeune sœur d'Elisabeth. A bout de nerfs, la fiancée a même proposé de rendre sa parole au promis trop fantasque. Il a refusé et fixé une autre date. Le mariage épouvante Louis, mais il n'ose pas encore affronter son opinion publique en se situant hors de la norme morale. Plus grave, il recule le moment de s'avouer à lui-même sa vérité. Sophie ne l'intéresse pas plus que les autres femmes. Il a beau donner à sa fiancée les noms des héroïnes wagnériennes et ne remarquer en elle que sa ressemblance avec la divine et lointaine impératrice, tout le porte vers d'autres étreintes. Un robuste aide de camp sera toujours plus à son goût qu'une chaste promise. Elisabeth ne s'effarouche pas pour si peu, d'autant qu'elle a tout deviné depuis longtemps. En revanche les atermoiements de Louis lui sont insupportables. Il blesse inutilement sa sœur et humilie toute sa famille. « Mon indignation est à son comble comme celle de l'empereur, écrit-elle à sa mère. Il n'est pas d'expression pour qualifier pareille conduite. Je ne comprends pas que Louis ose encore, après tout ce qui s'est passé, se montrer dans Munich ! »

Le duc Max lance un ultimatum à son roi. Louis II se vexe et en profite pour rompre. L'affaire est close au grand soulagement de tous. Sophie n'aura plus à attendre son trop évanescent fiancé. Quant à Louis, il confie à son Journal, le soir même, son soulagement : « Enfin débarrassé de Sophie. La sombre image s'efface. Je désire ardemment la liberté ; je revis après ce cauchemar épouvantable. »

En fait, Sophie n'a rien de sombre. C'est une jolie jeune fille rieuse que ses lamentables fiançailles ont meurtrie. Il faut réparer l'affront et la famille s'efforce de lui trouver au plus vite un autre parti. Dès l'année suivante, elle épouse François d'Orléans, duc d'Alençon. Le mariage semble réussi dans un premier temps, puis une passion malheureuse entraîne la jeune femme vers la dépression. Elle réussit à retrouver son équilibre, mais la tragédie la rattrape. Elle meurt en 1897 dans le tristement célèbre incendie du Bazar de la Charité. Plusieurs témoins souligneront son courage. Loin de chercher dans la panique à sauver sa peau, elle aide plusieurs mères à fuir avec leurs enfants. Les sœurs Wittelsbach, ces originales, instables et narcissiques, savent aussi, quand il le faut, se conduire avec héroïsme.

Les voitures en cortège vont quitter Gödöllö. A Pest, on prendra le train pour Vienne. Il fait trop froid pour remonter le Danube et on n'a pas envie de musarder. Rentrer à la Hofburg est toujours un supplice, alors mieux vaut arracher le pansement d'un seul coup en tirant fort. La douleur est vive, mais au moins elle ne dure pas.

Un ciel gris chargé de neige pèse sur Gödöllö. Il adoucit le jaune des façades, dilue le vert céladon des bulbes. On parle à voix basse. On regrette tant de devoir partir. Le grand hiver approche. Bientôt il sera là. A quelques heures près, Erzsébet y pense à regret, on aurait été son prisonnier. Un télégramme serait aussitôt parti pour Vienne : « Retour impossible. Empereur et impératrice empêchés. Routes impraticables. Espérons redoux. » Le soleil sur la neige aurait rendu plus phosphorescent encore le marbre du grand escalier. On se serait enfermés dans un silence que le harcèlement des affaires politiques et militaires n'aurait pu trouer. L'empereur aurait oublié qu'il est l'empereur. On l'aurait surpris au lit à dix heures du matin. Les dépêches de ses ministres n'auraient pu franchir le barrage des glaces. Peu importe, aurait-il dit en caressant le ventre de sa femme, et il aurait même ajouté : « Vive la vie ! » L'enfant qui pousse en secret, son enfant, ne vaut-il pas que le monde se taise ?

La neige, hélas, n'a pas surpris les souverains dans leur Capoue hongroise. Ils ne seront pas les prisonniers du général hiver. Il faut partir. François-Joseph sait combien Elisabeth redoute ce moment-là. Pour le lui rendre moins pénible, il décide de céder sa place à Andrássy dans la voiture impériale. Il demande au comte de tenir compagnie à la reine jusqu'à la gare de Pest ; pour sa part, il montera dans la voiture de tête. Certes, ce sacrifice lui coûte, mais il veut faire cesser les rumeurs qui empestent leur vie. Si l'empereur lui-même encourage l'amitié de cet homme et de sa femme, s'il n'y voit rien de suspect, les clabaudages et les calomnies s'essouffleront peut-être.

A peine la voiture a-t-elle quitté Gödöllö qu'Elisabeth commence à ressentir le froid. La neige tombe enfin. On dirait que la réalité a toujours un temps de retard sur les désirs. Andrássy est assis à sa gauche et il se tait. Elle doit parler la première, ainsi l'exige l'étiquette. On n'adresse pas la parole à une impératrice, ni à une reine, on lui répond. Elle peut choisir le silence, si elle le souhaite. Avant le sacre, quand ils se rencontraient, la Hongrie occupait tous leurs propos. Le combat est à présent terminé. Ils ont gagné et leur victoire les laisse vides. Finis les complots, les ruses, les conspirations, les langages codés. Fini de mentir à tous et à soi-même, d'appeler patriotisme l'ambition, sentiments les désirs, amour le besoin de séduire, passion le jeu des vanités.

Ne prétendaient-ils pas lutter pour une cause ? Eh bien, l'Autriche-Hongrie existe et Elisabeth se sent inutile. Tout redevient à présent une affaire d'hommes. Elle sait que le couronnement n'a été qu'une étape pour Andrássy. La Hongrie veut se développer, elle veut entrer dans le monde moderne, elle s'y précipite. Pour cela, elle a besoin de l'intelligence et de l'efficacité d'Andrássy. Mais à elle, qu'est-ce que la Hongrie pourrait encore demander ? Les Magyars voulaient une reine, ils l'ont. Alors qu'elle garde bien sagement la pose! Son rôle n'est-il pas de rester fidèle à l'image fixée une fois pour toutes dans l'église Mathias? Elle est une idole vouée par les autres à l'immobilité.

« Nous avons gagné, n'est-ce pas? » dit-elle sans le regarder. L'étiquette est sauve, puisque la reine a parlé la première. C'est à lui de faire le reste, la balle est dans son camp. Puisse-t-il seulement ne pas se confondre en remerciements. Puisse-t-il éviter les excès de la reconnaissance. Elle n'aime pas ça. Certes il lui doit le pouvoir, mais en retour il lui a offert une couronne. Ne sont-ils pas quittes?

Par bonheur, le comte évite le piège de la gratitude. Loin de se conduire en vassal, loin de songer à renouveler son serment d'allégeance, il se contente de remonter le plaid sur les jambes d'Elisabeth. « Pour peu que les dieux soient avec nous, dit-il, nous aurons peut-être la chance que notre voiture se perde dans les neiges. »

Elisabeth a enlevé son gant gauche et elle a glissé sa main dans la main d'Andrássy. Les chaos font se heurter leurs épaules. Dans ses rêves d'enfant, elle souhaitait des voyages sans fin. Aucun trésor ne méritait qu'on ralentisse l'allure. Aucun secret, aucune peur, ne lui donnait l'envie de s'arrêter. Les chevaux n'étaient jamais assez rapides. Le jour où elle vit pour la première fois rouler un train, elle crut que son vœu le plus cher était enfin exaucé. Le mouvement perpétuel existait. On pouvait partir, tout quitter, suivre la voie, choisir le point de fuite. A cette époque-là les choses étaient simples. Elle ignorait encore les gares, les horaires, les attentes et surtout les retours. Depuis elle a appris qu'il faut toujours revenir à son point de départ. Morte ou vive. La crypte des Capucins n'est qu'à quelques pas de la Hofburg.

La neige a fait venir la nuit plus tôt que d'habitude. On devine à peine la berline de tête, celle qu'occupent l'empereur et la comtesse Andrássy. Les ventres des chevaux sont ouatés par les flocons, les bruits n'arrivent qu'assourdis, les alentours deviennent indistincts. Pourtant aucune voiture ne se perdra dans les neiges. Un cortège impérial ne permet guère l'aventure. Les gardes à cheval vont d'un attelage à l'autre. On rassure les voyageurs. Bientôt on sera en gare de Pest.

Leurs mains ne se sont pas quittées. La chaleur de l'autre. Le corps de l'autre. Ils ne se rencontreront jamais. Elisabeth pense à sa sœur Marie, la jolie Marie, l'héroïne de Gaète. Ses faits d'armes, sa résistance et sa défaite, rien ne paraissait pouvoir la changer. Puis un homme est arrivé et Marie est devenue une énigme pour ses proches. Elisabeth va avoir trente ans et elle se sent vieille. Elle n'a plus rien à attendre si ce n'est la venue de son enfant. Les yeux d'Andrássy lui disent pourtant qu'elle n'a jamais été plus belle, elle ne veut pas entendre ce langage. Il a dû s'en servir si souvent, de Pest à Londres, en passant par Paris et Vienne. Séduire, être séduit. Tout est bon et rien ne satisfait. On séduit les hommes, les femmes, les opinions, les foules, les spectateurs, les miroirs, les photographes. Elle sait cela. Dans ce domaine, ils se ressemblent, ce qui la rend plus méfiante encore.

Ils roulent à présent dans les rues étroites de Pest. La neige ralentit la circulation. On entend crier les gardes qui essaient de frayer un passage au cortège officiel. Devant la synagogue, des garçonnets vêtus de noir, leurs longues boucles s'échappant des bonnets, font des boules de neige. A la vue des berlines et de l'aigle à deux têtes peint sur les portières, ils arrêtent soudain leurs jeux. Les flocons s'accrochent à leurs silhouettes sombres, tandis qu'ils regardent passer ces voitures venues d'un autre monde.

— Si vous retournez à Gödöllö pendant mon absence, dit Elisabeth, allez dire à mes chevaux que je reviendrai bientôt et qu'à Vienne, je ne les oublie pas. Veillez aussi à ce qu'on laisse ouvertes les portes des dépendances. Les Tziganes pourront venir s'y reposer.

Elle a porté à ses lèvres la main d'Andrássy et elle l'embrasse avec douceur, comme on réchauffe les doigts d'un enfant.

— J'ai encore une chose à vous demander, comte. C'est de loin la plus importante.

La voiture est entrée dans la gare de Pest. Ce voyage-là est fini, un autre va commencer.

— Il faut que vous me promettiez, dit-elle, de ne pas mourir avant moi.

— Cela ne m'appartient pas et je ne suis pas sûr de le désirer.

— Promettez, comte. Sinon je ne lâche pas votre main et nous serons compromis aux yeux de tous. Compromis! Vous connaissez bien le mot, n'est-ce pas? puisque vous l'avez signé, le Compromis.

— Je promets de vous obéir aussi longtemps que je pourrai. Pensez seulement à revenir, les Hongrois ont besoin de leur reine.

– Et vous?
– Je me sens plus hongrois que tous les Hongrois.
Le voyage est fini. Le train attend, l'empereur aussi.

En Bavière, Louis II poursuit un autre voyage. Celui qu'il nomme l'Ami, Richard Wagner, est de retour. L'opéra de Munich fait triompher *les Maîtres chanteurs*. Mais la musique ne suffit plus au roi. Il se veut bâtisseur. Ses châteaux seront ses œuvres. Il faut les construire au plus vite. Maximilien, bien avant sa fatale expédition mexicaine, n'avait-il pas réussi à faire édifier Miramar en moins d'un an ? Pourquoi les Bavarois sont-ils si lents ? Pourquoi ses ministres lui reprochent-ils d'assécher les caisses de l'Etat ? Il faut vivre, et la vie pour être supportable doit se draper dans l'étoffe des rêves.

Il dessine lui-même le croquis de ses palais. Aux architectes de décrypter et de coter ensuite les élucubrations royales. Il rend ses projets toujours plus complexes, plus chers, plus insensés. Il les arrache à son cerveau malade comme un chirurgien extirpe une tumeur. Sa folie portée au grand jour devient pierres, tourelles, donjons, escaliers, labyrinthes, galeries des glaces. A force d'interroger les miroirs, ils finissent par lui répondre ce qu'il souhaite. Tantôt il choisit le style wagnérien et il incarne le nouveau Lohengrin. Tantôt le style versaillais a ses faveurs et il se prend pour un avatar de Louis XIV.

La nuit, quand le mauvais temps et la neige gênent ses escapades équestres, il se fait conduire au manège royal. En compagnie de son écuyer, il monte son cheval sept à huit heures d'affilée. L'écuyer est chargé d'estimer la distance parcourue et de vérifier sur les cartes où son maître est censé arriver. Tandis qu'il tourne en rond, le roi imagine qu'il prend la route de Salzbourg ou celle du Tyrol. Là-bas, sa cousine Elisabeth lui a donné rendez-vous. Là-bas, il va la retrouver. Elle a enfin compris pourquoi il a rompu ses fiançailles avec Sophie. Elle sait, elle, si éprise de beauté, qu'une pâle copie ne peut faire oublier un sublime original. Non seulement elle a tout compris, mais elle lui a accordé son pardon.

Ils ont attaché leurs chevaux. La nuit est belle. L'écuyer a improvisé une dînette sur l'herbe. Elle parle de Heine, il lui parle de Wagner. Avant de se séparer, ils se jurent une éternelle affection. Au revoir, ma cousine, et à bientôt. Louis remonte sur son cheval. Le voilà reparti pour ses tours de manège.

Autant dans un sens qu'il en a fait dans l'autre. Le délire a sa logique. Il chevauchera jusqu'au matin pour boucler son voyage imaginaire. A la lumière du jour, le monde sera de nouveau en place, c'est-à-dire sans intérêt. Louis devra attendre d'autres rendez-vous avec Elisabeth pour que reprenne le lent tournoiement des songes. La nuit seule permet d'aller vers ceux qu'on aime.

Les princes fous sont plus voyants que les déments anonymes, parce qu'ils ont les moyens de leur folie. Pourtant les aristocrates ne sont pas les seuls à délirer en cette fin de xixe siècle. Partout se remplissent ce que l'on appelle alors les maisons de fous. Elisabeth s'intéresse depuis longtemps aux maladies de l'âme. Elle aime dans Shakespeare la sagesse des fous, dans la musique tzigane les envols exaltés et les retombées désespérantes, dans la plaine hongroise l'appel du vide et la réponse des mirages. A plusieurs reprises, elle a éprouvé la fragilité de son propre équilibre. La famille des Wittelsbach a une réputation d'excentricité et celle des Habsbourg n'a pas grand-chose à lui envier. Tout en redoutant pour ses enfants ce dangereux héritage, Elisabeth se sent attirée par la déraison.

Dans tous ses déplacements, elle demande qu'à la liste des visites prévues, hôpitaux, orphelinats, on ajoute les asiles d'aliénés. Elle s'y rend à titre privé, dans la seule compagnie de sa lectrice. Elle n'est pas là pour serrer les mains des médecins et écouter les discours du directeur. Elle veut qu'on lui explique les nouvelles thérapies et assister aux séances d'hypnose. Elle se renseigne sur la personnalité des malades et leurs symptômes. Parfois elle reste plus d'une heure, assise sur le bord d'un lit, à écouter et à tenir la main d'un patient qui ne sait pas avoir affaire à l'impératrice.

Un jour, François-Joseph demande à sa femme ce qu'elle souhaite pour son anniversaire. Elle répond : « Je souhaiterais soit un jeune tigre royal (il y a trois petits au Jardin zoologique de Berlin), soit un médaillon. Mais ce qui me plairait par-dessus tout, ce serait une maison de fous, complètement aménagée. Voilà, tu as amplement le choix. »

Il y en a en effet pour tous les goûts, mais Elisabeth devine le choix que fera son mari. François-Joseph est un modèle de pondération, même si l'amour qu'il lui voue se révèle sans bornes. Il lui offrira un médaillon. Cependant l'amour a la mémoire longue. Sans doute se souviendra-t-il de l'étrange troisième vœu de l'impératrice quand, trente-cinq ans plus tard, il décidera la construction de l'hôpital psychiatrique du Steinhof, sur les collines qui dominent Vienne. Le projet se verra confié au plus grand architecte de l'époque, Otto Wagner. Les meilleurs artistes collaboreront à la construction du superbe ouvrage. Les écrivains, les peintres, s'emploieront à sonder les profondeurs hystériques et névrotiques de l'esprit humain. La coupole d'or du Steinhof nimbera Vienne d'une nouvelle gloire, celle d'avoir accordé à la folie assez d'importance pour l'honorer du plus impressionnant monument, celle d'être partie à la découverte de terres nouvelles à la suite du grand voyageur, Sigmund Freud.

Avant même de voir le jour, le quatrième enfant d'Elisabeth provoque une polémique. Les Hongrois forment les vœux les plus ardents pour que l'enfant à venir soit un garçon. Elisabeth a promis que, dans ce cas, il serait appelé Etienne, du nom du saint patron de la Hongrie. Pour les Magyars, il va de soi que ce second fils recevra en héritage le trône de Hongrie, tandis que le premier fils, Rodolphe, devra se contenter de l'Autriche. L'Autriche-Hongrie n'est dans leur esprit qu'une étape intermédiaire. A terme, l'autonomie se changera en indépendance. Erzsébet ne disait pas autre chose dans son poème au titre explicite : « Oh, puissé-je vous donner votre roi ! » De leur côté les Autrichiens voient venir les dangers d'une désunion et prient le ciel pour que l'enfant soit une fille. Ils sont d'autant plus inquiets que l'impératrice a déclaré vouloir accoucher en Hongrie.

Elisabeth s'est en effet juré que cet enfant-là n'appartiendrait qu'à elle. L'archiduchesse n'est plus en mesure de le lui disputer. La perte de Maximilien a brisé ses forces, détruit sa pugnacité. Mais sa belle-fille a été trop marquée par les anciennes luttes pour ne pas redouter un dernier assaut. Il lui faut donc accoucher loin de Vienne.

L'enfant naît à Budapest, le 22 avril 1868. C'est une petite fille qu'on appelle Marie-Valérie. Si les Hongrois s'avouent déçus, Elisabeth ne partage pas leur sentiment. Une fois passée l'exaltation du couronnement, elle a compris que cet enfant, elle le ferait pour elle. Donner un roi à la Hongrie est une bonne chose, avoir un être à aimer en est une meilleure. Une fille n'est-elle pas dans une famille impériale encore plus qu'ailleurs une laissée-pour-compte ? Qui pourrait-elle intéresser cette petite fille ? Ni l'empire, ni le royaume. Dès sa naissance en revanche, elle passionne sa mère qui ne la quitte pas des yeux. Elle est son amour, son tourment, son obsession. La moindre toux prend des allures de drame, la plus petite colique devient une tragédie. Avec la nourrice de Marie-Valérie, elle se montre tyrannique, exigeante et parfois injuste. Le souvenir de sa fille aînée et de sa mort brutale l'incite à plus de vigilance encore.

Elle confie à une de ses dames d'honneur : « Je sais maintenant ce qu'est le bonheur d'avoir un enfant. » Il est évident que sa préférence va à Marie-Valérie. Il est non moins évident qu'on ne lui a guère laissé la possibilité d'aimer Gisèle et Rodolphe.

Les sentiments que suscite la petite Marie-Valérie dès sa naissance sont révélateurs de ce que pensent les uns et les autres de sa mère. C'est par excès d'amour envers leur reine et par souci de leur indépendance que les Hongrois ont souhaité un héritier de sexe masculin. La première déception passée, ils ne songent plus qu'à manifester de nouveau leur dévotion et à retenir sur leurs terres la mère et l'enfant. Déjà la nourrice hongroise chante à la petite des czardas et les Tziganes bercent ses rêves au rythme du cymbalum.

En Autriche, le libéralisme gagne du terrain. Beaucoup y voient l'influence bénéfique de l'impératrice. D'absolu, le régime évolue vers une forme constitutionnelle. Le parti clérical, autour de l'archiduchesse et de son confesseur le cardinal Rauscher, subit encore une défaite avec la fin du Concordat. Le Parlement enlève à l'Eglise son pouvoir sur l'enseignement et sur l'état civil, il le rend à l'Etat.

Les minorités espèrent voir leurs droits confirmés. Elisabeth, qui a tant œuvré pour les Hongrois, ne pourrait-elle pas maintenant s'occuper des autres ? Marie-Valérie n'a que trois semaines quand les femmes juives de Vienne nomment la petite membre d'honneur de leur association. Par l'entremise de la fille, la supplique s'adresse à la mère. L'ensemble de la communauté juive sait pouvoir compter sur elle. Elle l'a déjà montré par son amitié avec Max Falk et l'admiration qu'elle porte au poète Heinrich Heine dont Metternich avait interdit la publication des œuvres en Autriche.

A contrario, les éléments les plus conservateurs de la Cour de Vienne, ceux qui se sont toujours sentis méprisés par l'impératrice, redoublent de véhémence. Ils lui reprochaient naguère de négliger ses enfants, ils se moquent à présent de sa découverte tardive des joies maternelles. Marie-Valérie est surnommée l'Unique ou, plus méchamment, l'enfant hongrois de la reine. Bien entendu, la rumeur veut qu'Andrássy soit le père du bébé. Les médisances ne se calmeront que des années plus tard, quand la ressemblance entre François-Joseph et sa fille se fera chaque jour plus évidente. Au reste l'empereur se montre un père attentif, presque aussi gâteux que son épouse. Marie-Valérie est née de leur réconciliation.

Mariés depuis quatorze ans, ils s'acceptent enfin tels qu'ils sont. Les orages s'éloignent. Si Marie-Valérie avait pu, comme en France à l'époque révolutionnaire, emprunter son nom à la météorologie, ses parents l'auraient sans doute appelée Embellie, tant sa venue marque le commencement de nouveaux rapports à l'intérieur de leur couple. Le calme après les tempêtes et les déchirements. Elisabeth et François-Joseph connaissent tout, ou presque, de leurs différences, elles sont irréversibles. Ils n'ont plus envie ni l'un ni l'autre de se révolter contre cet état de fait. S'il est trop tôt pour la résignation, le temps de la confiance et de la tendresse, lui, est arrivé.

Elle sait que son mari s'efforcera toujours de prévenir ses désirs pour peu qu'elle ne lui demande jamais de bouleverser son emploi du temps ni de donner aux plaisirs ce qui revient à l'Empire. Il a le devoir chevillé au corps. Pour cet homme d'habitudes, ne pas se lever à quatre heures du matin, c'est faire une entorse à la règle sacrée, c'est afficher une fâcheuse propension à la débauche.

François-Joseph se rend à Paris, à l'automne 1867, pour l'Exposition universelle. Il habite le palais de l'Elysée, d'où il écrit chaque matin à Elisabeth. La voyageuse n'aime pas les voyages officiels et sa grossesse lui permet d'échapper à celui-ci. Alors « son petit mari » lui raconte par le menu toutes les festivités. Il y va de sa description des demi-mondaines au bois de Boulogne et du portrait amusé de ses hôtes, Napoléon III et l'impératrice Eugénie. La France et l'Autriche se sont rapprochées, un peu tard il est vrai. Il y a eu tant de sang entre les deux pays, le sang des anonymes et le sang de Maximilien. Quand l'archiduchesse Sophie parle de Napoléon III, le moins souvent possible, elle l'appelle « l'assassin de mon fils ».

Pour François-Joseph, là aussi, le temps de la réconciliation est venu. Napoléon III l'accueille avec chaleur et les réjouissances ne manquent pas. Cependant il s'ennuie loin de sa femme. Dans ses lettres, il insiste sur le fait qu'il dort mieux à l'Elysée qu'à la Hofburg. On dirait qu'avec l'éloignement les soucis s'estompent. Il avoue d'un ton badin n'ouvrir les yeux qu'à six heures du matin. La chose lui semble inouïe. Serait-il atteint par le sybaritisme français, conquis par la légèreté d'Offenbach, séduit par la fameuse vie parisienne ?

Hélas, ce laisser-aller apparaît sans lendemain. A peine rentré dans son pays, il redevient le premier fonctionnaire de l'Empire. Appliqué, sérieux, infatigable. S'il lève le nez de ses dossiers, c'est pour contempler le portrait de sa femme peint par Winterhalter. Sa grâce, sa poésie, sa sensibilité appartiennent à un monde qu'il admire d'autant qu'il n'y a pas accès. A une pièce de Shakespeare, il préférera toujours une partie de chasse, à un poème de Heine une fanfare militaire, à un divan moelleux un lit de camp.

Il est parfois agacé par les exigences de sa femme, blessé par ses sautes d'humeur, pourtant il ne voit qu'elle, la lumière nocturne de son regard, il n'entend qu'elle, sa voix feutrée, sa démarche volontaire, il ne pense qu'à elle, même au moment d'ajuster une poule faisane ou de passer les troupes en revue. Absente, comme épurée de sa propre présence, Elisabeth s'impose à lui avec plus de force encore. Il l'attend, il guette son pas, il lui écrit, il emploie les mots de tous les amoureux. Cet empereur peu enclin au lyrisme, ce parangon des vertus bourgeoises se révèle par l'intensité de la permanence de son amour un homme émouvant, presque pathétique.

Il s'est fait à l'idée que sa femme ne serait impératrice que par intermittence. Les corvées officielles lui pèsent. Elle supporte mal le regard des autres. Cette narcissique n'aime pas s'exhiber. Quand elle doit faire cercle après le dîner, regrouper autour d'elle les invités pour qu'ils échangent les banalités d'usage, Elisabeth appelle cela : être de service. Elle parle de la « mascarade intérieure » à laquelle on voudrait qu'elle se livre. Elle-même décrit avec ironie dans un poème ce qui se passe les soirs où elle figure en bonne place sur le tableau de service :

> *Les stupides racontars de la Cour*
> *Se sont prolongés tard dans la nuit.*
> *Dans mon habit de brocart d'or,*
> *Richement doublé de zibeline,*
> *Une couronne comme parure*
> *Et mes cheveux coiffés à l'antique,*
> *J'avançais à pas cérémonieux et comptés,*
> *Mon époux à mes côtés,*
> *Comme il convient à des êtres aussi exceptionnels !*

Le maître de cérémonie
Plastronne devant nous avec son bâton,
Et en frappe des coups forts et sonores :
Attention, la fête commence !
Avec grâce nous fîmes se courber
Devant nous une mer humaine,
Aux sons des violons de Strauss
Que l'orchestre déversait là-haut.

S'approchent les plus grands noms
Et la fleur de l'aristocratie,
Dames du palais décorées de la Croix étoilée;
(Elles sont grasses et souvent bêtes).
Oh, comme je connais bien vos manières !
Je sais, depuis ma plus tendre jeunesse,
Ce qu'est l'outrage de vos calomnies
Et la sainteté de vos contorsions.

Mais le maître de cérémonie
Annonce maintenant : la fête est finie
Vous tous, les ducs et les barons,
Les princes et les comtes, rentrez chez vous.

De ma tête lourde en soupirant
J'enlève la couronne;
Que de bonnes heures m'a volées
Ce bâton de cérémonie.
Ces parures chatoyantes,
Je les contemple longuement;
Pour d'autres, ce seraient de grandes joies,
Pour moi, ce n'est qu'un joug pesant.

Loin de Vienne, Elisabeth se sent en accord avec elle-même. Elle peut rire aux éclats en chassant les souris dans les couloirs de Gödöllö, reprendre en tapant dans ses mains les refrains des Tziganes, papoter des nuits entières avec ses sœurs, captiver un auditoire de parlementaires hongrois avec un discours improvisé. En revanche, les fadaises des courtisans la laissent de glace. Seuls ses yeux sourient en société. On reproche à son beau visage et à son port altier de n'exprimer qu'un souverain mépris. Il arrive qu'à bout de résistance, elle sorte de son mutisme pour jeter une petite phrase assassine. Ce n'est pas ce qu'on appelle à la Cour de Vienne faire la conversation.

Dans bien des circonstances, François-Joseph ne s'amuse pas plus que son épouse, mais il a l'art consommé de s'ennuyer sans rien laisser paraître. Chacun loue sa courtoisie et cette élégance qui le conduit tout naturellement à dire le mot qui convient, à faire le geste dont on lui sera reconnaissant. C'est à la fois un homme simple et un grand seigneur. Il évolue dans un monde qui est le sien depuis sa naissance et dont il connaît tous les détours. Pourtant il suffit parfois que son regard croise celui d'Elisabeth pour que, dans un éclair de connivence, le ridicule d'une situation ou d'un personnage lui apparaisse soudain et qu'ils aient l'un et l'autre des difficultés à maîtriser leur fou rire.

Ils sont arrivés à une entente, une complicité, rare chez des souverains. L'étiquette, la promiscuité des palais, la mystique du pouvoir ne stimulent guère l'amour, encore moins la volupté. Les Bourbons de la grande époque avaient mis au point une règle qui leur donnait entière satisfaction : le partage des genres. Dans le lit de l'épouse, on accomplit son devoir. Pour les plaisirs, il y a l'alcôve des favorites. Il n'est pas question qu'Elisabeth et François-Joseph appliquent ce précepte. En se mariant, ils ont voulu croire que les rois pouvaient aimer comme le font les bergers de comédie. Le climat de la Hofburg et la surveillance opiniâtre de l'archiduchesse ont contrarié leurs premières étreintes. Les maladresses de l'empereur, les excès de sa passion, les timidités d'un homme épris, tout cela ne permet pas de se montrer sous un jour flatteur. Il n'a pas réussi à éveiller la sensualité d'une épouse trop jeune, trop belle, trop idolâtrée.

Le corps d'Elisabeth – ses courbes, l'éclat de sa carnation – semble fait pour la volupté. Mais elle préfère les rêves aux réalités. Dans sa prison de la Hofburg, sa vie n'est qu'une accumulation de corvées qui ne laisse aucune place au désir. Elle songe davantage à se révolter, à conquérir une parcelle de liberté qu'à s'abandonner aux plaisirs. Elle va faire de son corps un spectacle, non pour l'offrir à l'adoration des foules comme sa fonction l'exige, mais pour satisfaire son narcissisme. Son culte de la minceur confine à l'anorexie. Elle avoue elle-même son inappétence :

1 - Sissi à dix ans

2 - Le jeune couple à Schönbrunn

3 - François-Joseph vers 1860

4 - Elisabeth à vingt ans

5 - Elisabeth, Gisèle et Rodolphe
à Venise en 1862

6 - L'entourage hongrois de gauche à droite : François-Joseph, Andrássy la
nourrice hongroise de Marie-Valérie, Ida Ferenczy, Elisabeth tenant sur ses genou
Marie-Valérie, Gisèle, Rodolphe, Marie Festetics et le baron Nopcsa

7 - Marie-Valérie

8 - Exercice de haute école au manège
de Gödöllö

9 - L'impératrice à cheval en 1876

10 - Gyula Andrássy

11 - Un des célèbres portraits faits dans l
années 1860 par le photographe Angere

12 - Pour échapper aux curieux

13 - Rodolphe

14 - Un des derniers portraits d'Elisabeth

15 - Heinrich Heine

16 - Louis II

17 - Katharina Schratt vers 1880

18 - François-Joseph (1892)

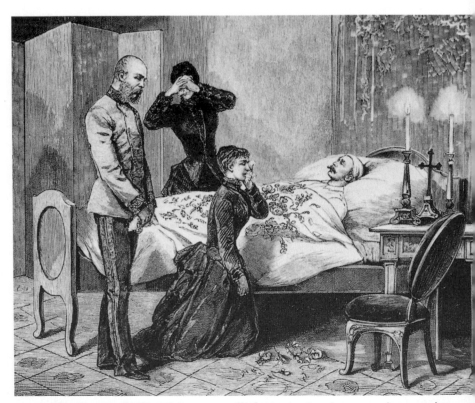

19 - Gravure de Rodolphe sur son lit de mort entouré par son père, sa mère, et sa femme.

Le soussigné Greffier de la Cour de Justice Criminelle de Genève atteste, par les présentes, que l'arme ci-annexée est celle dont s'est servi Lucheni Luigi, assassin de S.M. l'Impératrice d'Autriche, pour commettre son crime.

Genève 10 Novembre 1898.

20 - L'instrument du crime

21 - Arrestation à Genève de l'assassin Luigi Lucheni

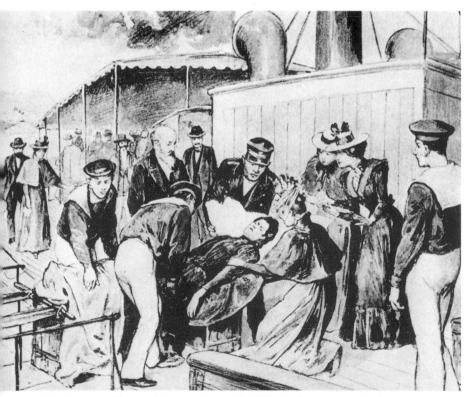

22 - Brancard improvisé pour descendre Elisabeth mourante du bateau

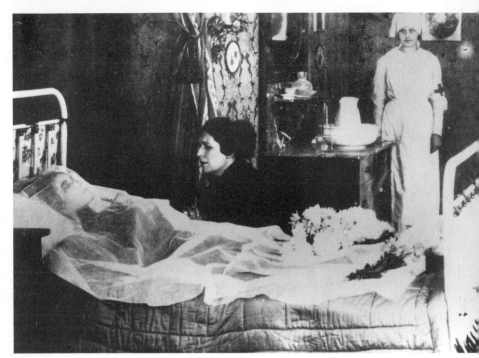

23 - Elisabeth sur son lit de mort à l'hôtel Beau-Rivage à Genève

24 - François-Joseph en 1910

Je ne veux pas d'amour,
Je ne veux pas de vin.
Le premier fait dépérir,
Et le second vomir!

Ce n'est pas la confession d'une Messaline. Elisabeth n'a rien d'une dévoreuse d'hommes. Elle aime séduire, elle aime qu'on l'aime, elle n'aime pas l'amour. Peu à peu, François-Joseph fait taire sa jalousie. Il comprend que la confiance engage l'autre plus que les soupçons. Au reste, l'impératrice n'obéit qu'à sa règle personnelle. Trop exigeante pour s'abandonner à de simples aventures, elle est fidèle à sa propre image plus qu'à son mari. Quand on a su résister à la séduction d'un Andrássy, à cette attirance réciproque, à ce vertige, il est permis de ne plus redouter aucun danger. L'épreuve a été rude. Le couple en sort aguerri. Désormais, l'empereur et l'impératrice peuvent évoquer, avec une grande liberté de ton, les relations de l'un et de l'autre avec Andrássy.

En juillet 1869, Elisabeth occupe la résidence de son frère, au bord du lac de Starnberg. De passage à Munich, Andrássy annonce sa visite. Erzsébet laisse éclater sa joie. A Ida Ferenczy étonnée par tant d'ardeur, elle répond : « Ne t'inquiète pas, je ne lui sauterai pas au cou! ». La nièce d'Elisabeth, une petite fille de neuf ans, dira bien plus tard dans ses Mémoires qu'elle a vu l'impératrice pleurer après le départ d'Andrássy.

Quatre mois plus tard, en octobre 1869, l'empereur part pour un long voyage qui doit le conduire de Constantinople à Jaffa, puis de Jéricho à Suez où le canal de Ferdinand de Lesseps sera inauguré. Déjà, depuis le 15 août 1869 (centième anniversaire de la naissance de Napoléon) les eaux de la mer Rouge et celles de la Méditerranée communiquent grâce au gigantesque ouvrage. L'Europe lance ses militaires, ses ingénieurs et ses financiers à l'assaut du monde, comme autrefois ses grands navigateurs.

Elisabeth n'est pas du voyage. Elle préfère rester auprès de la petite Marie-Valérie. La découverte d'un Orient, dont son père lui a tant parlé, serait gâchée par le nombre de cérémonies officielles. L'aigle impériale s'envole avec ses deux têtes : François-Joseph et Andrássy.

Elisabeth et son mari s'écrivent chaque jour des lettres chargées de tendresse. Ces inlassables épistoliers donnent le sentiment de vivre les événements pour le seul plaisir de se les raconter. Les distances dissipent les malentendus, gomment les différences. Le décalage géographique et temporel, loin de les séparer, leur offre l'occasion de vibrer à l'unisson. Les regrets, les craintes, l'état de manque transforment l'autre, l'idéalisent. L'absence fait repartir le lent travail de cristallisation, longtemps différé par les habitudes, la promiscuité et les conflits de toutes sortes.

Après les fastes de Constantinople, plusieurs jours sont consacrés à la visite des lieux saints. François-Joseph fait remplir des bouteilles d'eau du Jourdain, destinée à baptiser les enfants de la Maison d'Autriche. Quant à Andrássy, il se baigne dans le fleuve sacré. Ne dit-on pas qu'immerger son corps dans le Jourdain donne le pouvoir de faire des miracles ? « Ma patrie en a bien besoin », assure le beau pendu de 1848. Les deux compères ne se contentent pas de la messe au Saint-Sépulcre, ils vont rencontrer dans la Ville sainte les dignitaires des autres religions. François-Joseph se veut le protecteur de toutes les confessions de son Empire et Andrássy est en passe de réussir l'émancipation des juifs de Hongrie. Ils s'entretiennent avec les rabbins, visitent une école juive et un hôpital financé par la famille Rothschild. De même, ils rencontrent les représentants de l'islam à la mosquée d'Omar.

Sous la tente des bédouins, François-Joseph redevient le jeune lieutenant et Andrássy joue le rôle du camarade turbulent dont on raconte volontiers les fredaines. Ainsi à Jéricho, on prétend que le beau comte a quitté nuitamment sa tente pour aller rendre ses hommages aux dames de la ville. L'empereur s'empresse de rapporter l'anecdote à sa femme. Le ton est au badinage et Elisabeth entre dans le jeu. Par un poème, elle commente à sa manière l'événement :

> *Un mot maintenant au sujet d'Andrássy.*
> *Il se promène seul, le soir, à Jéricho,*
> *Revient le matin sous la tente, les jambes nues*
> *Sans kolpack et sans attila. Voluptueux miracle !*
> *On l'avait surpris sous les fenêtres d'une belle !*

Aussitôt Andrássy réplique en demandant à Ida Ferenczy, lectrice de Sa Majesté, de bien vouloir lire à la reine la « réfutation officielle » de l'événement :

C'est faux, c'est faux
Ce qui se dit d'Andrássy à Jéricho!
Il ne vit pas de fenêtre, seulement des jalousies
Faites pour échauffer l'imagination.
Il ignore, hélas! comment est faite
Une Turque vue de près.
Mais il était libre de pécher
Et il l'aurait fait volontiers;
Il était libre de le faire
Ayant reçu à Jérusalem l'absolution pour l'éternité.

Bientôt Elisabeth trouve l'occasion de faire une gentille scène de jalousie, cette fois à son mari. A Suez, l'impératrice Eugénie est la représentante de la France. En l'absence de Napoléon III, elle forme avec François-Joseph le couple le plus prestigieux. Depuis leur première rencontre, on a voulu faire des deux impératrices des rivales. Un observateur indiscret a même prétendu avoir surpris les deux femmes plantées, les jupes et les cotillons relevés, devant une glace, afin de mieux comparer le galbe de leurs jambes. Elle sont toutes deux belles, mais Elisabeth a pour elle la jeunesse, la sveltesse, la grandeur, le mystère et une grâce indéfinissable. La Bavière l'emporte sans difficulté sur l'Espagne, une fois n'est pas coutume. Aussi l'impératrice se permet-elle d'écrire sur le mode de la plaisanterie : « Te voilà encore réuni avec ta chère Eugénie. Je suis très jalouse parce que tu es en train de faire le joli cœur avec elle, tandis que je suis seule ici et ne peux même pas me venger... » François-Joseph se plaît à la rassurer. Eugénie est moins jolie qu'auparavant. En outre, elle a beaucoup grossi. Il sait que pour sa femme l'embonpoint est une infirmité rédhibitoire!

A la fin des années 1860, l'Empire et le couple impérial profitent d'un moment de répit. Ils ont réussi à établir un nouvel équilibre personnel et politique. On peut espérer le maintenir un temps, même si on ne croit plus à la pérennité des choses. Le couronnement hongrois a marqué le triomphe d'Erzsébet. Il se prolonge par la naissance désirée de Marie-Valérie.

La reine vit cette maternité dans un état permanent d'exaltation. Aucune enfant n'a été plus choyée, plus aimée, plus caressée, que cette petite archiduchesse. Jalouse de sa liberté, Elisabeth fait désormais dépendre sa vie de celle de sa fille, ce qui ne va pas sans inquiétude, sans affolement. Elle parvient pourtant à dissoudre son angoisse dans la rivière tiède et suave d'un

amour enfin partagé. Marie-Valérie bénéficie de toutes les tendresses, les cajoleries, les étreintes que sa mère tenait en
réserve. Elisabeth découvre la douceur charnelle, la sensualité
à fleur de peau, le désir sans limites d'entrer en communion
avec l'autre. La solitude cesserait donc d'être fatale ?

La mélancolie bat en retraite avec son cortège de puissances
noires. Elisabeth se situe pour l'instant du côté de la vie. Elle
choisit le clair contre l'obscur, l'énergie contre la fatalité, la
tendresse contre la folie. La mauvaise fée ne se sent pas vaincue pour autant, mais elle a l'élégance de laisser Elisabeth
reprendre son souffle. Bientôt le paysage s'assombrira et la
danse morbide s'emparera de nouveau du corps si léger de
l'impératrice. Depuis son enfance, n'a-t-elle pas la mort pour
partenaire attitrée ? Elles ont déjà ébauché quelques pas de
deux et, à tout moment, le rythme infernal menace de
reprendre. La seule manière de prier n'est-elle pas de s'abandonner au vertige baroque ? On le répète à Elisabeth dans
toutes les églises de Bavière, dans toutes celles de l'Empire,
Dieu ne répond qu'aux fous qui n'ont pas peur de tendre les
bras vers Lui. Peu importe alors que le partenaire s'appelle la
mauvaise fée, la mort ou Dieu, la danse n'est-elle pas toujours
aussi entraînante ?

La guerre, encore la guerre! Encore les légions prussiennes! Elisabeth n'en peut plus, d'autres femmes en Europe doivent éprouver la même lassitude. Quand elle arrive à Bad Ischl, en juin 1870, on parle d'un conflit possible entre la France et la Prusse. C'est à Bad Ischl déjà qu'en 1866, cinq ans à peine, elle a appris le commencement d'une autre tuerie, ô combien épouvantable. Il y a eu Sadowa, la défaite de l'Autriche et, pour les deux camps ennemis, l'éternelle litanie des morts, des blessés et de ces épidémies qui fauchent en un tournemain les pauvres rescapés. Cela va-t-il se répéter? A quoi servent les traités, les ambassades, le savoir-vivre et le cousinage des monarques, si les pays européens, réputés civilisés, ne pensent qu'à s'étriper comme des tribus assoiffées de sang?

Pourtant un mois plus tôt, tout se présente sous le meilleur jour. En France, Napoléon III a recours au plébiscite. Sa victoire face aux républicains s'avère complète et François-Joseph n'est pas le dernier à s'en réjouir. Les rapports entre les deux empereurs se maintiennent au beau fixe, cependant l'Autriche-Hongrie sait qu'elle n'a pas les moyens militaires de soutenir Napoléon III. Son armée ne s'est pas remise de Sadowa. Elle a trop appris à ses dépens ce qu'il en coûte d'affronter la Prusse. De plus, les Etats allemands du Sud, dont la Bavière si chère au cœur de l'impératrice, ont signé des traités d'alliance avec Bismarck. Une intervention aux côtés de la France entraînerait l'Autriche-Hongrie dans une guerre contre ses anciens alliés allemands. Pour venger Sadowa, ne risque-t-on pas une défaite plus cuisante encore?

Bismarck voit venir la guerre avec satisfaction. Une nouvelle victoire lui fournirait l'occasion de poursuivre son œuvre et de placer la Prusse à la tête du deuxième Reich (le premier étant le Saint Empire romain germanique, quant au troisième, quel lecteur de ce livre n'en a pas la mémoire!). De son côté, Napoléon III ne met en doute ni son pouvoir, ni ses armées; autour de lui, on est pressé d'en découdre.

Le 18 juillet 1870, François-Joseph réunit le Conseil de la Couronne pour décider de la position austro-hongroise. Tous les participants, l'empereur compris, espèrent la victoire de la France, mais aucun traité ne les lie à l'Empire français. Plus grave, la Russie fait savoir qu'elle interviendra aux côtés de Bismarck, si François-Joseph sort de sa neutralité. Cette dernière menace renforce la position d'Andrássy au sein du Conseil de la Couronne. En tant que Hongrois, il a de bonnes raisons de craindre le voisin russe. De plus, il ne souhaite pas un rétablissement de l'influence autrichienne en Allemagne qui mettrait en péril le compromis austro-hongrois.

François-Joseph décide de ne rien faire. Vienne attend la suite des événements et l'impératrice n'éprouve même pas le besoin de regagner la capitale. Il est vrai que les lettres de son mari sont rassurantes. A d'autres, maintenant, d'essuyer le feu des Prussiens. L'Empire n'est plus que le spectateur d'un drame qui se joue sans lui, tandis que ses anciens amis, la Saxe, la Bavière, repartent à l'assaut pour les beaux yeux du roi de Prusse. Elisabeth tremble de nouveau pour ses frères, beaux-frères, cousins, qui combattent sous les différentes bannières allemandes. Sa belle-mère, plus politique, ne cesse de déplorer le déclin autrichien. La Prusse avalera tous ses voisins, elle le confie à son Journal: «[...] le triste enthousiasme des Allemands (excité en grande partie par les francs-maçons). Ils croient combattre pour l'Allemagne et ne combattent que pour la Prusse qui finira par les écraser entièrement.» Les francs-maçons semblent voués au rôle de boucs émissaires.

Après quelques succès français, l'empire de Napoléon III s'écroule comme un château de cartes à Sedan, le 1er septembre 1870. La route de Paris est ouverte et l'empereur fait prisonnier. François-Joseph a de bonnes raisons de se lamenter: la Prusse domine l'Europe et la France bascule, le 4 septembre, du côté de la République. «Je vois l'avenir très sombre, écrit-il à sa mère. Il devrait être encore plus triste que le présent.» Quant à Elisabeth, elle renchérit sur le pessimisme de son mari: «Peut-être pourrons-nous encore vivoter quelques années avant que ne vienne notre tour. Qu'en penses-tu ? »

La situation est d'autant plus grave que certains Allemands d'Autriche saluent avec enthousiasme les victoires prussiennes. En butte aux mouvements nationaux des autres peuples de l'Empire, les Allemands d'Autriche ont pour Bismarck les yeux de Chimène. En 1866, il a su se montrer mesuré dans la victoire. Jamais son génie politique ne s'est mieux exprimé que dans cette manière d'épargner l'orgueil national autrichien. Il aurait pu entrer triomphalement dans Vienne ou disputer à François-Joseph quelques dépouilles territoriales. Il s'en est bien gardé. Face à la République française, l'aristocrate prussien n'éprouve pas les mêmes scrupules. De plus, son opinion publique et ses généraux le poussent à ne pas faire de quartier.

A Jules Favre, ministre des Affaires étrangères du tout nouveau gouvernement français, il déclare : « Nous n'avons aucune garantie, pas plus de vous que du gouvernement qui viendra après vous. Nous devons penser à notre sécurité dans l'avenir, aussi nous exigeons l'abandon de l'Alsace entière et d'une partie de la Lorraine avec Metz. » Les socialistes allemands sont les seuls à mettre en garde contre une politique de conquête. Dans un manifeste, Karl Marx prophétise l'avenir des relations franco-allemandes. Il écrit de l'annexion de l'Alsace et de la Lorraine « que ce serait transformer les deux pays en deux ennemis mortels, faire un armistice au lieu d'une paix ».

En Allemagne, on met aux arrêts les militants socialistes et Bismarck cède à la pression des militaires. Le visionnaire redevient un vulgaire conquérant. L'Alsace et la Lorraine seront allemandes. Le sacrilège ne s'arrête pas là. Le 18 janvier 1871, dans la galerie des Glaces du château de Versailles, l'Empire allemand est proclamé.

Quelques années plus tard, Elisabeth compose un poème intitulé : « A Bismarck. » Le personnage suscite l'admiration autant que l'horreur. Il appartient au temps de l'épopée :

> *Voué à la victoire,*
> *Tu vas, toi, le plus grand esprit de notre temps,*
> *Au-dessus de notre monde, vêtu de ta cuirasse,*
> *Fauchant les peuples à ta guise.*

Toi, étoile de fer sur un chemin de sang,
Toujours en tête, invincible!
Où donc s'arrêtera ta course triomphale?
Te conduit-elle vers les hauteurs? Ou vers le bas?

Vers les hauteurs? Ou vers le bas? Faust ou Méphisto? On peut s'interroger. Au regard de la morale, l'unité allemande a coûté cher. Trop de morts accusent – morts de 1866, morts de 1870, morts à venir. Grand ordonnateur de ces pompes guerrières, Bismarck lui-même ne s'y trompe pas. De Versailles, il écrit à sa femme : « Les gens doivent me prendre ici pour un chien altéré de sang, quand les vieilles femmes entendent mon nom, elles tombent à genoux et prient pour leur vie. Attila était un agneau auprès de moi. »

Les Viennois ne cessent de reprocher ses absences à Elisabeth. Les journaux publient chaque année, parfois chaque trimestre, le décompte des jours qu'elle a daigné passer parmi eux. Le bilan est affligeant. Son mari, lui, n'ose plus se plaindre. Le courrier et le train jouent un rôle essentiel dans leur vie. Ils s'écrivent, ils se rendent visite. Tantôt à Schönbrunn, tantôt à la Hofburg, mais le plus souvent à la villa Hermès de Bad Ischl, à Gödöllö ou au Tyrol. Dans ces résidences provinciales, le protocole s'allège, l'intimité se resserre. Les retrouvailles leur paraissent plus agréables qu'une vie quotidienne saturée de préoccupations politiques. Et puis Elisabeth a trouvé un bon prétexte pour éviter la capitale : l'air de Vienne ne convient pas à la santé fragile de Marie-Valérie.

En mars 1871, Elisabeth rentre de Gödöllö. Ses amis Déak et Andrássy sont venus en gare de Pest lui souhaiter bon voyage. C'est le moment où il faut s'arracher à ce que l'on aime. On présente à la reine une femme, la comtesse Marie Festetics. Dans l'émotion du départ, Elisabeth la regarde à peine. Mais Andrássy insiste, la reine devrait s'entretenir avec la comtesse pendant le voyage. Marie Festetics, insiste-t-il, est très intelligente et très fidèle à la cause hongroise. Alors, si Andrássy le dit... Pendant les cinq heures entre Pest et Vienne, les deux femmes se parlent et se séduisent. C'est l'occasion d'évoquer leurs amis communs, Déak et surtout Andrássy. Ne viennent-elles pas de les quitter à regret? Pour Marie Festetics, c'est aussi un voyage vers un autre monde.

Elle a trente-trois ans, un an de plus que la reine. Elisabeth sent aussitôt que cette jeune femme va lui plaire. Elle a en amitié un instinct très sûr. Déjà avec Ida Ferenczy, elle avait compris tout de suite qu'elle pourrait avoir confiance en elle et elle n'a jamais eu à regretter son choix, loin s'en faut. Lors de leur première rencontre, la douce Ida était une jeune campagnarde émue, sensible, offerte. En revanche, Elisabeth devine que Marie va la juger avec la froideur de l'intelligence. Cela ne lui déplaît pas d'avoir à la convaincre avec les seuls arguments de la femme, sans avoir recours aux armes de la reine. Au reste, si Marie Festetics cache son trouble et ne s'avoue pas vaincue dès le premier regard, elle s'empresse de confier ses impressions à son Journal. Son enthousiasme vaut bien celui de la douce Ida : « Elle est si belle que je n'ai jamais vu sa pareille. Pleine de majesté et si gracieuse à la fois. Sa voix est si douce. Ses yeux sont merveilleux! »

Trois jours plus tard, l'impératrice la met à l'épreuve en l'invitant à un dîner donné par l'archiduchesse. Marie Festetics se comporte comme le souhaitait Elisabeth. Loin de se laisser griser, elle observe la vie de Cour – « une expérience mortelle pour l'esprit » –, elle suit des yeux le ballet des vanités, elle écoute sans broncher les médisances dont on accable Elisabeth. Andrássy a vu juste, elle est intelligente et ne s'en laisse pas conter. Elisabeth décide d'en faire son amie. A peine une charge de dame d'honneur se trouve-t-elle vacante, qu'elle propose à Marie Festetics de l'occuper. Surprise, la comtesse a un mouvement de recul. Sans doute pressent-elle que son acceptation risque d'engager sa vie entière. L'impératrice est exigeante, possessive, et sa personnalité exerce un charme auquel il est difficile de résister. La douce Ida a succombé depuis longtemps. Du coup, elle a abandonné sa liberté et perdu toute espèce de sens critique. Marie Festetics craint un sort semblable.

Tenu au courant de ses hésitations, Andrássy vient trouver la comtesse et se fâche : « Il faut accepter sans réfléchir. Vous devez ce sacrifice à votre pays. Quand on a reçu de Dieu beaucoup d'intelligence, il faut se montrer reconnaissant; la reine a besoin de quelqu'un de fidèle.

– Le mérite-t-elle ? interroge la sceptique.

– Qu'est-ce que cette question ? » s'étrangle Andrássy, puis il se reprend. Cette comtesse à la nuque raide fera une excellente alliée, s'il parvient à la convaincre. Le cercle hongrois doit se refermer sur l'inaccessible Erzsébet. « Vous me considérez comme un ami, n'est-ce pas ? reprend-il. Eh bien ! je vous le conseille, dites oui... La reine est bonne, pure, intelligente. On lui en veut d'aimer notre pays, la Cour ne le lui pardonnera jamais. C'est pourquoi on vous persécutera vous aussi, mais qu'importe. Vous servirez ainsi la reine et la patrie, c'est votre devoir d'accepter. Deák est de cet avis. De plus, il est impossible de refuser pareille offre. »

Andrássy a parlé, la comtesse obéit. En fait, elle n'est pas mécontente qu'on lui force la main. Elle se sentait elle-même trop tentée par l'offre pour ne pas s'interroger sur son engouement et s'en méfier. L'irrationnel l'effraie et Elisabeth ne suscite autour d'elle que des passions. Marie Festetics ne veut pas tomber dans le piège et devenir une seconde Ida, dévouée et admirative jusqu'à l'effacement.

En vérité, ce n'est pas ce que lui demande Elisabeth. Elle a compris d'emblée que sa nouvelle dame d'honneur serait différente. Il n'est pas question de confondre les emplois. A la douce Ida, les confidences, les tendresses, les épanchements. La reine peut se montrer devant elle sans tricher, avec ses faiblesses et son orgueil, ses caprices et son désespoir toujours latent. Plus jeune que l'impératrice, Ida joue un rôle quasi maternel. Elle console, elle encourage, elle tremble, elle approuve, elle tient la main quand les cauchemars surgissent.

Avec Marie Festetics, les conversations reposent sur une confiance et une estime réciproques. Deux esprits s'affrontent à égalité. La dame d'honneur sait argumenter et opposer son point de vue à celui d'Elisabeth. Dans son Journal, elle transcrit leurs échanges et note au jour le jour les sentiments et les réflexions que lui inspire la reine.

« Ce n'est pas quelqu'un de banal, écrit-elle peu de temps après son entrée en fonctions, on perçoit une vie contemplative à travers tout ce qu'elle dit. Dommage qu'elle gaspille tout son temps à ce qui n'est que rumination et qu'elle n'ait absolument rien à faire. Elle est portée à l'activité spirituelle et son instinct de liberté est tel que toute restriction lui semble terrible. »

Le témoignage de Marie Festetics est d'autant plus précieux que l'auteur répugne à toute forme de courtisanerie. Si elle souligne l'humour, la sensibilité et les exceptionnelles qualités intellectuelles d'Elisabeth, elle déplore aussi que tant de dons soient gâchés : « On trouve tout en " Elle ", mais comme dans un musée en désordre : de véritables trésors, qui ne sont pas mis en valeur. Et elle non plus ne sait qu'en faire. »

De même qu'Ida, dans un registre toutefois différent, Marie Festetics jouera sa partition jusqu'à la fin aux côtés de la reine. On essaiera d'attiser la jalousie entre les deux femmes. La chose paraît tentante. Elles ont des origines semblables, elles se partagent la confiance d'Elisabeth. On peut imaginer les rivalités qui naissent et prospèrent dans le milieu clos de la Cour où le clan hongrois vit lui-même en camp retranché. On n'hésite pas à utiliser les lettres anonymes envoyées à l'une pour dénoncer les prétendus agissements de l'autre, et vice versa. Une guerre de tranchées, mesquine, insidieuse, à laquelle les deux favorites résisteront avec héroïsme. Bien sûr, les rondeurs d'Ida, sa naïveté, les cajoleries qu'elle prodigue sans cesse à sa reine sont plus dignes d'une nounou que d'une lectrice. Elles ont le don d'agacer Marie Festetics. Elle éprouve un mépris certain pour cette rivale qui ne sait qu'aimer. La confiance et l'affection de la reine lui sont aussi précieuses qu'à Ida, mais elle veut les obtenir sans avoir à se montrer servile. Elisabeth réussira le miracle d'apaiser les conflits et d'amener les deux femmes à cohabiter dans une certaine harmonie qui n'exclut pas les passions.

Avec Marie Festetics, elle éprouve le besoin de s'expliquer, de justifier sa conduite à ses propres yeux : « N'êtes-vous pas étonnée, lui demande Elisabeth lors d'une promenade, de me voir vivre comme une ermite ?

– Certes, Majesté, vous êtes encore bien jeune.

– C'est vrai, mais je n'ai pu faire autrement. Le grand monde m'a tellement persécutée et si mal jugée, j'ai été tellement blessée, calomniée et pourtant, Dieu voit mon âme, je n'ai jamais fait de mal. C'est pourquoi j'ai cherché une compagnie qui ne trouble pas ma paix et qui m'apporte quelque plaisir. Je me suis repliée sur moi-même et je me suis tournée vers la nature ; la forêt ne vous froisse pas. Il est difficile dans la vie d'être seul, mais on finit par s'y habituer. »

Dans son Journal, Marie Festetics montre de plus en plus de compréhension à l'égard d'Elisabeth. La dame d'honneur et la reine apprennent à se connaître et à s'apprécier. Celle-là n'en perd pas pour autant son regard aiguisé, mais elle absout celle-ci et l'admire souvent. Au reste, elles sont en communion d'idées. Marie Festetics ne se prive pas de faire de la vie de Cour un constat dont la sévérité ne cède en rien à celle de la reine : « L'inanité, la perte des valeurs vitales ne se manifestent nulle part plus que dans les Cours ; on s'y habitue aux brillantes apparences et, lorsqu'on y entre vraiment, cela vous dore tout juste l'extérieur, l'écorce, comme le vernis des pommes de Noël. Comme je comprends le peu de satisfaction qu'éprouve l'impératrice! »

Avec l'arrivée de Marie Festetics, le cercle hongrois se referme autour de l'impératrice. Une pièce après l'autre, tout le dispositif de surveillance que sa belle-mère lui avait imposé se trouve démantelé. Le nouveau système est tout aussi homogène que le précédent, mais il tourne en sens inverse. L'archiduchesse avait placé ses espionnes, des femmes blettes exhibant pour tout appas des quartiers de noblesse, pour toute pensée un conservatisme obtus, pour toute morale un respect tatillon de l'étiquette. Elisabeth leur a substitué des personnes de son âge, magyares en diable, toutes dans la mouvance du Dualisme et dans celle d'Andrássy.

Sa victoire semble complète quand, en novembre 1871, François-Joseph nomme Andrássy ministre des Affaires étrangères de l'ensemble austro-hongrois. En 1867, avant le couronnement à Budapest, Elisabeth avait soutenu avec tant d'insistance la candidature de son ami que le parti conservateur, craignant de voir un Hongrois à la tête de sa diplomatie, attribue aussitôt cette nomination à l'influence grandissante de l'impératrice. Il est évident que ce choix comble ses espérances, mais il est impossible de démontrer qu'elle a de nouveau fait pression sur son mari. Au reste, en était-il besoin? François-Joseph sait depuis longtemps où vont les préférences de sa femme. Il en a déjà tenu compte, sans les faire siennes aveuglément.

Quand Andrássy accède à cette haute charge, Elisabeth n'est pas à Vienne. Elle séjourne au Tyrol, dans le château de Méran, et la correspondance du couple impérial, durant cette période, n'a pas été conservée. Il est possible qu'Elisabeth ait prolongé son absence pour ne pas paraître s'immiscer dans les affaires de l'Etat et ne pas gêner l'ascension d'Andrássy. Mais d'autres raisons, plus politiques celles-là, ont amené François-Joseph à choisir, pour conduire la diplomatie de l'Empire, l'ennemi d'autrefois, l'ex-révolutionnaire. Dans la guerre franco-allemande, Andrássy a préconisé la neutralité et l'Autriche s'y est conformée. Après la défaite des Français et les débuts chaotiques de leur République, Andrássy apparaît comme l'homme d'une réconciliation de l'Autriche-Hongrie avec l'empire d'Allemagne.

Bismarck et Andrássy éprouvent l'un pour l'autre de l'estime. Le Prussien apprécie la manière dont l'ancien insurgé maintient d'une main ferme son autorité sur les nationalités non magyares de la Hongrie. De plus Andrássy a tout fait pour que les Tchèques n'obtiennent pas les avantages dont jouissent les Hongrois et il a réussi. Ennemi des Slaves, Bismarck ne peut que s'en réjouir. La nomination d'Andrássy plaît autant à Berlin qu'elle déplaît à Saint-Pétersbourg.

Elisabeth n'a pas la passion de la politique. Si elle s'est enflammée pour la cause hongroise, son ardeur était plus amoureuse que politique. Elle s'est reconnue dans ce pays qui tenait tête à Vienne et elle en a fait sa patrie d'élection. A présent, son double but se trouve atteint : la Hongrie, au sein du Dualisme, n'a jamais été aussi puissante et le beau pendu de 1848 compte parmi les successeurs de Metternich au ministère des Affaires étrangères! Elle peut prendre ses distances. Andrássy n'en continue pas moins, par reconnaissance et inclination amoureuse, à la tenir au courant de ses projets. Leurs rencontres se font plus rares, mais Andrássy peut à tout moment correspondre avec l'impératrice par le truchement d'Ida Ferenczy, de Marie Festetics ou du baron Nopcsa. Ce dernier est un Hongrois, ami d'Andrássy, il vient d'être nommé aide de camp général, chargé de la Maison de l'impératrice. Le nouveau ministre des Affaires étrangères n'hésite pas à demander qu'Elisabeth le soutienne dans son action et elle répond toujours à son attente, même si elle n'est pas tout à fait d'accord sur le fond des choses. Ainsi la presse-t-il d'encourager le rapprochement de l'Autriche-Hongrie et de l'Empire allemand. L'impératrice ne se sent aucune affinité avec la Prusse, loin s'en faut, pour Andrássy cependant elle engage des relations cordiales avec le prince héritier allemand et son épouse.

Au mois d'avril 1872, elle se trouve au Tyrol, quand Andrássy lui fait savoir, par Ida Ferenczy, le fâcheux effet qu'ont ses absences prolongées sur l'opinion viennoise. Halte-là! Dans ce domaine, Elisabeth n'en fait qu'à sa guise et ce ne sont pas les remontrances, à peine déguisées, du beau comte qui vont la ramener dans la capitale. Elle précipite pourtant son retour, quinze jours après, mais Andrássy n'a rien à voir dans cette hâte. Une nouvelle l'a soudain bouleversée plus qu'elle ne saurait le dire et plus qu'elle ne l'aurait cru. L'archiduchesse est malade, l'archiduchesse se meurt. Une sorte de panique s'empare d'Elisabeth. Toutes affaires cessantes, elle décide de rentrer à Vienne. Puisse-t-il ne pas être trop tard. Il faut qu'elle arrive à temps. Elle se sent oppressée, ses tempes battent, l'angoisse rosit sa gorge et son cou, comme le fait parfois la timidité.

Elle comprend d'un coup que la mort n'est jamais un triomphe, même si c'est son ennemie qui meurt. Combien de fois, pourtant, n'a-t-elle pas rêvé, les yeux fermés ou grands ouverts, à la mort de son bourreau? Sa liberté n'est-elle pas à ce prix? Le reproche dans le regard de sa belle-mère ne persistera-t-il pas aussi longtemps qu'un peu de vie se consumera en elle? La réconciliation n'est pas de ce monde, l'oubli non plus.

Maintenant qu'Elisabeth sent approcher le moment fatidique, elle éprouve une violente douleur. La haine les tient si serrées, qu'il lui semble impossible que l'une puisse mourir sans que l'autre ne soit ravagée par la souffrance et n'agonise du même coup. Elle pense à ces deux cerfs de la Kaiser Villa à Bad Ischl. Ils sont morts les bois entremêlés dans un ultime combat. Rien n'a pu les séparer, ni les dieux, ni le naturaliste.

L'archiduchesse n'a que soixante-sept ans mais, depuis l'assassinat de Maximilien, elle n'a plus le goût de vivre. De plus, elle voit s'écrouler le monde dont elle souhaitait la pérennité, le monde de Metternich et de Schwarzenberg, l'Empire très catholique, très autrichien et très autoritaire.

Un soir, elle est allée au Burgtheater, il faisait une chaleur suffocante dans la salle. De retour à Schönbrunn, elle s'est endormie sur son balcon où, toute la nuit, elle a pris froid. A-t-elle voulu hâter l'approche de la mort? A-t-elle préféré l'affronter à l'air libre, elle qui souffrit autrefois de devoir vivre, privée d'amour, dans l'enclos des palais?

L'archiduchesse ajoute maintenant une pneumonie à ses autres maux. La fièvre et les douleurs la torturent mais, loin de se défendre, la vieille dame se coule, soulagée, dans l'agonie. François-Joseph tremble de la perdre. Il fait répandre de la paille sur la place devant les fenêtres de sa mère pour amortir le bruit des chevaux et des voitures.

Le 16 mai, Elisabeth arrive tout essoufflée au chevet de celle qui fut son ennemie. Dans le corps de la malade, la lampe jette ses derniers feux. L'archiduchesse ne lui fait pas remarquer son retard, mais Elisabeth sent combien elle était attendue. La vieille dame n'aurait pas aimé partir sans lui avoir dit adieu, même si elle n'éprouve aucun remords envers sa belle-fille. N'a-t-elle pas toujours agi pour le bien de son fils et celui de

l'Empire ? Pourtant après tant de combats, elle ne peut s'empêcher d'avoir de l'estime pour cette jeune rivale, si coriace, sous
les apparences de la fragilité.

L'heure n'est plus au défi. Pendant les dix jours qui vont
suivre, l'archiduchesse conserve ses esprits. Sa dignité en
impose à tous. Les souffrances ne l'empêchent pas de prendre
congé de ses proches. Quand vient le tour d'Elisabeth, la mourante redit à sa belle-fille combien son fils a besoin d'elle :
« N'oubliez jamais que vous êtes ce qu'il a de plus cher. » Sa
manière de passer la main, ne sonne-t-elle pas comme un dernier reproche ? La voix affaiblie garde ses intonations auto-
ritaires. Elisabeth reste pétrifiée un instant. L'archiduchesse
n'aurait-elle pas pu au dernier moment se montrer généreuse
et desserrer le carcan d'angoisse et de responsabilité qui blesse
le cou de sa belle-fille ? Vont-elles lutter jusqu'au bout, ces
deux bêtes féroces dressées l'une contre l'autre, les bois entremêlés ? Elisabeth se ressaisit. Elle fait plier son orgueil, elle dit
oui à son aînée, elle la rassure, son amour pour Franzi est sans
limites. Elle ajoute même qu'elle la chérit, elle, son ennemie,
comme on aime sa mère. Pour un peu, Elisabeth le croirait
elle-même, tant elle sent en caressant le front brûlant de la
vieille dame combien elles ont souffert l'une par l'autre. Rien
sans doute ne justifiait un pareil gâchis.

Le 26 mai au soir, la maladie semble marquer le pas. A onze
heures et demie du soir, Elisabeth quitte l'archiduchesse
qu'elle avait veillée toute la journée, pour se rendre à Schönbrunn où Marie-Valérie souffre d'une légère fièvre. A peine
arrivée, elle reçoit un télégramme. Son Altesse Impériale est au
seuil de la mort. François-Joseph la réclame d'urgence. Aussitôt Elisabeth, accompagnée de Marie Festetics, redégringole
l'escalier. Les deux femmes s'engouffrent dans la voiture qui
fait demi-tour et repart à bride abattue vers la Hofburg. « Le
cocher fit le plus vite qu'il put, raconte dans son Journal Marie
Festetics. L'impératrice était terriblement agitée, et je craignais
mortellement que l'archiduchesse ne rende l'âme et que les
gens, on sait comme ils sont, ne racontent que l'impératrice
s'était absentée à dessein ! »

Les deux femmes jaillissent de la voiture, courent dans la
direction de la chambre. Dans un souffle, l'impératrice
demande au laquais :

– Vit-elle encore ?
– Oui, Majesté.

– Dieu soit loué! Ils auraient dit que je l'avais fait exprès, par haine contre elle.

Ils l'auraient dit. Et peut-être l'aurait-elle pensé elle-même. « Toute la Cour était rassemblée, le ministre de la Maison impériale, tout le personnel. Oh, c'était épouvantable! » La nuit se passe et Marie Festetics poursuit : « L'attente était pénible. Et tous commençaient à avoir faim, tandis que la mort ne voulait pas venir. Non, je n'oublierai jamais cela. A la Cour, tout est différent de ce qui se passe ailleurs, je le sais bien ; mais la mort n'est pas une cérémonie ou un rôle de Cour. » Vers sept heures du matin, l'étiquette et l'instinct de vie s'associant, une fois n'est pas coutume, pour reprendre le dessus, une voix de stentor fait retenir le pompeux : « Si Leurs Seigneuries veulent passer à table. » Greffière ironique, Marie Festetics note : « Cela semblait ridicule, mais tout le reste de l'assistance se sentit délivré et déguerpit. »

Le jeûne est l'exercice favori d'Elisabeth, aussi ne risque-t-elle pas de ressentir la moindre faim dans de telles circonstances. Elle reste seule avec cette femme dont l'esprit s'en est allé. Le corps oscille encore entre vie et mort. Il cherche au-dessus du trou noir le parfait équilibre du néant. Tout semble plus facile maintenant que les autres sont partis. Puissé-je ne pas mourir à petit feu dans une semblable cohue, pense Elisabeth. Il est déjà si difficile de vivre en se donnant en spectacle. Comment se résoudre à quitter ce monde, quand son hourvari vous submerge jusqu'au dernier instant ? La Cour ne respecte ni le droit à la vie, ni le droit à la mort. Il faudrait partir comme on fait claquer derrière soi une porte, d'un geste rageur. Et surtout qu'il n'y ait pas un laquais pour la retenir.

L'archiduchesse ne s'éteint que le lendemain, à trois heures et demie du matin. L'empereur en larmes est accablé de douleur. Il a perdu l'autre femme qu'il aimait, celle qui lui a donné la vie et le trône, celle qui n'a voulu que son bonheur et sa gloire. Celle qui avait fait sienne la célèbre devise de la Maison d'Autriche :

A E I O U

Austriae Est Imperare Orbi Universo

Il revient à l'Autriche de commander au monde

ÉPITAPHE POUR UNE ARCHIDUCHESSE DÉFUNTE

III

« J'ai depuis peu, je ne sais pourquoi, perdu toute
ma gaieté, renoncé à tous mes exercices accoutumés;
et vraiment, tout pèse si lourdement à mon humeur,
que la terre, cette belle création, me semble un promontoire stérile. Le ciel, ce dais splendide, regardez!
ce magnifique plafond, ce toit majestueux, constellé
de flammes d'or, eh bien! il ne m'apparaît plus que
comme un noir amas de vapeurs pestilentielles. »

Hamlet, acte II, scène II.

Vienne se refait une beauté. Depuis des mois, des années, on se prépare à recevoir l'Exposition universelle de 1873. François-Joseph avait été naguère ébloui par les travaux parisiens du baron Haussmann. Souci de salubrité, d'ordre public et de prestige, l'empereur veut à son tour offrir une capitale rénovée, moderne, aux Viennois et à leurs visiteurs. Il faut dire qu'elle a bien besoin qu'on s'occupe d'elle. Sa population a doublé et les fréquentes crues du Danube ont endommagé des quartiers entiers.

Les gros travaux ont commencé depuis plus d'une dizaine d'années. Le fleuve est régularisé et, à l'emplacement des anciens remparts, la création du Ring, avec sa guirlande de palais, de jardins et d'immeubles de rapport, consacre le puissant rôle économique d'une nouvelle bourgeoisie de la finance et de l'industrie.

Etrangère à sa ville, notre chère impératrice ne s'est guère intéressée à tous ces chantiers. Quand l'Opéra de Vienne est inauguré, en mai 1867, un mois à peine avant le couronnement, Elisabeth, ou plutôt Erzsébet, a le cœur trop hongrois pour satisfaire les désirs autrichiens. Elle se fait excuser. Son absence est d'autant plus regrettée qu'un salon particulier avait été amoureusement décoré selon ses goûts. Une évocation de son univers mental : sur les murs, les paysages du lac de Starnberg et de Possenhofen, le royaume de l'enfance; au plafond, Oberon et Titania, tout droit sortis du drame shakespearien préféré d'Elisabeth, *le Songe d'une nuit d'été*, et son royaume des fées. Signe d'un nouveau temps, l'Opéra s'ouvre avec la

227

représentation du *Don Giovianni* de Mozart, dont Metternich avait autrefois interdit le cri séditieux : Viva la liberta! Tout cela est prometteur, et cependant la belle, l'indifférente impératrice ne daigne pas se montrer.

On pouvait espérer que la disparition de l'archiduchesse Sophie – certains l'appelèrent jusqu'à sa mort la « vraie impératrice » – ramènerait Elisabeth à Vienne. Le fol espoir grandit encore les mois qui suivirent. L'impératrice n'était-elle pas changée ? Ne se faisait-elle pas un devoir d'accomplir ses tâches officielles avec assiduité, sinon avec plaisir ?

Assombri par le deuil, François-Joseph a plus que jamais besoin de sa femme. Elle reçoit à ses côtés tout ce que l'Europe peut produire d'empereurs et de tsars, de rois et de princes héritiers, à l'occasion de l'Exposition universelle. Le regard de l'empereur n'est pas émoussé et, quand il voit auprès de lui cette femme superbe, il ne peut s'empêcher de s'en étonner et de rendre grâce à la céleste et trop rare apparition. Parmi toutes ces altesses, tous ces seigneurs, qui s'en repartiront chez eux, célébrant à qui mieux mieux les sublimes beautés de l'impératrice, l'humble mari n'est pas le moins fanatique.

Pourtant la bonne volonté a ses limites. Bientôt Elisabeth trouve un prétexte pour abandonner Vienne et son Exposition. Tantôt elle met en avant la fatigue (bien réelle car les festivités, longues, épuisantes, se répètent en l'honneur de chaque monarque), tantôt elle évoque ses « malaises menstruels » dont le protocole tient le calendrier, tentant de ménager ses forces à ces moments-là. Les invités, eux, n'entrent pas dans ce genre de calcul. Elisabeth croit pouvoir lâcher tout son monde et aller prendre l'air à Ischl : c'est faire peu de cas de l'entêtement des princes. Certes, ils sont officiellement venus pour l'Exposition, mais en fait l'impératrice est la véritable attraction.

Le plus exigeant est comme de juste celui qui a fait le plus long voyage. Il s'agit du shah de Perse, le « Centre de l'univers », Nasr el-Din. Il est arrivé en grand équipage. Une foule de dignitaires, une famille aussi nombreuse que bruyante, une multitude de chevaux, quarante moutons, cinq chiens et quatre magnifiques gazelles qu'il tient à offrir à l'impératrice en personne. Il ne cache pas sa déception, il est venu pour elle, il ne repartira pas sans l'avoir rencontrée. En attendant, il installe son campement au château de Laxenbourg et fait entrer la vie dans la triste demeure où Elisabeth s'était tant ennuyée pendant une lune de miel à l'arrière-goût amer.

Avec un beau sans-gêne, le shah bouscule les us et coutumes. Les cuisines débordent jusque dans les salons afin que les agneaux sacrifiés aient la place de tourner sur leurs broches. Les plaques à braise des narguilés sont posées sur les planchers. Pour saluer chaque lever du soleil, le shah égorge de ses mains trois chapons dodus à souhait. Le Centre de l'univers pince les fesses, palpe les tétons, soupèse et compare, le tout accompagné de mimiques évocatrices. Il s'attaque aux servantes, parfois aux dames. Comme il distribue force monnaie, les mères de famille lui envoient des photographies de leurs filles dans l'espoir d'un marché avantageux. De telles pratiques choquent la bonne société qui n'a pas lu *les Lettres persanes* et ne veut rien savoir de la relativité des mœurs.

Il faut que l'impératrice se décide à rentrer, sinon l'encombrant personnage risque de s'installer à demeure. Elisabeth revient et la rencontre peut enfin avoir lieu. « Quand il l'aperçut, écrit Marie Festetics, la scène fut très amusante. Il resta planté devant elle, tout éberlué, porta la main à ses lunettes cerclées d'or et l'examina longuement, de la plus haute boucle de sa chevelure jusqu'à l'extrême pointe de ses pieds – et s'écria en français : " Ah, qu'elle est belle ! " »

Les mœurs semblent varier d'un continent à l'autre plus que les critères esthétiques. La réputation d'Elisabeth s'est propagée jusqu'en Perse et le shah a voulu vérifier de ses propres yeux. Après une si longue attente, dont il pourrait se montrer offensé – le Centre de l'univers n'a-t-il pas l'habitude que tout tourne rondement autour de lui ? –, il ne cache pas son enthousiasme. La réalité passe ses espérances. Le fauteur de désordre se tient sage comme un enfant rêveur aussi longtemps que l'impératrice veut bien l'honorer de sa présence. Elisabeth s'amuse de ses manières peu protocolaires. Elle lui rend même visite à Laxenbourg sous prétexte d'admirer ses chevaux. En effet, elle apprécie en connaisseur les superbes montures, mais elle n'est pas mécontente non plus de constater l'incroyable pagaille qui règne au château. On dirait le campement des Tziganes dans le parc de Gödöllö. Sous le charme, Nasr el-Din remet à sa visiteuse les quatre gazelles, aux grands yeux tristes de captives, pareils à ceux de l'impératrice. Dès le lendemain, le shah repart avec toute sa troupe, heureux comme un Roi mage après l'Epiphanie.

Les fêtes, les splendeurs dignes de l'Orient ont trompé tout le monde et même les financiers les plus avisés. La Bourse de

Vienne s'emballe. On croit que l'Exposition va faire sourdre un pactole. On joue comme on danse, à en perdre la tête. Les cours s'effondrent. C'est le premier grand « krach » de l'histoire boursière. Au reste, le mot « krach », emprunté à l'allemand « *krachen* », craquer, acquiert, en ce 9 mai 1873, sa funeste renommée internationale. Le krach boursier a ses origines en Autriche où les coups d'archet, les flonflons et les fanfares couvrent à peine les cris de désespoir. On se suicide à Vienne, comme on le fera à New York en 1929. Chaque fête prend l'allure d'un Carnaval et la mort s'y avance masquée. Car la Camarde, non contente de prendre au collet les riches spéculateurs, s'intéresse aussi aux pauvres hères. Quelques cas de choléra, dans les faubourgs et jusqu'à l'intérieur des palais, sèment la panique. Une manière de rappeler qu'à Vienne, quand les rois s'amusent, ou font semblant de s'amuser, la mort n'est pas la dernière à se réjouir.

Entre deux divertissements de commande, la vie à Schönbrunn – ou pire à la Hofburg – n'est pas plus gaie qu'avant. La mort de l'archiduchesse a rendu son fils taciturne. Il a déjà le visage que l'immortalité retiendra. Les célèbres « côtelettes » descendent le long de ses joues et rejoignent son abondante moustache. La lippe des Habsbourg se trouve ainsi à couvert. La paupière tombante alourdit son beau regard soucieux. Il n'a pas d'âge. Si son visage anticipe sur la vieillesse, sa silhouette au contraire garde la minceur de la prime jeunesse. Il aime être sanglé dans des uniformes qui mettent en valeur la finesse de sa taille et son corps bien découplé. Il a une belle démarche dont l'élégante assurance est copiée par tout l'Empire. Il n'est pas d'un naturel expansif et les repas à la Hofburg sont expédiés dans un silence que le cliquetis des couverts rend plus pénible encore. Par chance, le supplice ne dure pas longtemps. L'empereur a des goûts simples et on connaît la frugalité de l'impératrice. Les régimes succèdent aux régimes, tous plus aberrants les uns que les autres, et Elisabeth chipote comme une enfant en pénitence. Dès que François-Joseph a avalé la dernière bouchée, on dessert. L'affaire est menée si rondement que les archiducs en bout de table voient passer les plats sans pouvoir y toucher, on dessert avant même qu'ils soient servis. Affamés, ils se précipitent hors les murs dès la fin du cérémonial et se hâtent d'entamer ailleurs un second et véritable repas. Ce genre de pratique fait la fortune du fameux hôtel Sacher dont les douceurs conviennent aux estomacs délicats des archiducs en bout de table.

Elisabeth a trente-cinq ans, François-Joseph quarante-deux, et déjà leur fille se marie. Elisabeth déplore cette précipitation. Pourquoi est-on si pressé à seize ans de perdre sa liberté ? Elle tente de raisonner Gisèle. Ce n'est pas qu'elle veuille se montrer possessive, Gisèle était l'enfant de l'archiduchesse bien plus que le sien, de plus la mère et la fille sont trop différentes pour se sentir liées, mais Elisabeth pense à sa propre jeunesse si tôt interrompue. Elle aurait mauvaise grâce à insister. Gisèle ne va-t-elle pas chercher ailleurs ce que sa mère n'a pas su lui donner ? Au reste, Elisabeth se montrera plus résolue, quand il s'agira de retenir auprès d'elle Marie Festetics. Un prince russe n'en finissant pas de tourner autour de sa dame d'honneur, elle n'hésite pas à la mettre en garde : « Je vous permets de vous amuser mais pas de tomber amoureuse et encore bien moins de vous marier. Je ne veux pas que vous me quittiez à cause d'un étranger. »

Marie, la sceptique, Marie, la raisonneuse, loin de mal prendre cette scène de jalousie, s'en trouve flattée et sacrifie aussitôt le prince russe sur l'autel de sa reine.

Au mariage de Gisèle, on ne voit que la mère de la mariée. « Il n'y a pas de mots, s'enthousiasme Marie Festetics, pour dire combien elle était belle dans sa robe brodée d'argent, avec sa chevelure vraiment resplendissante qui descendait en vagues sous le diadème étincelant. Mais sa plus grande beauté n'est pas de nature physique ; non, c'est plutôt ce qui flotte au-dessus de sa personne. C'est comme une atmosphère, un souffle de grâce, de sublimité, de charme, de fraîcheur et de chasteté, et néanmoins de grandeur, qui est le plus saisissant en " Elle ". »

Quand Gisèle quitte Vienne au bras de son mari, Rodolphe en ressent une épouvantable souffrance. Ils ont été tous deux éloignés de leur mère et élevés par leur grand-mère. La sensibilité du jeune garçon a été meurtrie par tous les mauvais traitements que lui infligeait son premier précepteur. Sa mère s'est battue pour qu'ils cessent, ils ont cependant laissé une trace chez l'enfant. Toujours surveillé et toujours seul, Rodolphe oscille entre émotivité et violence. Comme sa mère, il adore les animaux, mais il aime aussi les armes à feu, et il peut, de manière imprévisible, retourner son fusil contre ses animaux familiers. Il idolâtre sa mère, mais la moindre remarque venant d'elle le paralyse. Elle trouve la monte de son fils un peu timorée et elle veut corriger sa position en selle. Rodolphe fait mine de suivre ses conseils, mais il reste ensuite des semaines sans vouloir reprendre ses exercices. Il se reproche de toujours décevoir une mère qui surclasse les meilleurs cavaliers de la puszta. Jamais il ne sera capable de l'accompagner dans ses chevauchées légendaires. Il est tout juste bon à tenir ses mains en coupelle pour l'aider à se mettre en selle. Encore ne lui confie-t-elle qu'avec réticence sa jolie botte de cuir fauve. L'amazone est si légère, si nerveuse, qu'elle trouve à peine le temps de lui dire : « Merci, mon fils », avant de disparaître.

Dans l'affreuse solitude des palais, sa sœur a été la seule à lui offrir une tendresse complice, la tiédeur d'une niche. Elle s'en va à présent et Rodolphe sanglote dans ses bras. Ils ont quatorze et seize ans. Ces dernières larmes versées en commun marquent la fin de leur enfance.

Le 8 janvier 1874, décidément Gisèle ne perd pas de temps, Elisabeth est grand-mère. Quinze jours plus tôt, elle a eu trente-six ans. La jeune grand-mère se rend à Munich pour voir Gisèle et son bébé. Elle écrit à Rodolphe : « L'enfant est extraordinairement laid mais très vivant, en fait exactement comme Gisèle. » On ne peut pas dire qu'Elisabeth soit une mère ou une grand-mère gâteuse. Il est vrai que ses gâteries, elle les destine toutes à Marie-Valérie.

Nars el-Din, le Centre l'univers, a-t-il amené Elisabeth à partager son goût des Mille et une Nuits ? On le dirait. Peu de temps après la visite du shah, elle se lance dans une aventure digne de Haroun al-Rachid.

Nous sommes en février 1874, à Vienne. Le mari de la belle est en voyage au loin. Il doit se rendre à Varsovie, puis à Moscou et à Saint-Pétersbourg. Le tsar lui a promis de l'emmener chasser l'ours.

Le Mardi gras se prépare à Vienne dans l'effervescence habituelle. Il y aura bal à la Cour avec douairières empanachées et militaires cacochymes. Elisabeth doit l'honorer de sa présence. Les orchestres moulineront Strauss (Johan II, le fils). L'air de la calomnie du *Barbier de Séville* conviendrait mieux au fiel des conversations, à l'aigu des regards.

Elisabeth joue son rôle. Elle se montre. Elle esquisse un sourire face à chaque dos courbé. Elle fait ce qu'il faut. Puis se retire au plus vite dans ses appartements. Déshabillage. Brossage des cheveux. Ballet des femmes de chambre. Mise au lit. Porte fermée. Solitude. Des rires perlés dans les couloirs. Les chambrières iront danser cette nuit. L'impératrice jaillit de son lit comme mue par un ressort. Ida vient aussitôt la rejoindre. Elles ont des éclats de rire.

Ce soir, la vraie fête n'est pas à la Cour. La vraie fête se donne, comme chaque année pour Mardi gras, dans la salle de la Société de musique. Les femmes y vont masquées, les hommes à visage découvert. Ce soir, la vraie fête sera aussi pour Elisabeth. Le jour de ses noces, déjà elle rêvait qu'une autre se mariait à sa place, elle n'était pas l'impératrice, elle était seulement une inconnue dans la foule. Ce soir, elle sera cette inconnue, elle n'a plus de visage, le masque le cachera. Ce soir, elle n'est plus Sissi, ni Elisabeth, ni Erzsébet, elle a emprunté le prénom de sa femme de chambre, elle s'appelle Gabrielle. Ce soir, elle est personne, même pas la fille de son père. Elle a les apparences d'une n'importe qui qu'on renverse dans une écurie. N'est-ce pas, mon cher Gyula? Mais Andrássy, depuis qu'il est devenu ministre des Affaires étrangères, se prend sans doute trop au sérieux pour oser renverser une n'importe qui. Il aurait peur que l'impératrice ne l'apprenne!

Elisabeth a tout prévu. Un domino de brocart jaune pour elle. Un domino rouge pour Ida Ferenczy. Non seulement la douce Ida est dans le secret, mais elle va l'accompagner. Marie Festetics, elle, ignore leur projet. Sans doute aurait-elle pris son ton de maîtresse d'école. Mieux vaut qu'elle ne soit pas au courant. En revanche, on a prévenu la coiffeuse, Fanny Feifalik, qu'elle se tienne prête. On aura besoin d'elle. Au signal convenu, Fanny se glisse sans bruit dans la chambre de l'impératrice. Avec elle, aucun danger, elle sait se taire et obéir, quand il y va de son intérêt. D'habitude, on lui demande de mettre en valeur la célèbre chevelure, elle doit ce soir la faire oublier. Déjà elle la tord à pleines mains, la serre, la fixe avec tout un arsenal d'épingles. Des mèches échappent à ses soins, se tortillent comme les serpents de la Gorgone. Elle a du mal à les maîtriser et à réduire l'énorme masse des cheveux. Elle parvient pourtant à la dissimuler sous une perruque blonde. En cachant la profusion de sa superbe chevelure, l'impératrice abandonne une part de son identité. Le loup noir, bordé d'une longue dentelle, et le domino font le reste. Elisabeth et Ida sortent par un escalier et une porte dérobés.

La fête bat son plein, quand elles pénètrent dans la salle de bal. Les musiques, les masques, les costumes, la cohue, les aristocrates et les palefreniers. L'Autriche bascule du côté de l'Italie. Vienne fait les yeux doux à Venise. Pour Elisabeth, le rêve se réalise : voir sans être vue. Une mouche, vous dis-je, rien qu'une mouche. Pourtant elle se cache encore derrière son éventail, l'habitude en est trop ancienne. Cette fois, il pourrait avoir une utilité, tant la chaleur est insupportable. Cependant Elisabeth le referme d'un coup sec. Trop emblématique, il fait partie du signalement de l'impératrice. De plus, ce mouvement rapide, nerveux, quand elle l'agite devant son visage, pourrait la trahir. Pourquoi ajouter un masque à un autre masque ? Le loup est suffisant. Sa dentelle noire recouvre même le cou et la nuque. Aucun danger.

Il est dix heures. Les deux dominos se fraient un passage jusqu'à la galerie du premier étage qui surplombe la foule.

– Nous pourrions nous asseoir près de la balustrade pour mieux voir. Tu veux bien, Gabrielle ?

Le domino rouge a dû se faire violence pour adopter ce ton de familiarité avec sa compagne. On dirait que maintenant, il commence à y prendre plaisir.

– Pourquoi nous asseoir ? proteste l'autre. Je ne me sens pas fatiguée.

Elisabeth se penche à mi-corps par-dessus la rambarde. C'est une houle en contrebas, pourtant chaque vague se dessine avec une netteté qui a quelque chose d'indécent. Par contraste, tout ce qui n'est pas masqué prend un relief saisissant. On se croit invisible et on révèle d'un coup ce que la timidité et la bienséance cachent d'habitude. Le bal des ardents. Les mains se tendent vers d'autres mains, les rires paraissent carnivores, les décolletés sont moites et les bouches avides, tous les regards mendient une connivence. On s'agite, on se guette, on se cherche. Le parterre n'est qu'un colin-maillard où les participants ont les yeux bandés.

Elisabeth reconnaît quelques visages, des hommes bien sûr. Les femmes ne sont pas identifiables, leurs masques leur permettent d'agir en toute impunité. Le péché n'est-il pas toujours plus grave pour elles ? Les aristocrates oublient le temps d'une danse leurs quartiers de noblesse et s'exhibent à nu, dans la vitrine encombrée de la fête.

Elles sont là, depuis près d'une heure, à regarder les évolutions des danseurs. Entre deux valses, les Tziganes viennent faire vibrer leurs violons. Elisabeth ne peut s'empêcher d'être émue aux larmes par le souvenir de Gödöllö. Cette musique, la seule à vraiment la toucher, est en accord avec sa respiration, son rythme intérieur, sa vie organique. Tantôt le paroxysme, tantôt l'effondrement. Une musique pour cyclothymique.

– Gabrielle, propose Ida en domino rouge, choisis donc quelqu'un dans la salle qui te plaise et qui n'appartienne pas à la société de Cour. Je te l'amènerai. Dans un bal masqué, il faut parler aux gens et nouer des intrigues.

– Oui, tu le penses? interroge le domino jaune qui a besoin de se savoir encouragée par son amie.

Les yeux d'Elisabeth s'arrêtent sur un jeune homme élégant. Il paraît se promener seul et ne pas avoir dansé. Ida approuve son choix. Son visage leur semble inconnu. Encore faut-il s'assurer qu'il n'appartienne pas, de près ou de loin, à l'aristo-cratie de Cour. Aussitôt, Ida, la douce Ida, la maternelle, la prudente Ida, abandonne sa protégée pour courir au parterre rejoindre le jeune homme. Comme si elle avait passé le plus clair de sa vie à aborder les hommes dans la rue, Ida glisse son bras sous celui du jeune inconnu et engage aussitôt la conversa-tion. Connaîtrait-il par hasard le comte X, celui qui danse là-bas, un peu plus loin? Est-ce qu'il aurait déjà rencontré le prince Y, qui s'appuie contre une colonne avec nonchalance? Non, le jeune homme les ignore, l'un comme l'autre. De toute évidence, il n'a pas ses entrées à la Cour. L'affaire se présente bien. Et lui-même, comment s'appelle-t-il? Frédéric Pacher de Theinburg, pour vous servir. Il est fonctionnaire dans un ministère. Ida recueille les renseignements avec satisfaction. Rassurée, elle poursuit:

– Veux-tu me rendre service?

– Volontiers, répond-il avec empressement.

– J'ai une jolie amie qui s'ennuie toute seule sur la galerie. Ne voudrais-tu pas la distraire un instant?

– Certainement, allons la rejoindre.

Jolie, l'amie semble l'être, même si l'on ne devine rien de son visage. Cependant le domino met en valeur sa longue sil-houette, à la fois mince et charnue. Le jeune homme semble étonné de tant d'élégance: cette soie jaune, ces dessins brochés de fils d'or et d'argent, cette traîne par trop encombrante dans un pareil lieu. Sa coquetterie va-t-elle la perdre?

– Je suis étrangère ici..., insiste-t-elle pour excuser sa tenue et sa timidité.

Sa voix si douce semble charmer le jeune inconnu. L'autre domino en profite pour s'éclipser et les laisser en tête à tête.

235

Accoudés à la balustrade, ils suivent des yeux les danseurs et échangent quelques propos anodins. Au bout d'un moment, la jeune femme demande tout à trac :

– Est-ce que tu connais l'impératrice ? Que penses-tu d'elle ? Qu'en dit-on ici ? Sais-tu si elle est aimée ?

Elisabeth s'étonne de son propre culot. A quoi bon jouer, si on ne risque pas tout ? Et puis, son audace ne la protège-t-elle pas ? Il est évident qu'elle n'aborderait pas ce genre de sujet si elle se sentait concernée. Frédéric Pacher hésite un instant avant de répondre : « L'impératrice ? Je ne la connais que de vue, bien sûr. Je l'ai aperçue quelquefois à cheval au Prater. C'est une femme très belle, c'est tout ce que je peux en dire. Les gens lui reprochent de trop peu se montrer et de ne s'occuper que de ses chiens et de ses chevaux. Peut-être ont-ils tort. »

Il marque un temps d'arrêt et ajoute, presque en confidence :

– Cet amour des chiens et des chevaux, elle le tient de famille. On m'a raconté que son père, le duc Max, aime répéter : « Si nous n'étions pas princes, nous serions devenus écuyers de cirque. »

Cette dernière remarque fait sourire Elisabeth, sous les dentelles de son loup. Son père serait bien le seul à s'amuser de son escapade.

– Dis-moi, quel âge me donnes-tu ? demande-t-elle à brûle-pourpoint.

– Trente-six ans, ose-t-il répondre avec une étrange exactitude.

Trente-six ans ? Oui, elle vient d'avoir trente-six ans et elle est même grand-mère depuis un mois. L'a-t-il reconnue pour ainsi tomber pile ? Est-il moins naïf qu'il paraît ? Ou alors, chose plus épouvantable encore, est-ce qu'elle ferait ses trente-six ans ? Sa silhouette est-elle moins gracile, moins déliée ? N'aurait-elle pas grossi ? Ne faudrait-il pas qu'elle suive un régime plus strict encore ? Elle a beau jouer les coquettes de Mardi gras, elle se sent soudain rattrapée par son âge. Et si tous ces compliments qu'on lui prodigue à longueur d'année n'étaient que des flatteries ? Les flagorneurs ne savent-ils pas parer de grâce le pire laideron pour peu qu'il soit placé sur un trône ?

– Je te remercie de m'avoir tenu compagnie. Tu peux t'en aller maintenant, dit-elle avec une autorité que la douceur de sa voix ne parvient pas à dissimuler.

– Trop aimable! s'exclame le jeune homme. Tu me fais monter près de toi, tu me questionnes et puis, tu me renvoies. Bon, je vais partir, puisque tu es fatiguée de ma présence, mais serrons-nous la main tout de même avant que je ne m'en aille.

L'impératrice n'a guère l'habitude qu'on lui parle sur ce ton. Ne voulait-elle pas, ce soir, être une femme comme les autres? Il faut savoir en prendre le risque.

– Reste avec moi, se ravise-t-elle. Tu vas me conduire dans la salle.

Se faisant appeler Gabrielle, le domino jaune prend le bras de Frédéric. Le couple se faufile entre les danseurs. Dans la cohue, le jeune homme prend soin de lui ouvrir la marche et de la protéger à la manière d'un garde du corps. Il a senti d'emblée à quel point elle redoute la foule. Dès qu'on la bouscule, elle paraît non seulement effrayée, mais elle n'arrive pas à maîtriser une sorte de haut-le-corps, un sursaut de panique. D'évidence, la belle dame est peu accoutumée à une pareille cohue. Encore son élégance et son allure en imposent-elles. On lui cède le passage, on la couvre de politesses. Intrigués, les danseurs la suivent des yeux. Les jeunes aristocrates sont les plus déférents, comme s'ils reconnaissaient d'instinct une des leurs. Frédéric Pacher se montre à la fois fier et gêné de promener à son bras une femme si différente des autres.

Elle lui parle à présent sans contrainte et de tous les sujets. En politique, leurs opinions sont proches. L'empereur n'a pas la tâche facile, il devrait pourtant aller plus vite dans les réformes. Ils refont ensemble le monde. Ils évoquent les paysages qu'ils aiment, la forêt, la montagne. « Gabrielle » oublie la foule. Son ton devient lyrique, presque exalté, puis soudain, craignant les excès de sa sensibilité, d'une remarque ironique, vive comme un coup de cravache, elle tourne en dérision ce qu'elle vient de dire, quitte à se meurtrir elle-même.

Très inspiré, le jeune homme répond que sa mélancolie et son humour le font penser à certains poèmes de Heine. Le domino jaune n'en croit pas ses oreilles. Les mânes du défunt poète l'ont-elles amenée à choisir dans cette foule le seul homme qui connaisse et qui aime Heinrich Heine? Ils se récitent des poèmes entiers, échangeant une strophe du *Livre des chants*, contre une du *Romancero*. Ce Frédéric Pacher a du charme, ses traits sont doux et réguliers, il sait faire preuve de sang-froid et de modestie. Suprême mérite, il aime Heine. La conversation avec cet homme de vingt-six ans pourrait prendre un tour très agréable, n'était le regard des curieux.

Le domino jaune s'interrompt soudain à la vue de Nicolas Esterházy, Niky pour les intimes. Gabrielle le connaît, ô combien! Le jeune et bel aristocrate est maître d'équipage à Gödöllö. C'est lui qui conduit les chasses au renard et c'est un des rares cavaliers à pouvoir rivaliser avec l'impératrice. Elle suit toutes les chasses, non pour tuer, mais pour chevaucher. Les mauvaises langues prétendent qu'il est son amant et les pires bavards ajoutent qu'à Gödöllö, on a surpris le beau Niky, déguisé en prêtre, courant rejoindre l'impératrice. Chaque fois qu'un homme, dans son entourage, paraît séduisant, la rumeur en fait aussitôt son amant.

Niky Esterházy la regarde des pieds à la tête. Ses yeux s'attardent sur ce brocart trop riche, ce domino trop ajusté, ce corps incomparable qu'il convoite assez pour le reconnaître sous ses différentes métamorphoses. Parmi toutes ces femmes, n'est-elle pas la plus grande? la plus mince? Sa taille n'est-elle pas la plus fine et sa gorge la plus abondante? Gabrielle tressaille sous l'insistance du regard, puis elle se reprend et entraîne son chevalier servant à l'abri d'un pilier. Sans doute Nicolas Esterházy croira-t-il avoir été le jouet de son imagination. Si, par malheur, il restait enclin aux soupçons, l'impératrice sait qu'elle peut compter sur son silence. Il y a entre eux une complicité de cavaliers et le lien sacré de Gödöllö.

– Les hommes ne sont le plus souvent que des flatteurs, dit Gabrielle. Je devine que tu es différent. Et moi, pour qui me prends-tu?

– Pour une grande dame, répond sans hésiter Frédéric, une princesse au moins. Tout en toi le prouve. Si tu ne veux pas me dire qui tu es, fais-moi la grâce d'enlever un de tes gants que je puisse voir ta main.

– Non, pas maintenant. Je sais que nous nous reverrons et, un jour, tu finiras par me connaître. Viendrais-tu à Munich ou Stuttgart, si je t'y donnais rendez-vous? Je n'ai pas de patrie et je passe mon temps en voyage.

– Je viendrai, bien sûr, partout où tu l'ordonneras.

Il est déjà plus d'une heure du matin. A plusieurs reprises, le domino rouge, l'amie de Gabrielle, s'est approché d'eux, comme pour leur rappeler l'heure, et le domino jaune n'a pas paru s'en soucier. Il est temps cette fois de se séparer. Frédéric a donné son adresse à Gabrielle. Elle lui écrira en échange d'une promesse:

– Promets-moi une chose, une seule. Conduis-moi jusqu'à la voiture et ne retourne pas dans la salle.

Il en fait le serment. Comment la salle pourrait-elle avoir le moindre intérêt après son départ? Accompagnés du domino rouge, ils descendent l'escalier et s'en vont ensemble attendre un fiacre. Impression étrange, l'impératrice se sent à ce moment-là une simple femme, une inconnue qui s'attarde sur un trottoir avec deux amis, dans la nuit de Vienne. Sans doute est-ce la première et la dernière fois. Elle a une pensée pour ces renards pris au piège qui se rongent la patte, n'hésitant pas à la couper de leurs propres dents pour recouvrer la liberté.

Le fiacre s'avance, alors Frédéric Pacher, incapable de maîtriser sa curiosité, s'écrie : « Tout de même, je voudrais bien savoir qui tu es! » Sa main tente de relever les dentelles noires du loup. Le domino rouge pousse un cri dont la force dénonce au moins un crime de lèse-majesté et se précipite au secours de Gabrielle. Le jeune homme a tout juste le temps d'implorer son pardon. Les deux femmes s'engouffrent dans la voiture.

« Mon Dieu, s'il savait qui je suis, dit Elisabeth amusée et effrayée. Nous ne pouvons pas retourner directement à la Hofburg. Il se pourrait qu'il nous suive. » Ida donne l'ordre au fiacre de se diriger vers les faubourgs. Puis elle le fait s'arrêter dans une rue calme, elle descend, vérifie qu'on ne les a pas suivis et ordonne enfin de revenir à la Hofburg.

Soixante ans plus tard, en 1934, Frédéric Pacher confiera au premier biographe d'Elisabeth, le comte Corti, qu'il avait pensé que le domino jaune pouvait cacher la personne même de l'impératrice... Mais cette idée lui paraissait, au fil du temps, si saugrenue, l'aventure si incroyable, qu'il en chercherait longtemps la confirmation.

Dans les jours qui suivent le bal masqué, il rôde autour de la Hofburg, parcourt en tout sens le Prater. La chance ne l'abandonne pas tout à fait. Trois ou quatre jours après, il réussit à se trouver sur le passage de sa voiture. Il est assez près pour que leurs regards se croisent. Ce visage lumineux, ces traits délicats, appartiennent-ils au domino jaune? Il suit des yeux l'impératrice, elle se retourne et, d'un geste vif, tire le rideau pour masquer la vitre arrière. Frédéric y voit un indice supplémentaire. Si c'est elle, et c'est probable, il est à parier qu'elle ne donnera plus signe de vie. Comment une impératrice pourrait-elle se soucier d'un Frédéric Pacher?

Surprise! Une semaine après le bal, une lettre arrive de Munich : « Cher ami, vous serez étonné de recevoir mes premières lignes de Munich. J'y suis de passage pour quelques heures et j'en profite pour vous donner le signe de vie que je vous avais promis. Avec quelle angoisse vous l'avez attendu! Ne le niez pas! Mais soyez sans crainte, je ne vous demande pas d'explications, car je sais aussi bien que vous ce que vous ressentez depuis cette fameuse nuit. Vous avez parlé à des milliers de femmes et de jeunes filles; vous avez cru, sans doute, vous amuser, mais votre esprit n'est jamais tombé sur l'âme sœur. Enfin vous avez trouvé, dans un mirage étincelant, ce que vous cherchiez depuis des années, mais pour le perdre sans doute à jamais. »

Frédéric Pacher répond aussitôt et envoie la lettre à la poste restante de Munich, comme on le lui a indiqué. Il attend en vain un autre message. Alors qu'il commence à désespérer et que sa curiosité bute sur cette énigme, il reçoit, un mois après le bal, une nouvelle lettre, postée de Londres : « On fait grand éloge de Londres, quant à moi, je ne sais qu'une chose, c'est que la ville m'est odieuse. Dois-je t'en décrire les curiosités? Prends un Baedeker et tu m'épargneras la peine de le faire. Tu veux savoir quelle est ma vie? C'est sans intérêt. Quelques vieilles tantes, un bouledogue hargneux, de nombreuses plaintes au sujet de mon extravagance, pour me délasser une promenade solitaire à Hyde Park tous les après-midi, une réunion mondaine après le théâtre, voilà ma vie dans toute son aridité et son désespérant ennui. Oui, Fritz, même toi tu serais une distraction ici! Qu'en dis-tu? Es-tu moins vaniteux, au moins pour un jour? Imagine ma faiblesse, j'ai la nostalgie de cette Vienne légère, ensoleillée, mais la nostalgie à la manière des chats, la nostalgie de l'endroit, non des hommes. Et maintenant, je te souhaite le bonsoir, il est minuit passé à ma montre. Rêves-tu de moi en ce moment ou envoies-tu dans la nuit des chants nostalgiques? Dans l'intérêt de tes voisins, je te souhaite de rêver... »

Au-delà des mensonges destinés à brouiller les pistes et derrière le masque de l'incognito, Elisabeth perce à chaque ligne sous Gabrielle : l'obsession de l'ennui et de la monotonie des jours, l'ironie qui sert, comme chez Heine, à dissiper la mélancolie, et jusqu'à la manière d'évoquer Vienne : la ville serait belle, n'étaient les Viennois. Ajoutons à cela le narcissisme. Gabrielle ne met pas en doute le trouble du jeune homme et son attachement. Elisabeth n'ignore pas que le romanesque de la rencontre y est pour beaucoup et que, derrière Gabrielle, l'image de l'impératrice est une icône, mais aussi le plus subtil des aphrodisiaques.

Elle a confié cette lettre à sa sœur Marie, l'ex-reine des Deux-Siciles, qui part pour l'Angleterre. Un mois plus tôt, Ida avait désapprouvé l'envoi de la première lettre. L'impératrice ne doit pas prendre de pareils risques, le jeu n'en vaut pas la chandelle. Grâce à la complicité de sa sœur, Elisabeth n'a plus besoin cette fois d'utiliser sa lectrice. Du même coup, elle évite de l'alarmer.

Frédéric répond avec empressement, mais il se montre plus que jamais intrigué par la véritable identité de Gabrielle. De Londres, elle écrit encore : « Tu poses des quantités de questions et pourtant tu crois tout savoir. Pourquoi ne m'appellerais-je pas Gabrielle ? As-tu des préventions contre ce joli nom d'archange ? [...] Tu ne demandes pas moins que ma biographie – elle ne t'ennuierait pas certes, mais il faudrait pour cela que je te connusse mieux [...] Je me suis insinuée dans ta vie, inconsciemment et involontairement. Dis-moi, veux-tu rompre ces liens ? C'est encore possible maintenant, mais plus tard, qui sait ? »

Le jeune homme s'impatiente. Il a le droit de savoir la vérité. Il va même jusqu'à émettre une hypothèse. Et si, en réalité, Gabrielle s'appelait Elisabeth ? Il est puni de son audace par le silence de sa correspondante. Gabrielle n'écrira plus, pendant longtemps. A-t-elle été amoureuse de Frédéric ? Non, pas de lui. Elle a été amoureuse de l'amour, amoureuse de la liberté, amoureuse d'une autre vie. Elle a voulu se croire légère, imprévisible, dégagée de la pesanteur impériale. Elle a fait un rêve et, dans son rêve, elle pouvait se décharger des attributs du pouvoir, elle n'était plus qu'une inconnue qui passe, qu'une voyageuse apatride, libre d'aimer selon son cœur et sa fantaisie. En songe, elle a oublié son rang, son âge, son statut d'épouse, de mère, de grand-mère. Elle a caressé avec volupté ses illusions, à la manière de la fée Titania.

Cependant plus de onze ans après le bal masqué, alors qu'elle est devenue cette voyageuse dont elle désirait tant l'inconstance, cette mouette qui ne trouve nulle part où se poser, elle s'en va de nouveau à la recherche de Frédéric et de leur ancienne aventure. Elle écrit un poème, en partie inspiré par leur rencontre :

Et maintenant suis-moi, viens à la mascarade.
Que nous importe à nous qu'il fasse froid dehors!
Nous portons l'été dans nos cœurs
Et la salle scintille de mille lumières.

Au milieu de tous ces masques bigarrés,
Quelle rumeur, quel tapage, quel vacarme, quels cris!
Sur une folle musique de valse, heureux,
Ils tourbillonnent comme des moucherons.

Mais nous deux avons choisi le meilleur lot;
Nous nous sommes assis dans la voiture,
Y trouvant bientôt comme la chaleur d'un nid;
Et l'obscurité nous enveloppait...

Etrange dernière stophe. Les témoignages d'Ida Ferenczy et de Frédéric Pacher concordent. Jamais Gabrielle et son chevalier servant ne se sont trouvés ensemble dans une voiture. Après le bal, les deux dominos sont montés seuls dans le fiacre et ils se sont appliqués à semer leurs éventuels poursuivants. Ida a d'abord indiqué au fiacre une fausse direction pour ensuite le remettre sur la piste de la Hofburg. Se trouver dans une voiture, la nuit, avec un homme, suprême volupté dont rêve Elisabeth. Elle n'a connu qu'une seule fois ce plaisir-là et elle ne risque pas d'oublier qui l'accompagnait. Gyula Andrássy, bien sûr, le cher Andrássy. C'était en Hongrie, il neigeait et, dans la voiture, elle tenait la main de l'homme qu'elle aimait. Un amour impossible, un amour sans espoir, mais un amour pourtant. Quand Elisabeth rêve à Frédéric Pacher, c'est le souvenir d'Andrássy qui nourrit son imagination.

Après onze ans de silence, Pacher tombe des nues en recevant des nouvelles du domino jaune. Sa correspondante lui dit d'envoyer poste restante sa réponse et d'y joindre une photographie de lui. Il n'envoie pas de photo, il se contente d'écrire : « Que s'est-il passé depuis ces onze ans? Tu resplendis sans doute de ta fière beauté d'autrefois, quant à moi, je suis devenu un époux respectable et chauve, j'ai une femme de même taille que toi et une fillette délicieuse. Tu peux, si tu le juges convenable, déposer sans crainte ton domino après onze années écoulées et éclaircir cette énigmatique aventure, la plus troublante de celles que j'aie connues. »

Quelques mois plus tard, en octobre 1885, il reçoit de nouveau un message. Gabrielle se garde bien de révéler sa véritable identité. En revanche, elle ne se prive pas d'ironiser à propos de cette « paternelle calvitie » dont elle souhaiterait recevoir le témoignage photographique. Frédéric Pacher perd son calme :

Vienne, 22 octobre 1885,

« Très honoré domino jaune ou rouge,

» [...] Je regrette infiniment qu'après onze ans tu juges encore utile de jouer à cache-cache avec moi. Se démasquer après si longtemps eût été un jeu charmant et eût mis une bonne fin à l'aventure du Mardi gras de 1874. Mais une correspondance anonyme après si longtemps manque de charme.

» Ta première lettre m'a fait plaisir, la dernière m'a vexé... »

Le jeu pourrait en rester là. Pourtant, un an plus tard, Frédéric Pacher reçoit du Brésil le dernier message de la belle inconnue, un poème imprimé et non signé :

Le chant du domino jaune
Long, long ago

T'en souviens-tu ? Cette salle illuminée dans la nuit,
Il y a longtemps, longtemps, si longtemps,
Où deux cœurs se rencontrèrent,
Il y a longtemps, longtemps, si longtemps.

Là commença notre étrange amitié, ô mon ami,
T'en souviens-tu parfois encore ?
Te souviens-tu des mots si intimes
Que nous échangions au rythme de la danse ?

Une pression de main encore, et je dus m'enfuir,
Non, je ne pouvais te dévoiler mon visage,
Mais j'illuminai ton âme.
Cela, mon ami, était bien plus encore !

Des années, depuis, se sont écoulées, enfuies,
Mais sans jamais nous réunir.

Mon regard scrute les étoiles dans la nuit,
Mais elles restent muettes et sans réponse.

Parfois je te crois proche, puis de nouveau si loin.
Peut-être es-tu déjà sur une autre étoile?
Es-tu en vie? Alors un signe à la lumière du jour!
A peine j'ose l'attendre, l'espérer.

Il y a si longtemps, oh, si longtemps,
Ne me laisse plus attendre,
Plus attendre!

Personne ne se rendra à la poste restante pour chercher la réponse de Frédéric Pacher. Le silence retombe sur cette aventure, plus imaginaire que réelle. Elle révèle l'insatisfaction d'Elisabeth, son désir d'échapper aux lois de la pesanteur et de la fatalité. Evasion ratée d'une Bovary, pathétique et impériale.

Frédéric Pacher n'aura la clef de l'énigme que longtemps après. Le premier biographe d'Elisabeth, le comte Corti, réussira à retrouver Pacher. Nous sommes en 1934 et le jeune homme du bal masqué a quatre-vingt-six ans. Il se souvient de tout, il a pieusement gardé les lettres du domino jaune. Le comte Corti apprend au vieux monsieur ce que le jeune homme savait.

En 1874, Elisabeth reçoit le plus beau présent dont puisse rêver une Tzigane. Arrive de Bohême une voiture qu'elle peut à sa guise faire accrocher à son train spécial ou aux rapides internationaux. A l'extérieur, une voiture vert sombre, banale ou presque. Mais à l'intérieur, l'univers luxueux d'une nomade. Une chambre douillette, calfeutrée, avec une commode où l'impératrice range les livres qui l'accompagnent partout, un fauteuil, une table et un lit à une place. A côté, dans un salon-boudoir, un canapé et une table-coiffeuse avec une grande glace éclairée de part et d'autre comme les miroirs des cabines de mannequins.

Dans ce palais roulant, elle parcourra des milliers et des milliers de kilomètres. Sa légende ferroviaire se répandra dans toute l'Europe, au point que, bien plus tard, les paysans de Corfou, ébahis de voir la mouette se poser chez eux, l'appelleront l'impératrice-locomotive, alors qu'ils n'ont pas vu un train de leur vie.

Le 28 juillet 1874, elle étrenne sa voiture. Cap sur l'ouest. Elle emmène la petite Marie-Valérie, ses compagnes hongroises et toute une maisonnée dont le protocole lui interdit de réduire le nombre. Première étape : Strasbourg, cité allemande à cette époque. Elle veut avoir la paix pour visiter la cathédrale, aussi met-elle à l'épreuve son nouveau système des leurres. En avance sur son programme officiel, elle se présente devant la cathédrale vêtue d'un simple costume de voyage avec, pour toute escorte, une seule dame de compagnie. Sa visite se déroule selon ses vœux et personne ne songe à importuner ces deux voyageuses inconnues. Pendant ce temps, Fanny Feifalik, coiffeuse de Sa Majesté, s'habille en impératrice, avec voilette et éventail, sort de l'hôtel à l'heure prévue et reçoit les hommages des autorités. Puis le train repart avec tout son monde et traverse la France sans s'arrêter. On prend la mer au Havre, pour atteindre l'île de Wight, le 2 août.

On s'installe dans une jolie villa parmi les magnolias et les cèdres. Elle a été louée au nom de la comtesse de Hohenembs, ce titre, un des quarante-sept que porte François-Joseph, est assez peu connu pour qu'Elisabeth s'en fasse une sorte de pseudonyme, chargé de garantir son incognito.

Une île! Elle croit découvrir une autre Corfou ou une autre Madère. Dans sa fuite éperdue, l'impératrice imagine pouvoir à sa guise se retrancher du monde. N'aime-t-elle pas répéter : « On peut toujours arriver à faire de soi une île » ? Las, l'île de Wight n'est pas pour cette misanthrope un désert. La reine Victoria est en villégiature non loin de là, à Osborne House. Elisabeth ne peut espérer abuser la reine avec son nouveau titre de comtesse de Hohenembs. Sans doute l'imprudente a-t-elle pensé que sa voisine, soucieuse elle aussi de préserver sa tranquillité, ne chercherait pas à troubler son séjour. Or, le jour même de son installation, l'encombrante voisine débarque à l'improviste. Impossible de se dérober ou de produire devant la reine du plus important empire du monde une doublure! D'autant que l'Anglaise a autrefois prêté à l'Autrichienne son superbe yacht et l'équipage itou. La corpulence de Victoria est à la mesure de sa puissance. La reine est énorme. Saisissant contraste que la rencontre de la sylphide et du poussah, de l'impératrice malgré elle et du parangon de toutes les vertus politiques et royales.

Curiosité, assaut de politesse. A l'abri des convenances, chacune regarde l'autre comme un objet bizarre, échappant à toute espèce de nomenclature. Ecolière sage, Elisabeth rend compte de sa bonne conduite, le soir même, à son époux : « J'ai été très polie et tout le monde en a paru étonné. J'ai fait ce que j'ai pu et j'estime que cela suffit. Ils se rendent parfaitement compte que je veux être tranquille et ne souhaitent pas me gêner... »

Mais, tenace, Victoria invite Elisabeth à dîner quelques jours plus tard. L'impératrice refuse en y mettant les formes. Victoria débarque de nouveau chez sa voisine afin de réitérer son invitation. Comme d'habitude, il ne reste plus à Elisabeth qu'une issue : la fuite. Elle part pour Londres, laissant derrière elle une Victoria quelque peu interloquée.

Tandis que la haute société a pris ses quartiers d'été, Elisabeth peut monter, à Hyde Park, son célèbre cheval blanc arrivé tout droit de Budapest. Elle marche dans Londres où on ne la reconnaît pas, comme elle avait imaginé pouvoir le faire, quelques mois plus tôt, dans sa lettre à Frédéric Pacher. Toujours obsédée par ses régimes – un excellent chef français assure l'ordinaire à l'île de Wight, mais l'impératrice se contente de jus de viandes et de fruits –, elle écrit à son mari, après avoir rendu une visite de politesse à la duchesse de Teck : « Elle est énorme. Je n'ai jamais rien vu de pareil. Je passais tout mon temps à me demander à quoi elle pouvait ressembler au lit. » Seules les images les plus repoussantes lui font songer aux ébats nocturnes... Dans le cabinet de figures de cire de Mme Tussaud, elle n'a aucun mal à reconnaître son impérial époux : « Follement amusant, mais horrible », s'écrie-t-elle.

Son parcours ne serait pas complet sans la visite d'un asile d'aliénés. Elle se rend à Bedlam, le plus grand dans le genre. Trente ans plus tard, il sera dépassé par le célèbre Steinhof, dans la banlieue de Vienne. Elisabeth reste des heures dans le grand parc de Bedlam à la recherche des égarés. Elle s'entretient avec une Ophélie couronnée de fleurs et elle songe à sa belle-sœur Charlotte, la veuve de Maximilien, prostrée dans sa folie quelque part en Belgique. Elle parle aux uns et aux autres. Elle s'efforce d'entrer dans le délire de chacun avec plus de conviction qu'elle n'en a mis à soutenir la conversation avec la reine Victoria. Elle pense à son cousin Louis II qui n'en finit pas de chevaucher ses chimères sur les routes nocturnes de la Bavière. Elle pense à Othon, le frère cadet de Louis II, interné dans le petit château de Fürstenried, entre Munich et le cher lac de Starnberg. Il hurle à la mort des nuits entières et le roi Louis II croit deviner son propre avenir dans les aboiements de son cadet. Elle pense à elle et à ses phobies. Elle pense à son fils Rodolphe et au germe fatal que transmettent les Wittelsbach.

Dans la campagne anglaise, Elisabeth prend part à une chasse à courre. Elle se fait un devoir de prouver par l'exemple qu'à Gödöllö les cavaliers sont aussi bons qu'en Angleterre, même si leur réputation est moindre, et qu'une femme peut en remontrer aux meilleurs parmi les meilleurs. Puis elle rejoint sa villa de l'île de Wight où elle peut enfin vivre en paix, Victoria étant repartie pour le château de Balmoral en Ecosse. Le système des leurres se perfectionne. Elisabeth prend son bain chaque jour avec Marie Festetics et une dame de compagnie.

Toutes trois revêtent le même costume – en ce temps-là, on se baignait habillé –, ainsi de loin, on ne sait qui est qui. Les voyeurs sont découragés. Elisabeth écrit à François-Joseph : « Je sais combien tu m'aimes, même sans démonstrations, et nous sommes si heureux précisément parce que nous savons ne pas nous déranger. »

Sur le bateau du retour, les voyageuses essuient une tempête. A Boulogne, Elisabeth entraîne Marie Festetics dans une de ces marches forcenées qu'elle aime plus que tout. Elles ont l'imprudence de se risquer sur la plage quand déferlent les plus grosses lames. Leurs parapluies se retournent et partent en lambeaux. Les deux femmes doivent se plaquer au sol pour ne pas être emportées à leur tour. La fureur des vents plaît à Elisabeth. Du sable plein la bouche, elle rêve à haute voix d'autres départs. Comme elle le disait autrefois à Maximilien, sur le pont du bateau pour Corfou, elle voudrait traverser l'océan, fuir toujours plus loin :

> *Un désir cède à un désir plus grand*
> *Et le cœur reste toujours insatisfait.*
> *Et le bonheur acquis*
> *Cesse d'être un bonheur.*

Elisabeth n'a pas pris à Vienne la place laissée vacante par l'archiduchesse Sophie. Elle n'intervient plus en politique depuis qu'elle a obtenu ce qu'elle souhaitait pour la Hongrie. A la Cour, un parti tchèque milite en faveur d'un couronnement des souverains à Prague et d'une transformation du Dualisme en une fédération plus large où se verraient reconnus les droits des Slaves, comme l'ont été ceux des Magyars. Ils reprochent à l'impératrice l'influence qu'elle est supposée exercer sur son mari. Il est vrai que son cœur bat pour la Hongrie et qu'elle reste beaucoup plus indifférente aux autres nations. Il est non moins vrai que le problème hongrois était le plus difficile et le plus urgent à résoudre.

La Hongrie a toujours été rétive, forte, orgueilleuse. Elle s'est maintes fois battue contre Vienne. Elle a réussi par le passé à se faire reconnaître en tant que nation à l'égal de la nation allemande. L'occupation et la tyrannie ne sont jamais parvenues à la soumettre. Les Habsbourg le savent depuis plus de trois siècles. Et l'Empire n'ignore pas qu'une fois la Hongrie perdue tout le troupeau risque d'être décimé.

Le Compromis était nécessaire. Il n'est pas suffisant. Trop négligées, les autres nations vont mettre de plus en plus l'Empire en danger, jusqu'à faire basculer toute l'Europe dans l'horreur.

Durant l'été 1875, l'ex-empereur Ferdinand meurt à Prague. Cet oncle de François-Joseph avait abdiqué en faveur de son neveu. Il fait de ce même neveu son légataire universel. « Tout d'un coup, me voilà riche ! » commente François-Joseph. Ce n'est pas qu'une boutade. L'empereur s'était montré jusque-là économe et il avait veillé à ce que sa femme suive son exemple. Elle est récompensée de sa relative sagesse. Sa rente passe de cent mille à trois cent mille florins. La succession de Ferdinand fait aussi de l'impératrice une personne très riche. Elle place sa fortune selon ses goûts. Celle qu'on appellera plus tard l'impératrice-locomotive investit dans tous les moyens de transport : dans les chemins de fer nationaux, c'est bien le moins, et dans la Compagnie des vapeurs du Danube. La fine mouche place une partie de son argent en Suisse, à la banque Rothschild. Souvenons-nous qu'en 1871 déjà, après la défaite française, elle craignait l'avenir : « Peut-être pourrons-nous encore vivoter quelques années avant que ne vienne notre tour. » Sa fortune à présent lui permet d'agir à sa guise. Les chevaux et les voyages sont les postes clefs de son budget.

Une frénésie d'exercices physiques s'empare d'Elisabeth. Les agrès d'une Hofburg où l'oiseau migrateur ne séjourne jamais longtemps ne lui suffisent plus. Un an, emprisonnée là, et je serai une vieille femme, répète-t-elle. C'est vrai que la quarantaine n'est pas loin et Elisabeth n'a pas envie d'abandonner son corps à la mollesse, de le laisser s'avachir. Sans illusion sur le cours des choses, souvent déçue, parfois fataliste, elle n'est pas prête à accepter le naufrage de sa beauté. Elle s'en est fait un emblème et, plus qu'une apparence, une cuirasse dont elle traque le moindre défaut. Il lui faut vivre à l'air libre, galoper des jours entiers, sentir sa machine corporelle répondre à toutes ses volontés et retrouver grâce à sa force musculaire les sensations parfaites de l'enfance.

Elle a fait construire à Gödöllö un manège où elle pratique des exercices de haute école, mais elle travaille aussi avec des chevaux de cirque. La célèbre écuyère Elisa Petzold lui donne des leçons. La jeune femme a de l'allure et de l'autorité, Elisabeth s'en fait une amie. Aussitôt la rumeur s'empare de l'événement. Pensez donc, une impératrice qui s'acoquine avec une écuyère, poudrée de sciure, imprégnée de l'odeur des écuries! N'est-ce pas louche? Cette Elisabeth à qui l'on prête tant d'amants et qui semble n'en avoir aucun n'aimerait-elle pas en réalité les femmes?

Gödöllö devient le lieu de toutes les débauches. « On y voit rôder une racaille peu recommandable, des hommes, des femmes, des enfants crasseux et déguenillés. L'impératrice invite souvent au château toute une troupe, qu'elle fait nourrir et à laquelle on remet encore de nombreuses victuailles. » Pire, l'impératrice monte à cheval comme un homme, les jambes moulées dans des leggings de daim, la chevelure dissimulée sous un feutre, sa longue tresse caressant les reins de sa monture. Une tenue de cirque, un vêtement pour travesti. On accuse Elisa de toutes les perversions. Au point qu'Elisabeth doit rassurer l'empereur et lui écrire qu'Elisa est « très convenable ».

Eté 1875. Le médecin préconise à Marie-Valérie l'air marin et la baignade. Une telle prescription satisfait les vœux de la mère au moins autant que ceux de la fille. L'impératrice choisit la Normandie. « Il t'y arrivera un malheur », proteste François-Joseph qui se méfie de la République et des anarchistes. Elisabeth tient compte de son avis, mais d'une manière insolite. Si elle ne modifie en rien ses plans, elle prend soin en revanche de faire son testament avant de quitter Vienne avec une suite de soixante personnes, ses trois chevaux et le personnel d'écurie.

Son train s'arrête en gare de Fécamp. Elle a fait louer un château du XVIIIe siècle à Sassetot-le-Mauconduit, en plein pays de Caux. Arrive par le même train son petit lit de fer, étroit et dur, enfermé dans un coffre noir qui ressemble à un cercueil. Chaque maison n'est-elle pas un tombeau? Cette austérité monacale va de pair avec l'importance et la sophistication de l'escorte. Deux gouvernantes pour Marie-Valérie, une Anglaise et une Française, deux chefs en provenance de Vienne, plus un chef parisien, deux confiseurs viennois et un boulanger autrichien, venu avec des sacs de cette farine hongroise seule susceptible de donner leur saveur aux célèbres petits pains viennois, le Dualisme s'affirme jusque dans l'œuvre boulangère.

Toutes ces promesses gastronomiques ne concernent en rien Elisabeth. Pendant que sa suite fait bombance, l'impératrice ambulante se contente d'une soupe. La cuisinière préposée à la confection de ces brouets, dont Elisabeth fixe chaque jour la composition, est surnommée « la soupière ».

Les paysans alentour ne sont pas habitués à une telle pompe. Le cirque impérial les captive et les choque : en vrais Normands ils hésitent entre les applaudissements et les sifflets. Ils écarquillent les yeux, horrifiés, mais ne perdent rien du spectacle. Ils voient l'impératrice monter son cheval comme un homme et, négligeant les allées et le portail, faire bondir sa monture par-dessus la haie. Au lendemain de la guerre de 1870 et de la perte de l'Alsace et de la Lorraine, on déteste en France tout ce qui est allemand. L'impératrice est autrichienne et parle hongrois avec ses compagnes. Peu importe, on ne fait pas le détail. De plus, les paysans se plaignent de voir leurs moissons ou leurs betteraves foulées par les chevaux. Le baron Nopcsa distribue à profusion de l'argent pour les dédommager. Les paysans empochent la manne et crient plus fort dans l'espoir d'une autre tournée. L'affaire fait grand bruit et les journaux s'en emparent. Les paysans auraient insulté l'impératrice. Elisabeth doit donner l'ordre à l'ambassade d'Autriche à Paris de démentir cette rumeur. La rumeur, toujours elle. La plus fidèle ennemie de l'impératrice.

Elle se baigne chaque matin quel que soit le temps. Elle a fait aménager, de la maison jusqu'aux premières vagues, un passage de toile qui ressemble au tunnel qu'empruntent les grands fauves pour se rendre au centre de la piste. Les draps blancs qui claquent dans le vent balisent un chenal de tranquillité.

Elle ne veut pas laisser son corps se reposer. A la moindre négligence, au premier signe de relâchement, tout l'édifice ne risque-t-il pas de s'affaisser de manière irréversible ? Le souvenir du malheureux Louis II lui sert de repoussoir. Douze ans plus tôt, elle avait été éblouie par sa beauté, un visage d'archange sur un corps d'athlète. A présent, sa denture est noire, ses traits bouffis, son corps mou et emprunté. Il n'a guère que trente ans, sept de moins qu'elle. Certes, sa beauté n'a pas tout à fait disparu. Elle est même par instants plus évidente, plus troublante aussi, dans son halo de vulnérabilité et de folie. Mais Elisabeth n'a pas envie de donner à voir ses faiblesses. Sa cuirasse de beauté doit rester en l'état le plus longtemps possible.

On fait venir de Grande-Bretagne un professeur d'équitation, M. Allen. L'impératrice envisage de retourner plus tard en Angleterre, aussi veut-elle perfectionner son style, s'entraîner au saut d'obstacles, devenir la meilleure. Plus qu'intrépide, Allen est téméraire. Il exige trop de son élève et Marie Festetics met en garde Elisabeth. Le zèle et la brutalité d'Allen représentent un danger pour elle. A suivre ses directives, elle court le risque de se rompre les os. La menace ne vient pas, comme le craignait François-Joseph, des anarchistes, mais de ce casse-cou d'Allen et de ses défis absurdes.

Le 11 septembre, Elisabeth essaie un nouveau cheval. Allen a déjà fatigué l'animal, mais il ne l'a pas dit à l'impératrice. Elle lui fait sauter une petite haie, le cheval passe l'obstacle, se reçoit mal et tombe à genoux. Elisabeth est projetée en avant avec une telle force que la selle se détache de la monture et que sa tête va heurter un jeune chêne. Tandis qu'elle reste étendue sans connaissance, un écuyer aperçoit le cheval qui revient seul, les genoux en sang. Toute la compagnie est partie se baigner, à l'exception de Marie Festetics. Elle est tirée de sa lecture par les cris qu'elle redoutait d'entendre : « Un médecin! Vite un médecin! Sa Majesté est à moitié morte! »

On transporte Elisabeth jusqu'à un fauteuil de jardin. Elle a le regard absent et un gros hématome sur le front. Le docteur qu'on a couru chercher à la plage paraît très inquiet.

– Qu'est-il arrivé? balbutie Elisabeth.

– Votre Majesté est tombée de cheval.

– Mais je ne suis pas montée à cheval.

Elle semble avoir perdu la mémoire.

– Où sont Marie-Valérie et l'empereur? Où sommes-nous?

– En Normandie, Majesté.

– Mais que faisons-nous en France? Je suis stupide d'être tombée de cheval. Je vous en prie, n'effrayez pas l'empereur.

Maux de tête, nausées, commotion cérébrale. Marie et Ida poussent des cris d'horreur, quand le médecin leur annonce sans ménagement qu'il faudra couper les cheveux de l'impératrice si, d'ici vingt-quatre heures, la douleur ne s'est pas apaisée. De plus, il interdit aux deux femmes de se tenir au chevet de leur reine. Elles passent la nuit devant sa porte, assises sur les marches. François-Joseph apprend la nouvelle par un télégramme. Il veut la rejoindre en Normandie toutes affaires cessantes, mais Andrássy lui conseille d'attendre un peu, sa précipitation risquerait d'affoler l'impératrice. Dès le lendemain en effet, elle va mieux. Pâle et fatiguée, elle écrit à son mari pour lui annoncer son retour et lui demander de pardonner les angoisses qu'elle lui a causées.

Départ du train. En gare de Vernon, le président Mac-Mahon, qui assiste à des manœuvres dans la région, tente de saluer l'impératrice, mais les stores de sa voiture restent baissés et le maréchal n'ose pas demander qu'on la réveille. Le train laisse derrière lui des saluts inutiles et des compliments rentrés.

Si elle s'arrête cette fois à Paris, elle refuse de résider à l'Elysée comme l'avait fait François-Joseph. Elle préfère habiter un hôtel de la place Vendôme. Elle se montre à cheval au Bois, afin de dissiper toute les inquiétudes sur sa santé, et retrouve avec bonheur sa jeune sœur Sophie, autrefois fiancée avec Louis II, à présent duchesse d'Alençon. S'ingéniant à semer ses guides, Elisabeth passe en revue tambour battant les curiosités parisiennes avec pour toute escorte la douce Ida. Elle aimerait bien, comme n'importe quelle voyageuse, aller s'encanailler au bal Mabille. Son entourage l'en dissuade, le lieu est trop mal famé. Elle obtient cependant qu'Ida et Marie puissent s'y rendre pour lui rapporter ce qui s'y passe. Les deux femmes en goguette seront chaperonnées par le baron Nopcsa. Le lendemain, elles racontent, épouvantées, choquées, indignées, les attouchements, les apostrophes et tout le déballage interlope. Leur récit fait rire aux larmes Elisabeth.

Deák, le symbole même de la Hongrie, meurt le 31 janvier 1876. Bouleversée, Elisabeth s'agenouille en pleurs devant sa dépouille. L'homme politique était son ami, elle gardera toute sa vie sa photo à côté de son lit. Elle se souvient de la promesse qu'elle a arrachée à Andrássy, le fameux soir où ils se trouvaient seuls dans la voiture. Il a dû s'engager à ne pas mourir avant elle. Puisse Dieu ne pas le rendre parjure!

Toujours inquiète pour son mari ou pour Andrássy, elle se montre moins prudente en ce qui la concerne. Malgré sa récente chute, les folles cavalcades lui manquent et elle repart dès le mois de mars pour l'Angleterre où sa sœur, la jolie Marie, ex-reine des Deux-Siciles, lui a loué un magnifique manoir. Les chasses reprennent et les Anglais, craignant sa témérité, placent à ses côtés un de leurs meilleurs cavaliers, Bay Middleton, qui est chargé de veiller sur elle. Il se passerait bien de cet honneur. Il est fait pour vivre à cheval, non pour jouer les gouvernantes. A la grande surprise du capitaine, Elisabeth ne demande aucun traitement de faveur et, dès le premier jour, elle lui démontre que non seulement elle est la plus belle à cheval, mais aussi la meilleure et la plus infatigable. Elle a voulu séduire sur-le-champ ce petit homme, au visage dur, aux manières bourrues, et elle a réussi. Il n'a jamais rencontré une amazone qui ait une telle maîtrise de sa monture. Il s'y connaît en la matière. Il est de toutes les chasses à courre, il gagne tous les steeple-chases. Sous son aspect rustre et son arrogance, Elisabeth devine une fragilité. A la suite d'un accident de cheval, il est devenu presque totalement sourd. Elisabeth aime ceux qui la protègent, mais elle aime aussi pouvoir les protéger en retour. Elle l'invite à venir en septembre, pour la saison des chasses, à Gödöllö.

Avant l'automne, elle a le temps de parcourir une bonne partie de l'Europe. Elle rentre à Vienne, va passer quelques jours en Hongrie, repart pour la Bavière, redescend vers Trieste, s'embarque de nouveau à bord du *Miramar*, met le cap sur Corfou – l'île lui plaît autant que la première fois – et cingle enfin vers Athènes dont elle visite les ruines antiques, tandis qu'une de ses dames joue les doublures dans une cérémonie officielle. Tout cela à un rythme effréné. Propulsée par on ne sait quelle force, elle semble vouloir poursuivre sans fin sa course. Sa suite n'en peut plus. Elle établit un système de roulement pour que ces dames l'accompagnent à tour de rôle dans ses expéditions.

Les habitués de Gödöllö ne réservent pas le meilleur accueil à Bay Middleton. Quelle allure, elle a, la dernière trouvaille de la reine! Un corps trapu, un visage semé de taches de rousseur, avec ça, une petite moustache ridicule. Les cavaliers hongrois se montrent jaloux de leur reine, surtout Niky Esterházy, si obsédé par elle qu'il a cru l'apercevoir une année au bal du Mardi gras! Pour sa part, l'empereur est calme, il sait ce que valent les toquades de sa femme et il a le bon goût de ne pas décerner au capitaine le titre de rival. Au reste, Bay Middleton perd de sa superbe dès qu'il descend de cheval. Il ne comprend pas un mot d'allemand, encore moins de hongrois, et même s'il comprenait l'un ou l'autre, le malheureux serait incapable d'entendre ce qu'on lui dit. Il est perdu loin des terrains de chasse anglais. L'impératrice a toutes les prévenances pour lui, cet homme est son ami et elle ne s'en dédira pas quelles que soient les moqueries. Cependant Bay trouve l'impératrice changée. Parmi ces gens qui croient la connaître, elle est moins spontanée, moins simple qu'en Angleterre où elle riait pour des riens et courait de fête en fête avec des amis fascinés par sa grâce, non par son rang.

Bay Middleton, on l'a surnommé le renard rouge, s'ennuie tant qu'il prend la poudre d'escampette. Le lendemain de son départ, on reçoit à Gödöllö un télégramme. Le renard rouge s'est fait piéger dans un bordel de Budapest où on l'a dévalisé. Il attend au poste de police qu'on vienne le délivrer. L'aventure met en joie tous ses rivaux, l'impératrice est furieuse. Malgré cela, jusqu'à la fin du séjour, Bay l'accompagnera dans chacune de ses sorties équestres, au grand dam de Niky Esterházy et des autres cavaliers hongrois.

En janvier 1878, elle repart pour l'Angleterre. Pour la première fois, Rodolphe l'accompagne. Il a dix-neuf ans et vient d'être déclaré majeur. C'est un très beau jeune homme. Sa ressemblance avec sa mère ne se lit pas sur les traits de son visage, il se devine dans ce charme, cette élégance, ce mystère qui émanent de sa personne. Une intelligence rapide, une sensibilité à vif. Il est loin le temps où l'enfant se roulait dans la chevelure de sa mère. Souvent il s'est cru abandonné et jamais le dialogue entre eux n'a pu reprendre son tour naturel et tendre. La gêne s'est encore approfondie, depuis que Rodolphe montre la jalousie que lui inspire sa sœur, Marie-Valérie. Il essaie de terroriser la fillette comme le faisait autrefois son précepteur avec lui. Il doit pourtant à sa mère d'avoir été débarrassé du sinistre énergumène. François-Joseph se reconnaît mal dans ce fils unique, mais il fait preuve d'indulgence et d'affection : « Il ne faut pas que l'on vole sa jeunesse à mon fils comme on me l'a volée à moi. » Le cerveau du jeune prince a été bourré de connaissances, il les a ingurgitées, l'esprit curieux, affamé, il mérite qu'à présent on le laisse respirer. François-Joseph sait trop le poids de ce qui attend son fils.

L'objet de son séjour en Angleterre est pourtant un voyage d'études. Sa mère lui a fait promettre de ne pas participer aux chasses à courre. Il est moins bon cavalier qu'elle, et elle craint que, par orgueil, il ne veuille forcer ses talents et se mettre en danger. Encore une fois tenu à l'écart, Rodolphe se venge en affichant son mépris de l'oisiveté : « J'éviterai vraiment de participer aux chasses à courre; notre opinion publique ne trouve pas que ce soit une grande prouesse de se casser le cou de cette façon, et je tiens trop à ma popularité pour la gâcher ainsi. »

Leur séjour en Angleterre ne rapproche pas la mère et le fils, loin s'en faut. La rumeur, l'ennemie fidèle d'Elisabeth, prend cette année-là le joli visage de Marie, la propre sœur de l'impératrice. C'est elle qui, la première, a attiré Elisabeth en Angleterre, elle qui l'a introduite dans les chasses, elle qui a trouvé les manoirs à louer. L'héroïsme de sa conduite à Gaète lui vaut une grande renommée, cependant elle commence à trouver que son aînée lui porte ombrage. Dès qu'Elisabeth paraît, Marie ne passe qu'en second. Impossible de rivaliser avec sa sœur sur une selle ou devant un miroir. Elle est jolie, Elisabeth est belle. Elle est toujours à la dernière mode, Elisabeth crée sa manière de vivre et de penser. Elle aime les bavardages, Elisabeth préfère le chant des poètes.

Marie de Naples, sœur chérie de l'impératrice, va verser son poison dans l'oreille de Rodolphe. Elle rapporte à son neveu certains ragots faisant état d'une liaison entre sa mère et le renard rouge. Rien ne pouvait faire plus de mal à Rodolphe. A la première occasion une violente dispute met aux prises le jeune homme et Bay Middleton. Rodolphe se montre violent et grossier. Marie Festetics cherche à comprendre ce qui se cache derrière ces éclats et, comme elle a la confiance du prince, elle lui demande un entretien en tête à tête : « Il vida son cœur comme un enfant, écrit-elle dans son Journal, me disant, moitié en colère, moitié affligé au point d'en avoir les larmes aux yeux, qu'il regrettait d'être venu en Angleterre, car il avait perdu ses illusions et se sentait terriblement malheureux [...] » Marie lui demande les causes de son chagrin : « Il poursuivit alors plus calmement et me raconta la chose la plus infâme que j'aie jamais entendue. J'en restai muette. Mais mon étonnement et mon indignation face à ces mensonges devaient être si manifestes qu'il me dit comme pour s'excuser, avant que j'aie pu ouvrir la bouche : " C'est tante Marie qui le me l'a dit. " Je répondis d'un ton glacial, alors même que je bouillais intérieurement, que ce n'en était que plus abject. " Mais pourquoi m'a-t-elle dit cela, si ce n'est pas vrai ? Elle a été si gentille, si bonne, elle m'aime vraiment beaucoup [...] Tout cela n'est qu'un mensonge ? " »

Les deux sœurs ne se réconcilieront pas après cet incident et Elisabeth rentre à Vienne, dégoûtée des chasses anglaises.

Tandis que l'impératrice joue les amazones, l'Europe n'en continue pas moins de bouger. On dirait qu'une sorte de pacte a été conclu entre François-Joseph et Elisabeth. Aussi long-temps qu'Andrássy sera le ministre des Affaires étrangères, impérial et royal, *kaiserlich und königlich*, Elisabeth promet de ne jamais se mêler de politique.

La décomposition de l'Empire ottoman, devenu « l'homme malade de l'Europe », marque la fin du XIXᵉ siècle. Avec la montée des nationalismes, les chrétiens des Balkans ne sup-portent plus la domination du sultan. Andrássy ne désire pas hâter la déroute turque car l'influence slave en Europe s'en trouverait renforcée. Bien sûr, à Saint-Pétersbourg, on n'est pas du même avis. Les idéologues du panslavisme n'ont jamais accepté que les Slaves russes soient séparés de leurs semblables, les Slaves du Sud – Slovènes, Serbes et Croates –, par d'autres peuples, dont les Magyars. Prudent, Andrássy ne veut pas inter-venir dans la zone à haut risque des Balkans. En revanche, nombre d'officiers de l'Empire austro-hongrois, qui sont d'ori-gine serbe ou croate, brûlent de passer à l'action. En 1875, François-Joseph a voulu montrer qu'il comprenait leur impa-tience en se rendant en Dalmatie, au moment même où la pro-vince voisine, la Bosnie-Herzégovine, était sur le point de se soulever contre les Turcs. Les Bosniaques y ont vu un signe d'encouragement. Sans doute auraient-ils dû se montrer plus méfiants, car l'empereur affirme bientôt : « Il y a un point sur lequel je ne transigerai jamais : c'est la création d'Etats indé-pendants en Bosnie et en Herzégovine, sur le modèle de la Ser-bie et du Monténégro. »

Comme toujours dans les Balkans, le feu prend de proche en proche. La Bosnie-Herzégovine s'embrase pendant l'été 1875. En avril 1876, c'est le tour des pays bulgares. En juillet 1876, la Serbie et le Monténégro déclarent la guerre aux Ottomans, et bientôt la Russie s'engage dans le conflit aux côtés de la Serbie. Pour s'assurer la bienveillante neutralité de François-Joseph, la Russie passe avec lui un accord secret. Sans avoir à combattre, l'Autriche-Hongrie recevra sa part des dépouilles turques. La Bosnie-Herzégovine lui reviendra. De plus, la Russie s'engage à ne pas créer un grand Etat slave dominé par la Serbie.

Les Ottomans résistent mieux qu'on ne le prévoyait. Les Russes piétinent six mois avant de pouvoir passer le Danube et de triompher des Turcs. Dans l'ivresse de la victoire, ils oublient l'accord passé avec l'Autriche-Hongrie. Il n'est plus question de lui concéder la Bosnie-Herzégovine. Andrássy et

François-Joseph ripostent en demandant la tenue d'un congrès européen, et Bismarck les appuie. Le congrès se réunit à Berlin. La Russie doit modérer ses prétentions ; elle annexe la Bessarabie, mais le Monténégro et la Serbie sont reconnus royaume indépendant. L'administration de la Bosnie-Herzégovine est confiée à l'Autriche-Hongrie qui peut l'occuper, non l'annexer.

Andrássy commet une grave erreur à propos de la Bosnie-Herzégovine. Toutes les certitudes ne tombent-elles pas dès qu'il s'agit des populations meurtries des Balkans ? Bien d'autres après lui sous-estimeront leur potentiel de résistance et de violence. Andrássy pense que l'occupation de la Bosnie sera une promenade de santé. Il se trompe. Trois ans plus tôt, il aurait eu raison et les Autrichiens auraient été accueillis en libérateurs. En 1878, les Turcs sont battus et les Bosniaques n'ont pas envie de troquer une occupation contre une autre.

Le corps expéditionnaire est reçu en ennemi et pas seulement par les musulmans de Bosnie. Il y a de nombreux morts des deux côtés et il faut envoyer des renforts autrichiens. On ouvre de nouveau les hôpitaux d'urgence. A Schönbrunn, on soigne les blessés et Elisabeth reprend du service. Elle comprend qu'Andrássy sort affaibli de cette affaire. De plus – est-ce l'influence de son ami hongrois ? – elle a le pressentiment qu'en s'enfonçant dans les Balkans, l'Empire a plus à perdre qu'à gagner.

En 1908, l'Autriche-Hongrie franchira le pas et annexera la Bosnie-Herzégovine. Deux millions de Slaves du Sud feront deux millions de mécontents dans un Empire où les droits des Slaves sont bafoués. La Bosnie-Herzégovine sera à l'Empire austro-hongrois ce que l'Alsace-Lorraine est à l'Empire allemand, des provinces qui refusent l'assimilation et qui vont jouer dans le destin de l'Europe un rôle fatal. En notre fin de xxᵉ siècle, cette même Europe se réconcilie à Strasbourg, tandis qu'à Sarajevo, on continue à s'entre-tuer.

Dès que les hôpitaux n'ont plus besoin d'elle pour soigner les blessés, Elisabeth est reprise par la bougeotte. Pourtant elle n'a pas envie de retrouver les chasses anglaises : les ragots colportés par sa sœur ont trop fait souffrir Rodolphe. La mère et le fils se sont réconciliés, mais la gêne s'est creusée entre eux et ces deux timides redoutent la violence de leurs réactions.

Rodolphe a depuis longtemps le goût de la mort. Alors que son père est un excellent chasseur, trouvant son plaisir dans la traque et l'affût, préférant les longues marches en forêt aux facilités du rabattage, le fils tire sur tout ce qui bouge, les aigles de Gödöllö, les chamois des Alpes. On raconte même qu'il a abattu un superbe cerf, un dix-cors blanc. Ce crime se paie selon la légende par la mort du chasseur. Dans le désordre de ses passions, il cherche à tuer ce qu'il aime le plus. Au mois de décembre 1878, il se blesse à la main gauche d'un coup de carabine. Marie Festetics déplore l'attitude de ce Hamlet voué à se détruire lui-même : « Ils ne lui ont appris d'autres jeux que ce tir absurde. Toutes les bêtes qu'il rencontre sont condamnées à la mort. Ces hommes-là sont pris d'une sorte de rage du meurtre pour le meurtre ! Enfant, déjà – et combien il était joli –, il tirait les bouvreuils de sa chambre et l'archiduchesse Marie-Valérie, qui a un bon petit cœur, pleurait à chaudes larmes. »

A la fin du mois de janvier 1879, elle vient d'avoir quarante et un ans, Elisabeth repart cette fois pour l'Irlande. La presse viennoise se fait l'écho des dépenses entraînées par les voyages de l'impératrice et ses achats de chevaux. De plus, les rapports difficiles entre l'Irlande et l'Angleterre peuvent amener la reine Victoria à considérer le voyage d'Elisabeth comme un affront fait à la Couronne. L'impératrice n'est pas de nature à se laisser arrêter par ce genre de chose, elle réplique : « Le grand avantage de l'Irlande est de n'avoir pas de princes. »

Le fidèle Bay Middleton est déjà sur le terrain. Il a acheté pour elle les meilleurs chevaux et les a préparés au pire, car la chevauchée des walkyries n'est qu'un canter, un galop d'essai, auprès des performances d'Elisabeth. Comme son fils, il lui faut toujours aller plus loin de manière compulsive. Pourtant elle n'a pas l'inconscience d'une casse-cou. Elle calcule ses risques et surtout ceux de sa monture. Se rompre les os lui serait indifférent, mais elle aime trop les chevaux pour leur faire courir un danger. Les landes irlandaises offrent des obstacles bien plus dangereux que ceux des campagnes anglaises, non seulement des haies mais aussi des murets de pierres sèches et des sauts-de-loup très larges. Elisabeth enlève sa monture sans donner l'impression du moindre effort, son assiette est parfaite et elle semble communiquer par télépathie avec son cheval, tant elle se sert peu de ses mains et du petit éperon à sa botte gauche.

Ses amis, les cavaliers anglais, sont au rendez-vous, mais les parcours sont si difficiles que les plus aguerris tombent, Bay Middleton lui-même fait plusieurs chutes. Marie Festetics qui n'en peut plus de peur et d'inaction écrit dans son Journal : « Jamais je n'ai entendu parler autant de membres cassés et tous les jours je vois ramener quelqu'un sur une civière. »

Un matin, en compagnie de Bay, Elisabeth franchit un mur assez élevé et se retrouve dans le jardin d'un séminaire. Les religieux sont ahuris par l'incursion de cette chimère à visage de femme, à corps de cheval, sortie tout droit d'une ballade saxonne. Remis de leur première émotion, les moines accueillent l'amazone et son compagnon au réfectoire, et leur servent un repas. Elisabeth reviendra les voir à plusieurs reprises et leur fera des dons, sans se douter que les gentils moines sont accusés par les Anglais d'être des agitateurs indépendantistes. Aurait-elle modifié son comportement si elle l'avait su ? C'est peu probable. Une impératrice qui n'hésite pas à appeler son cheval favori « Nihiliste » balaie d'un coup d'éventail ce genre de considération.

Aux yeux des Irlandais, elle n'est pas qu'une femme magnifique, elle représente un grand pays catholique. Sous ces deux espèces, ils lui vouent un culte. Trop manifeste, leur adoration l'intimide. Elle y répond avec la gentillesse qu'elle réserve aux gens de bonne foi, pourtant elle doit freiner ses élans. La reine Victoria n'apprécierait pas que cette souveraine catholique vienne sur les terres de la Couronne encourager la sédition et stimuler le nationalisme. Déjà, on se prosterne devant la belle icône et ces fétichistes d'Irlandais vénèrent comme des reliques les petits mouchoirs de dentelle qu'elle leur lance sur son passage.

Elisabeth doit interrompre ses folles chevauchées pour se porter encore une fois au secours de la Hongrie. Des inondations ont ravagé le pays, noyé les populations. Elle se rend sur place et veille à l'organisation des aides. Le mois suivant, en avril 1879, Vienne fête les noces d'argent des souverains. Tandis que défilent dix mille personnes représentant les anciennes corporations et les industries les plus modernes, une plaisanterie circule sous les manteaux, en français : « Ailleurs, on célèbre les vingt-cinq ans d'un ménage, ici ce sont les vingt-cinq ans de manège ! » Le jeu de mots arrive jusqu'aux oreilles d'Elisabeth, elle a le bon goût d'en rire. Les hommages officiels l'amusent moins. La presse autrichienne s'acharne à l'appeler la plus belle grand-mère du monde et la périphrase ne lui plaît guère.

Le 8 octobre 1879, Andrássy remet à l'empereur sa démission. Il ne fait que devancer le souhait de François-Joseph. Pourtant le ministre a atteint ses objectifs. Il a su contenir l'expansion russe dans les Balkans, redonner à l'Empire son rôle dans l'équilibre européen et conclure une alliance avec l'Allemagne. Mais huit années à ce poste et l'entière confiance des souverains lui ont attiré des inimitiés tenaces. On lui reproche son aversion pour la Russie – un vrai Magyar ! – et la manière dont il a conduit l'occupation de la Bosnie-Herzégovine. Elisabeth n'est plus tentée de prendre les armes pour le défendre. Son affection n'a pas changé. « Cela ne l'empêche pas de rester des nôtres », dira-t-elle. Le désenchantement l'atteint en profondeur. Elle sait maintenant que l'amour lui est interdit. Elle peut à la rigueur jouer à cache-cache avec un Frédéric Pacher, mais qu'attendre d'un Gyula Andrássy ? Quant à la politique, elle a cessé d'y croire. L'alliance avec l'Allemagne, avec les vainqueurs de Sadowa et de Sedan, lui a fait perdre ses dernières illusions et c'est bien ce que lui reproche son fils. Rodolphe a assisté au sacre de Hongrie. Le rite barbare, l'enthousiasme des foules, la beauté de sa mère ont imprimé la plus belle page de son livre d'heures. Depuis ce temps-là, il admire Andrássy, l'homme politique et l'homme tout court, et il ne pardonne pas à sa mère d'avoir perdu son ardeur hongroise : « Il fut une époque, écrit-il, où l'impératrice s'occupait beaucoup de politique – si c'est avec bonheur ? je ne résoudrai pas la question – et où, sous l'effet de convictions opposées aux siennes, elle entretenait souvent l'empereur de sujets graves. Ces temps sont révolus. La souveraine ne s'occupe plus que de sport. Encore une porte fermée aux libres opinions et aux idées libérales. »

Les trois années suivantes, Elisabeth passe le mois de février et une partie de mars en Grande-Bretagne. L'Irlande l'accueille de nouveau en 1880, mais l'impératrice doit se contenter de l'Angleterre en 1881 et en 1882, afin d'éviter un conflit avec la reine Victoria.

Le matin du 10 mars 1880, elle reçoit à l'hôtel Claridge de Londres un télégramme. Elle vient de quitter l'Irlande et s'apprête à regagner Vienne. Elle pâlit à la lecture du message et un tremblement nerveux trahit son émotion.

– Qu'est-il arrivé ? demande aussitôt Marie Festetics.

– Rodolphe s'est fiancé avec la princesse Stéphanie de Belgique.

– Dieu merci, s'exclame l'amie, ce n'est pas un malheur.

L'impératrice paraît accablée : « Dieu veuille que ce n'en soit pas un ! »

Pourquoi tant de précipitation ? Rodolphe n'a que vingt-deux ans, quant à la fiancée quinze ans à peine, de plus on la dit impubère. Elle aurait préféré pour son fils un mariage d'amour et celui-ci n'en a ni l'air ni la chanson. Sur la route du retour, Elisabeth s'arrête à Bruxelles pour faire la connaissance de sa future belle-fille. Elle ne veut surtout pas reproduire la conduite de sa propre belle-mère, dont elle eut tant à souffrir dans les premières années de son mariage. Cependant elle s'attend au pire et elle n'est pas déçue. Stéphanie est une grande petite fille, rougeaude, sans charme, sans forme, sans élégance. Dès que Rodolphe voit sa mère descendre de son train en gare de Bruxelles, son ancienne gêne paraît s'évanouir. Il se précipite dans ses bras avec une passion qu'il semblait avoir oubliée depuis longtemps et leur étreinte se prolonge devant la fiancée, ses parents et tous les officiels belges. Elisabeth ne peut s'empêcher de penser aux élans d'autrefois. A l'époque, Rodolphe n'osait pas lui dire les mauvais traitements qu'il subissait et il se roulait dans sa chevelure, cherchant à refermer sur lui le cocon soyeux. Et si c'était, aujourd'hui encore, un appel au secours ?

Dans l'émotion des retrouvailles viennoises, elle essaie de convaincre l'empereur :

– Ce projet de mariage ne me plaît pas du tout. La Belgique a déjà porté malheur aux Habsbourg.

– Tu te fais toujours du mauvais sang, essaie de plaisanter François-Joseph.

Il est l'artisan de ce mariage. Les princesses catholiques bonnes à marier ne courent pas les palais et Rodolphe préfère les lieux plus interlopes et les fréquentations moins choisies. L'empereur veut assurer l'avenir de la dynastie. Les arguments romantiques de son épouse ne peuvent entamer ses convictions. Il prétend même n'avoir pas forcé la main à Rodolphe. Son fils s'est montré pour une fois conscient de son devoir et la petite Stéphanie en vaut bien une autre. Elisabeth se demande comment le Franzi qu'elle a connu si amoureux à Bad Ischl peut avoir perdu le souvenir de sa propre jeunesse. Elle arrive tout juste à obtenir que le mariage soit différé, aussi longtemps que la fiancée ne sera pas pubère.

L'année suivante, en Angleterre, Elisabeth paraît plus nerveuse que jamais. A quarante-trois ans, elle monte six à huit heures d'affilée et par tous les temps. Il lui faut trois chevaux par jour. Si elle évite d'épuiser ses montures, elle n'épargne pas ses propres forces. Le plus souvent, elle néglige les repas et se contente d'un verre de lait. Son corps garde la minceur et la fermeté de l'adolescence, mais son visage a perdu de son velouté. Elle a beau soigner sa peau et dormir les joues et le front tartinés de viande de bœuf haché ou de pulpe de fruits en guise de masque de beauté, la maigreur, la vie en plein air, l'excès des exercices physiques font apparaître ses premières rides.

Tous les témoignages concordent cependant pour louer une beauté qui paraît inaltérable. Elle a l'âge à présent où les femmes de son époque se résignent à la vieillesse et « la plus belle grand-mère du monde » est pour elle-même son plus sévère juge. Depuis la fin des années 1860, elle ne s'est plus fait photographier. Ce jeu de miroirs l'a sans doute lassée dès qu'elle a su apprivoiser sa propre image. Il est plus probable que cette pionnière ait compris d'emblée la part d'immortalité que la photographie pouvait conférer à sa beauté. Préfigurant une Greta Garbo ou une Louise Brooks, elle a voulu que l'image la fixe à son zénith. Plus de photos d'elle à partir de 1870, sinon quelques clichés volés où se dessine l'incomparable silhouette. Le visage est toujours caché, parfois sous une voilette, et le plus souvent l'impératrice brandit devant elle son célèbre éventail. Images mystérieuses et intemporelles qu'on dirait sorties d'une fête de Watteau.

Elisabeth n'est pas à une contradiction près, même dans le domaine esthétique. Elle préfère à cheval ne pas porter de gants et elle rentre le soir les mains en sang. Elle demande en revanche qu'on lui couse son vêtement d'amazone à même la peau, chaque matin. Aucun pli ne doit épaissir une taille qui ne fait guère plus de cinquante centimètres. Elle brave le soleil, le vent, le froid, tout ce qui risque d'altérer sa peau, mais elle passe des heures à soigner son corps dans des bains d'huile d'olive. Sa beauté est la première de ses armes, elle répugne pourtant à l'exhiber en public. Elle sait la dérision des choses, ce qui ne l'empêche pas de s'en trouver inconsolable.

Le mariage de Rodolphe et de Stéphanie a lieu le 10 mai 1881. On dirait que le prince héritier a voulu faire la preuve par l'absurde de son obéissance à son père. Tandis que la cérémonie se déroule, Elisabeth, semblable à elle-même, n'échappe pas aux souvenirs. Elle était si jeune, elle aussi, et leur couple n'était peut-être pas le mieux assorti. Il y avait du moins une flamme, des émotions et quelques rêves. Illusions que tout cela, avouerait aujourd'hui la nouvelle Titania, mais n'étaient-elles pas préférables à ce crime de lèse-amour perpétré à l'instant même dans l'église des Augustins ? Ce n'est pas cette Stéphanie, féminine comme un dragon d'un mètre soixante-seize, qui va satisfaire la sensualité du prince le plus charmant, le plus libéral et le plus dévoyé d'Europe! Les Viennois se réjouissent de ce mariage sans deviner que ces noces annoncent déjà la fin de leur monde.

En décembre de cette même année 1881, une autre catastrophe s'abat sur la ville. Un incendie détruit le Ringtheater, une des plus prestigieuses salles de Vienne. On se prépare à jouer pour la seconde fois l'œuvre posthume d'Offenbach, *les Contes d'Hoffmann*, quand le feu se propage de la scène à la salle avant même le lever du rideau. Comble de malheur et d'imprévoyance, toutes les portes ouvrent vers l'intérieur. Plus de quatre cents spectateurs sont brûlés ou étouffés. Toute la ville est sous le choc.

En signe d'expiation, François-Joseph fait construire des immeubles de rapport sur l'emplacement de l'ancien théâtre. Les loyers des appartements sont destinés aux orphelins de la catastrophe. Mais la mort semble encore rôder dans les parages et les locataires ne se précipitent pas. De plus, les prix sont élevés sur la Ringstrasse, à deux pas de la Hofburg.

Parmi les premiers habitants : Sigmund Freud et son épouse Martha, peu de temps après leur mariage. Leur fils aîné, prénommé Jean Martin, en hommage à Jean Martin Charcot, y naît en 1889. Il est le premier enfant à voir le jour dans cet immeuble expiatoire. Pour célébrer l'événement, Freud reçoit une lettre de l'empereur. Le jeune couple se voit féliciter d'avoir fait naître la vie sur ce lieu de mort. Cette lettre sera l'unique lien entre la maison impériale et le médecin viennois.

Comment ne pas rêver à ce qui aurait pu se passer si, un beau matin, Elisabeth avait poussé la porte de son très proche voisin, le Dr Freud ? N'ont-ils pas la même passion pour tout ce qui concerne les désordres de l'esprit ? Pour l'un comme pour l'autre, leur poète préféré ne s'appelle-t-il pas Heinrich Heine ? Tous deux ne détestent-ils pas Vienne ? Freud écrit : « J'ai voué à Vienne une haine personnelle et je prends des forces nouvelles dès que je pose les pieds hors de ma ville. »

Hélas, ils ne se rencontreront pas, séparés qu'ils sont par le temps. Le docteur arrive trop tard pour l'impératrice. La comète Freud n'a pas encore traversé le ciel viennois que déjà s'infléchit la trajectoire d'Elisabeth.

En février 1882, Elisabeth est encore au rendez-vous des grandes chasses anglaises, mais le cœur n'y est plus et le corps répond moins bien que d'habitude. Pour la première fois, Bay Middleton n'est pas venu et Elisabeth ressent avec tristesse son absence. Fiancé depuis de longues années, le capitaine n'en finit pas de repousser la date de son mariage. D'évidence, la belle impératrice le fascine trop et le renard rouge ne se résout pas à convoler en justes noces. La patience a ses limites et la promise menace de rompre les fiançailles. Qui va à la chasse perd sa place. Le capitaine sait bien que l'abandon de l'une ne lui donnera pas accès au cœur de l'autre, aussi accepte-t-il enfin de fixer une date. Le mariage aura lieu à la fin de l'année 1882.

Elisabeth perd un compagnon avec qui les relations étaient simples, circonscrites au monde équestre. Ensemble, ils se servaient peu des mots et la surdité de Bay ne gênait en rien Elisabeth. Ce qu'ils partageaient n'avait pas besoin de se dire à haute voix. C'était même un soulagement qu'aucun commentaire ne trouvât sa place entre eux. Elle, lui et les chevaux, cela ne faisait pas une conversation, mais une complicité, à la fois chaude et rude.

Après le mariage de Bay, ils continueront à correspondre. Les mots viennent, quand les sensations ne sont plus partagées. Du temps de la vitesse, des risques, du vent, du froid et des sauts prodigieux, tous deux préféraient se taire. Le renard rouge se rendra encore une fois à Gödöllö, en 1888, puis il se rompra le cou dans une chasse à courre, en 1892. Sa veuve fera disparaître toutes les lettres de l'impératrice.

L'année 1882 met donc un terme aux folles randonnées équestres. Bay Middleton n'est plus disponible et Elisabeth souffre de ses premières douleurs rhumatismales. Pendant dix ans, son corps a été à rude épreuve et il commence à se plaindre. Elle l'écoute sans trop lui céder. Le temps est venu de dételer les chevaux, non de se résigner. Elle continue à monter, avec moins de frénésie cependant. Elle se met à l'escrime, une à deux heures d'entraînement par jour. C'est pourtant la marche qui va prendre la première place dans son emploi du temps.

Elisabeth ne sera jamais une promeneuse flegmatique, économe de ses forces. Aller son train de sénateur ou même d'impératrice, ce n'est pas son genre. Elle marche, comme elle galopait naguère, avec excès. Bientôt, à ses nouvelles dames de compagnie, on ne demande plus leurs quartiers de noblesse, mais leurs performances sportives. Il n'est pas question pour la douce Ida de suivre sa reine, elle l'attend à la maison. Au prix d'un immense effort, Marie soutient le rythme, encore est-elle trop souvent distancée.

Dans son Journal, Marie Festetics raconte qu'un soir, au retour d'une marche, Elisabeth et elle s'apprêtent à rentrer à Schönbrunn. Il leur reste assez de force pour terminer la promenade par une course. Un policier, voyant passer les deux femmes à toute vitesse, les croit poursuivies par quelque gredin et il se porte à leur secours. Marie ajoute : « Mais il reconnut qu'il s'agissait de l'impératrice et cessa de vouloir intervenir, non sans nous suivre en haletant jusqu'au château. » Avec un siècle d'avance, Elisabeth fait du « jogging » sans le savoir !

Il lui arrive aussi d'effectuer des marches de cinq à huit heures. Parfois elle se fait suivre par des chaises à porteurs, qui sont chargées de récupérer ses compagnes épuisées, elle-même ne s'en sert jamais. Ses promenades en Bavière sont les plus longues. Elle connaît le pays, elle l'aime, elle veut le posséder avec ses pieds, avec ses jambes, il n'existe qu'à travers ce lien charnel, il ne peut se refuser à elle. Elle décide un jour de relier à pied Munich à Feldafing, direction le lac de Starnberg, soit trente-cinq kilomètres. Epuisée, elle doit abandonner après quatre heures d'effort. Cependant, elle garde le regret de cet échec et, l'année suivante, elle recommence et réussit. Sept heures de route, un rythme de cinq kilomètres à l'heure, au mois de juin, sous un soleil de plomb.

Son parcours était, cette fois-là, fixé d'avance, mais la plupart du temps, elle s'en va à l'aventure, accompagnée d'une seule dame de sa suite, assez jeune et résistante pour la suivre. La police s'affole. L'obsession de l'attentat n'est pas la maladie chronique des seuls services de sécurité impériaux, toute l'Europe tremble depuis que le tsar Alexandre II a été déchiqueté par une bombe, le 13 mars 1881. C'était la cinquième tentative d'assassinat dirigée contre lui. Chaque fois, le cortège officiel a trinqué, avant que le souverain ne soit lui-même touché à mort. Elisabeth a peur de tout pour son mari et elle reproche souvent au Premier ministre de faire prendre trop de risques à l'empereur. Elle ne craint rien pour elle-même. Son raisonnement est simple : en tant qu'impératrice, son rôle politique est négligeable, en tant que femme, elle n'a pas la moindre chose à se reprocher. Qui pourrait lui en vouloir ? Qui songerait à s'en prendre à sa personne ?

Sans doute n'est-elle pas aussi inconsciente qu'elle se plaît à l'afficher. La sauvegarde de sa liberté et de sa solitude se paie de quelques risques, elle les accepte. Elle conduit sa vie comme elle mène ses chevaux, sans refuser les obstacles. Elle ne se sent vivre qu'au moment où, les rênes bien en main, elle enlève sa monture. Quand elle franchit la haie, il y a le court instant, suspendu à la crête du danger, d'une éreintante sensualité. Au terme de ses longues marches, elle est parfois grisée par le même genre d'ivresse. Ses muscles sont durcis par l'effort, le sang bourdonne à ses oreilles, brûle ses tempes et sa nuque, ce pourrait être la migraine et le dégoût de soi. Mais la douleur bat aussitôt en retraite et un étrange vertige s'empare d'elle pour l'arracher un instant à sa tristesse. Ces sensations-là valent bien qu'on leur sacrifie un peu de sa sécurité. Et puis la mort est-elle à ce point redoutable qu'on passe le plus clair de sa vie à la fuir ? Puisse-t-elle venir d'un coup, comme au milieu d'un galop la gifle en plein visage d'une branche trop basse !

En 1884, elle souffre d'une méchante sciatique. Pour ne pas s'avouer vaincue, elle tente de nier la douleur et de poursuivre ses exercices quotidiens. Ses genoux enflent, comme autrefois à Venise. Elle doit ralentir son rythme. La panique la gagne. Que va-t-elle devenir, si elle ne peut plus fuir ? Qu'y a-t-il de plus absurde qu'une impératrice sans jambes ? On devrait l'abattre comme un cheval blessé. Il lui faut consulter au plus vite le meilleur spécialiste. On lui a parlé du Dr Metzger. Son cabinet est à Amsterdam, mais sa réputation est mondiale. Aussitôt le train impérial est placé sur ses rails et le convoi prend la direction de la Hollande.

Le Dr Metzger n'a pas l'intention de déguiser sa pensée devant son illustre patiente. Il lui annonce d'entrée que son état est grave. A moins d'un traitement dont les résultats ne sont pas assurés, elle risque de devenir impotente. Les soins comportent de longues et pénibles séances de massages et d'étirements, et ils devront durer six semaines. Le médecin ne pratique pas le langage diplomatique, aussi lui apprend-il sans ambages qu'elle se retrouvera vieillie et ridée dans peu de temps, si elle n'abandonne pas ses régimes aberrants et son abstinence alimentaire. Cynique, il ajoute que le mal est peut-être déjà fait. Sous le choc du diagnostic, Elisabeth demande pourtant à pouvoir continuer la marche et l'équitation pendant le traitement. Le Dr Metzger, qui ignore comment l'impératrice pratique l'une et l'autre, lui en donne l'autorisation. Il reviendra sur cet avis dès qu'ils comprendra à quels excès sa patiente se livre.

Elisabeth écoute cet homme dont la brutalité la rend encore plus nerveuse, mais elle ne lui obéit pas toujours. Elle poursuit ses marches et ses galops. Cependant elle consent à se nourrir d'une manière presque normale. Vieillie et ridée, est-ce bien les mots du terrible Dr Metzger ? Il n'a pas besoin d'être grand prophète en la matière, ne lui suffit-il pas de constater les dégâts ? Derrière la voilette bleue, derrière l'ombrelle, derrière le célèbre éventail, n'est-ce pas déjà une femme vieillie et ridée qui se cache ? La mort ne serait rien s'il n'y avait ce long tunnel avant de l'atteindre. Il lui faudrait comme en Normandie un chemin balisé de draps blancs pour dérober aux regards sa déchéance. Jamais elle ne s'est sentie si seule et l'absence de sa fille Marie-Valérie lui pèse plus que tout. A peine la contemplation de la mer du Nord parvient-elle à l'apaiser. Elle suit des heures durant le vol des mouettes. Cette mer-là ne ressemble guère à la tendre Adriatique où le temps se déposait en douceur. Elle relit sans fin les poèmes de Heine et se plonge avec passion dans Homère.

Pendant ce temps à Vienne, Marie-Valérie se rapproche de son père. Elle a déjà quinze ans. Sa mère s'est montrée si possessive que François-Joseph n'a jamais osé s'immiscer dans leur intimité. L'adolescente découvre son père et, sous l'emplâtre des convenances et de l'autorité, l'homme blessé. Ils se ressemblent tant, tous deux réalistes, modestes, pudiques, tous deux passionnément fascinés par l'absente, trop belle et trop pathétique.

Premier signe d'indépendance, Marie-Valérie demande à son père la permission de s'adresser à lui en allemand. Sa mère lui avait imposé depuis l'enfance l'utilisation du hongrois. François-Joseph sourit car sa fille a formulé sa demande en hongrois. Il lui répond en allemand. Juste retour des choses, dans cette Hofburg où Elisabeth avait mis en place tout un système de protection hongrois pour s'opposer autrefois à sa belle-mère, l'allemand revient et fait à son tour figure de langage codé entre le père et la fille.

Les douleurs d'Elisabeth persistent même après la cure. Mais elle se nourrit mieux et son visage est moins émacié. Sa fille a profité de leur séparation pour s'affranchir d'une tutelle oppressante et acquérir une précoce maturité. Entre la jeune fille et la femme s'instaure un véritable dialogue, avec ses difficultés, ses déchirements et ses heurts. Il est assez étonnant qu'une enfant qui aime tant sa mère et qui est tant aimée d'elle soit capable dès l'âge de quinze ans de s'exprimer avec une telle lucidité. Ajoutons à ses mérites que l'hypocrisie de la vie de Cour et son statut de fille préférée de l'impératrice ne la prédisposaient pas à être perspicace. Elle écrit dans son Journal à propos de ses rapports avec sa mère : « Il y a entre nous des barrières qui n'existeraient pas, si nous n'avions pas le même caractère dur et inconstant, le même jugement cassant, passionné et intolérant, la même faculté d'enthousiasme, mais pour des causes si différentes. » La petite fille est devenue grande. Son amour, son admiration, ne l'empêchent pas de juger : « O cette misanthropie! Combien maman pourrait être adorée si elle le voulait! »

Pourtant, dès que sa mère la laisse pénétrer dans son monde intérieur, l'adolescente éblouie a le sentiment de mériter enfin le surnom qu'on lui avait autrefois attribué : l'Unique. La grotte magique ne s'ouvre-t-elle pas pour elle seule? « Maman m'a parlé de la poésie, de sa vie intellectuelle, dont personne ne se doute, que personne ne comprend. » La jeune Marie-Valérie incite sa mère à lui lire les poèmes qu'elle écrivait quand elle n'avait guère plus que son âge. Sous l'influence de sa fille, Elisabeth est amenée à renouer peu à peu avec son ancienne inspiration.

Son retour à la poésie coïncide avec la rencontre d'une femme dont l'originalité vaut bien la sienne. Au mois de novembre 1884, le couple impérial reçoit à Gödöllö le roi et la reine de Roumanie. Les deux femmes ont des points communs inattendus et le coup de foudre est réciproque. D'origine allemande comme l'impératrice, Elisabeth de Roumanie mène sa vie avec une indépendance rare chez les femmes mariées, a fortiori mariées à un roi. Passionnée par la littérature, elle écrit elle-même des poèmes et des romans qu'elle publie sous le pseudonyme de Carmen Sylva. La poétesse ne craint pas de s'affirmer républicaine et d'écrire dans son Journal avec une ironie qu'apprécie d'emblée l'autre Elisabeth : « Le régime républicain est le seul raisonnable ; je ne comprendrai jamais les peuples insensés qui nous supportent encore. » L'impératrice n'est pas loin de penser la même chose. De plus, Carmen Sylva aime les femmes et Elisabeth ne les déteste pas.

Les deux reines vont échanger une correspondance. L'influence de Carmen Sylva, s'ajoutant à celle de Marie-Valérie, poussera Elisabeth à renouer avec la poésie. « O Carmen Sylva, lui écrit-elle après leur première rencontre, si tu sais lire dans les cœurs, tu dois savoir que dès cet instant, le mien t'appartenait – à toi entièrement. » De son côté, la reine républicaine n'est pas moins éprise de l'impératrice révoltée dont elle dit : « Les hommes voulaient imposer à une fée le harnais d'un protocole rigide et guindé ; mais la petite fée ne se laisse pas asservir, elle étend ses ailes et s'envole quand le monde l'ennuie. »

Fuir ? Encore faut-il des ailes, à la rigueur des jambes. La sciatique revient avec ses crises aiguës et Elisabeth, dès mars 1885, part retrouver le terrible Dr Metzger à Amsterdam. Elle décide de troquer la marche, l'escrime et l'équitation contre la fréquentation des Muses. Devant le brutal spectacle de la mer du Nord, elle sent de nouveau battre en elle la veine poétique. Vouée aux paysages intérieurs de l'Europe centrale, de la Bavière jusqu'à la Hongrie, en passant par l'Autriche, cette continentale n'aime que les flots :

> *O mer, autant tu as de vagues,*
> *Autant de chansons je voudrais chanter.*
> *Pour toi je les écrirais,*
> *A toi je ferais don*
> *De tous mes sentiments, de toutes mes pensées,*
> *Et je plongerais en toi mon être égaré.*
> *Je serais le joyau de ton limpide écrin,*
> *O bonheur de mes yeux, ô joie de ma vie,*
> *Tu es mon premier espoir au matin*
> *Et vers toi, au crépuscule,*
> *Va mon dernier regard.*

Il lui arrive souvent de déchirer ses poèmes à peine écrits et d'en jeter les bribes à la mer pour rendre hommage « aux soles et aux cabillauds ». Insatisfaite comme toutes les perfectionnistes – l'équitation n'a jamais été pour elle un passe-temps, elle en a fait pendant dix ans l'affaire de sa vie –, elle ne voit pas dans ses poèmes qu'un remède à sa solitude, elle les souhaiterait dignes du maître, Heinrich Heine, suprême référence, et elle enrage de ne pas y parvenir.

Dans sa maison isolée, face à la mer du Nord, elle n'en finit pas d'écrire en suivant du regard les mouettes, ces voyageuses éperdues. Elle se prend pour l'une d'elles dans un poème qu'elle dédie à cet autre solitaire, le roi Louis II de Bavière :

> *A toi, aigle de la montagne,*
> *Hôte des neiges éternelles,*
> *Une pensée de la mouette,*
> *Reine des vagues écumantes.*

Quelques mois plus tard, elle ira déposer ce poème, accompagné d'une branche de jasmin, dans le petit château royal de l'île des Roses, au milieu de son cher lac de Starnberg. Louis II est absent, mais sa cousine ne s'est jamais sentie si proche de lui. Ne poursuivent-ils pas l'un et l'autre leurs rêves ? L'île des Roses est pour Elisabeth un haut lieu de pèlerinage. Au milieu de ce lac reposent tous ses souvenirs d'enfance.

Les effets conjugués de la cure et de la poésie ont atténué ses douleurs. Elle est de nouveau ingambe et rassérénée, quand elle prend congé du Dr Metzger. La brutalité, celle du médecin et celle du paysage, l'a amenée à renforcer ses propres résistances. Avant de partir, la voyageuse exprime sa nostalgie :

> *Un dernier regard encore*
> *Sur toi, mer bien-aimée,*
> *Puis adieu, quelque dur que ce soit ;*
> *Dieu veuille que ce soit un au revoir...*

> *Quand demain, par-dessus les dunes,*
> *Les rayons du soleil te caresseront,*
> *D'un coup d'aile rapide*
> *J'aurai volé au loin.*

L'Impératrice

L'essaim blanc des mouettes
Continuera de planer sur toi,
S'il en manque une,
T'en apercevras-tu?

Dans son désir de se faire entendre, elle renoue après onze ans de silence avec Frédéric Pacher. C'est à ce moment-là que le jeune homme devenu père de famille, et chauve, reçoit les chants du domino jaune. La mouette semble voler dans toutes les directions et jeter au hasard ses ultimes messages auxquels personne ne fournit la réponse attendue. La solitude se referme sur elle. Lassée de ses contemporains, elle se tourne vers les générations à venir et écrit ce poème, intitulé « Aux âmes du futur » :

Je chemine solitaire sur cette terre,
Depuis longtemps détachée du plaisir de la vie;
Nul compagnon ne partage le secret de mon cœur,
Jamais aucune âme n'a su me comprendre.
[...]
Je fuis le monde et toutes ses joies,
Je suis bien loin aujourd'hui des humains;
Leur bonheur et leur peine me restent étrangers;
Je chemine solitaire, comme sur une autre planète
[...]
Et mon âme est pleine à éclater,
Les songes muets ne lui suffisent plus;
Ce qui l'émeut, elle doit le mettre en chants
Et ce sont eux que je couche dans ce livre.

Lui, il les gardera fidèlement et à jamais
Des âmes qui aujourd'hui ne le comprennent pas,
Jusqu'à ce qu'un jour, après de longues années agitées,
Ces chants renaissent et fleurissent.
[...]
O vous, chères âmes de ces temps lointains,
Auxquelles s'adresse aujourd'hui mon âme,
Bien souvent elle vous accompagnera,
Et vous la ferez vivre grâce à mes poèmes.

La lecture de Heine a développé chez l'impératrice le goût des légendes. Son poète préféré est allé parfois puiser à la source des vieux contes germaniques, d'autres fois, prenant le relais de ses prédécesseurs, il a fixé grâce à la beauté aérienne et chantante de ses vers quelques-uns des grands mythes du passé. Ainsi en est-il de sa *Lorelei*. L'œuvre de Clemens Brentano lui a fourni le thème et Heine en a fait la plus célèbre ballade allemande. Si célèbre et si allemande que les nazis du IIIe Reich, quand ils brûlèrent les œuvres du poète juif Heinrich Heine, sauvèrent de l'holocauste l'indispensable *Lorelei*, en la déclarant née de père inconnu. Ils avaient bien raison de vouer aux gémonies le grand Heine, car son œuvre, ô combien allemande, est aussi européenne – il adorait la France où il vécut les vingt-six dernières années de sa vie, répétant à l'envi : « Europe, ma patrie ! » Plus grave encore : son chant se moque des frontières, il est universel et visionnaire.

Les légendes, Heine se les approprie au bonheur des mots, des rythmes, de la respiration, puis il les livre à d'autres qui vont à leur tour les ensemencer. Richard Wagner a trouvé dans l'œuvre d'un Heine qu'il a connu à Paris, en 1839, le thème de son *Vaisseau fantôme*, ce Hollandais contraint à errer éternellement sur les océans, et le motif de son *Tannhäuser*.

A fréquenter chaque jour Heine, Elisabeth a développé sa propre mythologie. Les grandes figures en sont la Titania de Shakespeare, l'Achille et l'Ulysse de Homère. Plus étrange et plus significative encore, sa légende préférée vient d'Egypte. Elle parle d'une reine dont l'Histoire n'a pas retenu le nom.

Cette reine d'Egypte avait le pouvoir de ne pas vieillir aussi longtemps qu'elle se refuserait à aimer un homme. Révélatrice, cette prédilection pour une fable qui bat en brèche la thématique des contes de fées, qu'il s'agisse de *la Belle au bois dormant*, de Perrault, ou de *Blanche-Neige*, des frères Grimm. Le baiser du prince charmant n'éveille pas à la vie, il entraîne la corruption des chairs et la mort. A noter aussi que la reine d'Egypte n'attend pas dans un état de semi-léthargie la venue de son prince. Il lui appartient, et à elle seule, de choisir entre deux maux : la solitude ou la vieillesse, la vie sans vie ou la mort.

De nombreux poèmes d'Elisabeth évoquent son refus de l'amour. S'agit-il pour elle d'être fidèle à son mari, et davantage encore à elle-même ? Se croit-elle à jamais frigide ? Donne-t-elle à sa froideur le nom de fatalité ? Tout se mêle dans son esprit et retient son corps. Un cas d'empêchement.

> *Aurais-tu la hardiesse*
> *De penser jamais m'obtenir ?*
> *Ma froide ardeur est mortelle*
> *Et je danse sur les cadavres.*

Ou encore cette strophe extraite de son poème : « La chanson de Titania » :

> *C'est un jeu d'amour que tu veux,*
> *Insensé fils de la terre ?*
> *Quand déjà de fils d'or*
> *Je tisse ton linceul.*

Cette femme magnifique dont le corps semble destiné à l'amour et qui n'y succombe jamais attire les hommes et suscite les racontars. On lui prête tous les amants – les amantes aussi –, toutes les débauches d'une Messaline, sous les apparences trop lisses de la vertu. On prétendra que son accident de cheval en Normandie n'était qu'une fable. En réalité, l'impératrice serait venue en France accoucher en secret d'un bâtard. L'histoire ne tient pas debout, car celle qui l'a colportée, Marie Larisch, la propre nièce d'Elisabeth, n'a même pas pris soin de vérifier les dates et commet une erreur de sept ans à propos du voyage en Normandie, le reste à l'avenant. La rumeur, fidèle ennemie de l'impératrice, lui survivra. Dans les années 1930, une comédienne à Hollywood, Elissa Landi, se dira la descendante cachée d'Elisabeth.

Le seul homme qu'elle ait aimé semble être Andrássy. Au temps des confidences, elle dit à Marie Festetics : « Oui, ce fut une amitié fidèle, et elle n'était pas empoisonnée par l'amour. » Dans son langage, cela signifie par l'amour physique. L'orgueilleuse impératrice aurait cru déchoir en figurant parmi la cohorte des conquêtes qu'on attribuait à Andrássy. Des cinq-à-sept qu'elle aurait volés à la vigilance de son entourage n'auraient guère satisfait cette narcissique, assoiffée d'absolu. Elle savait que le cœur d'Andrássy lui serait acquis pour peu qu'elle se montrât inaccessible, c'est-à-dire différente des autres femmes. Si elle ne fut jamais l'amante, elle resta toujours pour lui la femme d'élection. En 1889, il écrit à son ami le baron Nopcsa : « Tu sais la haute opinion que j'ai toujours eue de son esprit et de son cœur ; mais, depuis que j'ai lu quelques-uns de ses poèmes, cette opinion s'est transformée en très vive admiration ; une telle intelligence, dont le plus grand homme se trouverait honoré, s'allie chez elle à tant de sensibilité, tout cela m'incite à dire qu'une femme comme elle ne saurait avoir sa pareille sur cette terre. Une seule chose me désole pourtant : que si peu de gens sachent qui elle est. Je voudrais que le monde entier en ait connaissance et l'admire autant que le mérite une personnalité si exceptionnelle. »

Après Andrássy, les rêveries amoureuses d'Elisabeth se font de plus en plus éthérées. Frédéric Pacher n'est qu'un innocent comparse au jeu de colin-maillard, et Bay Middleton un centaure chargé de veiller sur la reine des Amazones. Comme à chaque transmutation alchimique le métal perd en poids ce qu'il gagne en pureté, l'amour d'Elisabeth, d'homme en homme, s'affranchit de toute espèce de réalité. Déjà elle s'adresse dans ses poèmes aux âmes du futur, pourquoi ses élans s'arrêteraient-ils aux frontières du temps ? Son amant mythique, l'homme avec qui elle se sent en parfaite communion, est mort depuis plus de vingt-cinq ans. Il s'appelle Heinrich Heine et il est plus vivant que tous les vivants. La voyageuse parcourt le monde. La poétesse veut abolir le temps. Heine l'aurait comprise. Les générations à venir peut-être la comprendront-elles. L'ultime espoir des mélancoliques n'est-il pas de se référer au passé et d'en appeler au futur ? Cette démarche est mieux fondée qu'elle ne paraît. En 1961, Paul Morand écrit à propos de l'impératrice : « C'est une femme d'aujourd'hui, qualités et défauts; elle est entrée dans le siècle précédent, le XIXᵉ, comme on se trompe de porte. »

En 1883, Katharina Schratt est engagée comme pensionnaire au Burgtheater. Cette troupe, la plus illustre de l'Autriche-Hongrie, ajoute à la célébrité des saltimbanques le privilège d'appartenir à la Maison impériale et royale. Le théâtre reçoit ses subsides de la famille régnante. Comme dans tous les théâtres de l'Empire, une loge est réservée en permanence à l'empereur, mais ici, François-Joseph vient en voisin. Il a l'habitude d'y passer un moment, le soir, quand il est seul, sans tenir compte des horaires ni des programmes, entrant et sortant de sa loge avec discrétion.

La tradition veut que chaque nouvel acteur soit présenté à l'empereur et qu'il le remercie de sa nomination. La corvée se transforme en amusement quand arrive le tour de Katharina Schratt. On ne sait ce que se disent le souverain triste et la comédienne intimidée, mais on entend retentir le rire de l'empereur. Un tel événement ne s'était pas produit depuis longtemps.

Née en 1853, Katharina Schratt vient d'avoir trente ans. Elle est la fille d'un boulanger de Baden, station thermale proche de Vienne. Très jeune, elle a remporté ses premiers succès sur les planches. Son mariage avec un gentilhomme hongrois, Nikolaus Kiss von Ittebe, a interrompu sa carrière, le temps pour elle de donner naissance à un fils et de se disputer avec le père de son fils. Le couple se sépare sans fracas. Katharina se charge de l'enfant et des dettes du mari. Un bon remède à tout cela : la scène. Elle y obtient ses vrais succès.

Les Viennois sont ravis, elle possède tout ce qu'ils aiment. Blonde, appétissante, elle interprète à la perfection les femmes amoureuses et point trop godiches. Vive, pétillante, elle garde, sous ses belles manières et son irréprochable diction, quelque chose de la gouaille faubourienne. A la regarder, les hommes trouvent la vie plus belle et leurs femmes ne se sentent pas pour autant menacées. Le drame bourgeois s'est offert une friandise de première qualité.

Peu de temps après son entrée au Burgtheater, la jolie blonde aux abois demande une audience à l'empereur. Les dettes de son mari se sont aggravées. Elle plaide avec grâce un dossier délicat. Les biens hongrois de son mari ont été confisqués en

1848 et restitués en 1867. Sa belle-famille souhaiterait être dédommagée de ces vingt années sans revenus. L'empereur écoute avec intérêt l'avocate des plaignants, mais refuse pourtant d'accéder à sa demande. Il se rattrapera plus tard, dans un proche avenir, il paiera au centuple.

Au mois d'août 1885, une importante rencontre a lieu à Kremsier, en Moravie. Le tsar Alexandre III et François-Joseph s'entretiennent pour tenter d'apaiser les tensions dans les Balkans. Le soir, les comédiens du Burgtheater viennent distraire les souverains et leurs épouses. Ils donnent, cette fois-là, *le Songe d'une nuit d'été*, la pièce préférée de l'impératrice. L'atmosphère de Shakespeare accompagne partout Elisabeth et jusque dans son sommeil. Au mur de la villa Hermès, que l'empereur vient de faire construire dans le parc zoologique de Lainz, les fresques de la chambre illustrent des scènes du *Songe d'une nuit d'été*. On y voit Titania caresser la tête d'âne de ses illusions. Elles ont été peintes par le jeune Gustav Klimt, encore inconnu, d'après les dessins de son aîné, l'académique Hans Makart. Dans de nombreux poèmes, Elisabeth s'identifie elle-même à Titania.

Le soir de la représentation à Kremsier, Katharina Schratt n'interprète pas Titania, son registre est autre, elle incarne une délicieuse Hermia. Après le spectacle, donné en plein air, et comme pour prolonger la féerie d'une douce nuit d'été tout à fait shakespearienne, Elisabeth invite les acteurs à partager le souper des souverains. Le rêve se poursuit. L'impératrice trouve charmante Katharina et le tsar surenchérit en faisant une cour plus cosaque que protocolaire à la jolie comédienne. Elisabeth perçoit alors l'irritation de son époux. Un peu plus tard, il lui dit combien la conduite d'Alexandre III lui a déplu. Elisabeth comprend qu'à la colère du maître de maison responsable de ses hôtes s'ajoute quelque chose de moins avouable qui ressemble au dépit et surtout à la jalousie. La jolie Katharina Schratt n'est pas indifférente à son époux.

Cette découverte aurait autrefois ulcéré Elisabeth, elle l'attendrit aujourd'hui. Elle ne ressemble plus à cette jeune femme trompée qui en perdait le goût de vivre. A l'époque, ne lui avait-on pas tout pris, ses enfants, son amour, sa liberté ? Ce plaisir que son mari n'avait pas su lui donner, il allait le chercher dans d'autres étreintes. Depuis, le temps a effacé les erreurs, les échecs, les luttes d'influence. La voyageuse se sent responsable de la solitude de son mari. Il l'aime avec la même passion. Il se résigne à ses absences, mais il en souffre beaucoup. D'année en année, il devient de plus en plus taciturne. A table, il ne dit plus un mot et ses gestes sont mécaniques. Par chance, les repas sont expédiés en moins d'une demi-heure et souvent Elisabeth se contente de boire un verre de lait dans sa chambre.

Dès qu'ils sont séparés, les deux époux trouvent par écrit les mots qu'ils n'ont pas su, ou osé, se dire dans l'intimité. Ils oublient ce qui les sépare, les crises, les affrontements. Ils se confient l'un à l'autre, ils ont les complicités et les craintes des vrais couples. En Normandie, quand Elisabeth a repris ses esprits après sa chute de cheval, elle a demandé : « Où est Marie-Valérie ? Où est l'empereur ? », désignant de la sorte les deux êtres qui lui sont le plus chers.

Dans son Journal, Marie Festetics se plaît à démêler les sentiments de l'impératrice. Elle a reçu ses confidences. Elle a vécu de longues années dans la proximité du couple. Il manque seulement à la finesse de son analyse d'avoir connu les premiers temps de leur union. Voici son diagnostic : « L'impératrice a toujours accordé son estime à son mari, et lui est restée sincèrement attachée. Non, il ne l'a pas ennuyée, ce n'est pas le mot qui convient. Mais elle trouvait naturel qu'il ne prît pas part à sa vie intérieure et ne parvînt pas à la suivre dans sa quête de biens plus élevés, dans ses ascensions " dans les nuages ", pour reprendre l'expression de l'empereur. Dans l'ensemble, je dois dire qu'elle le respectait et l'aimait bien, mais sûrement pas d'amour. »

A Kremsier, François-Joseph continue à se plaindre du tsar. Alexandre III n'a-t-il pas fait porter à Katharina, dès le lendemain du souper, un bouquet de cent roses et une broche, précieuse comme un jardin d'émeraudes ? Elisabeth en conclut avec raison que son mari est amoureux et elle part pour l'Orient la conscience plus tranquille.

Elle a décidé de voguer à bord du *Miramar* sur les traces des héros antiques. Ithaque, Mycènes, les ruines de Troie, partout elle visite les fouilles dirigées par le grand archéologue allemand Schliemann. Puis elle prend la direction de Rhodes, Chypre, Port-Saïd. Sa coiffeuse, Fanny Feifalik, reprend sa fonction de doublure à l'usage des consuls et des badauds.

En novembre 1885, Elisabeth de retour à Vienne retrouve un empereur plus préoccupé que jamais. Depuis trente ans, François-Joseph vit dans la crainte de voir les Balkans embraser l'ensemble de l'Europe. La Russie et l'Autriche-Hongrie s'y disputent les zones d'influence. Cette entrevue de Kremsier, où le tsar et l'empereur se découvrirent rivaux dans les bonnes grâces de Katharina Schratt, avait pour objet d'éviter un conflit, moins romanesque et plus meurtrier, dans la péninsule balkanique. Deux mois plus tard, alors qu'Elisabeth vogue sur le *Miramar* dans les parages des dangereuses Dardanelles, la guerre éclate entre la Serbie et la Bulgarie. Contre l'avis de son fils Rodolphe et de quelques autres conseillers, François-Joseph adopte une position modérée dans la ligne de l'entrevue de Kremsier. Il ne fait rien qui soit susceptible d'envenimer les rapports entre la Russie et l'Empire.

La Serbie et son roi Milan sont défaits par les Bulgares. Déjà discrédité par sa brutalité et les scandales de sa vie privée, Milan demande que l'Autriche-Hongrie étende sa protection et son appui à la Serbie. François-Joseph se méfie de cette offre empoisonnée. Il sait le peuple serbe peu enclin à se soumettre à une puissance étrangère, a fortiori non slave. Là encore, il se montre modéré et oblige les Russes à l'imiter.

Son sang-froid fait oublier Sadowa. L'autorité de l'Autriche-Hongrie semble restaurée en Europe. Cependant l'empereur ne songe pas à s'en féliciter. Il a appris la prudence, la modestie. Le danger est partout et il suffit d'une étincelle pour faire bouillir le chaudron balkanique. François-Joseph ne connaît qu'un remède à tous ces périls, la vigilance. Il travaille de l'aube au coucher avec un acharnement pointilleux. Son sens du devoir est au-dessus de tout soupçon. Personne n'a incarné avec plus de sérieux la fonction impériale. Les temps sont difficiles, la moindre erreur risque d'être fatale.

Elisabeth aimerait rendre le sourire à cet homme de cinquante-six ans, accablé par les soucis de sa charge. Il lui faudrait une compagne pour le distraire pendant ses absences et redonner à sa vie un peu de cette légèreté, de cette insouciance, qui lui fait tant défaut. En somme, Elisabeth cherche un autre genre de doublure, non plus destinée à détourner d'elle le regard des curieux ou l'ennui des cérémonies officielles, mais chargée de redonner jeunesse et gaieté à son mari. Une aristocrate serait une rivale dangereuse dont il faudrait craindre l'influence politique. Une aventurière conviendrait mal au genre de la maison. Alors qui ? En fait, la réponse est toute trouvée. Elle a nom Katharina Schratt. L'empereur n'est-il pas devenu un spectateur assidu, depuis que la comédienne brille sous les feux du Burgtheater? Lui qui s'endormait naguère pendant les représentations en revient à présent tout revigoré. Elisabeth sait que son mari se sent trop lié à elle pour tenter sa chance auprès de cette actrice fondante comme un bonbon viennois. Qu'à cela ne tienne, l'impératrice donnera le coup de pouce et tiendra le rôle du petit dieu Amour, comme un de ces putti dans la peinture vénitienne.

Faute d'un Italien, c'est un peintre autrichien, Heinrich von Angeli, qu'Elisabeth va voir. Elle lui commande un portrait de Katharina Schratt pour l'offrir à l'empereur. Mieux, elle organise une rencontre dans l'atelier du peintre à un moment où elle sait qu'ils y trouveront Katharina occupée à poser pour son portrait. La présence de l'impératrice est chargée d'enlever toute équivoque à la situation. N'est-elle pas elle-même une grande admiratrice de la beauté féminine? Elle aime s'entourer de visages agréables. A Venise, où toute la beauté du monde semble s'être condensée, n'avait-elle pas déjà entrepris une collection de photographies? Dans l'atelier du peintre, la conversation est agréable. L'empereur se met en frais pour une Katharina d'autant plus ravie qu'elle voit Elisabeth satisfaite de cet entretien. Jamais la comédienne n'aurait osé marcher sur les brisées de l'impératrice. Elisabeth l'a deviné. Sa présence dans l'atelier signifie que, loin d'être la dupe d'un complot, elle s'en déclare l'instigatrice. La voie est ouverte. Que l'empereur et la comédienne se débrouillent à présent entre eux!

François-Joseph ne perd pas de temps. Deux jours après, il envoie à Katharina une bague d'émeraude : la belle semble attirer à elle les émeraudes, après celles du tsar, celles de l'empereur. Il joint au présent une lettre afin de la remercier de bien avoir voulu poser : « Je tiens à vous répéter encore que je ne me serais pas permis de vous demander ce sacrifice, et que ce précieux cadeau m'apporte une joie d'autant plus grande. Votre admirateur dévoué. »

Elisabeth semble satisfaite, son initiative redonne un peu de joie à l'empereur. Quant à elle, son humeur est moins légère que cette intrigue, menée avec panache, pourrait le laisser croire. Sa sciatique la fait de nouveau souffrir. Les douleurs ne seraient rien, si elle ne percevait dans chaque crise le signe avant-coureur de la vieillesse. Il lui arrive de ne pouvoir retenir ses plaintes. Ainsi avoue-t-elle à son mari qu'elle a parfois envie de mettre fin à ses jours. « Alors, tu iras en enfer », rétorque François-Joseph, ironique et inquiet. « L'enfer, on l'a déjà sur terre », répond Elisabeth. A cette lumière-là, sombre, presque funèbre, le complot dont elle a été l'instigatrice perd son caractère badin. Katharina Schratt, cette doublure qu'Elisabeth cherche à introduire dans l'intimité de l'empereur, n'aurait-elle pas vocation à remplacer la mouette, le jour où elle s'envolera pour son dernier voyage ?

Elisabeth se sent abandonnée. Sa jeunesse a fui et bientôt sa fille partira à son tour. Les prétendants ne lui manquent pas. Plus grave encore, Marie-Valérie paraît avoir fixé son choix sur l'archiduc François-Salvator, un Habsbourg de la branche toscane. Que reprocher au jeune homme ? Rien, sinon qu'il lui vole ce qu'elle aime le plus au monde.

Avec Rodolphe, les sentiments ont pris un tour conventionnel. La mère et le fils évitent les apartés. Il y a entre eux quelque chose de trop violent, de trop passionné, dont ils redoutent la résurgence. Rodolphe reproche à sa mère son silence en politique. N'est-il pas lui-même un libéral ? N'a-t-il pas écrit son premier essai politique à l'âge de vingt-deux ans afin de proclamer haut et fort son admiration pour Andrássy ? N'a-t-il pas en cela aussi suivi le modèle maternel ? Pourquoi, diable, s'abstient-elle maintenant d'infléchir la politique de l'empereur ? Il le lui reproche avec d'autant plus d'amertume qu'il a toujours craint de décevoir cette mère tant admirée et qu'à présent il croit deviner qu'elle ne se fait plus grande illusion à son sujet.

Le mariage de Rodolphe n'est pas raté, il est catastrophique. La naissance d'une fille n'a rien arrangé. La petite a été bien sûr prénommée Elisabeth et, comme pour l'identifier encore davantage à sa grand-mère, on ne l'appelle qu'Erzsi, diminutif hongrois d'Erzsébet. Le père d'Erzsi goûte peu les joies du foyer. Son épouse se complaît dans les taches de représentation. A dix-sept ans, elle ne fréquente que l'aristocratie la plus bornée. Son rang lui tient lieu de philosophie et l'étiquette de morale. Si Elisabeth évite d'intervenir dans les rapports du couple, elle confie à ses poèmes tout le mépris que lui inspire sa belle-fille :

> *Voyez ce dromadaire qui porte*
> *L'orgueil répandu sur ses traits.*
> *Elle goûte la clameur populaire,*
> *Les vivats lui sont un régal.*

L'Impératrice

Et de mener, de ville en foire,
Tout un train de cérémonie;
Que passe devant le tambour!
Attention, la voilà! Boum, boum!

Comme sa mère, Rodolphe cherche un refuge dans la poésie et son modèle est aussi Heinrich Heine. Il écrit des *Reisebilder*, images de voyages, sans même savoir que l'impératrice a repris la plume et compose ses *Chansons de la mer du Nord.*

Rodolphe ne se contente pas de l'écriture, il s'étourdit par des amours fort peu princières, et surtout, sans que ses proches puissent le soupçonner, il lui arrive de fréquenter les paradis artificiels. Ses médecins ont utilisé la morphine pour le soigner de violentes névralgies et l'héritier du trône a plongé avec délice dans le fleuve de l'oubli. Il y retourne volontiers, quand l'angoisse joue sur ses nerfs. Son remède est devenu sa drogue.

Là-bas, près de la maison natale, une lueur plus crépusculaire encore a changé la riante Bavière en paysage hanté. Où est le beau Louis II, le rayonnant Lohengrin, adoré de ses sujets? Il vit terré dans ses palais. La magie des miroirs et des trompe-l'œil n'opère plus. Les échappées vers le rêve, les trains fantômes et les chevauchées nocturnes le conduisent à sa perte. Il n'a guère plus de quarante ans, ce roi étranger à lui-même, et il ne lui reste rien de sa splendeur d'antan. L'œil est creux, le visage bouffi, la mâchoire sans dents. Ses rares visiteurs doivent se présenter devant lui masqués.

Le mal lancinant a envahi sa tête. Pour étouffer ses propres cris de détresse, il doit les couvrir du hurlement des autres. Il punit à tort et à travers ses valets, qu'il fait fouetter nus. On raconte qu'un cocher en serait mort. Ce doux rêveur est devenu violent depuis qu'il sent sa vie et son esprit lui échapper. S'il le pouvait, il infligerait à ses ministres les corrections que subissent ses valets, puis, de proche en proche, il ferait passer toute la Bavière au hachoir. Quand le prince charmant change soudain de registre et revêt le costume de l'ogre, on ne sait jamais si son délire se paie seulement de mots ou s'il lui faut passer à l'acte. Ainsi doit-on croire Louis II, confessant son désir : « Combien j'aimerais que le peuple bavarois n'ait qu'une tête pour pouvoir la lui trancher »?

Depuis le funeste 13 février 1883, sa dégradation s'est précipitée. Ce jour-là, le parc est sous la neige et Louis s'apprête à faire une promenade en traîneau. Un cavalier arrive à bride abattue, il apporte au roi un télégramme urgent : « Richard Wagner mort à Venise en fin de matinée aujourd'hui 13 février. » On met en berne tous les drapeaux de la Bavière et on fait voiler de crêpe noir les pianos.

Le cœur et l'esprit du roi seront à jamais endeuillés. Son ultime manière de se raccrocher à la vie, et à la réalité, est de bâtir. Il envisage d'autres châteaux, toujours plus extravagants, toujours plus chers. Comme s'il existait un système de vases communicants, il construit ses palais au même rythme qu'il se détruit. Encore faut-il de l'argent pour fertiliser les rêves. Il a déjà vidé ses caisses et celles de l'Etat. A présent, c'est toute la Bavière qu'il souhaiterait vendre. Il envoie ses représentants frapper en vain à la porte des Rothschild et jusque chez le shah de Perse.

Longtemps le gouvernement a fermé les yeux sur les extravagances du monarque. Trop, c'est trop ! On charge des aliénistes d'établir un rapport sur son état psychologique. Ils concluent à la paranoïa : « La maladie ayant complètement détruit, chez Sa Majesté, l'exercice du libre arbitre, il faut considérer qu'il est incapable de conserver le pouvoir, et non pas pendant une année seulement, mais durant tout le reste de sa vie. »

Le roi n'a plus que deux soutiens : Bismarck et Elisabeth. Leurs raisons sont, bien sûr, différentes. Bismarck sait gré à Louis II de se montrer respectueux de la force, donc de la Prusse, et les critiques du peuple bavarois n'inspirent au chancelier allemand que du mépris. Quant à Elisabeth, elle ne lui a jamais retiré sa tendresse. Elle se voit dans ce cousin comme dans un miroir déformant. Cependant ils ne peuvent ni l'un ni l'autre intervenir. On reprocherait à Bismarck de s'ingérer dans les affaires intérieures de la Bavière. La Hofburg n'a pas pardonné à Louis II d'avoir dénoncé son ancienne alliance avec l'Autriche, elle n'appuierait pas une intervention de l'impératrice en sa faveur.

Au mois de juin 1886, Elisabeth retourne sur les rivages du lac de Starnberg. C'est là qu'elle apprend la maladie d'Andrássy et elle adjure son ami, par l'entremise du baron Nopcsa, de se faire soigner le mieux possible. Venus de toutes parts, les dangers s'avancent et se précisent. Le 11 juin, on interne Louis II dans son château de Berg, sur les bords de ce même lac où gisent tous leurs souvenirs d'enfance. Elisabeth demande à s'entretenir avec son cousin, la visite lui est refusée. Plus tard, toute la Bavière répétera avec admiration qu'elle aurait fait préparer une voiture pour permettre l'évasion du roi. Qu'elle en ait eu l'intention est plus que probable, qu'elle l'ait fait, il n'y en a aucune preuve. Sans doute n'en a-t-elle pas eu le temps, elle n'imagine pas à quel point le dénouement est proche.

Dimanche 13 juin, fête de la Pentecôte. Il pleut sur le lac de Starnberg. Après le déjeuner, profitant d'une éclaircie, le roi demande à se promener. On lui permet de faire quelques pas dans le parc en compagnie du Dr von Gudden, deux infirmiers les suivent. A son retour, Louis lit les *Essais* de Montaigne. Ouvre-t-il le livre à cette page : « La plus volontaire mort, c'est la plus belle. La vie dépend de la volonté d'aultruy ; la mort de la nostre » ? Puis il avale un second déjeuner, arrosé de force vins et cognac, à quatre heures de l'après-midi.

Deux heures plus tard, il réclame une nouvelle promenade avant l'arrivée de l'orage. Le Dr von Gudden sort seul avec le roi. Les infirmiers voudraient jouer leur rôle de surveillants, le docteur les arrête : « Mais je vous assure, le roi est un enfant. Il est parfaitement inoffensif. » Les infirmiers les laissent partir dans la direction du lac. Ils ne reviendront jamais.

L'orage a éclaté et le château s'inquiète. A huit heures, les promeneurs ne sont toujours pas de retour. On part à leur recherche. Au bord du lac, on découvre sur les pelouses piétinées, comme s'il y avait eu une lutte, le chapeau et le manteau du roi, un peu plus loin, la veste du docteur. Dans la nuit sillonnée d'éclairs, une barque s'en va à la poursuite des égarés. Bientôt la rame heurte le corps du Dr von Gudden et, à quelques mètres, celui du roi. Ils sont hissés à bord, mais on ne peut ranimer ni l'un ni l'autre. Seuls indices : le cou du médecin porte des traces de strangulation et la montre du roi s'est arrêtée à 6 h 54.

Sans doute Louis a-t-il voulu fuir la surveillance du docteur. Il s'est jeté à l'eau et l'autre l'a poursuivi à la nage. Ils se sont battus à mort au milieu des flots, le roi cherchant à étrangler son geôlier et le docteur tirant vers le fond son prisonnier alourdi par les mets et les alcools. Bien des gens pensèrent que la perte de sa liberté avait privé le roi du goût de vivre. Un suicide aurait couronné cette vie, entre légendes et réalité, sorte de concrétion du romantisme. De Werther à Louis II, en passant par Schumann, Kleist et Henriette Vogel, c'est toute la poésie allemande, séduite par la mort, qui chavire. Sans compter cet autre suicide – cette autre manière de vivre et de se détruire – qu'est la folie : Hölderlin et Lenau se sont perdus en chemin, Nietzsche s'égarera à son tour.

Sur l'autre rive du lac de Starnberg, Elisabeth attend des nouvelles de son cousin. Les orages de la nuit l'ont empêchée de dormir. Au petit déjeuner, sa fille Gisèle arrive avec la terrible nouvelle. Louis s'est noyé. La foudre s'abat sur Elisabeth. Le choc mortel paraît se transmettre par ondes du corps mort du roi au corps vivant de l'impératrice. Elle est prise d'une crise nerveuse qui mêle les sanglots et les cris aux spasmes. Comme Ludovika, sa mère, pour la calmer, cherche à lui démontrer la folie de Louis II, une violente dispute éclate entre les deux femmes.

Ce lac, son lac, si gai certains matins, si noir parfois, lui a déjà pris autrefois le doux Jean Majláth, l'homme qui lui avait appris à aimer la Hongrie. Il se referme aujourd'hui sur d'autres victimes. Il n'y aura jamais plus d'enfance sur ses rives, plus de barque en partance pour l'île des Roses, plus aucun refuge sur cette terre. La Bavière lui fait maintenant horreur. L'Aigle n'est plus et la Mouette doit fuir ailleurs. Le soir, Elisabeth s'étend de tout son long sur le plancher de sa chambre et, comme une novice prête pour la consécration, elle en appelle à Dieu : « Jéhovah, tu es grand ! Tu es le Dieu de la vengeance, tu es le Dieu de la grâce, tu es le Dieu de la sagesse. »

Au-delà de la mort, le rituel se poursuit et l'impératrice demande qu'on place de sa part une branche de jasmin sur la poitrine du roi. Elle ne se rend pas au chevet du mort. Rodolphe que Louis aimait tant (il retrouvait en lui tout ce qu'il adorait chez l'impératrice) représente ses parents aux funérailles. Le prince est inquiet de voir sa mère prostrée dans son chagrin. Tantôt elle s'humilie devant un Dieu qu'elle appelle Jéhovah ou fatalité, tantôt elle se reproche de n'avoir pas sauvé ce cousin qu'elle connaissait peu, mais qui était son double. Des années plus tard, en souvenir de lui, elle se rendra à Bayreuth et sortira bouleversée d'une représentation de *Parsifal*. Cosima Wagner émue dira combien, par une curieuse gémellité, l'impératrice lui rappelle le roi Louis II. Elisabeth dédie ce poème à la mémoire de son cousin :

L'Impératrice

Oui, j'étais un roi de légende,
Trônant sur un haut rocher,
Un lys gracile était mon sceptre,
De scintillantes étoiles ma couronne.

Des profondes et douces vallées,
Des vastes et riches cantons,
Le peuple respectueusement
Se tournait vers son roi.

Mais la lâche racaille de Cour
Et la famille elle-même en secret
Tissaient perfidement leurs filets,
Ne souhaitant que ma chute.

Ils envoyèrent sbires et médecins
S'emparer de « l'insensé »
Comme traîtreusement le braconnier
Prend dans ses rets le noble cerf.

Cette liberté qu'ils voulaient me ravir,
Cette liberté, je l'ai trouvée dans les flots;
Mieux valait qu'ici mon cœur s'arrête,
Que de dépérir dans un cachot!

Elisabeth se défait peu à peu de son ancienne vie. Louis II est mort. Marie-Valérie la quittera bientôt pour l'archiduc François-Salvator. Elisabeth favorise leurs amours, pourtant elle ne peut s'empêcher de soupirer : « Amoureuse, amoureuse! Et donc, sotte... » A cette époque, elle destine un dernier poème à Frédéric Pacher : « Long, long ago ». En effet, il y a longtemps, trop longtemps. Elle n'enverra même pas chercher poste restante la réponse du jeune homme, devenu père de famille. Elle a vendu presque tous ses chevaux et, dans ses écuries, qui furent les plus belles d'Europe, il ne reste plus que ses montures favorites.

A François-Joseph, elle garde toute sa tendresse, mais elle en connaît les limites. Le remords la tourmente. Elle n'a pas donné à cet homme l'amour qu'il méritait et qu'il attend encore aujourd'hui d'elle, et d'elle seule :

J'ai rêvé cette nuit que tu étais mort;
Et mon cœur était douloureusement ému.
Est-ce que je n'aurais pas détruit naguère ta joie de vivre?
Je me le demandai avec reproche et agitation.
Je te voyais gisant, livide et muet,
Je fus emplie d'une peine indicible;
Désespérée, je cherchai sur tes traits
L'amour qui à jamais s'était évanoui pour moi.
Alors je m'éveillai et demeurai longtemps pensive,
Ne sachant si c'était rêve ou réalité;
Dans mon cœur se débattait le serpent du remords

Et mon âme était emplie d'amertume.
Mais non! Tu vis, tu pourrais pardonner;
Peut-être me reprendrais-tu contre ton cœur.
Ce qui me rend si misérable, c'est justement
Que mon cœur est pétrifié et mort pour un tel bonheur.

Elle rêve la nuit que son mari est mort et, le jour, c'est la fin de l'Empire qu'elle croit entrevoir. « Le vieux tronc pourri se meurt », s'exclame-t-elle sans qu'on sache si elle le déplore ou non. Trop complexe, la mosaïque des peuples va se fragmenter. Elle se réfère à une ancienne prophétie : l'Empire des Habsbourg, né d'un Rodolphe, mourra avec un autre Rodolphe. Alors que faire pour ce François-Joseph accablé de soucis ? Que faire pour rendre à cet homme sa part de bonheur ? Marie-Valérie et Elisabeth l'ont affligé d'un sobriquet peu protocolaire, la mère et la fille l'appellent en privé « Poká », ce qui en hongrois signifie « le dindon » ! Il se l'est du reste lui-même attribué en comparant sa situation dans l'Empire à celle du dindon au milieu de la basse-cour. Il faut distraire Poká. Une seule réponse : Katharina Schratt.

Pour une fois, le destin a bien fait les choses. La jolie blonde passe les mois d'été dans sa maison de Frauenstein – le rocher des Dames – tout près de Bad Ischl où le couple impérial se rend chaque année au mois d'août. Ce même destin, décidément favorable aux amoureux, a choisi pour l'actrice un décor lui convenant à merveille. Sa maison se situe sur les hauteurs du lac de Saint-Wolfgang que l'opérette de Ralph Benatzky, *l'Auberge du Cheval Blanc*, rendra célèbre dans le monde entier. Quoi de plus charmant, de plus souriant, de plus doux, que ces prairies vert Véronèse, et ces eaux bleu hortensia ?

C'est là que François-Joseph lui rend visite pour la première fois. Huit jours après, Elisabeth et sa fille, sans dame de compagnie, se présentent à la grille de Katharina. Dans son Journal, Marie-Valérie se montre charmée par la rencontre – plus tard l'omniprésence de la comédienne lui plaira moins et la fille se montrera plus jalouse que sa mère. Pour l'heure, amusée, elle raconte que Katharina a dû leur prêter l'argent pour prendre le vapeur du retour. D'habitude, les dames de compagnie se chargent de ce genre de choses. L'empereur remboursera la jolie blonde au-delà de ses espérances.

De visite en visite, Elisabeth intronise sa rivale. Pour tous, elle est « l'amie de l'impératrice ». Ce titre doit lever les ambiguïtés. La fréquentation du couple impérial n'exige-t-il pas un train de vie et des toilettes? François-Joseph y pourvoit avec délicatesse afin de ne pas froisser l'amour-propre de la jeune femme. Quand elle offre des violettes à l'impératrice et à sa fille, Katharina reçoit en retour un bijou des mains de son admirateur. Il ose même aller plus loin et proposer des espèces sonnantes et trébuchantes : « Je puis aussi vous dire, pour vous tranquilliser, que j'offre à mes enfants des sommes d'argent pour leurs fêtes et leurs anniversaires. » La différence d'âge entre l'empereur et la comédienne, vingt-trois ans, donne à son discours un semblant de crédibilité et Katharina ne demande qu'à se laisser séduire. François-Joseph est aussi généreux pour les autres qu'il est économe pour lui-même. Il offre volontiers des havanes et se contente, lui, de vulgaires virginies.

Malgré ses origines, Katharina Schratt n'est pas une grisette, encore moins une de ces *süsse Mädel*, jolies filles des faubourgs, sincères et peu farouches, qui donnent aux hommes ce que les bourgeoises leur refusent. Katharina est une vedette du Burgtheater et, à Vienne, cela compte. Dans son beau livre, *le Monde d'hier*, écrit en exil peu de temps avant son suicide, Stefan Zweig évoque le temps béni d'autrefois, avant la guerre de 1914-1918, avant le nazisme : « La scène du Burgtheater n'était pas un simple lieu de divertissement, mais un guide en paroles et en actes des bonnes manières, de la prononciation correcte, et un nimbe de respect auréolait tout ce qui avait quelque rapport, même le plus lointain, avec le théâtre du château impérial. Le président du Conseil, le plus riche magnat pouvaient passer par les rues de Vienne sans que personne se retournât; mais chaque vendeuse, chaque cocher de fiacre reconnaissait un acteur du Burgtheater ou une chanteuse de l'Opéra; quand nous autres, garçons, avions croisé l'un d'entre eux (dont chacun de nous collectionnait les photographies, les autographes), nous nous le racontions avec fierté, et ce culte presque religieux voué à leur personne allait si loin qu'il s'étendait à tout leur entourage [...] Etre joué au Burgtheater était le rêve suprême de tout écrivain viennois, car cela conférait une sorte de noblesse viagère et comportait toute une série de distinctions honorifiques. »

Katharina est une maîtresse de maison accomplie, elle sait recevoir et mener une conversation avec cette volubile légèreté qui fait le ton viennois. Sa position au Burgtheater lui vaut d'être au centre de toutes les modes. Dans un univers cloisonné et hypocrite, seules les comédiennes de renom ont la possibilité de choisir leur vie et leurs amants. Cette liberté attire et effraie en même temps, elle est comme une sublime incongruité dans un monde où les désirs sont réprimés, condamnés, diabolisés.

Quant à Elisabeth, incorrigible révoltée, elle a senti combien une Katharina, loin d'être son contraire, serait son complément. L'une est comédienne sur scène, l'autre à la Hofburg. Et si l'une doit sa célébrité à son talent, l'autre à sa naissance et à la monarchie, elles vivent toutes deux en marge. Il est possible qu'Elisabeth envie à Katharina sa liberté. L'impératrice a dû lutter contre sa belle-mère, contre la Cour et l'étiquette, contre le conservatisme et la bigoterie, et elle n'a pas trouvé la force de libérer son propre corps. Elle l'a exténué dans des exercices physiques, magnifié dans une contemplation narcissique, elle ne l'a jamais laissé s'exprimer, encore moins s'assouvir.

Entre un empereur qui aimante tous les regards et une Katharina Schratt dont tout le monde à Vienne connaît le nom et le visage, les rencontres ne sont pas faciles. En public, une certaine réserve s'impose, le titre d'amie de l'impératrice ne saurait trop longtemps abuser les curieux. François-Joseph écrit en 1887 à Katharina : « Je n'ai pas eu le courage de vous parler pendant le bal. Seulement, j'aurais dû écarter les gens qui vous entouraient, alors que nous étions observés de tous côtés, avec ou sans jumelles de théâtre, et que les lieux étaient pleins de ces hyènes de journalistes qui happent chaque parole. Eh bien, je n'ai pas osé, malgré tout ce qui m'attirait vers vous. »

Encore une fois, Elisabeth résout le problème des amoureux en leur donnant la possibilité de se retrouver chez Ida Ferenczy. La douce Ida habite la Hofburg, mais son appartement au n° 6 de la Ballhausplatz jouit d'une entrée privée que ne garde aucun laquais. Katharina pourra pénétrer dans le saint des saints discrètement. Et puis, quel mal y aurait-il à rendre visite à la lectrice de son amie l'impératrice ? A travers le labyrinthe de la Hofburg, François-Joseph peut arriver au rendez-vous sans avoir à sortir de chez lui.

Elisabeth ne s'en tient pas là. Sans désemparer, elle va manifester sa sympathie à la comédienne. De son côté la comédienne est soucieuse de ne pas froisser l'impératrice et admirative au point de vouloir l'imiter dans bien des domaines. Elle prend goût aux régimes et, faute d'obtenir la taille de guêpe qu'elle lui envie, elle tente de donner le change en serrant un peu plus fort son corset. Bientôt elle apprendra à monter à cheval et voudra voyager, comme le fait son modèle. L'empereur apprécie certes les bonnes relations des deux femmes, mais il en vient à reprocher à Katharina son mimétisme, peut-être dû à sa nature d'actrice.

Dans le secret de l'écriture, le ton d'Elisabeth change. Pour un peu, elle se montrerait mauvaise joueuse. Plusieurs de ses poèmes évoquent Katharina Schratt et la poétesse donne libre cours à son ironie :

> *Elle se serre le ventre dans son corset*
> *Dont toutes les coutures éclatent,*
> *Elle se tient droite comme une planche*
> *Et singe encore bien des choses.*

> *Dans la maison aux géraniums,*
> *Tout est fin et délicat :*
> *Elle s'y prend pour Titania,*
> *Cette pauvre grosse Schratt !*

Heine, le cher Heine, lui inspire d'autres méchancetés. Le poète n'a-t-il pas évoqué, dans *le Livre des chants*, une légende indienne ? Elle reprend le thème du roi Wiswamitra, amoureux d'une vache :

> *Elle est troublée dans son repos*
> *Par un grand bruit dans la vallée;*
> *C'est le roi Wiswamitra*
> *Qui rentre de chez sa vache.*
> *Oh, roi Wiswamitra,*
> *Oh, quel bœuf tu fais!*

Ce ton-là ne transparaît pas dans la vie quotidienne. Elisabeth écrit à sa belle-sœur : « Il faut que je parte. Laisser François tout seul, c'est exclu. Il y a Katharina Schratt qui l'entoure mieux que personne et veille sur lui. » En revanche, Marie-Valérie est revenue de son enthousiasme du premier jour. Elle ne supporte plus de buter sur la comédienne à chaque pas. Maintenant on l'invite officiellement à Schönbrunn, elle a pris un appartement à côté du château, et elle parade jusqu'à la table familiale. La fille de l'empereur écrit : « Oh, pourquoi maman a-t-elle fait elle-même que les choses aillent si loin ? [...] Maintenant, on ne peut ni ne doit bien sûr rien changer à la situation. » De plus Katharina Schratt est toujours mariée, ce qui, pour les bonnes âmes, aggrave encore son cas.

Tandis que le roi Wiswamitra s'en va de plus en plus souvent rendre visite à sa vache, Elisabeth tente de se rapprocher de son amant mythique, Heinrich Heine. Elle rencontre un neveu du poète qui vit à Vienne. Il lui montre quelques souvenirs, des portraits. Il lui parle de la vieille Mme von Embden, sœur de Heine, qui achève sa vie à Hambourg, dans le culte de son frère tant aimé et admiré. Sa résolution est prise, Elisabeth ira à Hambourg rencontrer Charlotte von Embden.

Si Elisabeth tient cachés ses propres écrits, en revanche sa connaissance de l'œuvre de Heine est de notoriété publique. La critique universitaire de Berlin la consulte avant d'authentifier des inédits de l'écrivain.

A la fin des années 1880, son train l'emporte vers Hambourg. La petite Mme von Embden attend l'impératrice. Elle va sur ses quatre-vingt-dix ans. Elisabeth lui a écrit et la vieille dame s'est préparée à cette visite annoncée de longue date. L'imperceptible tremblement de son corps et de sa voix est due à l'âge plus qu'à la timidité ou à la modestie. Bien sûr, dans ses rêves les plus fous, elle ne pouvait imaginer qu'un jour l'impératrice d'Autriche-Hongrie ferait un millier de kilomètres pour lui rendre visite. Heine ne considérait-il pas les Habsbourg comme les ennemis du progrès en Europe ? Il est vrai que rien, non plus, ne laissait prévoir que Heinrich, son frère aîné, son compagnon de jeu, malicieux et rêveur, deviendrait un des plus grands poètes de langue allemande.

Ils étaient enfants au tout début du siècle, à Düsseldorf, mais les souvenirs familiaux les entraînaient vers des époques plus reculées encore. La vieille dame raconte à l'impératrice qu'elle aimait accompagner son frère chez l'oncle Siméon, le docteur Faust de la famille, fou et sage, raté et génial. Il avait voyagé à travers le monde entier et franchi le temps, sans jamais quitter son cabinet de travail, où il vivait reclus dans la seule compagnie de son chat angora et de ses grimoires latins, grecs et hébreux. Le petit homme avait la peau blanche et transparente de ceux qui ne voient du jour que son pâle reflet sur les pages d'un livre. Ses longs cheveux gris étaient tressés en une longue natte qui bringuebalait au moindre mouvement de sa tête comme le battant d'une cloche. A chaque visite, ce galopin de Heinrich demandait à son oncle la permission de tirer sa natte. Siméon faisait mine de bougonner, mais il finissait toujours par accepter. Après, on passait aux choses sérieuses. Heinrich s'installait aux côtés de son oncle dans l'Arche de Noé, ainsi appelait-on dans la famille l'antre de Siméon, et l'aîné faisait pendant des heures la lecture à son neveu, une main tenant le livre, l'autre caressant le chat angora.

La vieille dame parle de son enfance. Le siècle commençait, Napoléon était le souverain de l'Europe. Ce sont toujours les souvenirs les plus anciens qui remontent les premiers à la surface. Elisabeth ne bouge pas, l'impatiente impératrice sent son corps s'apaiser, à peine risque-t-elle un battement de cils. Elle a vu en entrant dans le modeste appartement, rangés et astiqués, les objets voués au culte de Jéhovah et ceux qui célèbrent la gloire du poète. Tout est calme, propre. Aucun bruit ne vient troubler le murmure de Charlotte von Embden, Lotte pour son frère, Lotte pour une Elisabeth prise dans les rets d'une mémoire qu'elle fait sienne. L'impératrice a embrassé la mezouza avant de pénétrer dans la maison juive. La machine à remonter le temps est enclenchée, elle la conduit, de souvenir en souvenir, jusqu'aux origines. Le monde de Charlotte ne lui est pas tout à fait étranger. Comme Rodolphe, Elisabeth a des amis juifs et elle a consulté des professeurs à propos de l'œuvre du poète hébraïque Juda ben Halévy, que le frère de Lotte évoque dans son *Romenzero*. Cependant les deux femmes ne se livrent pas à un débat de spécialistes. Il suffit à l'impératrice de deviner chez la vieille dame une vague survivance de l'homme qu'elle aime. Elle l'écoute comme un de ces oracles dont on attend la confirmation de ce que l'on sait déjà.

Lotte lui parle du terrible incendie qui ravagea Hambourg, un demi-siècle plus tôt. Les flammes avaient dévasté la plus grande partie de la ville. Les statues foudroyées des empereurs s'écroulaient au milieu des chaussées, la tour Saint-Pierre s'effondrait sur elle-même et le désastre atteignait les immeubles de l'autre côté de la rue. Alors qu'il fallait fuir, elle ne songeait qu'à emporter ses trésors, non des bijoux ou des pièces d'or, mais les manuscrits de son frère, les poèmes et les notes de sa jeunesse, et toutes ces lettres qu'il lui avait envoyées de France. Sa mère la suppliait de partir et de tout abandonner. Une minute de plus, et les deux femmes seraient changées en torches vivantes.

Sa mère dégringolait déjà les escaliers qu'elle cherchait encore au fond du secrétaire les précieux documents. En pleine nuit, les flammes de la maison d'en face éclairaient comme un soleil d'été au zénith. La vieille dame montre par la fenêtre les maisons reconstruites. Elle avait dû enfin se précipiter dans la rue, les bras chargés de liasses. L'émotion, la fumée, les cris, la peur. La tête lui tournait et elle avait perdu connaissance sur le trottoir. Quand elle était revenue à elle, sa maison était sauve, mais on lui avait volé son trésor. Disparus, les documents. Effacées, les précieuses traces du génie. Aujourd'hui encore, elle ne se pardonnait pas d'avoir, par excès de zèle, laissé échapper les irremplaçables manuscrits. Quant à Heinrich, trop heureux de les savoir vivantes, sa mère et elle, il n'avait pas eu un mot de regret pour ses œuvres de jeunesse.

La vieille dame évoque les dernières années de son frère. Une torture physique. Grabataire pendant huit ans, son esprit reste véloce, son écriture aérienne. Il essaie de cacher à ses proches sa tristesse, mais, lancinante, elle envahit ses vers. Le regard de Lotte s'émeut et elle essuie sur sa joue ridée une larme. Alors, dans le silence du souvenir, la voix d'Elisabeth s'élève à son tour pour égrener ces strophes de Heine qui la touchent de si près :

> *Il me semble que parfois*
> *Une nostalgie secrète trouble ton regard.*
> *Oh, je connais bien ton mal :*
> *Existence manquée, amour manqué !*

> *Tu consens avec tristesse.*
> *Non, je ne peux pas te rendre ta jeunesse.*
> *Ton mal n'a pas de remède :*
> *Amour manqué, existence manquée !*

Pourtant Heinrich ne sombrait pas dans le désespoir, précise Lotte. Tout arrivait trop tard, même la célébrité. En Allemagne, après l'échec des révolutions de 1848, les ouvriers chantaient ses poèmes dans leurs réunions clandestines. Leur frère Gustave, qui habitait Vienne, avait raconté à Heinrich qu'il était le poète préféré de la toute jeune impératrice d'Autriche.

– Est-ce vrai ? interroge Elisabeth, plus émue encore que son interlocutrice. Vous ne dites pas cela pour me faire plaisir ?

– Il a su avant de mourir que son œuvre était entrée chez les Habsbourg, grâce à Votre Majesté. Il y trouva sans doute une consolation.

Pour ces mots-là, Elisabeth, si elle osait, sauterait au cou de la vieille dame. Trop fragile, elle ne peut être bousculée de la sorte. L'impératrice se contente d'enlever ses gants et de prendre entre ses doigts la petite main tremblante de Lotte. Elle la tiendra jusqu'à son départ.

Quelques semaines plus tard, Elisabeth demande à sa belle-fille, Stéphanie, qui doit se rendre à Paris, de faire déposer des fleurs sur la tombe de Heine au cimetière Montmartre. Un an avant sa mort, Heine fit un rêve qu'il raconta à son ami Gérard de Nerval. A l'époque, Nerval tente de soigner sa maladie nerveuse dans la clinique du Dr Blanche et, quand il rend visite à Heine, un infirmier est chargé de le surveiller. Le grabataire confie au fou qu'il a vu en rêve le cimetière Montmartre : « Les tombes brillaient dans le soleil et, devant chaque pierre tombale, se trouvait une paire de chaussures parfaitement cirées, comme dans les couloirs d'un hôtel. »

A la fin des années 1880, la ville de Düsseldorf, où naquit Heinrich Heine, constitue un comité afin d'ériger une statue à la mémoire de son célèbre poète. Elisabeth envoie une somme importante et plusieurs poèmes personnels afin d'encourager les dons. Elle ne se doute pas que son initiative va susciter un épouvantable tollé. En Allemagne, les monarchistes et les nationalistes se souviennent que le poète n'a pas ménagé ses critiques et ses sarcasmes aux princes allemands. Pis, l'antisémitisme, jusque-là diffus, impalpable, devient une réalité et trouve ses porte-voix. A Vienne, Georg von Schönerer, à qui Adolf Hitler empruntera sa théorie antisémite des races, s'en prend à ceux, impératrice et prince héritier compris, « qui voudraient ériger un monument au souvenir de ce Juif, auteur d'écrits honteux et immondes ».

La presse pangermaniste se déchaîne : « Voyez comment pense le Juif, comment toute la juiverie prend parti pour ce Juif éhonté et bat le rappel, et comment il se trouve aussi des Allemands pour accourir au son de ce tambour juif. »

A propos d'une statue, qui devrait être érigée à Düsseldorf avec les deniers personnels de l'impératrice, la polémique se propage jusqu'en France. Quand il s'agit d'antisémitisme, on ne saurait laisser aux Allemands l'exclusivité. Edouard Drumont classe à son tour Elisabeth parmi « les valets des Juifs » :

« Souverains et grands seigneurs ont l'amour du Juif [...] ils ont bu le philtre mystérieux ; ils aiment ceux qui les raillent, les diffament et les trahissent, et n'ont qu'indifférence pour ceux qui les défendent. »

Bismarck se jette à son tour dans le combat. Il envoie une lettre au ministre autrichien des Affaires étrangères où il dénonce le caractère insultant pour la Maison de Prusse du soutien apporté par l'impératrice en personne à un poète anti-allemand. L'affaire risque de tourner à l'incident diplomatique. Düsseldorf et Elisabeth abandonnent leur projet. Le monument destiné à la ville natale de Heine sera en fait érigé à New York par des Américains d'origine allemande.

Ce que Bismarck et les pangermanistes lui ont interdit, Elisabeth l'accomplira pour son propre compte quelques années plus tard. Dans sa propriété de Corfou, sur la colline embaumée qui surplombe la baie de Bénistès, parmi les eucalyptus, les magnolias et les cyprès, elle fera édifier un temple anticobaroque, voué au culte de Heine. Le sculpteur danois chargé de représenter le poète devra se soumettre à ses directives et s'inspirer des portraits qu'elle a rassemblés. Dans ce cadre à la fois intime et pompeux (il faut gravir de nombreuses marches avant d'accéder au saint des saints), le poète est vêtu d'une simple chemise. Le visage incliné et las, il paraît avoir été surpris dans le secret de ses pensées. Il tient à la main un poème dont la mélancolie répond à celle de l'impératrice :

> *Que veut le pleur solitaire*
> *Qui trouble ainsi mon regard ?*
> *C'est un pleur de jadis*
> *Dans mon œil attardé.*
> *O ancienne larme solitaire,*
> *Coule donc*
> *Aujourd'hui encore...*

Triste, la Bavière depuis la mort du roi Louis. Monotone, Gödöllö quand vieillit la reine des Amazones. Déserts, les palais impériaux où Katharina Schratt prend au sérieux son emploi de doublure. A l'automne 1888, la mouette s'envole vers Corfou. Elle habite à Gastouri une jolie maison à la terrasse tout irradiée de bleu cobalt. Dans ce séjour des dieux, Elisabeth s'initie au grec ancien et au grec moderne. Son enthousiasme est tel qu'elle se fait tatouer sur l'épaule une ancre bleue. Son corps peut désormais en témoigner, elle appartient à la race des marins et des îliens. Elle gagne le large par tous les temps, tandis que ses dames restent au port à se ronger les sangs. Titania n'a pas fini de se lancer des défis.

Un télégramme arrive, le 12 novembre. Son père vient d'être victime d'une attaque d'apoplexie. L'impératrice s'apprête à partir pour la Bavière, quand une autre dépêche, envoyée par François-Joseph, lui apprend qu'il est trop tard. Le duc Max s'est éteint à l'âge de quatre-vingts ans. Dans le flamboiement de l'automne corfiote, elle revêt ses habits de deuil. Sans savoir qu'elle ne les quittera jamais plus.

Une frontière politique traverse la famille impériale. Rodophe est libéral comme sa mère. Marie-Valérie, l'enfant chérie, l'Unique, a fait le choix opposé. Conçue après le couronnement de Budapest, elle semble vouée à la Hongrie avant même de naître. Autour d'elle, tout est magyar, les nourrices, les berceuses, les poneys, les légendes, les mots, les musiques, sa mère et les amies de sa mère. On l'appelle « l'enfant hongrois de la reine ». La rumeur veut qu'elle soit la fille d'Andrássy et les Hongrois encouragent ces calomnies, flatteuses pour leur virilité. Longtemps la rumeur persiste et elle ne meurt que tuée par l'évidence. Marie-Valérie ressemble à l'empereur comme jamais fille ne ressembla à son père. Elle est sage, ordonnée et pieuse. Alors que Rodolphe a fait d'Andrássy son modèle politique, sa sœur déteste le beau comte – sans doute la rumeur y est-elle pour quelque chose. Bientôt Marie-Valérie englobe dans une même aversion tout ce qui n'est pas allemand, les Magyars d'abord, les Slaves ensuite. La fille d'Elisabeth se tourne vers le nationalisme allemand. Elle en vient à souhaiter l'unification des populations allemandes au profit de Berlin. C'est la position d'un bon nombre d'Autrichiens d'origine allemande, mais elle paraît plus choquante encore dans la bouche de l'archiduchesse Marie-Valérie : « Nous sommes d'abord allemands, ensuite autrichiens, et Habsbourg seulement en dernier lieu. C'est d'abord le bien de la patrie allemande qui doit nous tenir à cœur, et peu importe que ce soit au profit des Habsbourg ou des Hohenzollern. »

Elisabeth aime trop sa fille pour l'affronter, elle préfère ignorer ce qui les éloigne. Entre elles, la cassure ne peut être politique. Le danger est ailleurs. Amoureuse, et donc sotte, constate-t-elle avec amertume. Cependant elle plaide la cause des amoureux et, comme d'habitude, elle convainc l'empereur. Marie-Valérie est heureuse. Pour Elisabeth, c'est un nouveau deuil qui commence. Sa passion maternelle est animale, primitive, sauvage. Marie-Valérie écrit : « Maman dit que si jamais je me marie, elle ne se réjouira plus de me voir, qu'elle est comme beaucoup de bêtes qui abandonnent leurs petits sitôt que quelqu'un les a touchés. »

C'est Noël et chacun essaie de taire ses ressentiments. Il est si rare que la famille soit réunie. La veillée marque aussi l'anniversaire d'Elisabeth. Cinquante et un ans. Le temps pèse, s'alourdit du poids des morts. L'impératrice paraît encore plus mince et plus pâle dans sa robe noire. Elle sourit pourtant, puisque tout va bien. On a craint un moment que Rodolphe n'exprime son hostilité à sa sœur en s'opposant à son mariage. Il n'en est rien. Le frère et la sœur s'enlacent. Est-ce la trêve de Dieu ou le grand calme avant les catastrophes ?

Rodolphe offre à sa mère onze textes autographes de Heine, cadeau onéreux et sans prix, dernier trait d'union entre les vivants et les morts. Le prince a le visage émacié et comme sa mère lui en fait la remarque, il se laisse aller à sangloter dans ses bras. Trop meurtrie elle-même par le prochain départ de sa fille, Elisabeth ne mesure pas à quel point le sol se dérobe sous les pieds de son fils. Pour ménager sa femme, l'empereur lui cache ce qu'il sait de Rodolphe. Au reste, sa police et ses espions ne lui disent pas tout, et François-Joseph ne veut pas entendre certaines vérités. Il se contente de tenir son fils à l'écart des décisions.

Les amis de Rodolphe sont tous des journalistes de la presse d'opposition. Ils se font un plaisir de publier les écrits de l'archiduc sous le pseudonyme de Julius Félix. Il ne ménage ni l'empereur ni sa politique. Il réclame plus de démocratie à l'intérieur et plus de souplesse à l'égard des nationalités. De plus, il dénonce l'alliance avec l'Allemagne. Sur tous ces points, il est en accord avec sa mère, en opposition avec sa sœur. Entre le prince régnant et le prince héritier, le débat pourrait avoir lieu à deux conditions, que le père cesse d'être sourd et le fils dissimulé. Ces deux conditions ne seront jamais remplies.

Le mariage de Rodolphe est un échec privé et dynastique. Le couple exclut de ses relations, non seulement l'amour, mais encore la confiance ou la simple compassion. La naissance de la petite Erzsi a été difficile et Stéphanie ne peut plus avoir d'enfant. Du côté de Rodolphe, la situation n'est pas plus brillante. Il souffre, depuis le printemps 1887, de violents troubles nerveux et de douleurs dans les articulations et les yeux. Sans doute la syphilis est-elle à l'œuvre. Le prince héritier la combat avec des doses de plus en plus fortes de morphine. Désespéré, il parle de sa mort prochaine à ses compagnons d'orgie. Il demande aux femmes de l'accompagner dans l'amour et dans la mort. Ainsi, une de ses maîtresses, Mitzi Kaspar, se précipite-t-elle affolée chez le préfet de police. Rodolphe vient de lui proposer un suicide à deux, sur les marches du temple des hussards, au sud de Vienne. Après sa déposition, une lettre devrait être envoyée à l'empereur, personne n'ose en prendre la décision.

Au jour de l'an, l'impératrice part pour Munich. Elle revoit sa mère pour la première fois depuis la mort de son père. Les rapports entre François-Joseph et Rodolphe se dégradent pendant son absence. Le prince héritier a demandé au pape l'annulation de son mariage et elle lui a été refusée. Son père pense que c'est sa nouvelle maîtresse qui l'a poussé à entreprendre cette démarche. On entend à la Hofburg les deux hommes se disputer.

La dernière folie de Rodolphe se nomme Marie Vetséra. Elle a dix-sept ans. On dit que la mère de la petite a déjà été la maîtresse de Rodolphe et qu'elle a su préparer sa fille à un semblable destin. La mère est une arriviste et une rouée. La fille n'a pas le temps de le devenir. Elle est foudroyée par l'amour d'un prince dépravé et charmant.

Rodolphe est séduit par ses yeux bleus d'enfant, son corps de femme et sa passion sans pareille. Pour ce mal-aimé, ce fils épris d'une mère insaisissable, cet homme déçu et malade, elle arrive au bon moment, c'est-à-dire au pire. Elle a presque l'âge de Juliette et, même si ce Roméo a déjà beaucoup servi, il peut faire entrer cette enfant dans la légende romantique. Elle veut bien l'accompagner jusqu'au bout, l'épouser dans la mort et survivre, leurs deux mémoires liées à jamais. Elle se sent choisie par le destin et consacrée par l'amour. Le conte de fées inverse ses termes. Le baiser du prince charmant transformera la jolie éveillée en une belle au bois dormant. Encore la petite se croit-elle follement aimée. La mort, on ne va pas la proposer à la première venue, n'est-ce pas ?

Pourtant, la dernière nuit avant le drame, celle du 28 janvier, Rodolphe la passe dans les bras de la peu farouche Mitzi Kaspar. Sans doute avec elle est-ce à la vie qu'il dit adieu. Les rôles sont distribués. Mitzi a refusé le suicide, elle représente la vie, Marie Vetséra la mort. La victime est persuadée que Rodolphe veut mourir parce qu'il l'aime. Leur amour n'est-il pas impossible ? Rodolphe est marié et le pape Léon XIII vient de refuser l'annulation de son mariage. De toute manière, un prince héritier n'épouse pas une Marie Vetséra.

Elisabeth est rentrée de Bavière. Le 29 janvier a lieu un dîner de famille. Au dernier moment, Rodolphe se fait excuser. Il préfère dormir à Mayerling pour participer le lendemain matin à la grande chasse.

Mercredi 30 janvier 1889. A la Hofburg, Elisabeth lit Homère avec son professeur de grec. Le visage décomposé d'Ida Ferenczy apparaît dans l'embrasure de la porte. Le baron Nopcsa demande à voir l'impératrice. « Plus tard », répond Elisabeth. Ida, de plus en plus livide et tremblante, insiste :

– Il est arrivé un malheur à Son Altesse, le prince impérial.

Le baron Nopcsa reste seul avec Elisabeth. Il a la voix douce de la catastrophe. L'impératrice ne comprend rien de ce qu'il dit. Accident? Empoisonnement? Elle pense à Louis II. Avant que le baron ne l'ait vraiment dit, elle sait que Rodolphe est mort. Comment? Peu importe. Il est mort. Le pire est arrivé, elle l'attendait depuis toujours, elle s'y est préparée toute sa vie, elle rejoint à présent son destin. Le calme ne l'abandonne pas. Ni gestes magiques, ni cris, ni sanglots, ni imprécations. Elle n'a pas besoin de montrer sa souffrance. Elle est la souffrance, pleine et muette.

Ce fils, ce fils unique, ne sera donc jamais le sien. La première fois, il lui a été arraché par l'archiduchesse Sophie, sa belle-mère, la seconde par la mort. Déjà, le néant recouvre tout. Les querelles d'antan, les discordes d'aujourd'hui, plus rien n'a d'importance. Elisabeth s'allonge sur son petit lit de fer, étroit comme un cercueil. Le temps se fige dans le silence.

Soudain, le pas de l'empereur dans le salon d'à côté.

– Qu'il n'entre pas, s'écrie l'impératrice pour donner à son mari une minute supplémentaire de paix et d'innocence.

Elle s'est dressée dans sa robe, toute noire d'un autre deuil. Il faut se maîtriser. Elle remet en place sa chevelure, elle essuie ses joues. François-Joseph entre. Ses cheveux et ses favoris sont blancs, mais il y a une ardeur dans son regard, quelque chose de fringant dans son port de tête et sa démarche. Elisabeth sait qu'il sera un autre homme en sortant de chez elle. Mort, son fils et son héritier. Mort, son héritier et son fils. A quoi bon la vie? A quoi bon l'Empire? Elisabeth souffre, elle ne souffre que pour elle-même. Poká, lui, va souffrir doublement. Sans compter le remords d'une dernière dispute entre le père et le fils. Il n'y a plus ni repentir, ni réconciliation. L'homme pleure dans les bras de sa femme. Il s'en va, vieux, cassé, fini. Son fils est mort et il doit continuer à travailler sans savoir pour quoi, pour qui.

Dès son départ, Elisabeth se précipite chez Ida Ferenczy où Katharina Schratt attend François-Joseph. Elle lui apprend la mort de Rodolphe et, la tenant par la main, elle l'entraîne à travers les couloirs de la Hofburg jusqu'au bureau de son mari pour qu'elle tente de soulager sa détresse. Elle repart aussitôt chez elle et demande qu'on aille chercher sa fille. Quand Marie-Valérie arrive, les larmes qu'Elisabeth a retenues se mettent enfin à couler. Sur les quatre enfants qu'elle a mis au monde, la mort lui en a déjà repris deux. Puisse la malédiction s'arrêter là. Mon Dieu, ne me prends jamais ma petite fille.

Je veux bien consentir à tout. Qu'elle parte, qu'elle s'éloigne au bras de n'importe quel vaurien, mais qu'elle vive. Dussé-je ne la revoir jamais.

Elisabeth sanglote et sa grande petite fille vient se blottir sur ses genoux. Encore une épreuve, il lui faut apprendre à cette enfant la mort de son frère : « Rodolphe est très, très malade, dit-elle. Il n'y a plus d'espoir. Le pire est arrivé. » Marie-Valérie demande alors, comme pour éviter à sa mère d'avoir à prononcer les mots qui coûtent : « Est-ce qu'il s'est tué ? »

Elisabeth frémit, l'idée d'un suicide ne lui est pas venue : « Pourquoi crois-tu cela ? Non, non, il est probable que la jeune fille l'a empoisonné. »

C'est ce qu'elle a cru comprendre des explications embarrassées du baron Nopcsa. Le baron a lui-même été informé par le comte Hoyos, l'ami du prince héritier. Hoyos se trouvait à Mayerling. Après avoir découvert les deux cadavres dans le pavillon de chasse, il s'est précipité à la gare la plus proche pour faire arrêter l'express. Il a pris le train en direction de Vienne, afin d'apporter lui-même à la Hofburg la funeste nouvelle.

De nouveau un pas, dans le salon d'à côté. Elisabeth sursaute. « C'est papa, dit-elle à Marie-Valérie, je t'en prie, sois calme comme moi. » Dès que les deux femmes le voient paraître, la mine défaite, elles oublient leurs résolutions et se jettent à son cou. Ces trois grands pudiques mêlent leurs larmes. Leur douleur est telle qu'ils n'échangent aucun mot et personne ne cherche une explication au drame. La foudre s'est abattue, définitive et inhumaine. La tragédie n'a pas d'autre principe que la fatalité.

François-Joseph se reprend le premier. En toute circonstance, un empereur doit se comporter en empereur. Il dit à sa fille : « Va chercher Stéphanie. » La princesse les rejoint. Elle a déjà appris qu'elle est veuve. Stéphanie écrit dans son Journal : « L'empereur était assis au milieu de la pièce ; l'impératrice, vêtue de noir et blanche comme la neige, le visage figé, était auprès de lui. Dans l'état où j'étais, défaite, bouleversée, je crus qu'on me regardait comme une criminelle. Un feu croisé de questions, auxquelles je ne pouvais répondre parce que j'en étais incapable ou parce que je n'en avais pas le droit, s'abattit sur moi. »

Pour un peu, tous les Habsbourg réunis en viendraient à oublier, en ce terrible matin du 30 janvier 1889, qu'on a retrouvé à Mayerling deux cadavres. De la jolie petite Marie Vetséra, on ne veut pas tenir compte. A la rigueur, on lui attribue le rôle d'empoisonneuse. La petite morte se rappelle soudain à leur bon souvenir en la personne de sa mère. Hélène Vetséra est loin de s'imaginer, la malheureuse, ce qui s'est passé à Mayerling. Elle sait seulement que sa fille a disparu et elle vient à la Hofburg demander des comptes. Après tout, un bon scandale pourrait servir ses intérêts. Si Rodolphe a enlevé sa fille, le moment est venu d'obtenir des réparations.

Hélène Vetséra a réussi à pénétrer dans les appartements d'Ida Ferenczy. Elle réclame sa fille et déclare ne pas vouloir se retirer avant d'avoir arraché des explications. En pleurs, la mère demande à être reçue par l'impératrice. Elle a même ces mots auxquels le drame, qu'elle ignore, donne une résonance tragique : « J'ai perdu mon enfant, l'impératrice seule peut me la rendre. » Touchée par les larmes de la pauvre mère qui ne sait pas ce qui l'attend, Ida va prévenir Elisabeth.

L'impératrice ne connaissait pas les relations de son fils avec Marie Vetséra. Pour ménager la sensibilité de sa femme, François-Joseph ne lui en avait pas parlé. Cependant les deux mères se sont rencontrées. Hélène Vetséra a suivi ces grandes chasses, en Hongrie et en Angleterre, où l'impératrice triomphait. On a rapporté à Elisabeth que cette femme s'était jetée à la tête de Rodolphe, alors qu'il était encore un adolescent. Tout cela n'a plus aujourd'hui aucune importance. Elles ont toutes deux perdu leurs enfants. On ne peut faire reconduire sans un mot la baronne Vetséra dans de pareilles circonstances.

Elisabeth décide de retourner chez Ida afin d'annoncer elle-même la nouvelle à la malheureuse mère. Marie-Valérie raconte la scène dans son Journal. Elle n'y a pas assisté, elle tient le récit du seul témoin, Ida Ferenczy : « Sa Majesté, pleine de noblesse, se tient devant cette femme agitée qui lui réclame son enfant, elle lui parle d'une voix douce. Elle lui dit que sa fille est morte. Alors Hélène Vetséra éclate en bruyantes lamentations : "Mon enfant, ma belle enfant ! " Mais savez-vous, poursuit Sa Majesté en forçant la voix, que Rodolphe est mort lui aussi ? Hélène Vetséra chancelle, tombe aux pieds de Sa Majesté et lui enlace les genoux. Malheureuse enfant, qu'a-t-elle fait ? Elle a donc fait cela ! Elle aussi avait ainsi compris les choses et pensé, comme Sa Majesté, que c'était la jeune fille qui avait empoisonné le prince. Après quelques mots encore, Sa Majesté la laissa en disant : "Et maintenant, retenez bien que Rodolphe est mort d'une crise cardiaque ! " »

Pendant ce temps, une commission conduite par le médecin impérial Widerhofer se rend à Mayerling. Un clocher et quelques maisons à trente-deux kilomètres de Vienne, un paisible vallon au cœur de la forêt. Quelques années plus tôt, le prince héritier a fait aménager une de ces maisons en pavillon de chasse. C'est là, dans cette chambre, qu'avec sa compagne il est mort, portant un coup fatal à l'Empire. Les corps ont été découverts par son valet, Loschek, puis par son ami, le comte Hoyos. Le Dr Widerhofer est ensuite le premier à pénétrer dans la chambre, du moins officiellement, car bien d'autres versions des faits vont circuler, la liste n'en est pas close aujourd'hui, plus d'un siècle après.

On ouvre les volets de la chambre mortuaire. A la lumière du jour, les acteurs du drame paraissent figés dans une pose théâtrale. Du fond de leur décor en trompe l'œil, on pourrait croire qu'ils vont venir saluer à l'issue du spectacle. La jeune fille repose sur le lit, ses longs cheveux noirs lissés de part et d'autre de son visage, calme, d'une pâleur statuaire. Rodolphe est assis au bord du lit. Ses mains à peine crispées, comme celles des personnages de cire du musée Grévin, ont laissé échapper un revolver qui est tombé à ses pieds. Sur la table de nuit, il y a bien un verre, à demi plein, à demi vide, il ne contient qu'un reste de cognac. La dernière gorgée du condamné. Le crâne du prince et le crâne de sa compagne sont transpercés d'une tempe à l'autre. Les mêmes blessures, les mêmes deux balles retrouvées dans la chambre.

Quand il expédie les premières dépêches, l'empereur ignore les circonstances de ces deux morts. Elles parlent de crise cardiaque et d'embolie. Il fallait suggérer une explication et l'empereur n'en a pas. Accablé par le destin, il croit mettre en évidence l'implacable volonté divine en évoquant la maladie et l'arrêt cardiaque. En outre, cela lui permet de sauver la mémoire de Rodolphe et de passer sous silence la présence de Marie Vetséra. Pas d'adultère, pas de crime, encore moins de suicide.

Vers deux heures du matin, la dépouille de Rodolphe est ramenée à la Hofburg. François-Joseph a supplié sa femme de ne pas venir accueillir le cortège. Elle lui a obéi. Dans sa douleur, l'empereur ne doit pas avoir en plus à se soucier de celle de son épouse. Comment pourrait-elle dormir, cette nuit-là ?

Marie-Valérie est venue rejoindre sa mère dans sa chambre. Toutes deux assises sur le petit lit de fer, elles entendent, dans les lointains, le battement nocturne des tambours de la garde. Un homme de trente et un ans est mort. L'unique héritier en ligne directe du trône millénaire des Habsbourg.

Elisabeth n'est plus l'impératrice. Elle est une mère et c'est son fils qu'elle pleure. Elle ne songe plus à évoquer l'ancienne prophétie qui veut que l'Empire, né d'un Rodolphe, mourra avec un autre Rodolphe. Trop enfermée dans sa douleur, trop alarmée par celle de son époux, elle ne sent pas vaciller l'Empire. A Rodolphe, elle doit bien cela : n'être à l'instant de ses funérailles qu'une pietà, une reine des douleurs, une mère. Si seulement j'étais un miroir, lui disait autrefois le gentil prince, tu me regarderais plus souvent. Il faudra faire voiler les miroirs. Elle ne portera plus que du noir. Il restera à disperser les robes, partager les bijoux entre Marie-Valérie, Gisèle, Ida et Marie, puis se défaire de la vie et de ses habitudes, enfin redevenir une île et s'en retourner à la mer.

L'empereur n'a pas dormi de la nuit. Dès l'aube, il fait appeler le Dr Widerhofer. Qu'a-t-il vu à Mayerling ? Comment son fils est-il mort ? Le médecin croit le rassurer en affirmant qu'il n'a pas souffert. La balle l'a tué à l'instant même. Quelle balle ? s'écrie l'empereur avec une rudesse qui ne lui est pas coutumière. Widerhofer doit lui apprendre qu'on a trouvé dans la chambre la balle avec laquelle le prince s'est tué. Loin d'accepter cette vérité, l'empereur a bien envie de lui faire rentrer ses mots dans la gorge. Impossible que Rodolphe se soit suicidé. Inutile d'en parler. Absurde. Il a été empoisonné et Marie Vetséra est la coupable. Le médecin poursuit ses explications : la position des deux corps, les deux balles, et puis ce miroir que le prince impérial a pris la peine de déplacer et de poser sur la table de nuit afin de mieux viser sa tempe avec le revolver. L'empereur finit par comprendre qu'il ne peut plus s'accrocher à sa première version des faits. L'idée de suicide fait son chemin et, dans l'esprit de son père, elle détruit Rodolphe une seconde fois. L'empereur éclate en sanglots, mais c'est le père qui demande soudain :

– A-t-il laissé une lettre ?

– Plusieurs, Sire, mais aucune pour Votre Majesté.

Il n'y aura donc, par-delà la mort, aucun signe de réconciliation. François-Joseph ne comprend pas pourquoi, en cet instant, toute la colère de Dieu se concentre sur lui. Qu'a-t-il fait

pour mériter une telle punition ? Quelle faute a-t-il commise ?
Un péché d'orgueil peut-être, un péché d'amour sans doute.
N'a-t-il pas voulu faire de son fils, dès le berceau, dès la naissance, le maître du monde, comme Napoléon avec l'Aiglon ?
N'était-ce pas pour ce petit prince que, chaque jour, il se levait
à l'aube et rejoignait à cinq heures du matin son bureau et ses
dossiers ? Il fallait remonter la mécanique, travailler jusqu'au
soir, conserver en l'état cet Empire dont son fils hériterait.
Comment continuer sans lui ? Comment accomplir ces gestes
que la mort de Rodolphe prive soudain de signification ?

On a retrouvé trois lettres à Mayerling. Deux d'entre elles
semblent avoir été rédigées avant la fatale nuit, ce qui tendrait
à prouver que cette double mort n'avait rien d'improvisé : elles
sont destinées l'une à la princesse Stéphanie, la femme de
Rodolphe, l'autre à Marie-Valérie, sa sœur. Seule, la troisième
paraît avoir été écrite dans la chambre du pavillon de chasse et
peut-être Marie Vetséra était-elle déjà morte : Rodolphe
adresse ses derniers mots à sa mère. On ne connaîtra jamais les
termes exacts de ces trois lettres, qui ont été détruites. Des
bribes sont parvenues jusqu'à nous. On sait seulement qu'il
conseille à Marie-Valérie d'émigrer avec son mari, dès que sur-
viendra la mort de l'empereur. Grâce à François-Joseph,
l'Empire garde un semblant de cohérence, mais il faut craindre
qu'à sa disparition, il ne s'écroule comme un château de cartes :
« Le jour où papa fermera les yeux, les choses deviendront très
dangereuses en Autriche. Je sais trop bien ce qui adviendra et
je vous conseille alors d'émigrer. » Ces considérations de la dernière heure montrent à quel point Rodolphe, tout comme sa
mère, avait perdu sa foi en l'avenir.

Le ton de la troisième lettre est fort différent. Sans doute
a-t-il le sentiment d'ouvrir son cœur à sa mère pour la première et dernière fois. Il lui dit son amour et sa gratitude. Alors
qu'il s'apprête à mourir, il lui confie n'avoir pas osé s'adresser à
son père, l'empereur : « Je sais très bien que je n'étais pas digne
d'être son fils. » Paroles déchirantes. Ce maniaque des armes à
feu, qui a si souvent dans sa jeunesse sacrifié à son désespoir ses
animaux favoris, se tourne vers sa compagne d'infortune, la
petite Marie, avant d'appliquer contre sa propre tempe la
bouche du revolver. Il demande à sa mère que cet « ange de
pureté » soit enterré avec lui au cimetière des Cisterciens près
de Mayerling, à Heiligenkreuz. Sans elle, il n'aurait pas eu le
courage d'affronter la mort.

Quand cette lettre parvient à Elisabeth, il est trop tard pour exaucer le dernier souhait de son fils. Les deux amants ont déjà été séparés. L'un appartient aux Habsbourg, l'autre à personne. Marie Vetséra sera bien inhumée à Heiligenkreuz, mais seule. L'«ange de pureté» est victime d'un dernier simulacre, ô combien sinistre, ô combien lugubre. Il faut faire disparaître son corps au plus vite, aussi l'enterre-t-on de nuit et en secret. On fait juste prévenir deux de ses oncles, qui accourent à Mayerling. On l'habille comme si elle était encore vivante. Robe, manteau, feutre noir à plumes. On l'assoit dans la voiture entre ses deux oncles et, pour ne pas alerter la curiosité de quelque badaud, on donne à la dépouille une apparence de vie en maintenant son dos droit dans les cahots grâce à un bâton glissé entre son manteau et sa robe. Elle oscille pourtant d'une épaule à l'autre. Il pleut à verse et la voiture s'enfonce dans les ornières. L'équipage funèbre arrive enfin à l'abbaye où le prieur expédie la prière et la bénédiction en quelques minutes. Le fossoyeur a du mal à creuser la tombe dans ce sol détrempé et les deux oncles de Marie doivent l'aider.

Après sa conversation avec le Dr Widerhofer, François-Joseph demande à voir la dépouille de son fils. Devinera-t-il, sur ses lèvres mortes, les mots que Rodolphe n'a pas pu lui dire? L'empereur marche comme un somnambule. « Où est le prince? murmure-t-il. Est-il très défiguré? Couvrez-le bien. L'impératrice veut le voir. » Même à ce moment-là, c'est à elle qu'il pense. On tire sur le corps aux mains jointes une couverture de flanelle. L'épée au côté, le roi Lear se tient, muet et seul, dans la chambre de son enfant.

L'impératrice vient un peu plus tard avec Marie-Valérie et son fiancé. Les fenêtres sont voilées. Un crucifix repose au pied du lit, entre deux cierges allumés. Elisabeth embrasse la bouche silencieuse de son fils. Il a l'air enfin apaisé. Marie-Valérie en témoigne dans son Journal : « Il était si beau et reposait si paisiblement, le linceul blanc remonté jusqu'à la poitrine, des fleurs tout autour de lui. Le léger pansement autour de sa tête ne le défigurait pas; ses joues et ses oreilles étaient encore colorées du bon rose de la jeunesse; l'expression incertaine, souvent amère et ironique, qu'il avait de son vivant, avait fait place à un paisible sourire; jamais il ne m'était apparu aussi beau; il semblait dormir et baigner dans le calme et le bonheur. »

Dans Vienne, et bientôt dans tout l'Empire, le choc est

violent, la tristesse sincère. Stefan Zweig évoque l'unanime sentiment de perte, de gâchis, dans son livre, *le Monde d'hier* : « Je me souviens encore de ce jour, dans ma première enfance, où le prince héritier Rodolphe, le fils unique de l'empereur, avait été trouvé tué d'une balle à Mayerling. Alors, toute la ville avait été soulevée d'émotion, des foules immenses s'étaient pressées pour l'exposition du corps, la sympathie pour l'empereur et l'effroi s'étaient exprimés avec une force irrésistible, car son fils unique et son héritier, un Habsbourg ami du progrès et un homme extraordinairement sympathique, qui avait fait naître les plus grands espoirs, s'en était allé dans la force de l'âge. »

Dans tout l'Empire chacun se sent soudain tenté par la criminologie et risque son interprétation des événements. Tantôt il s'agirait d'un accident de chasse, tantôt d'un complot politique hongrois ou français, ou les deux à la fois. Pour les uns, Rodolphe aurait été tué à coups de bouteille au cours d'une orgie, pour les autres, Marie Vetséra était enceinte et l'avortement aurait tourné au drame. Enfin les plus romantiques s'en tiennent à l'histoire d'amour, les deux amants auraient préféré la mort à la séparation.

On ne peut guère se fier aux dépêches officielles, elles se contredisent. Après la thèse de l'embolie, et malgré les réticences de l'empereur, il faut bien évoquer le suicide. On insiste cependant sur les troubles psychologiques du prince, comme pour le décharger de sa responsabilité. On fait publier un rapport médical : « L'autopsie a révélé sur le cerveau les caractères pathologiques qui accompagnent habituellement les états mentaux anormaux; tout permet de conclure que l'acte a été accompli dans un état d'aberration mentale. » On peut se demander de quel genre d'autopsie il s'agit et ce qui permet d'en arriver à de telles conclusions étant donné l'état des connaissances en physiologie et en chimie du cerveau. Mais on a besoin de cette interprétation pour obtenir du Vatican l'autorisation d'inhumer religieusement Rodolphe. L'affaire se présente mal. L'Eglise exclut de son rituel les suicidés. Le pape Léon XIII a refusé quelques semaines auparavant l'annulation du mariage princier et l'Autriche-Hongrie, depuis la dénonciation du Concordat, se plaît à manifester son indépendance à l'égard de la papauté. Après une attente très éprouvante pour François-Joseph et Elisabeth, Léon XIII donne tout de même son accord. Il a sans doute retenu le supposé état de démence.

Et puis, l'alliance du Vatican et de la très catholique Maison des Habsbourg vaut bien une messe de requiem.

La prétendue folie de son fils atteint Elisabeth dans sa chair. Comment ne se sentirait-elle pas responsable ? La déraison, l'extravagance, la mélancolie, la noire déchirure, c'est elle, c'est le sang empoisonné des Wittelsbach. Elle a transmis à son fils l'antique malédiction. Ne s'est-elle pas reconnue elle-même dans chaque cerveau embrumé ? N'a-t-elle pas pris un sombre plaisir à s'attarder dans les asiles ? Les puissances obscures n'ont-elles pas nourri sa poésie ? Et tout cela pour en arriver à ignorer la folie de Rodolphe, le désespoir de l'être le plus proche d'elle, son enfant, son fils, son double. Après l'avoir contaminé, elle n'a pas su le soigner, le comprendre, le protéger. Elle n'est capable que d'engendrer la souffrance. Pourquoi a-t-elle autrefois accompagné Hélène à Bad Ischl ? Pourquoi François-Joseph l'a-t-il aimée ? Pourquoi n'a-t-il pas compris qu'avec elle, il épousait le malheur ? Grand chasseur devant l'Eternel, son fils vient de réussir son plus beau coup ; en visant sa tempe, il a blessé à mort l'aigle bicéphale.

Malgré sa douleur, l'empereur ne cesse pas de se montrer attentif à sa femme. Quand la délégation des parlementaires vient lui présenter ses condoléances, il en profite pour rendre hommage à l'impératrice et pour répondre aux questions qu'elle n'en finit pas de se poser : « Je ne saurais assez dire tout ce que je dois, en ces jours d'épreuve, à mon épouse bien-aimée, quel soutien l'impératrice m'a apporté. Je ne remercierai jamais le ciel autant que je le dois de m'avoir donné une telle compagne. Je vous serai reconnaissant de le dire autour de vous. »

Il est vrai qu'elle fait preuve d'un exceptionnel courage. Quand ses nerfs craquent, elle essaie de le dissimuler à son mari. Elle se contente de sangloter dans le secret de sa chambre ou de trouver un réconfort auprès de sa fille. Dans la nuit du 3 février, tandis que la tempête se brise avec fracas sur les vieux murs de la Hofburg, elle se lève et va retrouver Marie-Valérie : « Ce n'est pas vrai, lui dit-elle dans un état d'égarement. Rodolphe n'est pas là-haut, mort. Je veux monter le voir. » Sa fille doit la calmer et l'aider à se rendormir.

Andrássy, le cher Andrássy, s'est mis en route pour Vienne, dès qu'il a appris la mort de Rodolphe. Il a peu revu François-Joseph depuis son départ du ministère des Affaires étrangères. Il continue à correspondre avec Elisabeth par le truchement du baron Nopcsa, son ami. Rodolphe admirait Andrássy, l'homme et le politique. Dans sa prime jeunesse, du temps de l'enthousiasme, il en avait fait son maître à penser. Andrássy est d'autant plus affligé par cette mort brutale qu'il éprouvait la plus vive affection pour ce jeune prince, magyar de cœur, comme sa mère, et dont la Hongrie attendait beaucoup. A Budapest, certains envisageaient même de lui offrir la Couronne avant la disparition de l'empereur. Il y avait là encore un ferment de discorde entre le père et le fils, entre le conservateur et le libéral.

Elisabeth et Andrássy se retrouvent chez Ida. Ils ne veulent ni importuner François-Joseph, ni gêner le rituel funéraire. L'appartement de la lectrice n'est-il pas le seul lieu du palais où tous ces héros de tragédie peuvent se parler à cœur ouvert? Mon Dieu, comme il a changé, Andrássy! Ce n'est pas le moment d'en parler, le deuil d'Elisabeth requiert toute sa sollicitude de mère. Pourtant il ne lui est pas possible d'ignorer chez cet homme qu'elle a tant aimé, qu'elle aime encore, l'opiniâtre travail de la mort. Comment pourrait-elle lui rappeler aujourd'hui sa promesse d'autrefois? Comment pourrait-elle lui dire, alors que Rodolphe repose mort dans sa chambre de vivant, souvenez-vous, comte, de ce soir où nous étions seuls dans la voiture de Gödöllö, sous la neige? Avez-vous oublié le serment que je vous ai arraché en gare de Pest? Vous m'aviez promis de ne pas mourir avant moi. Seriez-vous parjure? Pourquoi n'avez-vous pas pris soin de vous, et soin de moi par la même occasion? Si vous partiez, avez-vous songé qu'il ne me resterait plus rien? Vous êtes le témoin d'un autre temps, comte. Vous seul pouvez dire ce que nous étions. Nous avons été si jeunes, si beaux, si amoureux. Je vous en prie, laissez-moi y croire encore un peu. Redites-moi, une fois de plus, que nous ne sommes pas passés à côté de nos vies, que nous ne nous sommes pas trompés d'histoire.

François-Joseph a demandé à sa femme de ne pas accompagner Rodolphe jusqu'à cette crypte des Capucins où repose déjà leur petite Sophie. Dans la chapelle du château, on chante les vigiles pour le prince défunt. Un voile noir aveugle le visage de l'impératrice, désormais la fenêtre est close. Les curieux ne pourront plus voir sur ses traits les ravages de la souffrance, de la vieillerie et des deuils. Elle ne laisse plus apparaître qu'un corps sans tête, et ce corps n'a jamais su trahir le plaisir ou la douleur. Il est immuable avec sa minceur et son galbe irréprochables.

Où fuir maintenant ? Au bout du monde, la mort la rattraperait pour la frapper dans ce qu'elle aime le plus. Un an après Rodolphe, le 18 février 1890, Andrássy meurt d'un cancer de la vessie. Quelques mois auparavant, il avait écrit au baron Nopcsa : « Ma seule consolation, c'est d'avoir été un des rares élus qui eurent l'occasion de connaître et d'admirer une femme dont les millions de ses sujets n'ont pas la moindre idée. » Elisabeth rend visite à sa veuve. Au retour de Budapest, elle confie à Marie-Valérie qu' « à présent seulement elle savait ce qu'avait été Andrássy pour elle ; pour la première fois elle se sentait totalement abandonnée, sans ce conseiller et ami ».

A Ratisbonne, quelques semaines plus tard, sa sœur Hélène meurt dans ses bras après une interminable agonie.

En dix-huit mois, Elisabeth a perdu son père, son fils, l'homme qu'elle a aimé et sa sœur préférée.

Comme son cousin Louis II, Elisabeth sait choisir ses paysages et, à Corfou, elle a élu domicile dans un lieu de rêve. L'île n'a pas encore été profanée et rares sont les navires qui viennent échouer sur ses rivages. On dit que, dans cette île de la mer Ionienne, Nausicaa donna autrefois à Ulysse la force de redevenir lui-même et de voguer enfin vers son Ithaque, toute proche. On dit aussi que Shakespeare, qui ne connaissait Corfou qu'à travers les récits des voyageurs, voulut y situer sa dernière pièce, *la Tempête*. L'île de Prospero ne s'appelle-t-elle pas Sycorax, anagramme approximative de Corcyra, l'ancien nom de Corfou?

Il y a trente ans, trente ans déjà, qu'Elisabeth sortait de sa longue période dépressive grâce à la lumière et la chaleur de cette île somptueuse. Elle sait à présent qu'elle ne retrouvera ni sa jeunesse ni le feu des anciennes révoltes, encore peut-elle espérer dans ce lieu de nulle part, suspendu entre mer et ciel, rendre vivable son désespoir. Elle a fait construire sa maison au sommet du village de Gastouri où elle a séjourné à plusieurs reprises. C'est là qu'elle a appris, deux ans plus tôt, la mort de son père. C'est là qu'a commencé la saison des requiem. La demeure pompéienne dresse ses colonnes et ses portiques parmi les cyprès, les magnolias, les lauriers. La forêt se prolonge de colline en colline, avec ses chênes et ses oliviers, jusqu'à la mer. De ce promontoire, on aperçoit au loin la ville de Corfou et son port, plus loin encore, comme un mirage dans l'azur phosphorescent, la ligne de crête des monts albanais qui tremble à l'horizon.

Sa maison s'appelle l'Achilléion, en l'honneur d'un Achille mourant dont la statue domine les jardins en terrasses. Elisabeth apprend le grec ancien et le grec moderne avec un jeune étudiant, Constantin Christomanos. Il racontera plus tard dans ses Mémoires, préfacés par Maurice Barrès, comment elle l'accueillit la première fois, dans le parc de la villa Hermès, près de Vienne : « Sa tête se détachait sur le fond d'une ombrelle blanche irradiante de soleil, d'où naissait une sorte de nimbe vaporeux autour de son front. De la main gauche, elle tenait un éventail noir légèrement incliné vers sa joue. Ses yeux d'or clair me regardaient fixement, parcourant les traits de mon visage et comme animés du désir d'y découvrir quelque chose [...] Et je sentis que cette impératrice n'était pas seulement une impératrice, mais que je me trouvais devant une apparition des plus idéales et des plus tragiques de l'humanité. Que lui dis-je alors ? [...] Quelques phrases embrouillées [...] Cependant elle me tira de mon embarras, en disant, ses yeux rayonnant d'une douceur infinie :

» – Quand les Hellènes parlent leur langue, c'est de la musique. »

Subjugué, l'obscur étudiant abandonne Vienne et ses études de philosophie pour suivre l'impératrice. Elle apprend de sa bouche la langue des anciens dieux et, en échange, elle lui fait les honneurs de l'Achilléion : « C'est l'Achille mourant auquel j'ai consacré mon palais, parce qu'il personnifie pour moi l'âme grecque et la beauté de la terre et des hommes. Je l'aime aussi parce qu'il était si rapide à la course. Il était fort et altier. Il a méprisé tous les rois et toutes les traditions [...] Il n'a tenu pour sacrée que sa propre volonté et n'a vécu que pour ses rêves, et sa tristesse lui était plus précieuse que la vie entière. »

La désenchantée n'écoute plus que le chant de la langue grecque et celui de la mer. Elle se lève dès l'aube et interdit à son entourage d'en faire autant. Elle veut se promener seule, à cinq heures du matin, dans ses jardins suspendus. Il y a bien au rez-de-chaussée de la maison une petite chapelle consacrée à Notre-Dame de la Garde (elle a ramené elle-même de Marseille la statuette de la patronne des marins), mais elle préfère prier Dieu, comme on parle à sa solitude, dans le silence vivant de l'aube. A cette heure-là, la lumière blanche n'a pas encore dévoré le paysage, détouré les formes. De l'esplanade tournée vers l'est, elle voit jaillir les premiers rayons derrière les montagnes albanaises et elle s'étonne que, chaque fois, la magie se reproduise. Le soleil surgit toujours là où on l'attend, la fatalité ne rate jamais son objectif. Pourtant, à la Hofburg, il y a une horloge, celle de Marie-Thérèse, dont les aiguilles tournent à l'envers. Encore n'est-ce qu'un simulacre qui permettait à la grande impératrice de les voir tourner à l'endroit dans le reflet de son miroir.

A Corfou, on est trop près de la nature pour ne pas sentir que son cours ne saurait être contrarié. Elisabeth se laisse porter par l'inéluctable. Rien n'empêche l'éclosion en fleurs géantes des magnolias, rien n'arrête la voracité de la lumière qui décape le monde en un tournemain. Quand le soleil est déjà haut dans le ciel, Elisabeth part pour de longues promenades à cheval ou à pied. Elle traverse des forêts d'oliviers aux branches robustes et tordues. La plupart de ces oliveraies ont cinq siècles d'âge et elles racontent l'histoire du pays. Dans les premières années de leur occupation, les Vénitiens offraient dix pièces d'or à celui qui plantait un nouveau bosquet de cent oliviers. Toute l'île est devenue ainsi une immense forêt qui frissonne à la moindre brise et s'irise comme une autre mer, plus sombre et plus torturée encore. Ces oliviers n'ont jamais été taillés, ils poussent bien plus haut qu'ailleurs, avec une force surprenante. Elisabeth aime marcher dans ces sous-bois qui sentent les embrocations, les corps luisants des athlètes.

Elle abandonne sa monture et continue sa promenade à l'ombre des vieilles oliveraies où paissent tant de gentils ânons. Tout est calme. L'air est immobile. Le soleil décline et il faudrait sacrifier des milliers d'Iphigénie pour susciter les vents. Soudain, dans cette paix oppressante, un cri jaillit comme une délivrance. Il est aigu, net. Il a le tranchant d'une lame. Il s'éteint aussitôt, ne laissant vibrer que ses échos. Puis, après un moment d'oubli, il repart plus strident encore, il s'étend, s'affirme, module sa plainte, prolonge son épouvante. D'autres cris bientôt viennent accompagner le premier et orchestrer la chanson du malheur. Mais la première voix, celle d'une femme, reprend toujours le dessus, tant son appel est chargé d'horreur et de tragédie.

Constantin Christomanos dit à l'impératrice : « Quelqu'un est mort : c'est la plainte mortuaire des Grecs. » Autour d'Elisabeth, les conversations reprennent pour tenter de briser le maléfice. Sans doute une vieille femme vient-elle de passer. Elisabeth les fait taire, toujours attentive à cette première voix qu'elle isole de ses harmoniques pour ne retenir que son épouvantable stridence. Elle sait. Elle sent. Elle a compris. Cette femme a perdu son fils. Elle en est certaine. Au moins lui reste-t-il ce cri qu'elle parvient à tirer de son corps, et ce n'est pas une piètre délivrance. Dans la hutte au sol de terre battue, il y a en effet le cercle des pleureuses et au centre, une vieille femme qui se griffe le visage de ses ongles et hurle à la mort, cassée en deux devant la dépouille de son enfant.

Elisabeth se rappelle la crypte des Capucins. Ce devait être le 9 février 1889, quatre jours après les obsèques de Rodolphe. Elle s'était retirée le soir dans ses appartements. Ida et ses femmes de chambre l'avaient comme d'habitude aidée à sa toilette de nuit, puis, comme d'habitude encore, elles l'avaient laissée seule. Alors, elle s'était rhabillée en toute hâte, avant de quitter la Hofburg par une porte dérobée. Forme noire dans ses voiles de deuil, ce n'était pas au bal de la Redoute qu'elle courait cette fois, même si Mardi gras approchait. Le Carnaval serait-il fêté cette année à Vienne? A vrai dire, elle s'en moquait et puis, les bals n'ont jamais été plus fréquentés qu'à l'époque de la grande peste. Dieu et Diable aiment mener la danse au bal des ardents.

Dans l'obscurité, Elisabeth rasait les murs, mais sa démarche n'avait rien d'hésitant. Le chemin était trop court et son désir d'arriver trop pressant. Elle n'avait qu'à suivre le fil que lui tendait son fils, encore vivant parmi les antiques morts de la crypte. Elle s'était abattue de tout son poids contre la porte de bois, cloutée et ferrée, des Capucins, et s'était mise à frapper, frapper, à s'en écorcher les poings. Enfin un moine avait fait glisser le guichet. Elle avait dû murmurer son prénom et, comme l'autre ne semblait pas comprendre, elle avait précisé qu'elle était l'impératrice. Pour le prouver, elle avait même relevé son voile, découvrant son visage comme on se met à nu. La porte s'était entrouverte. Majesté, Majesté, répétait le moine par l'entrebâillement. D'un même élan, elle avait repoussé la porte et rabaissé le voile sur son visage. Vite, un flambeau, avait-elle demandé, je veux voir mon fils. Elle lui avait recommandé de n'éveiller personne. Il suffirait qu'il l'accompagnât jusqu'au tombeau de son fils et qu'ensuite il la laissât seule.

Le capucin avait tout juste pris le temps d'allumer une autre torche à la première. Ses deux bras armés de lumière, il lui faisait la route. Pourtant dans l'escalier, étroit et abrupt comme un goulet, il dut rabaisser les flambeaux et prendre soin de ne pas enflammer son habit. Les ombres tourbillonnaient sur les parois chaulées. Elisabeth ne songeait plus à évoquer tous ceux qu'elle avait accompagnés vers les profondeurs de la crypte. Elle se sentait tout entière aspirée par le vide.

Ils traversèrent la première salle sans s'arrêter. Ci-gît le Habsbourg. Lointains ancêtres, empereurs des grands combats livrés contre les Turcs et contre la peste, corps prestigieux, rangés et fossilisés dans leurs boîtes métalliques superbement hérissées de têtes de morts. Elisabeth n'eut pas un regard pour eux. Son enfant disparu l'appelait ailleurs. Il fallut encore contourner l'énorme vaisseau de Marie-Thérèse qui s'avance en proue vers la lumière et bat pavillon de gloire pour l'éternité. Silence, les Habsbourg. Silence, les siècles. Silence, les vainqueurs. Elle n'entendait que la plainte de son fils. Le capucin s'acquittait de sa tâche. Après avoir suspendu les deux flambeaux, il ne lui restait plus qu'à la laisser seule.

Elle avait attendu que la grille de fer se refermât derrière elle, que le capucin retrouvât son chemin dans l'obscurité, pour s'agenouiller devant le cercueil de son fils et enfoncer ses bras et son visage dans l'épaisseur des fleurs à demi fanées. Alors elle avait gémi, puis crié comme la vieille femme de Corfou. Sa petite voix, si douce, si fragile, si secrète, s'était enfin libérée. Elle appelait son fils, elle le suppliait de revenir. Pourtant, elle ne pouvait s'empêcher au fond d'elle-même de lui donner raison, d'approuver sa fuite, d'envier son sort. Elle n'avait pas assez aimé la vie pour lui en transmettre le goût. Si elle avait crié aussi haut, aussi fort, aussi longtemps, que la femme de Corfou, sans doute aurait-elle pu encore le ramener à la vie. Sous le plomb du couvercle, la barbe de Rodolphe ne continuait-elle pas à pousser ? Ses blanches joues de Habsbourg devaient s'en montrer tout assombries. Ses chairs n'étaient pas encore affaissées, encore moins corrompues. La décomposition s'amorçait à peine. Dans les premiers temps, le travail de mort donne l'impression d'une intense activité interne. La fermentation fait rosir la peau, donne à la bouche ce renflement goulu et violacé de l'enfant qui tète.

Autrefois, elle l'avait arraché à ses terreurs. Autrefois, elle avait dû se battre pour lui contre son précepteur, contre l'archiduchesse, contre l'empereur, ce n'était pas assez. Elle s'était montrée aveugle et sourde. Elle n'avait pas su l'aimer, quand il en était temps, et cette faute-là, la pire de toutes, rien ne pouvait l'expier. Il ne lui restait plus qu'à crier son désespoir au fond de la crypte des Capucins.

La presse autrichienne n'ose pas évoquer l'état mental de la souveraine. Pour une fois, la rumeur se calme, impuissante. En effet, que pourrait-elle ajouter, quand la détresse de l'impératrice est déjà à son comble ? Cependant la presse étrangère ne manifeste pas la même réserve. En Allemagne et en France, on renchérit sur le malheur. On dit qu'Elisabeth est guettée par la démence. On écrit qu'elle a été rattrapée par la folie. On lui invente des délires shakespeariens. Le journal *le Gaulois*, puis *le Matin* prétendent qu'elle se plaît à bercer dans ses bras un coussin et à demander si le nouveau prince héritier est beau... On lui peint un visage d'Ophélie prostrée dans sa douleur.

En réalité, elle est encore capable de se maîtriser devant les siens, quitte à sangloter quand elle est seule. Comme Rodolphe, elle ne croit plus à l'avenir de l'Autriche-Hongrie et elle approuve le conseil qu'il donnait à sa sœur dans sa dernière lettre. L'Empire ne tient plus que par la volonté de François-Joseph, il faudra que Marie-Valérie émigre dès la mort de son père.

Elisabeth prend soin de mettre en sécurité son œuvre poétique. Elle enferme les originaux et les tirages dans une cassette à la Hofburg. A sa mort, son jeune frère Charles-Théodore devra la remettre au président du Conseil helvétique. Ainsi cette impératrice, cette reine, ne fait-elle confiance qu'à la République. Grâce à la Suisse, son œuvre sera en sécurité. Une note d'accompagnement indique que la cassette ne devra être ouverte que dans soixante ans, soit en 1951. Elisabeth précise encore : « Le produit des ventes, dans soixante ans, devra exclusivement servir à aider les enfants en détresse des condamnés politiques de la monarchie austro-hongroise. »

La presse internationale évoquait Ophélie, ce serait plutôt Cassandre. L'Empire austro-hongrois se disloquera en effet et fera basculer toute l'Europe. Aux condamnés politiques s'ajouteront les martyrs du génocide. Comme les fous de Shakespeare, Elisabeth voit plus loin que ses contemporains et elle préfigure la politique des droits de l'homme prônée aujourd'hui par les démocraties. A l'ouverture de la cassette, ses poèmes seront publiés. Les droits d'auteur reviendront au Haut Commissariat aux réfugiés. On trouvera à l'intérieur de la cassette scellée à la Hofburg cette lettre inspirée par celui que l'impératrice appelle son « maître », le poète allemand Heinrich Heine :

« Chère âme du futur,

» C'est à toi que je lègue ces écrits. Le maître me les a dictés, et c'est lui qui a fixé leur destination : ils devront être publiés soixante ans après cette année 1890, au profit des condamnés politiques les plus méritants et de leurs proches dans le besoin. Car il n'y aura pas dans soixante ans plus de bonheur et plus de paix, c'est-à-dire de liberté, sur notre petite planète qu'il n'y en a aujourd'hui. Peut-être sur une autre ? Je ne suis pas en mesure de te le dire aujourd'hui. Peut-être quand tu liras ces lignes...

» Avec mon cordial salut, car je sens que tu me veux du bien,

» Titania »

Ecrit en plein été 1890, dans un train spécial qui file à vive allure.

La mouette poursuit son vol, de plus en plus solitaire. Elle a perdu sa fille en la mariant. Du moins Marie-Valérie est-elle heureuse. Son mariage a été célébré à Ischl dans la plus stricte intimité, mais Anton Bruckner tenait l'orgue et, mieux encore, elle épousait l'homme de sa vie. Elisabeth a assez souffert de l'omniprésence de sa belle-mère pour songer à imposer la sienne aux deux amoureux : « Le nid des hirondelles ne convient pas à la mouette marine ; une vie de famille heureuse et tranquille n'est pas pour moi. » Elle préfère garder intact, inentamé, le souvenir de sa passion maternelle. Dans le couple mère et fille, une tierce personne, si affectueuse soit-elle, introduit une gêne, détruit l'harmonie. Avec Marie-Valérie, plus rien jamais ne sera comme avant. A Ischl, quand arrive en fin de soirée la voiture capitonnée de myosotis et d'azalées qui doit emporter sa fille et le jeune mari de sa fille, la mère trop possessive sent le deuil l'envahir de nouveau. Désormais, elle a perdu tous ses enfants.

Après la mort de Rodolphe, Elisabeth a renoncé pendant des mois à ses voyages. Elle a voulu par sa présence tenter d'adoucir le chagrin de son mari. Mais l'empereur parvient mieux qu'elle à surmonter sa crise intérieure. Il est entraîné par les automatismes du pouvoir et l'urgence des problèmes politiques. Il doit donner le change même si, en profondeur, la blessure n'en finit pas de saigner. Ceux qui le connaissent bien ne s'y trompent pas. Dans ses Souvenirs, le vieux comte von Hübner – il a servi Metternich, Schwarzenberg et François-Joseph – montre combien, sous le calme des apparences, le ressort intime de François-Joseph s'est brisé : « L'empereur n'est plus ce qu'il était avant la catastrophe de Mayerling. Il s'est amolli et n'a plus le même intérêt pour les affaires. Jusqu'à la mort du prince héritier, il travaillait pour la Monarchie, mais aussi pour aplanir la route à son fils. Maintenant que le fils a disparu, il y a un grand vide dans l'existence du père. C'est par sens du devoir qu'il se consacre aux affaires, mais le cœur n'y est plus. »

Le cœur n'y est plus, alors la volonté se fait plus acharnée, plus compulsive encore. Jamais, au plus fort de la douleur, l'empereur n'a envisagé d'abdiquer. Ce serait ajouter sa désertion à celle de Rodolphe. La chose est impensable. Il n'y a entre l'homme François-Joseph et son pouvoir d'empereur aucune distance, aucune différence. L'alliage est si ancien, si intime, qu'on ne peut séparer les deux éléments sans détruire à la fois l'individu et l'Empire.

Le caractère sacré de sa fonction est une évidence dont il ne retire ni orgueil ni volupté. Loin de s'affirmer à travers son autorité impériale, François-Joseph cherche à effacer sa propre identité pour ne plus être que l'incarnation d'un pouvoir qui dépasse de très loin sa propre personne. En revanche, il se montre méfiant à l'égard de ses proches, de tous ceux qui sont susceptibles de lui disputer sa puissance. Son frère Maximilien, son fils Rodolphe, en ont fait la cruelle expérience. Et ce n'est certes pas avec son nouvel héritier qu'il va se montrer moins inflexible. Depuis Mayerling, François-Ferdinand, fils aîné de Charles-Louis, le frère cadet de l'empereur, fait figure de successeur. François-Joseph n'éprouve aucune affection, aucune sympathie, pour l'archiduc François-Ferdinand, son neveu. Au reste, même s'il y avait entre eux un lien affectif ou une communauté de vues, cela ne changerait rien à la position de l'empereur. Lui vivant, il est le pouvoir, tout le pouvoir.

A peine Marie-Valérie mariée, Elisabeth éprouve l'envie de repartir. Sa fille n'a plus besoin d'elle. Quant à François-Joseph, elle ne peut lui offrir la joie et la légèreté qu'il réclame. Dans l'épreuve, ils ont été unis, ils ont partagé le pire et chacun a ressenti la douleur de l'autre plus fort que la sienne. A présent, elle n'a pas le droit d'imposer à François-Joseph ses voiles de mater dolorosa. Elle a essayé de contenir son désespoir aussi longtemps que l'empereur demandait son aide. Elle peut maintenant donner libre cours à sa souffrance et laisser son mari reprendre goût à la vie. Katharina Schratt, qu'ils nomment tous deux avec affection « l'amie » dans leur correspondance, saura prodiguer à François-Joseph les douceurs dont elle semble avoir le secret.

L'empereur fait de moins en moins mystère de ses relations avec la comédienne. Bien sûr, il ne manque pas une occasion d'affirmer leur caractère purement amical, cependant elles deviennent presque officielles. Deux mois après Mayerling, la catastrophe lui ayant rappelé la précarité de toute vie, il ajoute à son testament un codicille pour garantir l'avenir de « l'amie ». Sur sa fortune personnelle, cinq cent mille florins seront réservés à « la comédienne de la Cour, Katharina Kiss von Itebbe (née Schratt) à qui je suis lié par l'amitié la plus profonde et la plus pure, et qui a toujours été loyalement et fidèlement présente près de moi et de l'impératrice dans les moments les plus pénibles de notre vie ».

Leur relation s'est installée. Dans les premières années, ils ne pouvaient se rencontrer que dans l'appartement d'Ida Ferenczy, à la Hofburg. L'empereur passe invariablement le mois d'août à Ischl. De son château, la Kaiser Villa, il a la possibilité de rendre quelques visites de bon voisinage à Katharina. Elle prend ses quartiers d'été dans sa jolie maison du lac Saint-Wolfgang. Mais tout cela est trop aléatoire pour un François-Joseph peu enclin à l'aventure et dont la fonction limite la liberté de mouvements. « L'amie » a trouvé la solution. Grâce à la générosité de son admirateur, elle a acheté une belle demeure baroque, façade « jaune Marie-Thérèse » et volets verts, qui jouxte le parc du château de Schönbrunn. L'hiver, l'empereur vit à la Hofburg et l'appartement d'Ida reste à sa disposition pour leurs rencontres. Dès qu'arrivent les beaux jours, la Cour se déplace à Schönbrunn. Toujours matinal, François-Joseph se lève dès l'aube. Après avoir étudié ses dossiers et pris connaissance de son courrier, il interrompt volontiers son travail pour se rendre au n° 9 de la Gloriettegasse, dans la maison de « l'amie », et partager son petit déjeuner. Il est vrai que la cuisinière de Katharina Schratt mitonne un chocolat à l'onctuosité sans pareille dans une ville de Vienne pourtant fort réputée en la matière. Ce délice ne le cède en rien à un autre régal. Le babil de la comédienne, velouté et doux, jouit aussi d'une incomparable renommée. Elle est gaie, Katharina. Elle sait divertir l'empereur avec les cancans du Burgtheater et tous les potins des salons viennois. Avec elle, il se sentirait pour un peu un homme comme les autres. Il retourne à son bureau d'un pas allègre.

Parfois, ils se raccompagnent l'un l'autre, comme des écoliers. Elle le reconduit jusque dans les jardins de Schönbrunn. Il ne veut pas être en reste, sa courtoisie n'est-elle pas légendaire ? Alors il fait avec elle demi-tour et ne l'abandonne qu'au seuil de sa belle maison. Encore s'empresse-t-il de lui écrire : « Ne vous levez pas trop tôt demain matin, je vous en prie. Laissez-moi venir m'asseoir sur votre lit. Vous savez bien que rien ne me donne plus de plaisir. » L'aristocratie n'apprécie guère qu'un empereur Habsbourg soit du dernier bien avec une roturière, mariée de surcroît, et comédienne de son état. Mais les Viennois semblent se réjouir que leur souverain paraisse moins triste.

Loin de se sentir blessée ou d'en concevoir du dépit, Elisabeth songe que sa mort rendrait plus libre encore son mari. Déjà, elle n'est que l'ombre d'elle-même, un fantôme sous des voiles noirs. Ses deuils lui offrent l'occasion de se dérober aux regards. Elle ne s'est pas métamorphosée en pleureuse antique pour satisfaire à des traditions dont elle se moque. Son désespoir est assez profond pour se passer de signes extérieurs. Elle n'a pas choisi de porter un deuil éternel par conformisme. Elle se réfugie dans ses voiles, comme le bernard-l'hermite dans une coquille vide. Avant même de savoir qu'elle aurait à pleurer tous ceux qu'elle a aimés, elle s'est préparée à une autre perte, celle de sa beauté. Non seulement elle a relégué aux oubliettes les belles robes, distribué ses bijoux, mais elle a dû se résoudre à ce que son corps, autrefois radieux, autrefois conquérant, lui fasse défaut. Son visage, qu'elle a trop exposé aux intempéries et au soleil, se ride comme un fruit blet. La souffrance a creusé ses joues, l'ossature sculpte déjà son masque mortuaire : « Dès que je me sentirai vieillir, je me retirerai complètement du monde. Rien n'est plus horrible que de devenir peu à peu une momie et de ne pas vouloir dire adieu à la jeunesse. S'il faut se promener comme une larve fardée, pouah ! Peut-être irai-je alors constamment voilée, de sorte que même mon proche entourage ne verra plus mon visage. »

Oh, il lui reste nombre d'atouts. D'autres femmes à sa place seraient trop contentes d'en faire état. Il y a ce port de tête, la minceur de la taille, la fermeté des chairs, l'or inchangé du regard, la magnificence d'une chevelure où les fils blancs n'apparaissent pas encore. Tout cela n'est rien pour une narcissique qui se veut incomparable. Elle l'a été. Elle ne l'est plus. On tire le rideau. Depuis plus de vingt ans déjà, elle refuse de se laisser photographier. A présent, elle interdit même aux regards de se poser sur elle.

Est-ce que la beauté ne se détache pas du corps, comme une dépouille devenue trop étroite et trop brillante, un oripeau, dès que sont morts ceux et celles que l'on voulait séduire? Quand Rodolphe prenait part aux dîners, à la Hofburg ou à Schönbrunn, Elisabeth attachait un soin particulier à sa toilette et à sa coiffure, elle choisissait une robe dont son fils aimait la couleur. Elle se faisait belle pour lui et il le sentait. Les mots ne parvenaient plus à franchir leurs lèvres, aussi leur restait-il cette sorte de connivence amoureuse. Aujourd'hui la bouche de Rodolphe est muette, son regard, jaloux et tendre, ne la caressera jamais plus. A quoi bon les parures? A quoi bon les fines bottes de chevreau? Rodolphe les embrassait après avoir aidé sa mère à se mettre en selle. C'était une autre vie. Seules sa mémoire et ses rides peuvent en témoigner.

Et vous, comte Andrássy, ne m'aviez-vous pas promis de ne pas partir avant moi? Vous avez oublié votre serment. Vous me manquez plus encore que je ne le craignais. Nos rencontres étaient rares, mais j'avais appris à m'en contenter. Vous étiez vivant et tout me parlait de vous, mes chères amies hongroises, mes chevaux et tous les bouleaux de Gödöllö. Depuis que vous m'avez quittée, le sort même de la Hongrie me laisse indifférente. On me dit que les partisans de Kossuth relèvent la tête, que vos compatriotes nous supportent de plus en plus mal. Comme moi, ils ont perdu Rodolphe et Andrássy, aussi craignent-ils l'avenir. Vous nous avez laissés à notre solitude. Sans vous, je n'ose plus retourner à Gödöllö. Après tout, mieux vaut que vous ne puissiez me voir, vieille et laide. Autrefois, quand j'attendais votre arrivée, j'abandonnais sans impatience ma chevelure à la coiffeuse. Peu importait la longueur des préparatifs. La torture aurait pu durer plus longtemps encore, que je vous en aurais aimé davantage. Je ne me sentais jamais assez belle pour vous, assez parée, assez coiffée. Pourquoi n'ai-je pas compris l'inutilité de tout cela? Pourquoi ne vous êtes-vous pas moqué de ces artifices? Pourquoi n'avez-vous pas bousculé toutes mes défenses? Je n'étais pas une reine, quand je vous voyais. Et moi non plus, je ne l'ai pas compris à temps. Nous voulions être grands. Nous voici, ridicules, vous mort, moi vieille. Je me suis trompée de vie. Et vous?

Elle n'a jamais eu beaucoup d'appétit, elle a perdu le peu qui lui restait. Pour se justifier, elle accuse sa balance. Interrogée chaque jour, si elle ose lui répondre qu'elle a grossi de cent grammes, aussitôt Elisabeth réduit encore sa ration quotidienne. En fait, cette obsédée des régimes n'a surtout pas envie de se mettre à table. A la Hofburg, les convives n'ont plus rien à se dire. En voyage, elle préfère laisser ses dames de compagnie à leurs agapes. Le fumet des rôtis, l'odeur des sauces l'écœurent. Les claquements des langues, les mâchonnements, les efforts de déglutition, le travail de remplissage, les traces grasses sur les serviettes, sur le pourtour des verres, les miettes, les restes, les taches, tout la dégoûte. A quoi bon entretenir en elle un feu qui n'a plus envie de crépiter ?

Quand la faim se meurt, on en appelle à Dieu. C'est ce qui se fait dans les cas désespérés. Même cette dernière faim s'est éteinte. Elisabeth ose avouer à la pieuse Marie-Valérie : « La Hofburg m'oppresse. Chaque jour, elle me rappelle la catastrophe. Je ne parviens pas à rejeter ce fardeau. Vois-tu, j'ai par moments l'impression que Rodolphe a tué ma foi. »

Il lui arrive d'implorer Dieu dans de brusques prières, à genoux le front contre terre, ou allongée de tout son long sur le plancher de sa chambre. Dieu, elle le nomme Jéhovah, tant elle le sent lointain et terrible. Il n'épargne personne. Il ne se manifeste que pour accabler ses créatures sous le poids de la fatalité. Il est indifférent à la misère des hommes et aux plaintes des reines. Jéhovah effacera tout, jusqu'au souvenir des Habsbourg. Elisabeth ne croit ni au gouvernement de Dieu, ni à celui des hommes. Bientôt la république balaiera l'ancienne dynastie :

> *O chers peuples de ce vaste Empire*
> *Combien je vous admire en secret*
> *De donner volontiers votre sueur et votre sang*
> *Pour nourrir cette engeance dépravée !*

Quel que soit le régime à venir, elle n'entrevoit pas de lendemains qui chantent. Sur le cours des choses, le pouvoir des hommes lui semble limité : « Les politiciens croient conduire les événements, et ceux-ci les surprennent toujours. Chaque ministère porte en lui sa propre chute, dès le premier instant. La diplomatie ne vise qu'à obtenir du voisin quelque butin. Mais tout ce qui arrive procède d'une nécessité interne, du fait que les choses ont mûri ; les diplomates ne font que constater les faits. »

Elisabeth ne prend même plus la peine de prévoir ses itinéraires. Les lettres de l'empereur ont du mal à la rattraper dans les consulats aux quatre coins de l'Europe. Ses plus anciennes dames de compagnie se font remplacer par de plus jeunes, quand les expéditions deviennent trop fatigantes et trop risquées. Le « Hollandais volant » fait piètre figure auprès de l'impératrice. Dans *le Vaisseau fantôme*, Darland, le navigateur, aspire au repos. Un jour peut-être se brisera le maléfice qui le condamne à errer sur les mers. Elisabeth ne souhaite pas d'autre halte qu'un arrêt de mort. Tous les ports d'attache ne sont pour elle qu'une illusion.

Une dernière fois à Corfou, elle s'est laissé prendre par la magie des lieux. Elle a régné un temps sur un peuple de statues aux regards tournés vers le ciel, sur des souvenirs antiques. Dans son enthousiasme, elle a traduit plusieurs drames de Shakespeare en grec ancien, comme si le voyage dans l'espace ne comblait plus ses désirs et qu'il lui eût fallu encore se déplacer dans le temps. Même Corfou, même le temple de Heine, qu'elle a fait bâtir à flanc de colline, ne peuvent la retenir. Elle cherche pour sa maison un riche acquéreur. Ainsi, avoue-t-elle à Christomanos, ce jeune professeur de grec, petit et bossu, subjugué par la dérive de cette femme qu'il admire plus que tout au monde : « La vie sur un vaisseau est de beaucoup plus belle que ne peut être toute rive. Cela ne vaut la peine de désirer aller quelque part que parce que le voyage s'interpose entre nous et notre vœu. Si j'étais arrivée n'importe où et que je susse que je ne pourrais m'en éloigner jamais plus, le séjour dans un paradis même me deviendrait l'enfer. La pensée d'abandonner bientôt un endroit m'émeut et me le fait aimer. Ainsi j'enterre chaque fois un rêve, trop tôt évanoui, pour soupirer après un autre, qui n'est pas encore né. »

Vogue la galère ! Tantôt sur l'eau, tantôt sur terre, il faut toujours repartir et l'entourage se plaint. L'empereur se sent seul, abandonné, et toujours aussi amoureux d'Elisabeth, malgré les douceurs que lui offre Katharina en compensation. La malheureuse Marie Festetics n'a pas le pied marin. A tout prendre, elle préférait encore la vie de Cour à la course des pirates : « C'est un miracle que nous soyons rentrés au port, écrit-elle dans son Journal. Personne ne peut imaginer ce que c'était [...] Ce que j'ai souffert pendant les dix-huit premières heures dépasse toute expression. L'idée de retourner sur ce bateau m'épouvante. » Ailleurs, la dame de compagnie s'inquiète cette fois pour l'impératrice : « Je frémis de voir cette belle âme sombrer dans l'égoïsme et le paradoxe. »

Ni l'impératrice ni sa suite ne se soucie des frais qu'occasionnent ces déplacements. Tout un Empire travaille d'arrache-pied pour permettre à sa souveraine de promener sur les mers son désespoir. Non seulement Elisabeth ne remplit plus à Vienne ses fonctions de représentation, mais elle a interdit, depuis la mort de Rodolphe, qu'on lui souhaite ses fêtes et ses anniversaires, qu'une délégation officielle vienne l'accueillir dans les ports où elle fait escale. Au reste, c'est sous le nom de Mrs. Nicolson qu'elle descend au Grand Hôtel de Noailles à Marseille, à l'hôtel du Palais à Biarritz et au Cap Martin Hotel à Menton. On la voit apparaître un peu partout sous ses voiles noirs : à Porto, Lisbonne, Gibraltar, Oran, Alger, Tunis, Ajaccio, Naples, Pompéi, Florence, Corinthe, Athènes, Le Caire, Valence, Grenade, Séville, Majorque, Gênes, Milan, le lac de Côme, Madère, Alger encore... Les polices, dans chaque ville, se plaignent. Elle marche trop vite, il leur faut la suivre en voiture.

Une fois parti, le bateau de l'impératrice ne s'arrête que pour lui laisser prendre son bain. Elle se baigne dans l'eau de mer qu'une chaloupe apporte à bord et qu'on verse ensuite dans la baignoire. Le yacht s'immobilise le temps de ses ablutions. En revanche, l'équipage a ordre d'affronter les tempêtes. Plus la mer est mauvaise, plus Elisabeth se sent bien. Elle choisit le moment où sa suite approche de l'agonie, pour monter seule sur le pont et faire attacher sa chaise au mât et elle-même à sa chaise. Ce n'est pas qu'elle craigne d'être emportée par les flots, elle veut au contraire ne pas céder à son désir d'anéantissement : « Je fais comme faisait Ulysse, parce que les vagues m'attirent. » Narcisse ne se penche plus au-dessus d'un lac de montagne pour y apercevoir son reflet. C'est l'impératrice, impatiente, qui attend la survenue de la mort. Enchaînée au mât, déjà elle fait corps avec la tempête. Ballottée par la houle, elle se soumet à celui que, dans ses transes marines, elle appelle tantôt le destin, tantôt Jéhovah.

Elle aime respirer au rythme de la houle, recevoir en plein visage les bourrasques et les paquets de mer. De tous ses vœux, elle attise la tempête. Mourir noyée lui permettrait de se soustraire à la prison des Habsbourg, non seulement elle n'aurait plus à retourner à la Hofburg, mais du même coup elle éviterait le pire des cachots, la crypte des Capucins. Comme elle, Rodolphe refusait d'y être enterré, il voulait une simple tombe à côté de celle de Marie, dans le petit cimetière proche de Mayerling. Il a fallu qu'on enferme sa dépouille dans la sinistre crypte. On n'a pas tenu compte de ses dernières volontés et, mort, il a été encore une fois sacrifié à la Couronne.

En mer, l'imagination se déploie sans contrainte. Les repères disparaissent. L'espace est infini et le temps échappe à la conscience humaine. Dans sa morbidité, l'impératrice ne voit plus autour d'elle que des signes funestes. Quand elle lève les yeux vers le ciel, c'est encore pour apercevoir dans la nuit des images de deuil : « Les étoiles aussi ne sont toutes que de lointains cadavres étincelants. » Les années-lumière se font années mortelles.

Quand la mer se calme, le vol de ces mouettes, auxquelles elle croit ressembler, n'échappe pas à l'universelle malédiction : « A chacun de mes voyages, les mouettes suivent mon vaisseau, dit-elle à Christomanos, et il en est toujours une de couleur sombre, presque noire, comme celle-là [...] Parfois la mouette noire m'a accompagnée pendant toute une semaine, d'un continent à l'autre. Je crois qu'elle est mon Destin. »

La mort est partout, en mer, mais aussi sur terre. Christomanos, précieux témoin des années 1891 et 1892, raconte qu'à Schönbrunn, elle lui dit combien elle désirait se détacher du monde des vivants. L'étudiant et l'impératrice se promènent dans le parc, longtemps en silence, puis en échangeant quelques mots. Ils suivent l'allée qui monte en pente douce vers la gloriette de Marie-Thérèse, et redescendent par l'allée symétrique à la première. Ils marchent ainsi pendant des heures, décrivant toujours le même cercle. Elle, longue silhouette noire. Lui, jeune homme contrefait, esprit subtil. « Heures grises et lasses, écrit Christomanos. Le ciel comme de cendre [...] L'air était vieilli, engourdi et lourd telle une eau dormante. » C'est au cours de cette promenade que l'impératrice lui fait une confidence qui, pour être couleur du temps, n'en est pas moins un ultime credo : « L'idée de la mort purifie et fait l'office du jardinier qui arrache la mauvaise herbe dans son jardin. Mais ce jardinier veut toujours être seul et se fâche si des curieux regardent par-dessus son mur. Ainsi je me cache la figure derrière mon ombrelle et mon éventail, pour que l'idée de la mort puisse jardiner paisiblement en moi. »

Pour Cioran, ces mots furent une véritable révélation. Il les découvrit dans l'édition française des Mémoires de Christomanos : « Ce sont ces quelques phrases, lues en 1935 quand j'avais vingt-quatre ans, qui ont été le point de départ de cet intérêt passionné que j'éprouve pour l'impératrice Elisabeth [...] Ce verbe " jardiner " n'est pas dans le texte original allemand, qui dit simplement " travailler ". Mais cette inexactitude au fond très fidèle ajoutait au texte une nuance poétique qui allait me poursuivre jusqu'à l'obsession. »

Quand Elisabeth rentre à Vienne, elle s'enferme dans l'immense parc de la villa Hermès, à proximité de Vienne, mais on ne la voit nulle part en ville, encore moins à la Hofburg. Elle pourrait faire circuler dans Vienne sa voiture vide, les rideaux tirés, que les Viennois croiraient encore l'apercevoir, tant ils se font d'elle une image qui n'a plus rien à voir avec la réalité. Dans la grande maison que François-Joseph a fait bâtir pour elle parmi les sapins et les cèdres, et qu'il a appelée fort bourgeoisement « Mon repos », il vient la rejoindre. Cependant, le repos, elle ne l'atteint pas plus là qu'ailleurs.

L'été, ils se retrouvent à Ischl, dans la Kaiser Villa, où chacun a balisé son territoire. L'empereur aime la chasse et ses trophées occupent des murs entiers. Cet homme précis et prosaïque – Stefan Zweig prétend qu'il n'aurait jamais eu d'autres lectures que celle de l'annuaire militaire – vit entouré d'horloges, de thermomètres et de baromètres. Elisabeth a sa salle réservée à la gymnastique où elle effectue chaque jour ses exercices entre deux miroirs ovales. Elle s'est fait construire au sommet du parc un pavillon de marbre rose qui est son domaine privé. Elle s'y retire pour répondre à son courrier, écrire des poèmes, être seule.

Chose nouvelle, il arrive aux deux époux de se retrouver en terre étrangère. François-Joseph ose se mettre en congé de l'Empire et partir rejoindre sa femme à Genève ou à Menton, au Cap Martin Hotel. Ses absences sont courtes et studieuses, ses dossiers et ses plus proches collaborateurs le suivent, mais il consacre davantage de temps à celle qui reste, malgré les années et les malheurs, son grand amour. Il continue d'avoir pour elle toutes les tendresses, toutes les indulgences, toutes les angoisses. « Avec son charme, écrit Marie Festetics, l'impératrice met complètement son mari dans sa poche. »

Les dés sont jetés. Ils savent bien à présent qu'ils doivent accepter leurs différences et qu'ils ne changeront pas leurs manières d'être. Pourtant François-Joseph aime assez sa femme pour s'insurger contre l'absurdité de ses régimes alimentaires. Alors que son corps est d'une maigreur extrême, un œdème de dénutrition fait par moment gonfler ses jambes. Mais ce que l'empereur redoute plus que tout, ce sont les attentats. En 1881, le tsar Alexandre II a sauté sur une bombe. Le président français, Sadi Carnot, est assassiné à Lyon, en 1894. Malgré ces menaces, Elisabeth demande qu'autour d'elle le dispositif de sécurité soit allégé. « Qui voudrait attaquer une vieille femme comme moi ? » dit-elle. L'empereur cède à contrecœur, d'autant que sa femme ne supporte pas en voyage de se plier à un emploi du temps et à un itinéraire préétablis. A peine apprend-il son arrivée dans un port qu'elle en est déjà repartie. Entre eux, la correspondance est abondante, mais toujours décalée. L'empereur vit dans une perpétuelle angoisse.

Les deux époux participent ensemble à quelques fêtes familiales. Elisabeth tente de donner le change. Le premier enfant de Marie-Valérie est une fille, on la prénomme bien sûr Elisabeth. On l'appellera Ella pour la différencier de l'autre petite Elisabeth, Erzsi, la fille de Rodolphe. L'impératrice, au plus noir de la désespérance, confie à Marie Festetics : « La naissance d'un être nouveau me paraît un malheur. » Sans doute s'abstient-elle d'imposer à la jeune mère ce surcroît de pessimisme. Marie-Valérie aura une famille très nombreuse et s'en montrera satisfaite. Ce qui l'inquiète pour l'heure, ce sont les propos impies de sa mère : « Comme elle répétait qu'après la mort tout était fini, je lui ai demandé si elle ne croyait plus même en l'existence de Dieu : " Oh si, je crois en Dieu, tant de malheurs et de souffrances ne peuvent être dus au hasard. Il est puissant, terriblement puissant et cruel, mais je ne me plains plus. " » La pieuse enfant ne peut supporter un tel sacrilège. N'en va-t-il pas de la survie d'une âme qui lui est chère entre toutes ? Afin que Dieu puisse absoudre la pécheresse, il faut lui trouver des circonstances atténuantes. Marie-Valérie n'est pas loin de penser que, dans l'excès de son désespoir, sa mère devient folle. Seule son irresponsabilité mentale permettrait encore le salut de son âme. Pour obtenir l'inhumation religieuse de Rodolphe, n'a-t-on pas déjà mis en avant la démence ?

Le jour de l'an 1896, toutes les cloches de la Hongrie se mettent à sonner comme jamais. Elles se répondent d'un bout à l'autre des immenses plaines pour fêter le millénaire de la conquête. C'est en effet aux alentours de 895 que surgissent, venues des steppes d'Asie, les sept tribus turco-mongoles qui se désignent du nom de « Magyars ». Elles déferlent sur l'Europe, semant l'épouvante jusqu'en France et en Italie. Vaincues, elles finissent par battre en retraite et à se sédentariser dans les plaines danubiennes. La formation de la Hongrie scinde en deux la masse slave, « Slaves du Nord » et « Slaves du Sud », à la plus grande satisfaction des Germains. De cette époque date l'impossible rêve slave de réunification. L'alliance des Magyars et des Allemands contre les peuples slaves est aussi ancienne que la Hongrie, elle se poursuivra jusqu'au XXᵉ siècle.

Tantôt envahisseurs, tantôt envahis, les descendants des Huns ont connu toutes les vicissitudes, et leurs protecteurs, Turcs ou Autrichiens, plus tard Soviétiques, ne sont pas les moins dangereux. Depuis 1867 et ce couronnement qui fut l'œuvre et le triomphe d'Elisabeth, le retour à la paix leur a permis une formidable expansion économique. Ils n'ont jamais vécu une période plus faste. Ils n'en connaîtront pas d'autres.

Dès les années 1870, l'essor agricole fait de Budapest la capitale mondiale de la minoterie. Le revenu national triple en quelques décennies. Les chemins de fer sillonnent le pays et ces conquérants transforment un territoire naguère arriéré en une puissance industrielle et bancaire. Cependant la Hongrie ne compte pas que des citoyens heureux. Jaloux de leur indépendance, les Hongrois se soucient peu des revendications de leurs minorités. Dans la griserie de la victoire, ils entreprennent la magyarisation scolaire. Le hongrois devient langue obligatoire à l'école. Les six principales nationalités – Slovaques, Allemands, Roumains, Ruthènes, Serbes et Croates – prennent très mal cette limitation de leurs droits. La modernisation à outrance n'a pas amélioré le sort des plus pauvres. Le petit peuple des pusztas vit dans un état de dénuement total, il s'entasse dans des « maisons de valets » où il n'est pas rare de voir cohabiter dans la même pièce plusieurs familles. Quand les célébrations du Millénaire seront terminées commenceront alors, dans la Grande Plaine, les grèves des moissonneurs, et les socialistes agraires seront jetés dans les prisons des comitats. Il faudra fuir pour tenter ailleurs l'aventure. Ce sera le début de la diaspora hongroise.

Mais les Hongrois aiment la fête. Pour l'heure, ils comptent bien ne pas rater celles qui vont occuper la plus grande partie de l'année 1896. On les prépare de longue date. Dix siècles écoulés dans cette plaine carpatique, des menaces constantes, puis trente années d'un effort acharné afin de construire ce royaume dont rêvait le roi Mathias, souverain de la Renaissance. Tout cela mérite et la ferveur, et la joie.

Que serait une fête à Budapest, si les Hongrois étaient privés de leur reine adorée ? Pour eux, elle fait ce qu'elle a refusé aux Autrichiens. Non seulement elle rentre de Corfou, mais elle accepte d'assister au grand cérémonial. Elle annonce que ce sera sa dernière participation officielle à la vie de l'Empire. Il lui paraît normal de la consacrer à cette Hongrie où, dans son cœur et dans son imagination, tout a commencé. « Je m'apprête à devenir arrière-grand-mère, j'ai donc bien le droit, je pense, de me retirer du monde », a-t-elle dit et, depuis cette confidence, sa fille aînée, Gisèle, est devenue grand-mère, en 1895, et Elisabeth, du même coup, arrière-grand-mère à l'âge de cinquante-sept ans.

Le 30 avril 1896, elle arrive à Budapest avec François-Joseph. Le soir, de la terrasse du château royal, elle contemple la ville. Son regard descend des collines de Buda, la baroque, jusqu'aux rives du Danube et à l'immense Pest qui se prolonge maintenant loin dans la plaine. Les années ont passé, vingt-neuf depuis le couronnement, et rien n'est comme avant. Il n'y a guère que ce coucher de soleil dont la capitale semble avoir le secret, qui lui rappelle les anciens jours. Tout était jeune car elle-même se sentait vivante.

Le soleil s'est retiré à l'ouest derrière les collines. Ses derniers rayons argentent le grand fleuve, éblouissent les pierres neuves du Parlement à peine terminé, et embrasent les lointains à l'infini. Autrefois, elle croyait apercevoir le mirage du *delibab*. Elle aussi, elle a vu trembler dans l'air en surchauffe l'image de la vieille nourrice portant à bout de bras une maison de rêve. Elle sait à présent qu'il n'y a pas plus de mirage que de séjour enchanteur et qu'elle, Erzsébet, reine de Hongrie, restera nomade jusqu'au tombeau.

La jeunesse s'est enfuie, la beauté aussi. Andrássy ne verra pas ce Millénaire, couronnement du couronnement, triomphe de sa politique. Sans lui s'achèvent les travaux qu'il avait commandés. Les immenses avenues trouent à présent l'entrelacs des ruelles de Pest, un nouveau pont enjambe le Danube, on s'apprête à inaugurer la première ligne de métro du continent européen. Les seigneurs de la finance et de l'industrie ont fait surgir des hôtels particuliers sertis dans des jardins exotiques. La pierre le dispute en exubérance au végétal. De son perchoir en plein ciel, Elisabeth devine toute une effervescence qui lui est irrémédiablement étrangère.

Le 2 mai, le roi et la reine ouvrent en grande pompe l'exposition du Millénaire, dans les beaux parcs du Bois-de-la-Ville. Elisabeth apparaît voilée dans une robe noire à manches gigot, qui met en valeur sa taille plus mince que jamais. Ils inaugurent, sur la nouvelle place des Héros, le monument du Millénaire : une énorme colonne dont le socle figure dans le bronze les chefs des sept tribus qui déferlèrent sur l'Europe à la fin du IXe siècle. A l'arrière-plan et en hémicycle, les quatorze statues des souverains et des héros qui construisirent, siècle après siècle, la Hongrie. La pierre, le métal et la parole s'unissent dans un patriotisme triomphant. Elisabeth reconnaît à peine ce pays autrefois blessé que lui avait fait aimer le bon Jean Majláth. La nostalgie rendait si tendre son regard. Qui se souvient du vieil homme, disparu comme le roi Louis dans les sombres eaux du lac de Starnberg ? Aujourd'hui, les chers Hongrois arborent leurs vêtements de fête, sous leurs colbacks, ils ont la beauté froide des vainqueurs.

Dans l'église Mathias, la reine consent enfin à relever son voile. Pourtant, en ce lieu chargé de mémoire, l'attend la pire épreuve. Tout ne commence-t-il pas comme autrefois, il y a déjà vingt-neuf ans ? N'est-ce pas la musique de Liszt ? N'est-ce pas la fameuse *Messe du couronnement* qu'il avait composée pour son peuple et pour les nouveaux souverains de son peuple ? C'est bien sa musique, mais le musicien est mort. N'est-ce pas cette même église Mathias qui veille du haut de sa colline de Buda sur toute la plaine hongroise ? O les ors et les oriflammes, ô les magnats et les saints! On dirait la reprise théâtrale d'un spectacle jadis grandiose, aujourd'hui accablant. Les acteurs sont exténués. Les plus doués d'entre eux ont disparu. Aucune doublure ne saurait les remplacer. N'était-ce pas Andrássy qui tenait autrefois dans ses mains la couronne de saint Etienne ? N'était-ce pas lui qui l'avait déposée sur la tête de son roi, puis sur l'épaule de sa reine ? N'y avait-il pas, au premier rang de l'assistance, un petit garçon de neuf ans, Rodolphe, qui regardait, stupéfait, au comble du bonheur, ces trois êtres aimés, son père, sa mère et Andrássy, en train d'accomplir les plus belles choses du monde avec une grâce inouïe ? N'en avait-il pas conçu une exigence telle que tout dans la vie lui parut ensuite fade ?

Elisabeth se montre pour la dernière fois, le 8 juin, à la réception solennelle du Parlement hongrois. Le plus important quotidien de Budapest, *Pesti Hirlap*, rend compte de la cérémonie :

« La voici tout en noir, dans la salle du trône, au château royal, vêtue de la robe hongroise, garnie de dentelles; elle est l'image de la douleur. Un voile noir descend de ses cheveux sombres; épingles noires, perles noires et, dans tout ce noir, un visage blanc comme le marbre et d'une tristesse infinie. La mater dolorosa [...] Le beau visage, ravagé par le chagrin, a gardé sa noblesse. C'est bien le même tableau, mais comme voilé d'un brouillard [...] Elle reste pâle et immobile. L'orateur alors nomme la reine. Elle ne bronche pas; mais soudain retentit un grand éljen comme le château d'Ofen n'en a jamais entendu. On dirait une tempête de sentiments s'élevant de tous les cœurs. Et il s'en dégage un accent sublime, merveilleux, ineffable. Il passe dans cet éljen une prière, des sons de cloche, le bruit des flots, de la tendresse et aussi comme un parfum de fleurs. Alors le visage majestueux, jusque-là insensible, s'anime. Doucement, presque imperceptiblement, elle s'incline en signe de gratitude. Il entre dans ce geste un charme infini. Un éljen plus fort jaillit, interminable, toujours renouvelé, ébranlant les voûtes.

» Les grands de la nation brandissent leur colback. L'éljen renaît sans cesse, impose silence à l'orateur et la reine baisse la tête. Son visage livide commence à se colorer. Peu à peu, il prend la teinte du lait frais que nuance un reflet rose, puis il devient rouge, du rouge de la vie. Quel charme! Une reine, maintenant, est assise aux côtés du roi, vivante. Ses yeux s'ouvrent et brillent de leur ancien éclat. Eux qui savaient autrefois sourire avec tant de séduction, qui consolaient un pays malheureux, les voilà qui s'emplissent de larmes. Le contact est rétabli. Un pays heureux a su consoler la reine, mais pour un instant. La souveraine porte à ses yeux son mouchoir de dentelle, sèche ses larmes et l'orateur continue. La couleur de la vie se retire peu à peu du visage de la reine et bientôt, aux côtés du roi, a repris sa place la mater dolorosa. »

Peu de temps après les fêtes du Millénaire, l'impératrice refait son testament. Elle avait auparavant donné la totalité de ses biens à Marie-Valérie. Elle revient à une répartition plus équitable. Son héritage est divisé en cinq parts, deux reviendront à Marie-Valérie, deux à sa fille aînée, Gisèle, et la cinquième à la petite Erzsi, la fille de Rodolphe. De plus, elle favorise ses proches. En tête, la « douce » Ida avec une rente annuelle de quatre mille florins et un bijou en forme de cœur, incrusté de pierres précieuses, vertes, blanches et rouges, les couleurs de la Hongrie. Ensuite, Marie Festetics, avec une rente de trois mille florins et un superbe bracelet. Enfin, elle a une attention pour Katharina Schratt, elle lui donne une broche. Dernier signe de connivence entre l'impératrice et « l'amie ». Elles ne sont pas rivales, elles ne l'ont jamais été. Elisabeth dit à plusieurs reprises à Marie-Valérie que, si elle venait à mourir, il serait bien que Poká épousât Katharina Schratt. La fille se montre plus jalouse de son père que l'épouse de son mari. Sur le sceau du testament, aucune couronne, mais une mouette.

Elisabeth ne se nourrit plus que d'œufs et de lait. Elle pèse quarante-six kilos, c'est très peu pour une femme d'un mètre soixante-douze. Pourtant elle continue à vérifier trois fois par jour son poids, tant elle craint de grossir. Quand son mari et ses médecins se fâchent, elle fait mine de céder. Ainsi lui recommande-t-on avec insistance de remanger un peu de viande. Alors, dans sa chambre de l'hôtel du Palais à Biarritz, elle prend l'habitude de se faire servir en guise de potage le jus d'un bifteck. Elle devient nerveuse, dès qu'on parle devant elle de nourriture. Les odeurs de cuisine lui donnent envie de fuir. A plusieurs reprises, elle profite de l'heure du dîner pour quitter l'hôtel et s'en aller marcher seule, la nuit, sur la plage de Biarritz en plein vent. « Comme la mer est grandiose ici », dit-elle. Elle aime l'Atlantique qu'elle a toujours rêvé de traverser. Est-ce que ce rêve, lui aussi, ne va pas finir par s'évanouir ?

Quand elle se regarde dans son miroir, Elisabeth croit apercevoir la tête de la Gorgone. N'a-t-elle pas trop souvent contemplé son reflet ? Même Rodolphe lui en faisait le reproche. Cette quête de soi se termine, comme tout le reste, par un échec. L'image grimace, la folie rôde, la chair s'est détruite. Les longs cheveux, autrefois parure, se tordent maintenant pareils à des couleuvres. La Gorgone la poursuit depuis longtemps. Elle l'a découverte à Vienne dans un tableau de Rubens. Le peintre de la vie a représenté à travers elle l'horreur et la folie. Son obsession l'a rejointe à Corfou. Au fronton du temple d'Artémis, la Gorgone, les yeux exorbités, a un sourire de démente. Bientôt Gustav Klimt peindra lui aussi ses Gorgones. Au centre de la *Frise Beethoven*, elles ont les grâces voluptueuses et torturées de la société viennoise à l'agonie.

Luigi Lucheni a vingt-cinq ans. Sa mère était italienne et travaillait comme journalière dans les petites fermes de Ligurie. Enceinte à dix-huit ans, elle part à pied en direction de Paris. Là, personne ne la connaît et elle accouche dans un hôpital de la ville. Dès qu'elle peut de nouveau tenir sur ses jambes, elle s'enfuit, abandonnant son bébé. Elle réussit à s'embarquer pour l'Amérique où l'on perd sa trace.

Le petit Luigi passe sa première année aux Enfants trouvés de l'hôpital Saint-Antoine, puis on l'envoie dans une famille nourricière de son pays d'origine, à Parme. Dès l'âge de neuf ans, il travaille comme employé sur la ligne de chemin de fer Parme-La Spezia. Le jeune garçon se révèle intelligent et travailleur. Cependant, à dix-huit ans, sans aucune attache au monde, il choisit l'aventure. Il se fait embaucher de-ci de-là pour gagner tout juste de quoi se déplacer, à pied le plus souvent, de Parme au Tessin, puis de Genève à Trieste. La police le reconduit jusqu'en Italie où il doit accomplir son service militaire. Il fait avec son capitaine, le prince d'Aragona, la campagne d'Abyssinie. Il se montre excellent cavalier et le prince le prend sous sa protection. De retour à la vie civile, il entre comme valet de chambre au service du prince d'Aragona. Ambitieux et indépendant, il n'est pas fait pour ce genre d'emploi et le prince s'en rend vite compte. Lucheni lui réclame une augmentation de salaire, le prince refuse et le valet de chambre en profite pour rendre son tablier. Il le regrette quelques jours plus tard et demande à être réembauché. Persuadé que Lucheni a mieux à faire, le prince ne se laisse pas fléchir, mais il lui renouvelle son estime.

C'est de nouveau l'errance. Où aller sinon en Suisse? A l'époque, les révoltés de l'Europe entière s'y retrouvent. Lucheni fréquente les anarchistes, sans toutefois s'intégrer à l'un de leurs groupes. Plus que jamais, il se veut un chasseur solitaire, à l'affût de tout ce qui se passe dans les pays voisins. Il consacre la plus grande part de son temps à lire avec passion les journaux. Il faut dire qu'en cette fin de siècle la matière est abondante. Elle peut faire d'un rebelle un enragé.

A Vienne, Karl Lueger et son parti social-chrétien viennent de remporter la mairie après une terrible campagne antisémite, s'appuyant sur le mécontentement de la petite bourgeoisie. Adolf Hitler s'inspirera plus tard de celui qu'on appelait « le beau Karl ». François-Joseph a opposé deux fois de suite son veto à cette élection. Il déteste l'homme et ses idées. Mais, en avril 1897, après une troisième et large victoire de Lueger, il est dans l'obligation de ratifier son élection. L'influence accrue des partis germanistes entraîne des tensions à Vienne et surtout en Bohême, entre Tchèques et Allemands. En France, on est en pleine affaire Dreyfus et, le 13 janvier 1898, Emile Zola fait paraître dans *l'Aurore* son célèbre « J'accuse » qui lui vaut d'être condamné en cour d'assises.

Lucheni ne rate pas un article sur l'Affaire. Chaque ligne nourrit sa mystique de la révolte. Ce monde voué à l'injustice ne doit-il pas être ébranlé par une action d'éclat? Lucheni sera le vengeur. Lui, le bâtard, le réprouvé, rendra son nom illustre et plus personne ne pourra l'ignorer. Ainsi obtiendra-t-il par le crime ce que sa naissance et la société lui ont refusé. Il confie à son ami Jacques Sartori : « J'aimerais bien tuer quelqu'un, mais il faudrait que ce fût un personnage très connu, pour qu'on en parlât dans les journaux. »

Ce nouvel Erostrate a besoin d'une arme et il lui manque l'argent pour l'acheter. Qu'à cela ne tienne, il va la fabriquer. Il dégotte sur un marché une alêne, sorte de long poinçon très aigu dont on se sert pour percer les cuirs, et il l'enfonce dans un manche de bois qui permet de manier l'objet. Reste à trouver une victime à la hauteur de ses ambitions. Le prétendant au trône de France, Henri d'Orléans, séjourne souvent à Genève, il conviendrait tout à fait. Par chance, son arrivée est prévue pour le début du mois de septembre. Lucheni est prêt. Son heure de gloire approche.

Elisabeth arrive en Suisse le 30 août. Elle réside à Territet, près de Montreux. Les Alpes lui sont chères et elle retrouve avec plaisir un lac dont les dimensions lui rappellent davantage la mer que son Starnberg natal. Malgré sa fatigue et ses palpitations cardiaques, elle marche, prend le funiculaire, gravit quelques pentes. Il fait un temps magnifique et elle pense avec regret à François-Joseph qu'elle vient de laisser à Bad Ischl. Il doit être maintenant rentré à Vienne. Ils se connaissent depuis quarante-cinq ans et elle sent soudain combien il lui manque. Si seulement il pouvait venir la rejoindre. Loin des fastes de l'Empire, ils seraient un couple comme les autres. Elle le lui dit dans une lettre pleine de tendresse. Son message croise celui que lui envoie son mari. L'empereur éprouve la même nostalgie : « Je suis allé à la villa Hermès pour prendre un peu l'air [...] J'ai regardé longuement ta fenêtre et avec mélancolie je me suis reporté par la pensée aux jours que nous avons passés ensemble dans cette chère villa. Le soir j'ai pris du lait doux et du lait caillé de ta laiterie [...] Ton petit. »

Hélas, le moment serait des plus mal choisi pour s'absenter de Vienne. A l'intérieur, les tensions entre les différentes nationalités s'aggravent. De plus, le mois de septembre est consacré aux fêtes du jubilé de l'empereur. Il y a déjà cinquante ans que François-Joseph règne. Sa figure tutélaire assure, en cette fin de siècle plus que jamais, la cohésion d'un Empire puissant mais hétéroclite.

Elisabeth décide d'accepter l'invitation, maintes fois réitérée, de la baronne de Rothschild. Elle lui rendra visite le 9 septembre, accompagnée de sa seule dame d'honneur, Irma Sztáray, une comtesse hongroise. Tout devra se dérouler dans l'intimité et la discrétion. Elisabeth connaît peu la baronne, mais elle la sait très liée à sa sœur Marie, l'ex-reine de Naples. Depuis longtemps, Julie de Rothschild ne ménage pas à celle-ci son soutien financier. Marie a perdu son royaume et gardé le goût de la dépense. Julie lui offre les chasses et les palais dont elle a besoin. Par sa visite, Elisabeth tient à lui montrer combien elle lui est reconnaissante de ce qu'elle fait pour sa sœur. Sans doute Elisabeth n'éprouve-t-elle plus à l'égard de Marie la tendre complicité d'autrefois. Elle n'a pas oublié que ses médisances ont ébranlé la sensibilité de Rodolphe. Pourtant, elle a pardonné. Ne sont-elles pas toutes deux des survivantes? Mort, Bay Middleton, le bondissant renard rouge. Mort, Rodolphe, son fils unique. Clairsemées, les sœurs Wittelsbach. Hélène, la chère Néné, disparue dans d'effroyables douleurs. Sophie, duchesse d'Alençon et ancienne fiancée du roi Louis II, brûlée vive, héroïque, dans l'incendie du Bazar de la Charité, rue Jean-Goujon à Paris. Il faut en finir avec les petites querelles quand le cortège des morts s'allonge à perte de mémoire. Et puis il suffit qu'à Vienne l'antisémitisme ait remporté ses premières victoires, qu'en France on s'empoigne à propos de Dreyfus, pour qu'Elisabeth veuille montrer à la baronne qu'elle se sent, dans ces moments difficiles, proche d'elle et de sa famille.

Elle refuse pourtant le yacht des Rothschild pour se rendre de Montreux à Genève, préférant prendre comme tout le monde le vapeur du lac Léman. Les dix personnes de sa suite l'attendront à l'hôtel Beau-Rivage, sur le quai du Mont-Blanc, tandis qu'elle se rendra non loin de là, à Pregny, avec la comtesse Sztáray. Les deux femmes montent à Genève dans la voiture que leur a envoyée la baronne.

La propriété offre la plus belle vue sur les Alpes et sur le lac. Julie de Rothschild a fait hisser le pavillon impérial au sommet de sa maison. Elisabeth apprécie peu cet excès de zèle, mais son hôtesse, une femme de cinquante-huit ans, a de l'esprit et de la gaieté. L'essaim des laquais mouchetés d'or ne parvient pas à rompre le charme de ce déjeuner féminin. Pour une fois, Elisabeth ne chipote pas. Les plats sont nombreux et des plus délicats. Elle apprécie tout particulièrement une crème glacée à la hongroise. Affaire d'importance : l'impératrice vide une coupe de champagne! Pour célébrer l'événement, elle promet d'envoyer le menu à l'empereur. François-Joseph pourra du même coup apprécier le raffinement de l'hôtesse et l'appétit de l'invitée.

Après le déjeuner, Elisabeth trouve encore la force d'admirer les œuvres d'art de ce musée privé. Puis elle consacre une bonne partie de l'après-midi à visiter les immenses volières d'oiseaux exotiques et les prodigieuses serres. La baronne possède la plus belle collection de fleurs au monde. Les orchidées conjuguent à l'infini leurs variétés, leurs couleurs, leurs parfums. Plus que le champagne, les effluves charnus, tropicaux, et la touffeur des serres grisent Elisabeth. Enthousiaste, elle demande à sa dame d'honneur de prendre en note le nom des espèces qu'elle pourrait acclimater à la villa Hermès.

De retour à Genève, l'impératrice et la comtesse Sztáray vont s'asseoir sur un banc du square Brunswick avant de regagner leur hôtel. Elles mangent des pêches pour se rafraîchir. Elisabeth est gaie, pourtant elle évoque son sujet favori, la mort :
— C'est du passage que je tremble dans mon incertitude, dit-elle.
— Au-delà, répond la comtesse, c'est la paix et le salut.
— Qu'en savez-vous ? Jamais personne n'en est revenu.

Un corbeau s'approche des deux femmes et, d'un coup d'aile, les frôle de si près qu'Elisabeth laisse tomber sa pêche. Soudain dégrisée, elle murmure : « Un corbeau n'est pas bon signe. Il indique toujours un malheur dans notre Maison... »

Elisabeth occupe la suite 34-36 à l'angle du premier étage de l'hôtel. Elle s'y repose une heure et repart en promenade dans la ville avec sa dame d'honneur. Chez un antiquaire, elle achète une table pour sa fille Marie-Valérie, puis les deux femmes rentrent un peu avant dix heures du soir. Elisabeth se retire dans ses appartements.

La nuit est superbe. Elisabeth la respire à pleins poumons, tantôt du côté du lac, tantôt au-dessus du jardin Brunswick. Malgré la lumière du clair de lune et les bruits de circulation sur le quai du Mont-Blanc, de toute la nuit, elle ne ferme ni ses rideaux, ni ses fenêtres. La mouette solitaire préfère se sentir reliée à la vie. Au reste, elle dort de moins en moins et ses pensées, ses souvenirs la tiennent éveillée jusqu'au petit matin.

La fenêtre ouverte, une habitude d'enfance. Elle aimait les siestes d'été dans la maison de son père, l'odeur d'herbe chaude, le bruissement du lac. Ses nerfs se relâchaient. Elle n'offrait plus aucune résistance. L'air surchauffé circulait en toute liberté. Il n'y avait plus de désirs. Plus de contraintes. Il n'y avait plus de séparation entre elle et les autres. Plus de ligne de crête. La lumière pouvait établir partout sa continuité. Elle s'y baignait sans fin. C'était doux et légèrement sucré. Onctueuses, les siestes d'enfance.

Luigi Lucheni a attendu en vain le prétendant au trône de France. Aucune trace à Genève d'Henri d'Orléans. En revanche, la presse genevoise de ce samedi 10 septembre annonce la venue à l'hôtel Beau-Rivage de l'impératrice Elisabeth d'Autriche. Faute d'Orléans, Lucheni aurait préféré jeter son dévolu sur Umberto d'Italie, c'eût été un retour aux sources familiales, mais il n'a ni le temps ni l'argent de mener à bien ce grand projet. Va pour l'impératrice. Il a appris à se contenter de ce que lui offre le hasard. Et puis, une impératrice, ce n'est pas du menu fretin, surtout celle-ci. Sa réputation de beauté et de mystère contribuera à la gloire de l'obscur Lucheni. N'appartient-elle pas au monde des heureux, des oppresseurs, de ceux qui mènent grand train grâce à la sueur de tous les Lucheni de la terre ? Le destin les a désignés, lui pour être le vengeur, elle pour être la victime. Lucheni glisse la longue lime sous la manche droite de sa veste et il part faire le guet devant l'hôtel Beau-Rivage.

Elisabeth n'a trouvé le sommeil qu'aux dernières heures de la nuit. Il est déjà neuf heures, quand elle appelle sa dame d'honneur. A onze heures, lui dit-elle, elles iront ensemble rue Bonnivard écouter les orgues de Barbarie dans un magasin de musique, puis elles prendront le bateau de ligne à une heure quarante en direction de Montreux et de Territet.

Lucheni fait les cent pas. De crainte d'attirer l'attention des chasseurs du Beau-Rivage, il s'assied sur un banc, petit homme encore anonyme. Une fine moustache sur une bouche close. Une mâchoire dure. Seule trace de l'enfance qu'il n'a pas eue, une fossette au menton. Il sent contre son bras l'arme qu'en bon ouvrier il a fabriquée de ses mains. Sa gloire dépend de la précision de son geste. C'est le cœur qu'il doit atteindre. Il a consulté des livres d'anatomie afin d'être certain de frapper à l'endroit voulu. De tête, il révise ses connaissances. Il se représente la scène comme s'il ne devait en être que le spectateur. Sous les fanfreluches et les dentelles, n'est-il pas difficile de trouver le cœur ? Ces gens-là en ont-ils seulement un ?

Un peu avant onze heures, il se sent pris de fringale. La nervosité sans doute. Il quitte son poste d'observation pour aller un peu plus loin à l'intérieur de la ville se restaurer. Ces gens-là n'ont-ils pas l'habitude de se prélasser au moins jusqu'aux douze coups de midi ? L'impératrice ne perd rien pour attendre. L'athlète Lucheni soigne sa forme.

A onze heures précises, l'impératrice et la comtesse Sztáray sortent de l'hôtel Beau-Rivage. Il fait toujours beau et, ce jour-là, l'ombrelle d'Elisabeth ne lui sert pas seulement à l'abriter des curieux, elle la protège aussi du soleil. Malgré son insomnie, elle se sent bien. Un jour sans douleurs, n'est-ce pas un miracle? Elle marche à grandes enjambées dans cette embellie automnale.

Elle se rappelle qu'autrefois à Madère, Poká lui avait fait envoyer un orgue de Barbarie. Sur la terrasse chargée de fleurs, elle actionnait sans cesse la manivelle pour réécouter le credo de Violetta, à la fin du premier acte de *la Traviata* :

> *Libre toujours, je veux pouvoir*
> *Voltiger de joie en joie*
> *Je veux que ma vie s'écoule*
> *Par les sentiers du plaisir.*
> *Folie!*
> *Jouir!*

Elle était si jeune alors, si belle aussi. Elle se rappelle les exclamations, les sifflements admiratifs des marins russes dont la corvette faisait escale à Madère. N'eût-elle pas été impératrice, qu'ils l'eussent tout autant regardée. Déjà elle préférait aux fadaises et aux hypocrisies des princes les hommages des voyous.

Chez le marchand de musique, Elisabeth choisit un limonaire et vingt-quatre rouleaux parmi ses morceaux préférés : *Lohengrin* et *Tannhäuser, le Trouvère* et *Carmen*. Le commerçant lui présente son livre d'or. Elle signe : Erzsébet Kyrályné. En hongrois : la reine Elisabeth. C'est ainsi que spontanément elle décline son identité. La ultima.

A treize heures, les deux femmes rentrent sans encombre à l'hôtel. Les autres personnes de la suite impériale ont pris à midi le train avec les bagages. La comtesse se rend seule à la salle à manger, tandis que l'impératrice, se contente de boire un verre de lait dans sa chambre. Elle ouvre les volets que la femme de chambre avait fermés à cause du soleil. Elle regarde au loin les Alpes, aussi blanches que ce lait de l'enfance dont elle a fait sa nourriture quotidienne. Elle perçoit le bruit de la circulation sur le quai en contrebas, mais ses yeux ne s'y attardent pas. Ils sont attirés par les sommets enneigés.

A treize heures trente, la comtesse hongroise se permet de frapper avec insistance. L'impératrice, dont l'exactitude est proverbiale comme celle de son époux, va être en retard pour le départ du bateau. La comtesse s'affole :

– Majesté, le vapeur part dans quelques minutes.

D'habitude impatiente, Elisabeth ne répond pas. Appuyée à

la fenêtre, elle poursuit sa contemplation. Irma Sztáray demande au laquais de courir à l'embarcadère pour prévenir de l'arrivée des dernières passagères.

– Majesté, insiste Irma, si nous manquions le vapeur, nous serions entièrement seules à Genève! C'est impensable!

Elisabeth éclate de rire. Devant le miroir, elle remet avec calme son chapeau noir et ses gants blancs. Puis, avant de suivre sa dame d'honneur, elle reprend son ombrelle et son éventail, armes certes défensives mais qui rendent sa silhouette reconnaissable entre toutes.

Dans l'hôtel, le soleil au zénith rend italiennes les ocres du patio. Tout resplendit aujourd'hui. Jusqu'aux marronniers du quai qui, de manière inattendue, font en septembre une seconde floraison.

– Oui, dit Elisabeth en hongrois, le roi m'écrit aussi que quelques marronniers poussent des fleurs au Prater et à Schönbrunn.

La cloche du bateau tinte, mais les deux femmes sont rassurées, les passagers ne sont pas encore tous montés.

Lucheni vient de voir passer le laquais chargé des bagages à main. L'impératrice ne doit pas être loin. Il ne reste plus qu'une ou deux minutes avant le départ du bateau. Le guetteur se tient caché derrière le tronc d'un marronnier. Sûr qu'il n'a pas pris le temps de noter la floraison de septembre. Voici qu'arrivent les deux femmes. Elles se hâtent, traversent le quai, longent le parapet. C'est la plus grande avec l'ombrelle qui intéresse Lucheni. Il faut qu'il soit rapide comme la flèche. Si, par malheur, elle le voyait venir, elle pourrait se dérober. Il risquerait alors de rater le cœur. C'est le moment. Lucheni se précipite. Surprises, les deux femmes s'arrêtent pile pour le laisser passer. Lucheni s'immobilise devant la comtesse Sztáray. Il semble avoir fait un faux pas, puis, la main droite levée, il bondit sur l'impératrice et la frappe à la hauteur de la poitrine. Elle tombe à la renverse. La masse de sa chevelure amortit le choc de sa tête contre le sol. Epouvantée, la comtesse pousse un cri, tandis que l'homme s'enfuit.

Un cocher se porte à leur secours. Il aide Elisabeth à se relever. Sur son visage à la carnation si claire, deux taches roses sont apparues à la hauteur des pommettes. De la main, elle essaie de remettre en ordre ses cheveux. Le concierge de l'hôtel, un Viennois, les a rejointes. Un passant anglais s'arrête et essaie aussi de se rendre utile. La comtesse Sztáray est persuadée que l'individu qui les a bousculées s'est contenté d'assener un coup de poing à l'impératrice.

– Qu'est-il arrivé ? Votre Majesté souffre-t-elle ?

– Mais non, il n'est rien arrivé, proteste Elisabeth, et elle prend le soin de remercier, en français, en allemand et en anglais, tous ceux qui sont venus la secourir.

Lucheni court comme un fou dans la direction de la rue des Alpes. Cependant il ne peut s'empêcher de se retourner. Surprise, au loin il voit marcher vers l'embarcadère celle qui devrait être morte. Aurait-il raté son coup ? Est-ce possible que tout cela n'ait servi à rien ? Lucheni est sur le point d'être rejoint par plusieurs personnes qui se sont lancées à ses trousses. Décidément, les Lucheni sont toujours perdants.

La roseur sur les joues d'Elisabeth a disparu. Livide, elle demande à la comtesse :

– Que voulait donc cet homme ?

– Qui, le portier ?

– Non, l'autre, cet homme effrayant !

– Je ne sais, Majesté, mais c'est à coup sûr un fieffé scélérat.

– Peut-être voulait-il me voler ma montre.

Elisabeth se tourne brusquement vers la comtesse :

– Donnez-moi votre bras, vite.

La comtesse la saisit par la taille, mais elle ne peut l'empêcher de s'affaisser sur elle-même. La bateau a appareillé. Sur le quai, le concierge de l'hôtel Beau-Rivage crie dans la direction des deux femmes : « On a arrêté l'agresseur. » Elisabeth a perdu connaissance. « De l'eau, de l'eau », réclame la comtesse. Elle s'est agenouillée auprès de l'impératrice pour maintenir contre elle la tête et le buste d'Elisabeth. « Un médecin ! » Il n'y en a pas à bord. Une infirmière arrive avec le capitaine qui ignore tout de l'identité de la malade. Trois hommes la transportent sur le pont supérieur où il y a un peu d'air. Chacun pense que la frayeur l'a fait s'évanouir.

La comtesse ouvre la robe noire, délace le haut du corset, tandis que l'infirmière effectue sur le corps d'Elisabeth des mouvements respiratoires. On glisse un sucre imbibé d'alcool entre ses lèvres. Elisabeth rouvre les yeux et se redresse d'un geste volontaire. Puis elle sourit, comme surprise au milieu d'un rêve :

– Mais qu'est-il donc arrivé ?

— Votre Majesté s'est trouvée mal. Mais cela va mieux, n'est-ce pas?

Son regard s'est clos de nouveau. Le haut de son corps s'en va à la renverse. La comtesse délace le corset plus bas sur la poitrine afin que l'infirmière puisse masser le cœur. C'est alors qu'elle découvre sous la chemise de linon mauve une tache marron, percée d'un trou minuscule, la signature au poinçon de Lucheni. Perle une seule goutte de sang. « Elle a été assassinée », crie alors la comtesse. Puis elle ajoute, plus pâle que la mourante : « Pour l'amour du ciel, je vous en prie, accostez vite! Cette dame est l'impératrice d'Autriche. Accostez à Bellevue. Je l'amènerai à Pregny, chez la baronne de Rothschild. » Mais Elisabeth ne retournera pas dans les jardins suspendus de Pregny, elle ne pourra pas revoir ce paradis-là.

Le capitaine prend soudain conscience de la situation. Le rang de la voyageuse, la gravité de son état. Il donne l'ordre de retourner à l'embarcadère en face de l'hôtel Beau-Rivage.

Pendant ce temps, Lucheni est facilement maîtrisé par un passant et un gendarme. Il se débat à peine. On le ramène sous escorte à l'hôtel où le propriétaire, M. Mayer, lui décoche un coup de poing en pleine mâchoire. On a de la peine à contenir la rage d'un client. C'est un jeune baron autrichien qui voudrait bien régler son compte à l'agresseur de l'impératrice. Encore ignore-t-on ce qui s'est réellement passé. Lucheni, dans sa fuite, a jeté son arme, on ne la retrouvera que beaucoup plus tard. A l'hôtel, on pense que Lucheni s'est contenté d'envoyer un bon coup de poing à l'impératrice. Deux gendarmes le conduisent au commissariat. Loin de protester de son innocence, il reste ferme sur ses prétentions. Le regard vert sous le front buté, il déclare d'un ton calme : « Je ne regrette qu'une chose, c'est de ne pas l'avoir tuée. » Le gendarme s'empresse de prêcher le faux pour obtenir le vrai :

— Eh bien, vous l'avez tuée.

— Tant mieux, s'exclame Lucheni, j'ai bien pensé qu'on crevait à être touché par cet instrument-là.

Sur le bateau, on a improvisé un brancard avec les deux rames d'un canot de sauvetage et la toile d'une voile. Six marins portent la civière le long de l'embarcadère et sur le quai du Mont-Blanc. Le visage blême de l'impératrice se lustre de sueur. Il va, les yeux clos, de droite à gauche. A peine quelques râles se font entendre au fond de sa gorge, mais ils n'arrivent plus à franchir ses lèvres. Quelqu'un a ouvert son ombrelle au-dessus de son visage pour l'abriter du dernier soleil. Paupières closes, lumière ombreuse, et au-dessus la tardive floraison des marronniers, comme au Prater, comme à Schönbrunn, disait Poká. Les passagers du bateau sont descendus et suivent en automates, improvisant déjà un cortège funèbre.

A l'hôtel Beau-Rivage, on allonge l'impératrice sur le lit de sa chambre. Le médecin arrive et sonde la plaie.

– Y a-t-il un espoir ? interroge la comtesse.

– Aucun, madame.

– Essayez tout, tentez de la rappeler à la vie.

Un prêtre lui donne l'absolution. Un second médecin incise l'artère au creux du coude. Le sang ne jaillit pas.

ELISABETH EST MORTE

A Schönbrunn, il fait aussi beau qu'à Genève. François-Joseph se sent rassuré. Dans sa lettre, sa chère Sissi semble pour une fois contente, de son séjour, de sa visite à la baronne de Rothschild, bref, de la vie. Il prend plaisir à lui répondre : « J'ai été heureux du bon moral qui perce dans ta lettre. » Après quelques détails sur sa journée, il termine : « Je te confie à Dieu, mon cher ange, et je t'embrasse de tout cœur. Ton petit. »

L'empereur doit partir en fin d'après-midi pour des manœuvres en Slovaquie. A quatre heures et demie de l'après-midi, son aide de camp, le comte Paar, arrive de la Hofburg. Il vient de recevoir une dépêche en provenance de Genève : « Sa Majesté l'impératrice grièvement blessée. Prière annoncer à l'empereur avec ménagement. »

Le comte Paar entre dans le bureau de François-Joseph :

– Qu'y a-t-il, mon cher Paar ?

– Votre Majesté ne pourra pas partir ce soir. Je viens de recevoir une très mauvaise nouvelle, hélas !

– De Genève, sursaute l'empereur. Il bondit de son siège et arrache la dépêche des mains de son aide de camp.

Il lit, semble tituber, puis se reprenant :

– Téléphonez, télégraphiez, cherchez à en savoir davantage !

A peine s'est-il tu qu'une deuxième dépêche est apportée. Dans sa hâte à vouloir l'ouvrir, l'empereur la déchire : « Sa Majesté l'impératrice décédée à l'instant. » Il s'effondre sur son fauteuil et sanglote la tête dans ses bras. On l'entend répéter à plusieurs reprises : « Rien ne m'est épargné sur cette terre. »

Une troisième dépêche arrive bientôt. Elle précise que l'impératrice a été assassinée et demande à l'empereur si une autopsie peut être pratiquée comme l'exige la loi suisse. Accablé, François-Joseph répond de faire ce qu'il convient. Le monde s'est pour lui englouti.

A Genève, le commissaire apprend par téléphone que l'impératrice vient de mourir. Lucheni déclare aussitôt : « C'était mon intention de la tuer, j'ai visé au cœur et je suis heureux de la nouvelle que vous m'annoncez. » Quelques heures après, dans la voiture qui le conduit à la prison Saint-Antoine, le criminel de plus en plus en verve confie au gendarme assis à ses côtés : « Je regrette que la peine de mort n'existe pas à Genève. J'ai fait mon devoir ; mes camarades feront le leur. Il faut que tous les grands y passent. » Pourtant dans les interrogatoires qui suivront, Lucheni s'attachera à démontrer qu'il a agi seul. Il ne veut céder à personne le bénéfice de son acte.

— Pourquoi, alors, avoir tenté de fuir après le crime ? demande le procureur général.

— Je n'ai pas voulu m'échapper. Je voulais me précipiter au commissariat.

— Pourquoi avez-vous tué l'impératrice qui ne vous avait jamais rien fait ?

— C'est la lutte contre les grands et les riches. Un Lucheni tue une impératrice, jamais une blanchisseuse.

Pour donner encore plus d'éclat à son crime, il voudrait le contresigner de sa propre mort. Il écrira au président de la Confédération helvétique pour lui demander d'être jugé dans le canton de Lucerne où la peine de mort a été maintenue. Il écrit aussi à la princesse d'Aragona, épouse de son ancien capitaine et protecteur : « Si j'avais le bonheur, comme je l'ai demandé, d'être jugé d'après le code de Lucerne, je gravirais avec joie les marches de la chère guillotine sans avoir besoin d'y être aidé. » Dans une autre lettre à la princesse d'Aragona, il s'exclame avec superbe : « Mon cas est comparable à l'affaire Dreyfus. »

Elisabeth est morte, le samedi 10 septembre. Elle allait avoir soixante et un ans. Le cycle de l'enfant du dimanche s'est achevé, comme il se doit, un samedi. Elle souhaitait mourir en mer. Son vœu se trouve presque exaucé. Le Léman ressemblait pour elle davantage à une mer qu'à un lac. Mais surtout elle voulait mourir seule et ne pas infliger ce spectacle à ses proches. Elle se souvenait de l'archiduchesse Sophie et de sa longue agonie dans le tohu-bohu de la Cour. Son amie, la poétesse Carmen Sylva, reine de Roumanie, écrit à propos d'Elisabeth : « Dans la mort comme dans la vie, elle ne souhaitait rien être pour le monde. Elle voulait être seule et passer inaperçue, y compris pour quitter cette terre qu'elle avait tant parcourue en quête de repos et des choses les plus élevées. »

Cependant, une enfant du dimanche, quand elle est impératrice, ne peut s'esquiver comme par enchantement, même si un Lucheni consent à jouer le rôle du bourreau ou du sacrificateur. Il faut encore que son corps soit dépecé.

Le dimanche 11 septembre, trois médecins légistes procèdent à l'autopsie. Le superbe corps de l'impératrice dont l'apparence n'a pas été endommagée par les années, ni même par le poinçon de Lucheni – n'avait-elle pas écrit : « Je m'en irai comme la fumée s'envole, mon âme s'enfuira par une toute petite ouverture du cœur » ? –, son corps tant admiré n'est plus qu'une pièce de boucherie sur l'étal. On l'évalue. Il mesure un mètre soixante-douze, disent les médecins. Avec l'âge, elle n'a donc pas perdu un pouce de sa haute stature. L'alêne a pénétré à quatre centimètres au-dessus de la pointe du sein gauche et s'est enfoncée de quatre-vingt-cinq millimètres, traversant le poumon et le ventricule gauche. Le sang s'est écoulé goutte à goutte à l'intérieur du péricarde.

Une fois le travail achevé, on embaume le corps. De son vivant, elle ne supportait pas l'artifice des parfums et elle reprochait à son cousin Louis II de les utiliser avec excès. Heureusement la baronne de Rothschild a fait envoyer les plus belles orchidées de ses serres, celles qu'Elisabeth admirait deux jours plus tôt. On place près d'elle ses objets familiers : son alliance, qu'elle portait suspendue à une chaîne sous sa robe, son éventail de cuir noir, sa montre sur laquelle elle a fait graver le nom d'Achille, son bracelet d'où pendent une tête de mort, une médaille de la Vierge et une main de fatma à l'index dressé, enfin deux médaillons, l'un qui contient des cheveux de Rodolphe, l'autre le psaume 93 :

L'Impératrice

Tu fais retourner le mortel en poussière et Tu dis :
« Retournez, fils d'Adam ! »
Car mille ans à Tes yeux
Sont comme le jour d'hier une fois passé,
Comme une veille dans la nuit.

L'impératrice-locomotive effectue en train son dernier voyage. Elle voulait que son corps fût jeté à la mer. Morte, elle est plus Habsbourg que jamais. Elle doit prendre le chemin de l'Autriche et de l'inévitable crypte des Capucins. Encore ne pénètre-t-elle pas entière dans le caveau impérial. Son corps est encore une fois charcuté. La tradition l'exige. Le sacré et la barbarie se rejoignent. Le cœur d'Elisabeth sera conservé à l'église des Augustins de Vienne, où elle est devenue impératrice, quarante-quatre ans plus tôt, en épousant François-Joseph. Ses viscères sont enfermés dans la crypte de la cathédrale Saint-Etienne. Le reste, la chevelure de fée, le visage délicat, les yeux mordorés, le long corps de muscle et de volonté, la poitrine qui aimantait le regard des voyous et le poignard du sacrificateur, les longues jambes d'amazone, l'épaule tatouée, la chair effroyablement mortelle, tout cela s'en va en grande pompe, le samedi 17 septembre, une semaine après sa mort, vers le caveau impérial.

Tandis que les souverains du monde entier accompagnent sa dépouille, que tout l'Empire porte le deuil, en Hongrie, la tristesse est à son comble. Des palais de Budapest aux chaumières de la puszta, pas une maison qui n'affiche son drap noir. Cette reine que les Magyars s'étaient choisie, toute la famille hongroise n'en finit pas de la pleurer.

Le cercueil arrive devant la porte de la crypte des Capucins où Elisabeth, vivante et meurtrie, était venue de nuit crier le nom de Rodolphe. Elle s'apprête maintenant à s'allonger à côté de lui.

Le premier chambellan frappe à la porte de la crypte :

– Qui est là ? demande une voix à l'intérieur.

– Ouvrez, répond le chambellan, je suis Sa Majesté l'impératrice Elisabeth, reine de Hongrie.

La porte reste close.

– Ouvrez, répète le chambellan, l'impératrice Elisabeth, reine de Hongrie, demande à entrer.

Toujours pas de réponse.

– Ouvrez, je suis Elisabeth, pauvre pécheresse, et je demande humblement la grâce de Dieu.

– Tu peux entrer, répond enfin le grand prieur. La porte s'ouvre et le cercueil descend à la lumière des torches.

L'empereur et ses deux filles sanglotent. Ida Ferenczy et Marie Festetics sont désespérées de ne pas avoir été auprès de leur reine dans ses derniers moments. Ida confie : « Avec elle j'ai tout perdu, mari, enfants, famille, bonheur, ma reine bien-aimée fut cela pour moi. » Elle détruira la correspondance qu'elles ont échangée pendant trente-quatre années, ainsi que la dernière lettre de Rodolphe à sa mère. Un mois plus tard, Marie Festetics écrit à Ida : « Nous la pleurerons ensemble longtemps encore, Ida, le meilleur d'elle-même nous appartenait. Pendant de longues années, elle nous a confié son âme et son cœur. Personne ne nous le prendra, c'est notre trésor. »

Ceux et celles qui l'ont de plus près connue l'ont aussi le plus fort aimée. A leur affliction, profonde, durable, s'ajoute la fierté d'avoir partagé la vie d'un être exceptionnel.

Dès le premier jour, une foule immense attend des heures pour se recueillir devant son tombeau dans la crypte des Capucins. Les Hongrois sont venus nombreux. Stupeur! On leur a volé leur reine morte. Seule inscription sur son cercueil de bronze : Elisabeth, impératrice d'Autriche. Et eux, ne comptent-ils pour rien? Elle était, elle est, elle restera pour toujours cette reine de Hongrie, qu'ils ont voulue, qu'ils ont couronnée, qu'ils ne cesseront jamais d'aimer. Cet « oubli » les humilie et leur inflige une seconde blessure. Dans la nuit, on fait inscrire sur le tombeau son titre de reine de Hongrie. Aussitôt la Bohême proteste. Elle voudrait que fût mentionné également son rang de reine de Bohême. Ce souhait-là ne sera pas exaucé, la souveraine n'ayant pas été couronnée à Prague.

L'Empire est fragile et chaque événement remet en cause l'équilibre précaire des différentes nationalités. Pour les Hongrois cependant, les revendications nationalistes ne viennent qu'en second, ce qu'ils veulent en premier lieu, c'est que rien ne puisse les séparer de cette femme qu'ils aiment avec passion. Elle mérite leur dévotion. Deux heures avant sa mort, ne signait-elle pas de son titre hongrois le livre d'or du marchand de musique?

Erzsébet Királyné.

Les Hongrois ne l'oublieront pas, malgré les guerres, la perte des deux tiers de leur territoire en 1920 après le traité de Trianon, malgré la dictature et le génocide. Les Juifs avaient donné à la Mitteleuropa son originalité. De nouveau, à Budapest, le

351

cours Lénine a repris son nom d'origine, il s'appelle aujourd'hui le cours Erzsébet, et Andrássy a retrouvé sa longue avenue qui mène à la place des Héros où fut célébré le Millénaire. Le régime communiste n'a pas réussi à débaptiser le pont Erzsébet, tant la population est restée attachée à sa reine.

Chaque fois qu'à Vienne je suis descendue dans la crypte des Capucins, j'ai vu sur le cercueil d'Erzsébet des fleurs fraîches nouées par un ruban aux couleurs de la Hongrie. Presque un siècle après la mort de sa souveraine, le cœur hongrois continue à battre pour elle.

Depuis la fin de l'année 1989, nous redécouvrons les pays de l'Europe centrale, mais, avant même la disparition du Mur de Berlin, la volonté populaire ouvrit la première brèche entre les deux camps – l'Est et l'Ouest – à la frontière austro-hongroise, comme si la mémoire historique submergeait les barrages idéologiques et leurs artifices. Aujourd'hui, l'Europe centrale retrouve son ancien lit et les querelles d'antan.

François-Joseph a survécu dix-neuf ans à Elisabeth. « Personne ne saura jamais combien je l'ai aimée », répète-t-il comme pour lui-même. Il répugne à se plaindre, mais il est triste, ossifié par l'âge et la souffrance. Son Empire est moins décadent que le prétendront nombre de prophètes a posteriori. Jamais il n'y eut dans cet Etat multinational une telle éclosion de talents qu'au début du xxᵉ siècle. L'Europe intellectuelle et artistique tourne ses regards vers Vienne, comme elle le fera vers Berlin ou vers Paris. L'Empire prospère, la monarchie devient plus libérale. Mais tout cela semble venir trop tard, l'organisme est déjà fossilisé, la surface figée. L'Empire se sait vieux, immobile, comme son souverain. Il ignore encore qu'il est caduc.

Dans son magnifique roman, *la Marche de Radetzky*, Joseph Roth écrit : « L'empereur était un vieil homme. C'était le plus vieil empereur du monde. Autour de lui, la mort traçait des cercles, des cercles, elle fauchait, fauchait. Déjà le champ était entièrement vide et seul l'Empereur s'y dressait encore, telle une tige oubliée, attendant. »

Toujours les mêmes gestes, aux mêmes dates, dans les mêmes châteaux. L'aimée ne reviendra plus. Il se contente d'un repas frugal et d'un lit de camp. Il reste le soldat discipliné qu'il fut toute sa vie. Sa mémoire lui tient lieu d'imagination, aussi l'entraîne-t-elle de plus en plus souvent ailleurs. Joseph Roth encore : « Son regard se perdit de nouveau, comme d'habitude, dans le lointain où émergeaient déjà les bords de l'éternité. »

Il y a bien Katharina Schratt, mais rien n'est plus pareil. Ni pour l'empereur, ni pour la comédienne. Katharina a dépassé l'âge où la doublure est trop contente de saisir au vol sa chance. La vedette a beau s'être absentée, Katharina sait que son rôle, jamais aucune femme ne pourra le reprendre. Du vivant de l'impératrice, elle avait à cœur d'imiter son modèle. Elle admirait tant Elisabeth que le jeu en devenait plus grisant encore. Le ressort de la comédie s'est à présent brisé. Depuis que son incomparable femme n'est plus, l'empereur apparaît ce qu'il est, un vieil homme taciturne, irrémédiablement enfermé dans sa solitude.

Katharina a grossi, sa fraîcheur n'est plus qu'un souvenir. Sur scène, elle voudrait continuer à interpréter les jeunes premières. Le nouveau directeur du Burgtheater ne se laisse pas impressionner par le statut social de la comédienne. « L'amie » de l'empereur a certes du talent, mais elle doit accepter des rôles de son âge. Katharina met en demeure François-Joseph d'intervenir en sa faveur. Comme il refuse, elle remet sa démission au directeur du théâtre. François-Joseph ne bouge toujours pas. Furieuse, Katharina prend congé et de Vienne, et de l'empereur. Elle restera au loin toute une année malgré les supplications et la douleur du souverain. La réconciliation se fait dès son retour. Pourtant Katharina a pris goût aux voyages et un autre jeu a remplacé pour elle la comédie. Elle s'attarde sur la Riviera et flambe ses économies à Monte-Carlo. François-Joseph devra à maintes reprises rembourser ses dettes de jeu. Après la mort de son protecteur, elle dilapidera en peu de temps sa fortune personnelle. Sollicitée à coup de millions pour donner des interviews dans des journaux européens ou américains, écrire ses Mémoires ou publier les lettres de l'empereur, elle refusera toutes les offres malgré son dénuement.

En 1907, l'empereur d'Allemagne, Guillaume II, achète l'Achilléion, à Corfou. Elisabeth avait construit son jardin de roses autour de la statue d'un Achille blessé. Le nouveau maître ne saurait se satisfaire d'un héros rendu humain par sa souffrance. Sur la terrasse où Elisabeth venait au petit matin contempler le lever du soleil, Guillaume II fait ériger une affreuse statue guerrière de onze mètres de haut. Sur le socle de cet Achille triomphant, il fait inscrire, présomptueux : « Le plus grand des Allemands au plus grand des Grecs. » Un monde se meurt, un autre commence. Pis, l'empereur fait déboulonner la statue de Heine et la presse antisémite allemande s'empresse d'applaudir le monarque. Après bien des vicissitudes, la statue du poète trouvera une place, qu'elle occupe toujours, dans le jardin du Mourillon, à Toulon. L'Achilléion est aujourd'hui un casino voué aux jeux et aux touristes. Du jardin qui domine le golfe de Bénistès, on peut toujours voir se lever le soleil derrière les montagnes albanaises. Si sensible à la fugacité des choses, Elisabeth ne souffrirait guère de ces profanations étrangères. Il est permis en revanche de regretter qu'elle n'ait pas connu la Vienne du tournant du siècle. Sa vie, sa révolte et sa mélancolie la préfiguraient.

Elle ne verra pas les œuvres de Gustav Klimt – il avait fait à la villa Hermès les frises de sa chambre à coucher, mais Hans Makart les avait conçues et Klimt ne s'était pas encore affranchi de la tutelle de l'art officiel –, elle verra encore moins les œuvres tourmentées d'Oskar Kokoschka et celles d'Egon Schiele, prodigieuse comète d'un ciel d'apocalypse. Elle ne saura rien de la Sécession viennoise qui rendit la pierre et le métal flexibles comme le végétal, qui mit à nu le corps des femmes prisonnières de leurs apparences, et fit du spectacle de la vie une danse macabre et esthétique.

Vienne devient, selon la définition de Karl Kraus, une station météorologique pour la fin du monde. On y prolonge avec volupté l'instant des adieux. Chaque verre de vin blanc, chaque tour de danse, chaque écrit, n'est-il pas le dernier ? Chaque promeneur ne côtoie-t-il pas le néant ? Alors, on ne veut plus voir la réalité et ses dangers. Chacun s'en va à la découverte de ses mondes intérieurs, quitte à sombrer dans ce dangereux tête-à-tête avec soi, comme Narcisse se noie dans son miroir. O docteur Freud, tu n'étais pas pour rien le voisin d'Elisabeth ! Si vous vous étiez rencontrés, vos destins en auraient-ils été changés ?

En permettant dans la proche banlieue de Vienne la création du Steinhof, le plus moderne hôpital psychiatrique du monde, François-Joseph s'est sans doute souvenu du vœu qu'avait autrefois formulé Elisabeth. A l'approche de son anniversaire, elle avait souhaité « un asile de fous entièrement équipé ». Elisabeth n'est plus, mais le Steinhof se construisit entre 1905 et 1907, grâce au grand architecte Otto Wagner. Son église de marbre blanc avec sa coupole d'or est un manifeste de l'art viennois. Nulle part, le meilleur de l'énergie créatrice d'une époque ne fut comme ici consacré à l'étude et aux soins des maladies mentales.

Ailleurs, un homme parachève son œuvre de mort. Après d'autres tentatives, Lucheni se pend dans sa prison genevoise, le 10 octobre 1910. On dit que le remords ne serait pour rien dans son suicide.

A Belgrade, capitale du royaume serbe, des officiers ont créé une société secrète, la Main noire. Ils s'efforcent par la violence d'instaurer dans les Balkans une Grande Serbie. Les Turcs ayant battu en retraite, l'ennemi numéro un est à présent l'Autriche-Hongrie. La Main noire espère lui porter un coup fatal grâce au terrorisme.

L'archiduc François-Ferdinand doit participer en juin 1914 aux manœuvres des troupes stationnées en Bosnie-Herzégovine. Des rumeurs d'attentat circulent. Après des hésitations, l'archiduc refuse de se laisser intimider et maintient son voyage à Sarajevo. Il aura lieu le 28 juin 1914. La date ne peut pas être plus mal choisie. En effet, le 28 juin est un jour de deuil que les Serbes célèbrent avec ferveur. Le 28 juin 1389, ils ont subi face aux Turcs cette défaite de Kosovo qui leur a fait perdre pour des siècles l'indépendance de leur Etat. Comment les Autrichiens n'y ont-ils pas pensé ? Méconnaissance de l'Histoire ? Erreur de dates ? Il est vrai que la bataille de Kosovo a eu lieu le 15 juin pour notre calendrier, mais le 28 pour le calendrier slave. La Main noire se promet de célébrer avec éclat l'événement. Les Balkans ne sont-ils pas le trou noir de l'Europe ? En cet endroit, la densité de l'Histoire est telle qu'elle fait se courber un espace où s'inscrivent tous les dangers.

Le matin du 28 juin, un premier attentat se produit sur le chemin qu'emprunte François-Ferdinand pour se rendre à l'Hôtel de Ville de Sarajevo. La bombe blesse deux officiers dans la voiture qui suit celle de l'archiduc et de son épouse. On pourrait en rester là et la guerre de Troie n'aurait pas lieu. Mais, avant de quitter Sarajevo, François-Ferdinand décide de rendre visite aux deux officiers soignés à l'hôpital de la garnison. On change d'itinéraire au dernier moment pour déjouer les menaces. Le cortège s'ébranle. La première voiture suit le nouvel itinéraire. Le chauffeur de la seconde, celle de l'archiduc et de son épouse, n'a pas été prévenu du changement, il hésite à un carrefour. Au lieu de suivre la voiture de tête, il s'engage dans une autre voie, se rend compte de son erreur et fait demi-tour. Tout le destin de l'Europe, et la vie de mon jeune grand-père, se joue à cette minute-là. Pour effectuer sa manœuvre, la voiture est presque à l'arrêt. Gravilo Princip, l'un des conjurés, a tout le temps de tirer à bout portant sur l'archiduc et sa femme. Le sort en est jeté. A onze heures du matin, ce sont deux morts qui arrivent à la résidence du gouverneur. Des millions d'autres suivront.

A midi, François-Joseph apprend la nouvelle. La mort de l'archiduc ne le bouleverse pas, mais il sait qu'à travers la personne de François-Ferdinand, c'est l'Empire qu'on a voulu abattre. Le souverain craint la guerre, il se souvient qu'on peut la perdre. L'empereur d'Allemagne, Guillaume II, l'assure de son soutien. Le 23 juillet 1914, François-Joseph envoie un ultimatum au gouvernement serbe. Il demande au royaume de Serbie d'éliminer de son administration et de son armée tous ceux qui ont mené des actions contre l'Autriche-Hongrie. Des fonctionnaires impériaux vérifieront sur place l'épuration. Belgrade accepte huit des dix exigences de l'ultimatum. Les Serbes refusent le contrôle des fonctionnaires impériaux. La machine de guerre est enclenchée. François-Joseph croit encore qu'en allant vite, le conflit restera local. Il décrète la mobilisation de ses armées contre la Serbie.

Le 26 juillet, dans son bureau de la Kaiser Villa d'où l'on entend gronder l'Ischl, près de son fauteuil en cuir rouge dont le dossier est assombri par le frottement de sa tête, au cœur de cette maison qui garde l'empreinte de l'impératrice défunte, le vieil empereur rédige le manifeste *A mes peuples*. Publié trois jours plus tard, il annonce que la guerre à la Serbie est déclarée.

Le jour même, la Russie mobilise pour soutenir son allié serbe. Quand, en 1908, l'Autriche-Hongrie avait annexé la Bosnie, la France en refusant de se mêler à l'affaire avait arrêté l'élan guerrier de la Russie. Cette fois, tout le monde veut en découdre et les Français n'ont pas oublié la perte de l'Alsace et de la Lorraine. Le 31 juillet, l'Allemagne envoie un ultimatum à la Russie et à la France. Point de réponse. Le 3 août, l'Allemagne déclare la guerre. L'Angleterre riposte à son tour. Par le jeu des alliances, toute l'Europe part au combat la fleur au fusil. Il y aura tant de morts qu'on ne trouvera pas le temps de fleurir les fosses communes.

Les forces de l'empereur déclinent au cours de l'année 1916, mais il garde son rythme de travail. Il a une très forte fièvre le 21 novembre. Sa fille, Marie-Valérie, est auprès de lui, elle sent que la fin de son père approche. Le soir, avant de s'endormir, il demande à son aide de camp de le réveiller à trois heures et demie du matin, comme d'habitude. Ce sont sans doute les dernières paroles du vieil empereur. En apprenant l'assassinat d'Elisabeth, il avait murmuré : « Rien ne m'est épargné sur cette terre. » Rien, si ce n'est de voir démembrer et sombrer un Empire qui était bien plus que sa vie.

Dans la nuit du 21 au 22 novembre, sa fille et ses proches viennent le veiller. Les quintes de toux interrompent à peine son dernier sommeil. Sans doute ne soupçonne-t-il pas la présence de ceux qui se pressent à son chevet. Ailleurs, il marche à la rencontre d'une longue silhouette dont le visage sous l'ombrelle blanche rayonne de lumière et de grâce. Elle est son amour, sa femme, son absente enfin retrouvée. Elle a prévu le pire et le pire est advenu. Elle a chanté la fin des mondes et l'Europe agonise. Jamais plus le galop de ses lipizzans n'entraînera au loin la fugitive. Il n'est plus empereur, elle n'est plus amazone. Ils sont deux gisants, auprès de Rodolphe, dans la crypte des Capucins.

BIBLIOGRAPHIE

Bibliographie

Biographies

EGON CESAR comte CORTI : *Elisabeth d'Autriche.* Payot, coll. Prismes, Histoire, 1987. Première édition française en 1936. Première biographie d'Elisabeth.

JEAN DES CARS : *Elisabeth d'Autriche ou la fatalité.* Perrin, 1983.

BRIGITTE HAMANN : *Elisabeth d'Autriche.* Trad. de l'allemand par Jean-Baptiste Grasset, avec la collaboration de Bernard Marion, Fayard, 1985.

JOAN HASLIP : *Elisabeth d'Autriche, l'impératrice de la solitude.* Trad. de l'anglais chez Hachette, en 1967.

CONSTANTIN CHRISTOMANOS : *Elisabeth de Bavière, impératrice d'Autriche.* Mercure de France, 1986. Première édition, 1905. Préface de Maurice Barrès.

CATHERINE CLÉMENT : *Sissi, l'impératrice anarchiste.* Gallimard Histoire, coll. Découvertes, 1992.

GINETTE RAIMBAULT. CAROLINE ELIACHEFF : *Les Indomptables, figures de l'anorexie.* Ed. Odile Jacob, 1989.

JULIANE VOGEL : *Elisabeth von Österreich, Momente aus dem Leben einer Kunstfigur.* Vienne, 1992.

Albums

JEAN DES CARS : *Sur les pas de Sissi.* Perrin, 1989.

Sous la direction de JEAN CLAIR : *Catalogue de l'exposition Vienne 1880-1938, l'apocalypse joyeuse.* Ed. du Centre Pompidou, 1986.

BRIGITTE HAMANN : *Elisabeth, Bilder einer Kaiserin,* Ed. Amalthea, 1986.

L'Impératrice

Ouvrages historiques

PIERRE BÉHAR : *L'Autriche-Hongrie, idée d'avenir.* Ed. Desjonquières, 1991.

JEAN BÉRENGER : *Histoire de l'Empire des Habsbourg 1273-1918.* Fayard, 1990.

JEAN-PAUL BLED : *François-Joseph.* Fayard, 1987.

PIERRE COMBESCOT : *Louis II de Bavière.* Jean-Claude Lattès, 1987.

Sous la direction de PÉTER HANÁK : *Mille Ans d'histoire hongroise,* Ed. Corvina, Budapest, 1986.

EMIL LUDWIG : *Bismarck.* Payot, 1984.

CLAUDIO MAGRIS : *Danube,* Gallimard, 1988. *Sous le Mythe et l'Empire.* L'Arpenteur-Gallimard, 1991.

PIERRE MIQUEL : *Le Second Empire.* Plon, 1992.

MICHAEL POLLACK : *Vienne 1900.* Gallimard-Julliard, coll. Archives 1984.

PAUL MORAND : *La Dame blanche des Habsbourg.* Robert Laffont, 1963.

CÉCILE WAJSBROT et SÉBASTIEN REICHMANN : *Europe centrale.* Ed. Autrement, 1991.

Littérature, essais

THOMAS BERNHARD : *Le Neveu de Wittgenstein.*

CIORAN : « Sissi ou la vulnérabilité », in *Vienne 1880-1938, l'apocalypse joyeuse.* Ed. du Centre Pompidou, 1986.

ROGER DADOUN : *Freud.* Les dossiers Belfond, 1992.

FRANÇOIS FEJTÖ : *Henri Heine.* Olivier Orban, 1981.

ROMANO GUARDINI : *De la mélancolie.*

Œuvres de HEINRICH HEINE : *Le Livre des chants.*
La Mer du Nord.
Le Rabbin de Bacharach.
Romanzero.
Images de voyage.
De l'Allemagne.

KARL KRAUS : *La Littérature démolie.*

PAUL MORAND : *Venises.*

ROBERT MUSIL : *L'Homme sans qualités.*
Les Désarrois de l'élève Törless.

GÉRARD DE NERVAL : *Voyage en Orient.*
Pandora.

RAINER MARIA RILKE : *La Chanson d'amour et de mort du cornette Christoph Rilke.*

Bibliographie

Joseph Roth : *La Marche de Radetzky.*
Stendhal : *De l'amour.*
       Lamiel.
Arthur Schnitzler : *Une jeunesse viennoise.*
       Les Dernières Cartes.
Stefan Zweig : *Le Monde d'hier, souvenirs d'un Européen.*

Films

Luchino Visconti : *Ludwig.*
       Senso.

Crédits photographiques :

Bild-Archiv der österreichischen Nationalbibliothek : 2-3-7-8-9-10-12-17-18-19-20-24
Musée historique de la ville de Vienne : 11-21
Roger-Viollet : 13-15-23
Droits réservés - Collection privée : 1-4-5-6-14-16-22

Remerciements à la Librairie Arthème Fayard pour son aimable autorisation de reproduire les poèmes d'Elisabeth d'Autriche issus de : *Elisabeth d'Autriche,* de B. HAMANN
© Amalthea Verlag, Wien, München, 1982
© Librairie Arthème Fayard, 1985, pour la traduction française.

Cet ouvrage a été réalisé par la
SOCIÉTÉ NOUVELLE FIRMIN-DIDOT
Mesnil-sur-l'Estrée
pour le compte de France Loisirs
123, boulevard de Grenelle, Paris
en mars 1994

Imprimé en France
Dépôt légal : juin 1994
N° d'édition : 26240 – N° d'impression : 26456